Gonglu Gongcheng Ding'e yu Gaiyusuan

公路工程定额与概预算

主　编　王祥琴　张永满
主　审　石勇民

人民交通出版社

内 容 提 要

本书为成人及网络教育系列规划教材之一。本书全面系统地介绍了公路工程定额和概预算的编制、工程量清单计量和概预算软件的应用。

本书依据最新的《公路工程基本建设项目概预算编制办法》、《公路工程概算定额》、《公路工程预算定额》、《公路工程机械台班费用定额》及《公路工程标准施工招标文件》(2009 年版)内容编写而成。本书注重对公路工程造价人员专业技术知识的培养,内容详实,通俗易懂,实例具体,可操作性强。全书共分七章,主要包括:公路基本建设概论;公路工程定额概述;公路工程定额的应用;公路工程工程量清单;公路工程项目造价管理;公路工程概预算的编制;同望造价软件的应用。

本书可作为高等院校成人及网络教育土木工程专业的教材,也可作为公路工程设计、施工和管理人员的参考用书。

图书在版编目(CIP)数据

公路工程定额与概预算 / 王祥琴,张永满主编. --
北京:人民交通出版社,2013.4
成人及网络教育系列规划教材
ISBN 978-7-114-10346-9

Ⅰ.①公… Ⅱ.①王… ②张… Ⅲ.①道路工程－预
算定额－定额管理－成人教育－网络教育－教材②道路工
程－概算编制－成人教育－网络教育－教材③道路工程－
预算编制－成人教育－网络教育－教材 Ⅳ.①U415.13

中国版本图书馆 CIP 数据核字(2013)第 021899 号

成人及网络教育系列规划教材

书　　名:公路工程定额与概预算
著 作 者:王祥琴　张永满
责任编辑:付宇斌　潘艳霞
出版发行:人民交通出版社
地　　址:(100011)北京市朝阳区安定门外外馆斜街 3 号
网　　址:http://www.ccpress.com.cn
销售电话:(010)59757973
总 经 销:人民交通出版社发行部
经　　销:各地新华书店
印　　刷:北京鑫正大印刷有限公司
开　　本:880×1230　1/16
印　　张:18.5
字　　数:523 千
版　　次:2013 年 4 月　第 1 版
印　　次:2013 年 4 月　第 1 次印刷
书　　号:ISBN 978-7-114-10346-9
定　　价:40.00 元

(有印刷、装订质量问题的图书由本社负责调换)

成人及网络教育系列规划教材
专家委员会

出 版 说 明

随着社会和经济的发展,个人的从业和在职能力要求在不断提高,使个人的终身学习成为必然。个人通过成人教育、网络教育等方式进行在职学习,提升自身的专业知识水平和能力,同时获得学历层次的提升,成为一个有效的途径。

当前我国成人及网络教育的学生多以在职学习为主,学习模式以自学为主、面授为辅,具有其独特的学习特点。在教学中使用的教材也大多是借用普通高等教育相关专业全日制学历教育学生使用的教材,因为二者的生源背景、教学定位、教学模式完全不同,所以带来极大的不适用,教学效果欠佳。总的来说,目前的成人及网络教育,尚未建立起成熟的适合该层次学生特点的教材及相关教学服务产品体系,教材建设是一个比较薄弱的环节。因此,建设一套适合其教育定位、特点和教学模式的有特色的高品质教材,非常必要和迫切。

《国家中长期教育改革和发展规划纲要(2010—2020 年)》和《国家教育事业发展第十二个五年规划》都指出,要加大投入力度,加快发展继续教育。在国家的总体方针指导下,为推进我国成人及网络教育的发展,提高其教育教学质量,人民交通出版社特联合一批高等院校的继续教育学院和相关专业院系,成立"成人及网络教育系列规划教材专家委员会",组织各高等院校长期从事成人及网络教育教学的专家和学者,编写出版一批高品质教材。

本套规划教材及教学服务产品包括:纸质教材、多媒体教学课件、题库、辅导用书以及网络教学资源,为成人及网络教育提供全方位、立体化的服务,并具有如下特点:

(1)系统性。在以往职业教育中注重以"点"和"实操技能"教育的基础上,在专业知识体系的全面性、系统性上进行提升。

(2)简明性。该层次教育的目的是注重培养应用型人才,与全日制学历教育相比,教材要相应地降低理论深度,以提供基本的知识体系为目的,"简明","够用"即可。

(3)实用性。学生以在职学习为主,因此,要能帮助其提高自身工作能力和加强理论联系实际解决问题的能力,讲求"实用性",同时,教材在内容编排上更适合自学。

作为从我国成人及网络教育实际情况出发而编写出版的专门的全国性通用教材,本套教材主要供成人及网络教育土建类专业学生教学使用,同时还可供普通高等院校相关专业的师生作为参考书和社会人员进修或自学使用,也可作为自学考试参考用书。

本套教材的编写出版如有不当之处,敬请广大师生不吝指正,以使本套教材日臻完善。

人民交通出版社

成人及网络教育系列规划教材专家委员会

2012 年年底

前　言

改革开放以来,我国公路建设,特别是高等级公路和桥梁建设得到长足发展,取得很大成就。公路建设的迅速发展不仅改善了我国公路交通的运输状况,而且产生了巨大的经济和社会效益,带来了人们观念上的巨大变革。

发展公路运输业,首先必须进行公路工程建设。为更好地发挥建设项目投资的作用,从建设项目规划筹建到竣工决算的全过程必须严格控制投资、造价,做到低投入、高产出,提高投资效益,因此,必须做好建设项目的概、预算编制和造价控制。"公路工程概、预算"就是根据公路工程各个阶段的设计内容,具体计算其全部建设费用的文件。它是对公路基本建设实行科学管理和监督的一种重要手段。

随着招投标法的实施和加入WTO对建设工程领域市场化的推进,我国工程造价工作改革不断深入,工程造价体制正在以较快的速度向国际惯例靠拢,为了培养和新时代要求相适应的工程造价人员,本书依据最新的《公路工程基本建设项目概预算编制办法》(JTG B06—2007)、《公路工程概算定额》(JTG/T B06-01—2007)、《公路工程预算定额》(JTG/T B06-02—2007)、《公路工程机械台班费用定额》(JTG/T B06-03—2007)及《公路工程标准施工招标文件》(2009年版)内容编写,系统地介绍了公路工程定额和概预算的编制、工程量清单计量和概预算软件的应用。公路工程定额与概预算是一门理论和实践紧密结合的课程,为了与工程实践相结合,加强本教材的实用性,在教材编写过程中,作者收集了大量的计算示例,第六章还附了一个综合性大例题,通过这些示例的学习,能够培养学生独立思考和解决实际问题的能力,可以提高学生综合应用定额和动手编制工程造价文件的能力。

本书理论联系实际、深入浅出、通俗易懂,可作为大专院校相关专业学生的教材、成人教育的教材和经济管理人员、工程技术人员的参考书。

本书由石家庄铁道大学王祥琴、张永满主编,长安大学石勇民主审。本书第一、五、六章由王祥琴编写,第三、七章由张永满编写,第二章由籍凤秋编写,第四章、第六章第九节"公路工程概预算编制示例"由王岩编写,全书由王祥琴负责统稿。

本书在编写过程中,参考了大量有关文献,在此对文献的作者表示真诚的感谢。由于编者水平和经验有限,编写时间紧张,书中难免有错漏之处,敬请广大读者批评指正。

编　者

2012 年 12 月

自 学 指 导

课程性质: 本课程是土木工程专业、造价工程专业本、专科必修的专业核心课之一,主要讲述公路工程定额与概预算的基本理论和基本知识体系。

课程地位和作用: 本课程属于工程经济的范畴,是工程经济中工程估价部分的内容。《公路工程定额与概预算》是一门非常实用的课程,不仅在设计阶段编制概、预算时非常重要,在招投标阶段的投标报价和施工阶段的结算阶段,其基本原理和方法也是一样的,只是在不同的阶段采用的定额不同而已。同时,其也是一门重要的专业课程,通过本课程的学习,可以锻炼学生分析问题和综合解决问题的能力,培养既懂技术又通晓经济的复合型人才。

学习目的与要求: 熟悉公路基本建设的内容,掌握定额的基本原理和定额应用的基本方法,掌握概、预算费用的组成和各项费用的计算方法,熟悉工程量清单计量和支付的有关内容,掌握公路工程造价软件的应用,能熟练地编制概、预算和有关造价文件。

为学好《公路工程定额和概预算》这门课,学习时应注意以下几点:

(1)要提前学习有关路基、路面、桥梁和隧道等专业课程。

(2)要提前学习公路工程施工方面的技术和方法,掌握一些施工的知识。

(3)要有良好的学习方法,应"多练→多思→多总结"。

(4)学习时要理论联系实际,重视实际应用。

学习方法: 为了学好本课程,首先要具有正确的学习目的和态度。在学习中要多做多练、踏踏实实、虚心求教、持之以恒。《公路工程定额与概预算》这门课程,没有很高深的理论知识,也不需要学生具备高深的数学和力学知识,看起来很简单,但学好、学透却不容易。一是因为本课程涉及的专业知识面很广,而且学生要有一定的施工经验和现场知识,二是如果只学不练,尤其是不经过系统的大作业的训练,学生不容易全面系统地掌握概、预算的基本方法和知识体系。所以本课程特别注重课后练习和最后大作业,学习过程中一定要多做多练,不怕麻烦。

尽管现在公路工程造价软件可以非常快捷地编制出工程造价需要的有关文件,但在学习阶段,如果学生不系统地进行一次概、预算的手工编制过程,就不可能真正掌握概、预算编制的基本原理和基本方法,而且本课程与其他课程不同的是大作业的量很大,往往一个单位工程的概、预算要计算几十页纸才能完成,几乎涉及整本教材的知识点,学生切不可怕烦怕累而忽视了练习的重要性。

目　录

第一章 DIYIZHANG

公路基本建设概论

本章导读

现代交通运输业是由铁路、公路、航空以及管道运输等多种运输方式组成的。公路运输在整个运输业中占有较大比重,是国民经济的命脉,是经济建设不可缺少的重要基础设施。改革开放以来,我国公路建设,特别是高等级公路和桥梁建设得到长足发展,取得很大成就。公路建设的迅速发展不仅改善了我国公路交通的运输状况,而且产生了巨大的经济和社会效益,给人们的生活带来日新月异的变化。

发展公路运输业,首先必须进行公路工程基本建设。公路工程概、预算,是根据公路工程各个阶段的设计内容,具体计算其全部建设费用的文件。它是对公路基本建设实行科学管理和监督的一种重要手段。

学习目标

1. 掌握公路基本建设的分类和特点;
2. 掌握公路工程基本建设项目的组成;
3. 掌握公路基本建设程序。

学习重点

1. 公路工程基本建设项目的组成和划分;
2. 公路基本建设程序。

学习难点

公路工程基本建设项目的组成和划分。

本章学习计划

内　　容	建议自学时间（学时）	学　习　建　议	学　习　记　录
第一节　公路基本建设概述	1.0		
第二节　公路工程建设项目		1.明确建设项目分类目的及其分哪五类； 2.重点掌握表 1-1 一般建设项目的工程划分	
第三节　公路基本建设程序	1.0	对基本建设程序更深入地了解，详参阅《公路建设监督管理办法》	
第四节　公路工程施工程序			

第一节　公路基本建设概述

一、公路基本建设的概念和分类

1. 公路基本建设的定义

基本建设是国民经济各部门、各单位新增固定资产的一项综合性的经济活动,它通过新建、扩建、改建和重建等投资活动来完成固定资产的建筑、购置和安装。

公路基本建设是指有关公路固定资产的建筑、购置和安装及与其有关的征地拆迁、勘测设计、施工和监理等工作,是公路交通运输业为了扩大再生产而进行的增加固定资产的建设工作。具体来讲,即把一定的建筑材料、半成品、设备等,通过购置、建造和安装等活动,转化为固定资产的过程,如建设一条公路、一座桥梁等。

2. 公路基本建设的分类

公路基本建设是由一个个基本建设项目(简称建设项目)组成的。按照不同的分类标准,公路工程基本建设项目可划分如下。

(1)按建设项目建设性质不同分类

①新建项目:是指新开始建设的项目。

②扩建项目:为了扩大原有固定资产的生产能力和效益,在原有基础上兴建的建设项目。

③重建项目:也称恢复项目,是指对因重大自然灾害或战争而遭受破坏的固定资产,按原有的规模重新建设或在恢复的同时进行扩建的建设项目。

(2)按建设项目用途不同分类

①生产性建设项目:是指直接用于满足物质生产需要的建设项目。可分为工业、农业、林业、水利、气象、运输、邮电等项目。

②非生产性建设项目:一般是指用于满足人民物质文化生活需要的建设项目。它包括住宅、文教卫生、科学实验研究、公用事业以及其他建设项目。某些为旅游、边防等而修建的专用公路属于非生产性建设。

(3)按建设规模划分

依据国家颁布的《基本建设项目大中小型划分标准》,对于公路工程建设项目,新、扩建国防、边防的跨省干线长度大于200km、独立公路大桥长度大于1000m的,为大中型项目。对于公路更新改造项目,总投资大于5000万元的,为限额以上项目;总投资在100万～5000万元的,为限额以下项目;总投资在100万元以下的,为小型项目。

依据《公路工程技术标准》(JTG B01—2003),公路隧道:长度 $L > 3000m$ 的为特长隧道;$3000m \geqslant L > 1000m$ 的为长隧道;$1000m \geqslant L > 500m$ 的为中隧道;$L \leqslant 500m$ 的为短隧道。公路桥梁:总长 $8m \leqslant L \leqslant 30m$、单孔跨径 $5m \leqslant L \leqslant 20m$ 的为小桥;总长 $30m < L < 100m$、单孔跨径 $20m \leqslant L \leqslant 40m$ 的为中桥;总长 $100m \leqslant L \leqslant 1000m$、单孔跨径 $40m \leqslant L \leqslant 150m$ 的为大桥;总长 $L > 1000m$、单孔跨径 $L > 150m$ 的为特大桥。

(4)按建设项目资金来源的不同分类

①国家投资的建设项目:是由国家预算直接安排的投资。国家投资主体筹集资金的主要手段有财政税收、财政信用及举借外债。

②银行贷款筹资的建设项目:是指通过银行信用方式供应基本建设投资进行贷款建设的

项目。

③自筹资金的建设项目:是指各地区、各部门、各单位按照财政制度提留、管理和自行分配用于固定资产再生产的资金进行建设的项目。

④引进外资的建设项目:是指利用外资进行建设的项目。外资的来源有借用国外资金和吸引外国资本直接投资。

⑤有价证券筹资的建设项目:是指利用国家债券筹资和社会筹资、投资的建设项目。

◆ **请练习[思考题1-1]**

二、公路基本建设的内容

公路基本建设的内容构成主要有以下三部分。

1. 建筑安装工程

是指兴工动料的施工活动,是投资额最大的一部分,也是基本建设中最复杂的一部分。它包括建筑工程和设备安装活动。

(1)建筑工程包括:路基、路面、桥梁、隧道、防护工程、沿线设施等;

(2)设备安装活动包括:高速公路、大型桥梁所需各种机械、设备、仪器的安装、测试等。

2. 设备、工具、器具的购置

设备、工具、器具的购置是指为公路运营、服务管理、养护等的需要所购买的设备、工具、器具,以及为保证新建、改建公路初期正常生产、使用和管理所需办公和生活家具的采购和自制。

3. 其他基本建设工作

如勘测与设计工作、征用土地、青苗补偿和安置工作等。

三、公路基本建设的特点

公路基本建设的特点是由公路建筑产品的特点决定的。公路建筑产品具有形体庞大,复杂多样,整体难分和不能移动的特点,使公路建筑产品生产具有流动性、单件性、生产周期长、受气候影响大等特点。

1. 生产流动性大

公路建设点多线长,工程分布极为分散,其构造物在建造过程中和建成后都无法移动,因而要组织各工种工人和各种机械围绕这一固定产品,在同一工作面不同时间,或同一时间不同工作面进行生产活动。因此,要科学地解决这种空间上布置和时间上安排之间的矛盾。此外,当某一公路工程竣工之后,施工队伍就要向新的施工现场转移。因此,生产的流动性大是其显著特点之一。

2. 生产协作性高

公路生产类型多,施工环节多,生产程序复杂。每项工程具有不同功能,不同的施工条件,使每项工程不仅要进行个别设计,而且要个别组织施工。每一项工程都需要建设、设计和施工等单位密切配合,需要材料、动力和运输等各部门通力协作。因此,公路建设必须有严密的计划和科学管理,是一项系统工程。

3. 生产周期长

公路工程包括路基、路面、桥梁、涵洞等工程,产品形体特别庞大,产品固定而又具有不可分割性,使生产周期长,需要在较长时间内占用大量劳动力和资金,耗费材料特别多,直到整个施工期结束才能出产品。

在施工过程中,各阶段、各环节必须有条不紊地组织起来,在时间上不间断,空间上不脱节。

如果施工的连续性受到破坏或中断,必然会拖延工期,长时间大量占用资金,造成人力、物力、财力的浪费。所以必须统筹安排,遵守施工程序,合理地、科学地组织施工。

4. 受自然因素影响大

公路工程施工大部分是露天生产,因此,受自然因素影响很大。如气候冷暖、地势高低、洪水、雨雪等均会对工期和工程质量造成很大影响。而且,由于公路部分结构的易损性,如不进行维修、养护,就不能维持正常运输生产。

◆ 请练习[思考题1-2]

第二节　公路工程建设项目

建设项目是一个建设单位在一个或几个建设区域内,根据上级下达的设计任务书和批准的总体设计和总概算书,经济上实行独立核算,行政上具有独立的组织形式,严格按基本建设程序实施的基本建设工程。

公路工程构造物是一个不可分割的整体,但就其实物形态来说,是由许多部分组成的。因此,在设计、施工中,为了便于编制基本建设的施工组织设计和概、预算文件以及进行质量检验评定工作,必须对每项基本建设工程进行项目的分解,即按其内在的逻辑关系将其依次划分为:建设项目→单项工程→单位工程→分部工程→分项工程。

一、公路工程基本建设项目的组成

1. 基本建设项目

每个基本建设工程就是一个建设项目。建设项目一般是指有设计任务书和总体设计,经济上实行独立核算,行政上具有独立组织形式的建设单位。在我国基本建设工作中通常以一个独立的工程作为一个建设项目,如运输建设方面的一条公路、一条铁路、一个港口等。

2. 单项工程(又称工程项目)

单项工程又称工程项目,是建设项目的组成部分。所谓单项工程是具有独立设计文件,竣工后可以独立发挥生产能力或效益的工程。如公路建设项目中的独立大、中桥梁工程,隧道工程等。一个建设项目可以是一个单项工程,也可以包括许多单项工程。

3. 单位工程

单位工程是单项工程的组成部分,一般指不能独立发挥生产能力或效益,但具有独立施工条件的工程。如隧道单项工程可分为土建工程、照明和通风工程等单位工程;一条公路的路线工程、桥涵工程等单位工程。

二、公路工程基本建设项目的划分

公路建设项目的划分是在施工准备阶段,由施工单位结合工程特点对工程按单位、分部和分项工程逐级进行划分,经建设单位负责人和总监理工程师批准,报质量监督部门备案后执行。

多个合同段、多个施工单位的工程建设项目,应由建设单位和工程监理单位统一组织、协调项目的划分工作。

《公路工程质量检验评定标准》(JTGF80—2004)规定,根据建设任务、施工管理和质量检验评定的需要,应在施工准备阶段将建设项目划分为单位工程、分部工程和分项工程。一般公路建设项目单位工程、分部工程、分项工程的划分见表1-1。

1. 单位工程

指在建设项目中,根据签订的合同,具有独立施工条件的工程。

2. 分部工程

指在单位工程中,应按结构部位、路段长度及施工特点或施工任务划分为若干分部工程。例如:路基工程土石方工程、路面工程、基础工程及桥梁下部工程、上部构造预制和安装等。

3. 分项工程

在分部工程中,应按不同的施工方法、材料、工序及路段长度等划分为若干个分项工程。如基础工程可划分为围堰、挖基、基础砌筑、回填等分项工程。分项工程的独立存在是没有意义的,它只是建筑或安装工程的一种基本构成因素,是为了确定建筑及设备安装工程造价和阶段验收而划分的一种产品。

学习记录

一般公路建设项目工程的划分　　　　　　　　　表 1-1

单 位 工 程	分 部 工 程	分 项 工 程
路基工程(每 10km 或每标段为单元)	路基土石方工程(1～3km 路段)	土方路基,石方路基,软土路基,土工合成材料处治层等
	排水工程(1～3km 路段)	管节预制,管道基础及管节安装,检查(雨、水)井砌筑,土沟,浆砌排水沟,盲沟,跌水,急流槽等
	小桥及符合小桥标准的通道,人行天桥渡槽(每座)	基础及下部结构,上部构造预制、安装或浇筑,桥面,栏杆,人行道等
	涵洞、通道(1～3km 路段)	基础及下部结构,主要构件预制、安装或浇筑,填土,总体等
	砌筑防护工程(1～3km 路段)	挡土墙,墙背填土,抗滑桩,锚喷防护,锥、护坡,导流工程,石笼防护等
	大型挡土墙,组合式挡土墙(每处)	基础,墙身,墙背填土,构件预制,构件安装,筋带,锚杆、拉杆,总体等
路面工程(每 10km 或每标段为单元)	路面工程(1～3km 路段)	底基层,基层,面层,垫层,联结层,路缘石,人行道,路肩,路面边缘排水系统等
桥梁工程(特大、大、中型桥)	基础及下部构造(每桥或每墩、台)	扩大基础,桩基,地下连续墙,承台,沉井,桩的制作,钢筋加工安装,墩台身(砌体)浇筑,墩台身安装,墩台帽,组合桥台,台背填土,支座垫石和挡块等
	上部构造预制和安装	主要构件预制,其他构件预制,钢筋加工及安装,预应力筋的加工和张拉,梁板安装,悬臂拼装,顶推施工梁,拱圈节段预制,拱的安装,转体施工拱,劲性骨架拱肋安装,钢梁安装,钢梁防护等
	上部构造现场浇筑	钢筋加工及安装,预应力筋的加工和张拉,主要构件浇筑,其他构件浇筑,悬臂浇筑,劲性骨架混凝土拱,钢管混凝土拱等
	总体、桥面系及附属工程	桥梁总体,钢筋加工及安装,桥面防水层施工,桥面铺装,钢桥面铺装,支座安装,搭板,伸缩缝安装,大型伸缩缝安装,栏杆安装,混凝土护栏,人行道铺设,灯柱安装等
	防护工程	护坡,护岸,导流工程,石笼防护,砌石工程等
	引道工程	路基,路面,挡土墙,小桥,涵洞,护栏等

续上表

单 位 工 程	分 部 工 程	分 项 工 程
互通立交工程	桥梁工程(每座)	桥梁总体,基础及下部构造,上部构造预制、安装或浇筑,支座垫石,桥面铺装,栏杆,人行道等
	主线路基路面工程(1~3km 路段)	见路基,路面等分项工程
隧道工程	总体	隧道总体等
	明洞	明洞浇筑,明洞防水层,明洞回填等
	洞口工程	洞口开挖,洞口边仰坡防护,洞门和翼墙的浇(砌)筑,水沟,洞口排水沟等
	涵身开挖	涵身开挖(分段)等
	涵身衬砌	(钢纤维)喷射混凝土支护,锚杆支护,钢筋网支护,仰拱,混凝土衬砌,钢支撑、衬砌钢筋等
	防排水	防水层、止水带、排水沟等
	隧道路面	基层,面层等
	装饰	装饰工程
	辅助施工措施	超前锚杆、超前钢管等
环保工程	声屏障(每处)	声屏障
	绿化工程(1~3km 路段或每处)	中央分隔带绿化,路侧绿化,互通立交绿化,服务区绿化,取、弃土场绿化等
交通安全设施(每20km 或每标段)	标志标线(5~10km 路段)	标志
	标线、突起路标(5~10km 路段)	标线、突起路标等
	护栏、轮廓标(5~10km 路段)	波形梁护栏,缆索护栏,混凝土护栏,轮廓标等
	防眩设施(5~10km 路段)	防眩板、网等
	隔离栅、防落网(5~10km 路)	隔离栅、防落网等
机电工程	监控设施	车辆监测器,气候检测器,闭路电视监视系统,可变标志,光电缆线路,监控(分)中心设备安装及软件调测,大屏幕投影系统,地图板,计算机监控软件与网络等
	通信设施	通信管道与光电缆线路,光纤数字传输系统,数字程控交换系统,应急电话系统,无线移动通信系统,通信电源等
	收费设施	入口车道设备,出口车道设备,收费站设备及软件,收费中心设备及软件,IC卡及发卡编码系统,闭路电视监视系统,内部有线对讲及应急报警系统,收费站内光、电缆及塑料管道,收费系统计算机网络等
	低压配电设施	中心(站)内低压配电设施,外场设备电力电缆线路等
	照明设施	照明设施
	隧道机电设施	车辆监测器,气候检测器,闭路电视监视系统、紧急电话系统、环境检测设备、报警与诱导设施、可变标志、通风设施、照明设施、消防设施、本地控制器、隧道监控中心计算机控制系统、隧道监控中心计算机网络、低压供配电等

学习记录

◆**请练习**[**思考题1-3**]

第三节 公路基本建设程序

基本建设程序是指基本建设项目在整个建设中各个工作的先后顺序。是从项目决策、设计、施工到竣工验收,整个建设过程中各个阶段及其先后次序。这个程序是由基本建设进程的客观规律(包括自然规律和经济规律)决定的。

基本建设涉及面广,它受到地质、气候、水文等自然条件和资源供应、技术水平等物质技术条件的严格制约,需要内外各个环节的密切配合,并且要求按照符合既定需要和有科学根据的总体设计进行建设。

根据交通运输部《公路建设监督管理办法》(2006),政府投资公路建设项目的实施,应当按照下列程序进行:

(1)根据规划,编制项目建议书。

(2)根据批准的项目建议书,进行工程可行性研究,编制可行性研究报告。

(3)根据批准的可行性研究报告,编制初步设计文件。

(4)根据批准的初步设计文件,编制施工图设计文件。

(5)根据批准的施工图设计文件,组织项目招标。

(6)根据国家有关规定,进行征地拆迁等施工前准备工作,并向交通主管部门申报施工许可。

(7)根据批准的项目施工许可,组织项目实施。

(8)项目完工后,编制竣工图表、工程决算和竣工财务决算,办理项目交、竣工验收和财产移交手续。

(9)竣工验收合格后,组织项目后评价。

现将公路工程基本建设程序中各阶段的具体内容分述如下。

一、项目建议书

项目建议书是基本建设程序中的最初阶段,是各部门、各地区、各企业根据国民经济发展的长远规划和公路网建设规划提出的。项目建议书是对建设项目提出包括目标、要求、资源、建设条件、投资估算和资金筹措设想、利用外资项目的可能性以及偿还贷款能力的大体测算等,作为国家选择建设项目和有计划地进行可行性研究的依据。项目建议书一般应包括以下几个方面的内容:

(1)建设项目提出的必要性、依据和意义。

(2)产品方案、拟建规模和建设地点的初步设想。

(3)资源情况、建设条件、协作关系等的初步分析。

(4)投资估算和资金筹措设想。

(5)经济效益和社会效益的估计。

二、可行性研究

可行性研究按其工作深度,分为初步可行性研究和工程可行性研究。

编制初步可行性研究报告应以国民经济与社会发展规划、路网规划和公路建设5年计划为依据,重点阐明项目的必要性,通过踏勘和调查研究,提出建设项目的规模、技术标准,进行简要的经济效益分析。审批后作为编制工程可行性研究报告的依据。编制工程可行性研究报告,应以批准的初步可行性研究报告为依据,通过必要的测量、地质勘探,在认真调查研究、具有必要资料的基础上,对不同方案从经济上、技术上进行综合论证,提出推荐建设方案,审批后作为编制设计任务书的依据。工程可行性研究的投资估算与初步设计概算之差,应控制在10%以内。

公路建设项目可行性研究报告一般应包括以下主要内容:

(1)建设项目依据及其背景。

(2)建设地区综合运输现状和建设项目在交通运输网中的地位及作用,原有公路的技术状况及适应程度。

(3)建设项目所在地区的经济特征,建设项目与经济发展的内在联系,预测交通量、运输量的发展水平。

(4)建设项目地理位置、地形、地质、地震、气候、水文等自然特征。

(5)建设项目规模、标准、路线起讫点和主要控制点。

(6)筑路材料来源及运输条件。

(7)建设项目对环境的影响。

(8)主要工程数量、征地拆迁数量、估算投资和资金筹措方式。

(9)勘测、设计、施工计划安排。

(10)经济评价、敏感性分析,收费公路、桥梁、隧道尚需做财务分析;评价推荐方案,提出存在问题。

三、设计任务书

设计任务书是确定建设项目,编制设计文件的依据。设计任务书按照项目的隶属关系,由主管部门(工程所在地省一级的发改委或交通运输部)组织计划、设计等单位按照工程可行性资料研究报告和踏勘资料负责编制,并根据项目性质上报。具有特殊意义的项目及重大项目由国务院审批;大中型项目由国家发改委审批;小型项目由交通运输部或省一级发改委审批。设计任务书批准后,如对建设规模、技术标准、线路走向等重要内容有原则性的变更时,须报原批准机关同意。

设计任务书一般包含如下内容:

(1)建设依据和意义。

(2)建设项目规模、路线起讫点和主要控制点。

(3)建设项目标准和主要技术指标。

(4)建设项目按几阶段设计,各个阶段完成时间。

(5)建设期限和投资估算、资金来源的建议。

(6)筑路材料来源及运输条件。

(7)设计、施工、科研的原则安排。

(8)附线路示意图及主要工程数量、征地拆迁数量等。

四、设计文件

设计文件是安排建设项目、控制投资、编制招标文件、组织施工和竣工验收的重要依据。设计文件的编制必须精心设计,贯彻国家有关政策,严格执行基本建设程序的规定。

公路基本建设项目根据工程结构的复杂性和难易程度,一般采用分阶段设计。

1. 一阶段设计

对于技术简单、施工方案明确的小型建设项目,可采用一阶段施工图设计。

2. 两阶段设计

对于一般工程应采用两阶段设计,即初步设计和施工图设计。

初步设计应根据批准的可行性研究报告的要求和初测资料,拟定修建原则,制订设计方案,计算工程数量,编制初步设计文件和初步设计概算。

施工图设计是在批准的初步设计的基础上,对项目的设计方案、技术等做进一步的勘探和测量,使设计更加具体和深化,并最终确定工程数量、编制施工组织计划和施工图预算文件。

3. 三阶段设计

对于技术复杂而又缺乏经验的建设项目或建设项目中的个别路段、特殊大桥、互通式立体交叉、隧道等,必要时采用三阶段设计,即初步设计、技术设计和施工图设计。

初步设计应根据批准的可行性研究报告的要求和初测资料,拟定修建原则,制订设计方案,计算工程数量,编制初步设计文件和初步设计概算。

技术设计是根据批准的初步设计,对重大、复杂的技术问题做进一步的勘探和论证,解决初步设计中尚未解决的问题,落实技术方案,计算工程数量,提出修正的施工方案,编制修正概算。

施工图设计是根据批准的技术设计文件,对建设项目做更深入细致的设计,因此,施工图设计是最全面、最详尽的设计,也是工程项目的最终设计。

◆ 请练习[思考题1-4]

五、列入国家年度基本建设计划

建设项目的初步设计和概算经上级批准后,才能列入国家基本建设年度计划。设计单位根据国家计委颁发的年度基本建设控制数字,按批准的基本建设设计任务书和设计文件,编制本单位的年度基本建设计划。报经批准后,再编制物资、劳动、财务计划。这些计划分别经过有关机关审查后,作为国家安排生产、物资分配、劳动力调配和财政拨款(或贷款)的依据,并通过招投标或其他方式落实施工单位和监理单位。

六、施工准备工作

为了保证施工的顺利进行,在施工准备阶段,建设单位、勘察设计单位和施工单位必须做好各项准备工作。

建设主管部门,应根据计划要求的建设进度指定一个企业或事业单位组织基建管理机构,办理登记及拆迁,做好施工沿线有关单位和部门的协调工作,抓紧配套工程项目的落实,组织分工范围内的技术资料、材料和设备的供应。

勘测设计单位,应按照技术资料供应协议,按时提供各种图纸资料,做好施工图纸的会审及移交工作。

施工单位,应组织机具人员的进场,进行施工测量,修建便道及生产、生活等临时设施,组织材料、物资的采购、加工、运输、供应、储备,做好施工图纸的接收工作,熟悉图纸要求,编制实施性施工组织设计和施工预算,提出开工报告,按投资隶属关系报请交通运输部或省、市、自治区基建主管部门核准。

七、组织施工

施工单位要遵照施工程序合理组织施工,按照交通运输部有关规定实行监理制度。施工过程中,应严格按照设计要求和施工技术规范,确保工程质量,安全施工,推广应用新工艺、新技术,努力缩短工期,降低造价,对于地下工程和隐蔽工程应在验收合格后,再进行下一道工序,注意做好施工记录,建好施工档案。

八、竣工验收与交付使用

学习记录

建设项目的竣工、验收是基本建设全过程的最后一个程序。工程验收是一项十分细致而又严肃的工作,必须从党和人民的利益出发,按照国家建委《关于基本建设项目竣工验收暂行规定》和交通运输部颁布的《公路工程竣(交)工验收办法实施细则》的要求,认真负责地对全部基本建设工程进行总验收。竣工验收包括对工程质量、数量、期限、生产能力、建设规模、使用条件等的审查。对建设单位和施工企业编报的固定资产移交清单、隐蔽工程说明和竣工决算等也要进行细致检查。特别是竣工决算,它是反映整个基本建设工作所消耗的全部国家建设资金的综合性文件,也是通过货币指标对全部基本建设工作的全面总结。

当全部基本建设工程经过验收合格,完全符合设计要求后,应立即移交给生产部门正式使用。迅速办理固定资产交付使用的转账手续,加强固定资产的管理。竣工决算上报财政部门批准核销。在验收时,对遗留问题,由验收委员会(或小组)确定具体处理办法,报告主管部门批准,交有关单位执行。

九、后评价阶段

建设项目后评价是工程项目竣工投产、生产经营一段时间后,再对项目的立项决策、设计施工、竣工投产、生产经营等全过程进行全面的跟踪、调查、分析和评价的一种技术活动,是固定资产管理的一项重要内容,也是固定资产投资管理的最后一个环节。通过建设项目后评价,可以达到肯定成绩、总结经验、研究问题、吸取教训、提出建议、改进工作、不断提高项目决策水平和投资效果的目的。

公路建设项目后评价报告的主要内容包括:建设项目的过程评价;建设项目的效益评价;建设项目的影响评价;建设项目目标持续性评价。

◈ 请练习[思考题1-5]

第四节 公路工程施工程序

施工程序是施工单位从接受施工任务到竣工验收阶段必须遵守的程序。

一、接受施工任务、签订工程合同

建筑安装企业,凡接受工程项目,都必须同建设单位签订工程合同,明确各自的经济技术责任。合同一经签订,即具有法律效力,双方要严格履行。

施工合同内容一般包括承包的依据、承包方式、工程范围、工程质量、施工工期、开竣工日期、工程造价、技术物资供应、拨款结算方式、奖惩条款和各自应做的准备工作等。承包合同应满足工程施工的需要,反映工程的特点。合同内容要具体,责任要明确,条款要简明扼要,文字解释要明确清楚,便于检查。

二、施工准备工作

施工单位接受施工任务后,即可进行施工准备工作。在工程开工前必须有合理的施工准备期。而且,施工准备工作还应有计划、有步骤、分阶段地贯穿于整个工程项目的施工过程中,随着工程的进展,在各个分部分项工程施工之前,都要做好施工准备工作。准备工作的具体任务是掌握建设工程的特点、进度要求,摸清施工的客观条件,合理安排施工力量,从技术、物资、人力和组织等方面为建筑工程施工创造一切必要的条件。施工准备工作的内容可以归纳如下。

1. 技术准备

(1)熟悉、核对设计文件、图纸及有关资料。

(2)补充调查资料,进行现场补充测量。

(3)组织先遣人员进场,做好准备工作。

(4)编制实施性施工组织设计、施工预算。

2. 施工现场准备

依据设计文件和编制的实施性组织设计做好施工现场的准备工作:

(1)施工复测,测出占地位置、征用土地、拆迁房屋以及电力、电讯设备等各种障碍物。

(2)平整场地,做好施工放样。

(3)修建便道、便桥、搭盖工棚,大型临时设施(预制场、机修厂、沥青加工场、混凝土搅拌站等)的修建。

(4)料场布置、供水、供电设备等组织。

(5)各种施工物资的准备,包括建筑材料、构件、施工机械及机具设备、工具等的货源安排、进场的准备、入库、保管及安全工作。

(6)各种建筑材料和土质的试验,为施工提供可靠依据。

(7)施工机构设置、施工队伍集结、进场及开工前的安全教育工作。

三、组织施工

施工时要严格按照施工图纸进行,如需变动,应事先取得设计单位同意,要按照施工组织设计确定的施工顺序、施工方法以及进度要求,科学、合理地组织施工,接受监理单位和质量监督部门的监理、监督,做好对施工过程的全面控制。

对地下的隐蔽工程,要检验合格,做好原始记录和签证工作,才能进行下一道工序。施工要严格按照设计要求和施工验收技术规范的规定进行,保证质量,不留隐患,不留"尾巴",发现问题及时解决。

组织施工应具有以下基本文件:

(1)设计图纸。

(2)施工技术规范和操作规程。

(3)各种定额。

(4)施工预算。

(5)施工组织设计。

(6)公路工程质量检验评定标准和施工验收规范。

施工时必须精心组织,建立正常的、文明的施工程序,合理使用劳动力、材料、机具、设备和资金。施工方案要因地制宜,施工方法要先进合理,切实可行。伴随施工过程的进行,必须对施工进度、质量、成本、安全等实行全面控制,达到全面完成计划任务的目的。

学习记录

四、竣工验收

所有建设项目和单位工程要按照设计文件所规定的内容全部建完,完工后以批准的设计文件为依据,根据国家有关规定,评定质量等级,进行竣工验收。

◈ 请练习[思考题 1-6]

思 考 题

1-1　什么叫公路基本建设?可分为哪几类?

1-2　公路基本建设的内容有哪些?特点又有哪些?

1-3　公路建设项目的组成是如何划分的?为什么要对公路建设项目的组成进行划分?

1-4　三阶段设计是指哪三阶段设计?什么情况下需要采用三阶段设计?

1-5　什么叫公路基本建设程序?公路基本建设的程序可分为哪些?

1-6　公路工程施工程序分为哪些?

第二章 DIERZHANG

公路工程定额概述

本章导读

本章主要介绍公路工程定额的概念、特点和作用，公路工程定额的不同分类方法以及定额的基本编制方法。对定额的概念、特点和作用只需作概略性的了解，定额的分类重点要掌握按生产要素的分类方法和按用途的分类方法，编制定额的基本方法是本章的重点和难点，要重点掌握劳动定额、材料定额和机械台班定额的编制方法及相关内容。

学习目标

1.按生产要素和定额用途对定额的分类；
2.编制定额的基本方法。

学习重点

1.公路工程定额的分类；
2.编制定额的基本方法。

学习难点

编制定额的基本方法。

本章学习计划

内　　容	建议自学时间（学时）	学　习　建　议	学　习　记　录
第一节　定额的基本概念	1.0	深刻掌握并理解定额概念的内涵	
第二节　公路工程定额的分类	1.0	重点掌握按生产因素分类和按用途分类的方法	
第三节　劳动定额的编制		人工和机械时间消耗的分类，主要供参加资格考试的学员参考使用。	
第四节　材料消耗定额的编制			
第五节　机械设备定额的编制	2.0		
第六节　施工定额和企业定额的编制			
第七节　预算定额的编制			
第八节　概算定额的编制			

第一节　定额的基本概念

学习记录

一、定额的概念

定额是在合理的生产组织、合理的使用资源和正常的生产技术条件下，生产单位合格产品或完成一定的工作（作业量），所消耗资源（人力、材料、机械和资金等）的数量标准。

定额属于计价依据的主要内容之一，所谓计价依据是指用以计算工程造价的基础资料的总称。除包括定额、指标、费率、基础单价外，还包括工程数量及政府主管部门颁发的各种有关经济、政策、计价办法等资料。

按计价依据的作用不同，公路工程定额、指标一般分两部分：一是工程定额、指标；二是费用定额。公路工程定额、指标包括：《公路工程施工定额》、《公路工程预算定额》、《公路工程概算定额》《公路工程估算指标》；费用定额包括《公路工程机械台班费用定额》以及《公路基本建设工程投资估算编制办法》、《公路基本建设工程概、预算编制办法》中规定的各项费用定额（或费率）。

定额水平就是定额标准的高低，是一定时期社会生产力水平的反映，定额水平高反映生产力水平较高，生产单位合格产品所需要消耗的资源较少；反之，则说明生产力水平较低，生产单位合格产品所需要消耗的资源较多。所以定额不是一成不变的，而是随着生产力水平的变化而变化的。一定时期的定额水平必须坚持平均先进或先进合理的原则。所谓平均先进，是指在执行定额的时期内，大多数人员必须经过努力可以完成定额或超过定额，是先进指标中的平均值。所谓先进合理，是指定额水平虽然也是先进的，但不一定是平均值，而且一般是取比平均值要略高的合理指标。

◈ **请练习［思考题 2-1］**

二、定额的特点

我国公路工程定额具有科学性、系统性和统一性、权威性和强制性、稳定性和时效性等特点。

1. 定额的科学性

公路工程定额的科学性包括两方面的含义：一方面是指公路工程建设定额必须和生产力发展水平相适应，反映出公路建设中生产的客观规律；另一方面是指公路工程定额的确定和管理在理论、方法和手段上必须科学化，以适应现代科学技术和信息社会发展的需要。

定额的科学性，首先表现在用科学的态度制订定额，尊重客观规律，力排主观臆断，力求定额水平合理，其次表现在制订定额的技术方法上，利用现代科学管理的成就，形成一套系统、完整、在实践中行之有效的方法。

2. 定额的系统性和统一性

公路建设是一个庞大的系统，公路工程定额从测定到使用，都是为了全面反映公路工程所有的工程内容和项目。与公路技术标准、规范完全配套，准确反映公路工程施工工艺流程中的每一个环节。

公路工程定额是为公路建设这个庞大的系统服务的，各类工程都严格地按项目划分，层次分明，如公路建设项目可划分为建设项目、单项工程、单位工程、分部分项工程等；任何一个分部分项工程在公路工程定额中都能给予确定 ，如预算定额中，一共有九章定额，它将所有公路工程的内容分解、包含，而且在编制定额过程中，每一个不同的工作都有不同的计算规则或计算模型，它们互相协调组成一个完整的系统。

定额的统一性，主要是由国家对经济发展的有计划的宏观调控职能决定的。为了使国民经济按既定的目标发展,需要借助于某些标准、定额、参数等,对工程建设进行规划、组织、调节和控制。而这些标准、定额、参数必须在一定范围内有一定尺度,才能实现上述职能,才能利用它对项目的决策、设计方案、投标报价、成本控制进行比选和评价。

学习记录

公路工程定额,由全国统一定额到现行依据交通行业的统一标准、规范,在交通运输部公路工程定额站的统一协调下,使定额的编制及定额的管理工作有统一的程序、统一的原则、统一的要求和统一的用途。

3. 定额的权威性和强制性

政府主管部门通过一定程序,审批、颁发的工程定额,具有很大的权威性,这种权威性在一些情况下具有经济法规性质和执行的强制性。

定额的权威性和强制性的客观基础是定额的科学性,只有科学的定额才具有权威。但是科学的定额并不一定能得到很好的遵循和贯彻,赋予了工程建设定额一定的强制性,这就意味着在规定的范围内,对于定额的使用者和执行者来说,无论主观上愿意不愿意,都必须按定额的规定执行。在当前建筑市场不是很规范的情况下,赋予工程定额强制性是十分重要的,它不仅是定额作用得以发挥的有力保证,而且也有利于理顺工程建设有关各方的经济关系和利益关系。

应该提出的是,对定额的权威性和强制性不应绝对化。在社会主义市场经济条件下,随着投资体制的改革和投资主体多元化格局的形成,随着企业经营机制的转换,投资者或经营者都可以根据市场的变化和自身的条件,自主地调整自己的决策行为,因此对定额的权威性和强制性相对弱化。所以我们不再提定额的法制性。

4. 定额的稳定性和时效性

工程建设定额是一定时期技术发展与管理水平的反映,因而在一段时期内都表现出稳定的状态。根据情况不同,稳定的时间有长有短,一般在 5 ~ 10 年。定额的稳定性是维护定额的权威性所必需的,更是有效地贯彻定额所必需的。

从另一方面来说,定额的稳定性是相对的,当生产力发展到一定程度,定额就会与已经发展的生产力不相适应,甚至不再能起到促进生产力发展的作用时,工程建设定额就要重新编制或修订了,这就是定额的时效性特点。

三、定额的作用

公路工程定额(简称定额)是公路工程概算定额、预算定额和施工定额的总称。在建设项目的整个设计、施工、管理过程中,都必须以定额为工作尺度。只有认真贯彻执行定额,才能有周密的计划和合理的施工,才能有真正的经济核算。所以,定额是现代科学管理的基础,其作用主要有以下几方面。

1. 定额是计划管理的基础

国家编制经济开发计划,企业编制施工进度计划和施工作业计划,以及其他各类生产计划、劳动计划和财务计划,都直接或间接地以各种定额作为计算人工、物资、资金等资源需要量的依据。因此,通过制订和贯彻定额,可以不断提高企业的管理水平,由此可见,定额是计划管理的基础。

2. 定额是确定工程造价的依据

基本建设投资和工程造价的确定是根据工程的建设规模、工程数量以及相应定额中的各种资源消耗量来决定的。因此,定额是确定工程基本建设投资和造价的依据,是编制概、预算的依据。

3. 定额是企业经营核算、考核成本的依据

在施工过程中,定额起着严密的经济监督作用。执行定额,按定额规定签发任务单,就要求施工人员必须自觉遵守定额的人工、材料、机械台班、各种半成品以及行政管理费等各方面的规定,使其不超过规定的额度,并在保证工程质量的前提下力求节约。这样不仅控制了成本,而且为企业内部经济核算、考核成本提供了依据。

4.定额是工资核算、实行经济承包责任制的依据

定额明确规定了工人在一定工作时间内应当完成的生产任务。企业通过定额,可以把具体而又合理的生产任务落实到每个工人或班组。工人为了完成或超额完成定额,就必须不断提高操作水平,改进劳动组织,提高劳动效率。因此,定额不仅是加强施工管理、提高劳动效率的重要手段,而且还是工资核算、实行经济承包责任制的依据。

5.定额是总结推广先进生产方法的工具

由于定额是以先进的生产技术和合理的劳动组织为条件,对生产(施工)过程进行观察分析、综合制订而得,它反映了一定时期生产技术和劳动组织的先进合理程度。以定额标定的方法为手段,对落后的生产(施工)方法必然起到了有效的限制作用;推广一套比较完整的、优良的生产方法,作为生产中的范例,并组织工人群众学习和掌握,从而使劳动生产率获得普遍提高。

第二节 公路工程定额的分类

公路工程定额的种类很多,下面介绍按各种分类法进行分类的定额。其中按生产要素分类是基本的,按编制程序和用途分类的定额,实际上已包括了按生产要素分类的基本因素。公路工程定额的分类如图2-1所示。

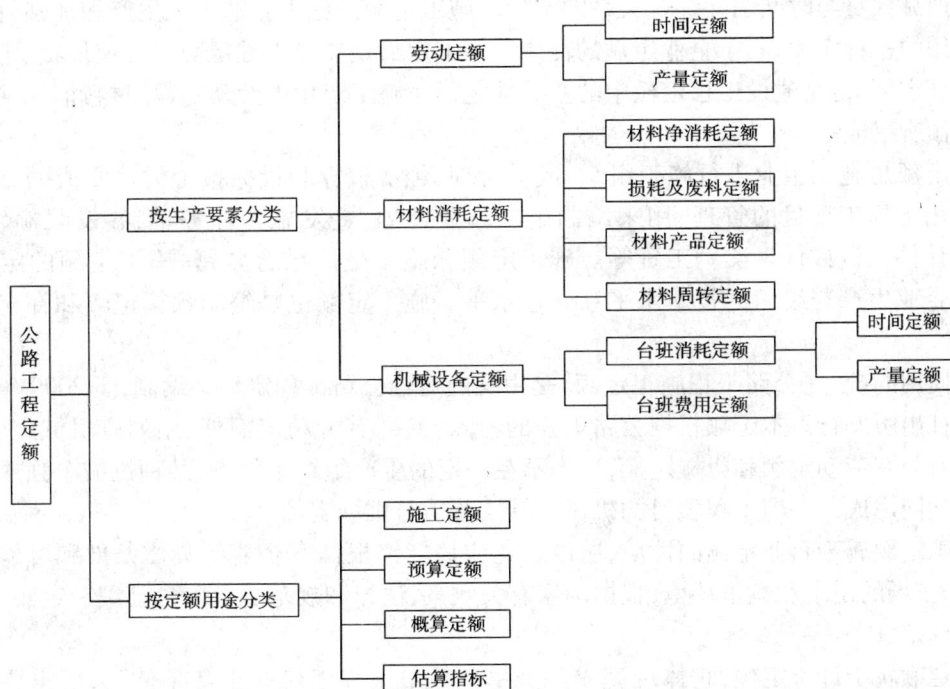

图2-1 公路工程定额分类

一、按生产要素内容分类

按生产要素可将定额分为**劳动定额**（亦称工时定额或劳动消耗定额）、**材料消耗定额**、**机械设备定额**。

1. 劳动定额

劳动定额也称人工定额，是在正常的施工技术和组织条件下，完成单位合格产品所必需的人工消耗量标准。

2. 材料消耗定额

材料消耗定额是指在合理和节约使用材料的条件下，生产单位合格产品所必须消耗的一定规格的材料、成品、半成品、配件、构件和水、电等资源的数量标准。其计算单位是以材料的实物计量单位表示，如 m、m^3、kg、t 等。

3. 机械设备定额

机械设备定额是指施工机械在正常施工条件下完成单位合格产品所必需的工作时间，如"台时"或"台班"等。它反映了合理地、均衡地组织劳动和使用机械时该机械在单位时间内的生产效率。

二、按编制程序和用途分类

按编制程序和用途可分为**施工定额**、**预算定额**、**概算定额**、**估算指标**等。

1. 施工定额

施工定额是属于施工企业内部使用的定额，以同一性质的施工过程——工序作为研究对象，表示生产产品数量与时间消耗综合关系的定额。施工定额是施工企业组织生产和加强管理在企业内部使用的一种定额，属于企业定额的性质。施工定额是建设工程定额中分项最细、定额子目最多的一种定额，也是建设工程定额中的基础性定额。施工定额由劳动定额、材料消耗定额和机械设备定额所组成。

施工定额是施工企业进行施工组织、成本管理、经济核算和投标报价的重要依据。施工定额直接应用于施工项目的管理，用来编制施工作业计划、签发施工任务单、签发限额领料单，以及结算计件工资或计量奖励工资等。施工定额和施工生产结合紧密，施工定额的定额水平反映施工企业生产与组织的技术水平和管理水平。施工定额也是编制预算定额和补充定额的基础。

目前使用的统一《公路工程施工定额》是由交通运输公路工程定额站编制，于 2009 年由人民交通出版社出版发行。本定额根据公路工程的特点，除列有劳动定额外，还列有机械定额，有的项目还同时列有劳动定额和机械定额，均表示在一定的生产组织条件下，某种机械单独或班组工人与机械共同完成某一项工程项目的机械定额或劳动与机械定额。

因施工定额属于企业定额的性质，所以企业应该能够根据本企业的具体条件和可能挖掘的潜力，根据市场的需求和竞争环境，根据国家有关政策、法律和规范、制度，自己编制定额。

2. 预算定额

预算定额属于计价定额，它体现完成一个单位数量工程细目在正常条件下，所需要消耗的工、料、机的数量标准。预算定额是以公路工程各个分项工程为对象编制的定额，是以施工定额为基础综合扩大编制的，采用的产品单位比施工定额大，如时间以工日、台班计，产品单位以 10m、$10m^3$ 等计。同时也是编制概算定额的基础。预算定额中的人工、材料和机械台班的消耗水平根据施工定额综合取定，定额项目的综合程度大于施工定额。预算定额是编制施工图预算的主要依据,是确定工程造价、控制建设工程投资的基础和依据,与施工定额不同,预算定额是社会性的,而施工定额则是企业性的。

3. 概算定额

概算定额是以扩大的分部分项工程为对象编制的定额,在预算定额的基础上加以综合扩大而成的。概算定额是编制设计概算、修正概算和确定建设项目投资额的依据;是进行设计方案经济比较和选择的必要依据,是主要材料申请计划的计算基础;也可作为编制估算指标的基础。

自 2008 年 1 月起实施的《公路工程预算定额》(JTG/T B06-02—2007)(以下简称预算定额)和《公路工程概算定额》(JTG/T B06-02—2007)(以下简称概算定额)是交通运输部组织编制、审批并颁发执行的全国性公路专业统一定额,是具有权威性的一项指标。这两个定额的主要区别是在编制深度上与设计阶段深度相适应,概算定额用于公路工程基本建设的初步设计阶段,预算定额则用于施工图设计阶段。但是,它们在编制原则、定额内容、表现形式和使用方法上都有若干相似之处。

4. 估算指标

投资估算指标通常是以独立的单项工程或完整的工程项目为对象编制确定的生产要素消耗的数量标准或项目费用标准,是根据近几年全国公路建设项目的设计资料和竣工文件,经分析、归纳和整理编制而成的。

估算指标的作用主要是为公路基本建设项目建议书和可行性研究报告的投资估算,或为经济效益评价提供造价计算依据而编制的。现行的是交通运输部 2011 年颁布实施的《公路工程估算指标》(JTG/T M21—2011)。

三、按编制单位和适用范围分类

按编制单位和适用范围不同可分为:**国家定额、行业定额、地区定额和企业定额**。

1. 国家定额

国家定额是指由国家建设行政主管部门组织,依据有关国家标准和规范,综合全国工程建设的技术和管理状况等编制和发布,在全国范围内使用的定额。

2. 行业定额

行业定额是指由行业建设行政主管部门组织,依据有关行业标准和规范,考虑行业工程建设特点等情况所编制和发布的,在本行业范围内使用的定额。

3. 地区定额

地区定额是指由地区建设行政主管部门组织,考虑地区工程建设特点和情况制订发布的,在本地区内使用的定额。

4. 企业定额

企业定额是指由施工企业自行组织,主要根据企业的自身情况,包括人员素质、机械装备程度、技术和管理水平等编制,在本企业内部使用的定额。

四、按投资的费用性质分类

按照投资的费用性质,可将建设工程定额分为建筑工程定额、设备安装工程定额、建筑安装工程费用定额、工器具定额以及工程建设其他费用定额等。

◆ 请练习[思考题 2-2]

学习记录

第三节 劳动定额的编制

劳动定额反映生产工人在正常施工条件下的劳动效率,表明每个工人为生产单位合格产品所必需消耗的劳动时间,或者在一定的劳动时间中所生产的合格产品。

一、劳动定额的编制

编制劳动定额主要包括拟定正常的施工条件以及拟定定额时间两项工作,但拟定定额时间的前提是对工人工作时间按其消耗性质进行分类研究。

1. 工人工作时间消耗的分类

工作时间主要指工作班延续时间,即工人在一个工作日(班)内从事生产活动所占用的时间。对于公路工程施工,潜水工作每工日以 6h、隧道工作每工日以 7h、其余的每工日均以 8h 计算。

工人在工作班内消耗的工作时间,按其消耗的性质,基本可以分为两大类:**必需消耗的时间和损失时间**。

必需消耗的时间是指工人在正常施工条件下,为完成一定产品(工作任务)所消耗的时间。它是制订定额的主要依据。

损失时间,是与产品生产无关,而与施工组织和技术上的缺陷有关,与工人在施工过程中的个人过失或某些偶然因素有关的时间消耗。

工人工作时间的分类如图 2-2 所示。

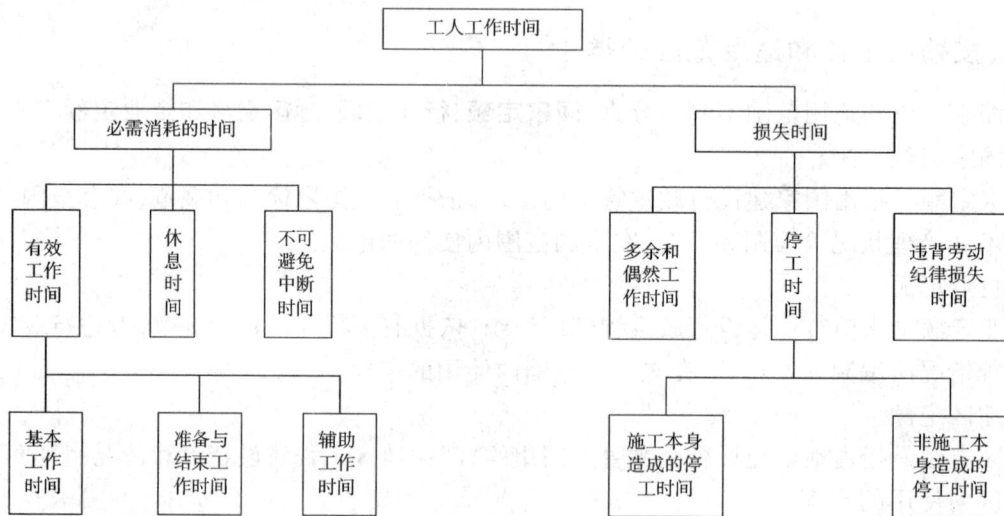

图 2-2 工人工作时间分类图

(1)必需消耗的工作时间

必需消耗的工作时间包括有效工作时间、休息时间和不可避免的中断时间。

①有效工作时间

有效工作时间是从生产效果来看与产品生产直接有关的时间消耗。包括基本工作时间、辅助工作时间、准备与结束工作时间。

基本工作时间是工人完成一定产品的施工工艺过程所消耗的时间,基本工作时间所包括的内容依据工作性质各不相同,基本工作时间的长短与工作量大小成正比例。

辅助工作时间是指为保证基本工作顺利完成所消耗的时间。在辅助工作时间里,不能使产品的形状大小、性质或位置发生变化。例如钢筋弯制成型过程中丈量尺寸所消耗的时间,工具的校正和修磨、机械润滑等消耗的时间。辅助工作时间的结束,往往就是基本工作时间的开始。辅助工作一般是手工操作,但如果在机手并动的情况下,辅助工作是在机械运转过程中进行的,为避免重复则不应再计辅助工作时间的消耗。

学习记录

准备与结束工作时间是执行前或任务完成后所消耗的工作时间。如工作地点、劳动工具和劳动对象的准备工作时间,工作结束后的整理工作时间等。准备与结束工作时间的长短与所担负的工作量大小无关,但往往和工作内容有关。准备与结束工作时间可以分为班内的准备与结束工作时间和任务的准备与结束工作时间。班内的准备工作,是指在每一个工作班之前(之后)所必需的活动,如机械生火(灭火)及布置工作场地(清理现场)等。任务内的准备工作,是指同类工作开始之前的准备活动,它不随工班而定期重复,与工作量大小无直接关系。如开工前熟悉图纸、改换较大的工具、变更平地机刮刀的角度等。

②不可避免的中断时间

不可避免的中断时间是指由于施工工艺特点引起的工作中断所必需的时间。是与施工过程、工艺特点有关的工作中断时间,如铲运机的转头、汽车等待装货、工人从较长施工段的终点返回起点等,不可避免的中断时间应包括在定额时间内,但应尽量缩短此项时间消耗。与工艺特点无关的工作中断所占时间,是由于劳动组织不合理引起的,属于损失时间,不能计入定额时间。

③休息时间

休息时间是工人在工作过程中为恢复体力所必需的短暂休息和生理需要的时间消耗。这种时间是为了保证工人精力充沛地进行工作,所以在定额时间中必须进行计算。休息时间的长短和劳动条件有关,劳动越繁重紧张、劳动条件越差(如高温),则休息时间越长,反之则越短。

(2)损失时间

损失时间包括多余和偶然工作、停工、违背劳动纪律所引起的损失时间。

①多余工作是指工人进行了任务以外而不能增加产品数量的工作。多余工作的工时损失,一般都是由于工程技术人员和工人的差错而引起的,因此,不应计入定额时间。如返工、出废品、找常用工具等。偶然工作也是工人在任务外进行的工作,但能够获得一定产品。由于偶然工作能获得一定产品,拟定定额时要适当考虑它的影响。

②停工时间是工作班内停止工作造成的工时损失。停工时间按其性质可分为施工本身造成的停工时间和非施工本身造成的停工时间两种。施工本身造成的停工时间,是由于施工组织不善、材料供应不及时、工作面准备工作做得不好、工作地点组织不良等情况引起的停工时间。非施工本身造成的停工时间,是指由于水源、电源中断引起的停工时间。前一种情况在拟定定额时不应该计算,后一种情况定额中则应给予合理的考虑。

③违背劳动纪律造成的工作时间损失,是指工人在工作班开始和午休后的迟到、午饭前和工作班结束前的早退、擅自离开工作岗位、工作时间内聊天或办私事等造成的工作时间损失。此项工时损失不允许存在,因此,在定额中是不能考虑的。

◆ **请练习[思考题 2-3]**

2.拟定正常的施工条件

拟定施工的正常条件,就是要规定执行定额时应该具备的条件,正常条件若不能满足,则可能达不到定额中的劳动消耗量标准,因此,正确拟定施工的正常条件有利于定额的实施。

拟定施工的正常条件包括:拟定施工作业的内容;拟定施工作业的方法:拟定施工作业地点的组织;拟定施工作业人员的组织等。

3. 拟定施工作业的定额时间

施工作业的定额时间,是在拟定基本工作时间、辅助工作时间、准备与结束时间、不可避免的中断时间以及休息时间的基础上编制的。

上述各项时间是以时间研究为基础,通过时间测定方法,得出相应的观测数据,经加工整理计算后得到的。计时测定的方法有许多种,如测时法、写实记录法、工作日写实法等。

二、劳动定额的形式

劳动定额按表现形式的不同可分为**时间定额**和**产量定额**两种形式。

1. 时间定额

时间定额,就是某种专业,某种技术等级工人班组或个人,在合理的劳动组织和合理的使用材料的条件下,完成单位合格产品所必需的工作时间,包括准备与结束时间、基本工作时间、辅助工作时间、不可避免的中断时间以及工人必需的休息时间。其计量单位为:工时单位/产品单位,如工日/$10m^3$、工日/$1000m^2$、工日/座等。其计算方法如式(2-1)或(2-2)所示:

$$单位产品时间定额 = \frac{小组成员工日数总和}{完成合格产品数量} \tag{2-1}$$

$$单位产品时间定额 = \frac{1}{每工产量} \tag{2-2}$$

2. 产量定额

产量定额,就是在合理的劳动组织和合理的使用材料的条件下,某种专业,某种技术等级工人班组或个人在单位工日中所应完成的合格产品数量。其计量单位为:产品单位/工时单位,如m^3/工日、km^2/工日、座/工日等。其计算方法如下:

$$每工产量 = \frac{1}{单位产品时间定额} \tag{2-3}$$

从式(2-3)中可知,时间定额与产量定额具有互为倒数,即:

$$时间定额 = \frac{1}{产量定额} \tag{2-4}$$

【例2-1】 生产某产品的工人小组由5人组成,每个小组的成员工日数为1工日,完成的合格产品数量为$40m^2$,则时间定额应为多少?

【解】 根据公式2-1可得时间定额应为$\frac{1 \times 5}{40} = 0.125$ 工日/m^2。

【例2-2】 生产某产品的工人小组由10人组成,产量定额为$2m^3$/工日,则时间定额应为多少?

【解】 根据时间定额与产量定额的关系可知,时间定额应为0.5 工日/m^3。

三、劳动定额的制订方法

劳动定额是根据国家的经济政策、劳动制度和有关技术文件及资料制订的。制订劳动定额,常用的方法有四种。

1. 技术测定法

技术测定法是根据生产技术和施工组织条件,对施工过程中的各工序采用测时法、写实记录法、工作日写实法,测出各工序的工时消耗等资料,再对所获得的资料进行科学的分析,制订出劳动定额的方法。

2. 统计分析法

统计分析法是把过去施工生产中的同类工程或同类产品的工时消耗的统计资料,与当前生产技术和施工组织条件的变化因素结合起来,进行统计分析的方法。这种方法简便易行,适用于施工条件正常、产品稳定、工序重复量大和统计工作制度健全的施工过程。但是,过去的记录只是实耗工时,不反映生产组织和技术状况。所以,在这样条件下求出的定额水平,只是已达到的劳动生产率水平,而不是平均先进水平。实际工作中,必须分析研究各种变化因素,使定额能真实地反映施工生产平均先进水平。

学习记录

3. 比较类推法

对于同类型产品规格多、工序重复、工作量小的施工过程,常用比较类推法。采用此法制订定额是以同类工序和同类产品的实耗工时为标准,类推出相似项目定额水平的方法。此法必须掌握类似的程度和各种影响因素的异同程度。

4. 经验估计法

根据定额专业人员、经验丰富的工人和施工技术人员的实际工作经验,参考有关定额资料,对施工管理组织和现场技术条件进行调查、讨论和分析制订定额的方法,叫做经验估计法。经验估计法通常作为一次性定额使用。

◆ 请练习[思考题 2-4]

第四节 材料消耗定额的编制

材料消耗定额是指在合理和节约使用材料的条件下,生产单位合格产品所必须消耗的一定规格的材料、成品、半成品、配件、构件和水、电等资源的数量标准。它包括材料的净用量和必要的工艺性损耗及废料数量。例如在浇制混凝土构件或砌体浆砌时,所需混凝土混合料或砂浆混合料在搅拌运输过程中不可避免的损耗,以及振捣后体积变得密实,则每立方米实体的混凝土产品就需要耗用 $1.01 \sim 1.02 \mathrm{m}^3$ 混凝土混合材料。

材料消耗定额指标的组成,按其使用性质、用途和用量大小划分为四类。

(1)主要材料,指直接构成工程实体的材料。

(2)辅助材料,直接构成工程实体,但比重较小的材料。

(3)周转性材料(又称工具性材料),指施工中多次使用但并不构成工程实体的材料,如模板、支架等。

(4)零星材料,指用量小、价值不大、不便计算的次要材料,可用估算法计算。

一、材料消耗定额的编制

编制材料消耗定额,主要包括确定直接使用在工程上的材料净用量和在施工现场内运输及操作过程中的不可避免的废料和损耗。

1. 材料净用量的确定

材料净用量的确定,一般有以下几种方法。

(1)理论计算法

理论计算法是根据设计、施工验收规范和材料规格等,从理论上计算材料净用量。

(2)测定法

根据试验情况和现场测定的资料数据确定材料净用量。

(3)图纸计算法

根据选定的图纸,计算各种材料的体积、面积、延长米或重量。

（4）经验法

根据历史上同类项目的经验进行估算。

2. 材料损耗量的确定

材料的损耗一般以损耗率表示。材料损耗率可以通过观察法或统计法计算确定。

$$损耗率 = \frac{损耗量}{净用量} \times 100\% \tag{2-5}$$

一般材料消耗定额的基本计算公式为：

$$材料消耗定额 = 净用量 + 损耗量 = 净用量 \times (1 + 损耗率) \tag{2-6}$$

【例2-3】 某建设工程使用 C30 混凝土 $500m^3$，混凝土的损耗率为 2%，则该混凝土的定额消耗量应为多少？水泥、砂和碎石的消耗量又为多少？

【解】 根据公式(2-6)可得混凝土的定额消耗量为：

混凝土定额用量 $= 500 \times (1 + 2\%) = 510m^3$

根据《公路工程预算定额》附录二中混凝土配合比表，并按材料消耗定额计算公式可计算得水泥、砂和碎石的消耗量为：

42.5 级水泥 $= 500 \times (1 + 2\%) \times 0.355 = 181.05t$

中（粗）砂 $= 500 \times (1 + 2\%) \times 0.46 = 234.60m^3$

4cm 碎石 $= 500 \times (1 + 2\%) \times 0.84 = 428.40m^3$

二、周转性材料消耗定额的编制

周转性材料指在施工过程中多次使用、周转的工具性材料，如钢筋混凝土工程用的模板，搭设脚手架用的钢材、木材等，挖土方工程用的挡土板等。

周转性材料消耗一般与下列四个因素有关：

（1）第一次制造时的材料消耗（一次使用量）。

（2）每周转使用一次材料的损耗（第二次使用时需要补充）。

（3）周转使用次数。

（4）周转材料的最终回收及其回收折价。

材料周转定额，即周转性材料（如模板、支架的木材）的周转定额，它是指周转性材料在施工中合理使用的次数和用量标准。定额中周转材料消耗量指标的表示，应当用一次使用量和摊销量两个指标表示。一次使用量是指周转性材料在不重复使用时的一次使用量，供施工企业组织施工用；摊销量是指周转性材料退出使用，应分摊到每一计量单位的结构构件的周转性材料消耗量，供施工企业成本核算或投标报价使用。

现行《公路工程预算定额》中规定，周转性材料一般均按正常周转次数摊入定额之中，即：

$$定额用量 = \frac{图纸一次使用量 \times (1 + 场内运输及操作损耗)}{周转次数（或摊销次数）} \tag{2-7}$$

第五节　机械设备定额的编制

一、机械设备定额的形式

机械设备定额按表现形式的不同也可分为机械时间定额和机械产量定额两种形式。

1.机械时间定额

机械时间定额是指在合理的劳动组织与合理使用机械条件下,完成单位合格产品所必需的工作时间,包括有效工作时间(正常负荷下的工作时间和降低负荷下的工作时间),不可避免的中断时间,不可避免的无负荷工作时间。机械时间定额以"台班"表示,即一台机械工作一个作业班时间。一个作业班时间为8h。

$$单位产品机械时间定额(台班) = \frac{1}{台班产量} \tag{2-8}$$

由于机械必须由工人小组配合,所以完成单位合格产品的时间定额,同时列出了人工时间定额。即:

$$单位产品人工时间定额(工日) = \frac{小组成员总人数}{台班产量} \tag{2-9}$$

【例2-4】 某斗容量$1m^3$正铲挖土机的机械台班产量为4.96(定额单位$100m^3$),小组成员两人,则挖$100m^3$土的机械时间定额和人工时间定额各为多少?

【解】 根据公式(2-8)和公式(2-9)可得:

$$单位产品机械时间定额(台班) = \frac{1}{台班产量} = \frac{1}{4.96} = 0.202 \ 台班$$

$$单位产品人工时间定额(工日) = \frac{小组成员总人数}{台班产量} = \frac{2}{4.96} = 0.40 \ 工日$$

2.机械产量定额

机械产量定额是指在合理的劳动组织与合理使用机械条件下,机械在每个台班时间内,应完成合格产品的数量。

$$机械台班产量定额 = \frac{1}{机械时间定额(台班)} \tag{2-10}$$

机械产量定额与机械时间定额是互为倒数关系。

3.定额表示方法

施工机械定额在《公路工程概、预算定额》中,一般是以时间定额的形式表示,但在《公路工程施工定额》中,通常用复式表示法的形式表示,形式为:$\frac{机械台班时间定额}{机械台班产量定额}$。

◆ **请练习[思考题2-5]**

二、机械设备定额的编制

1.机械工作时间消耗的分类

机械工作时间消耗,按其性质可分为两大类:必需消耗的时间和损失时间,如图2-3所示。

(1)必需消耗的时间

在必需消耗的工作时间里,包括有效工作、不可避免的无负荷工作和不可避免的中断三项时间消耗。而在有效工作的时间消耗中又包括正常负荷下、有根据地降低负荷下的工时消耗。

正常负荷下的工作时间,是指机械在与机械说明书规定的计算负荷相符的情况下进行工作的时间。

有根据地降低负荷下的工作时间,是指在个别情况下由于技术上的原因,机械在低于其计算负荷下工作的时间。例如,汽车运输质量轻而体积大的货物时,不能充分利用汽车的载重吨位因而不得不降低其计算负荷。

不可避免的无负荷工作时间,是指由施工过程的特点和机械结构的特点造成的机械无负荷工作时间。例如筑路机在工作区末端调头等,都属于此项工作消耗。

不可避免的中断工作时间,是与工艺过程特点、机械的使用和保养、工人休息有关的中断时间。

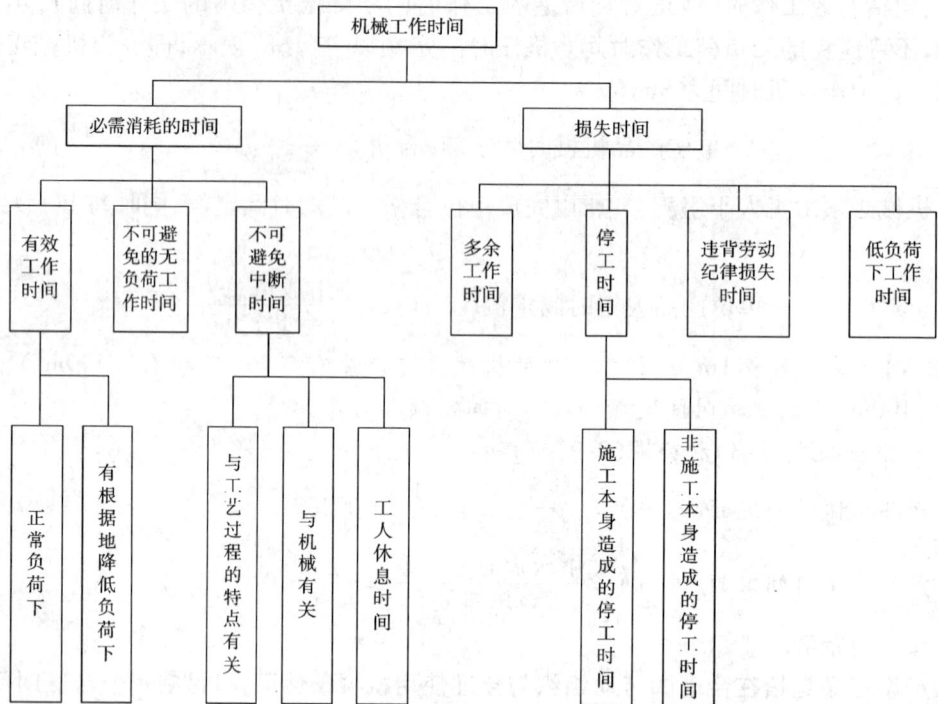

图 2-3 机械工作时间分类图

与工艺过程的特点有关的不可避免的中断工作时间,有循环的和定期的两种。循环的不可避免中断,是在机械工作的每一个循环中重复一次。如汽车装货和卸货的停车。定期的不可避免中断,是经过一定时期重复一次。比如把机械由一个工作地点转移到另一个工作地点时的工作中断。

与机械有关的不可避免中断工作时间,是由于工人进行准备与结束工作或辅助工作时,机械停止工作而引起的中断工作时间。它是与机械的使用和保养有关的不可避免中断时间。

工人休息时间前面已作说明。要注意的是应尽量利用与工艺过程有关的和与机械有关的不可避免中断时间进行休息,以充分利用工作时间。

(2)损失的工作时间

损失的工作时间包括多余工作、停工、违背劳动纪律所消耗的工作时间和低负荷下的工作时间。

机械的多余工作时间,是机械进行任务内和工艺过程内未包括的工作和延续的时间。如工人没有及时供料而使机械空运转的时间。

机械的停工时间,按其任务也可分为施工本身造成和非施工本身造成的停工。前者是由于施工组织的不好而引起的停工现象,如由于未及时供给机械燃料而引起的停工。后者是由于气候条件所引起的停工现象,如暴雨时压路机的停工。上述停工中延续的时间,均为机械的停工时间。

违背劳动纪律所引起的机械时间损失,是指由于工人迟到或早退或擅离岗位等原因引起的机械停工时间。

低负荷下的工作时间,是由于工人或技术人员的过错所造成的施工机械在降低负荷的情况下工作的时间。例如,工人装车的砂石数量不足引起的汽车在降低负荷的情况下工作所延续的时间。此项工作时间不能作为计算定额时间的基础。

2. 机械设备定额的编制内容

（1）拟定机械工作的正常施工条件，包括工作地点的合理组织、施工机械作业方法的拟定、配合机械作业的施工小组的组织以及机械工作班制度等。

（2）确定机械净工作生产率，即机械纯工作一小时的正常生产率。

（3）确定机械的利用系数。机械的正常利用系数指机械在施工作业班内对作业时间的利用率。

$$\text{机械利用系数} = \frac{\text{工作班净工作时间}}{\text{机械工作班时间}} \qquad (2\text{-}11)$$

（4）计算机械台班定额。施工机械台班产量定额的计算如下：

$$\text{施工机械台班产量定额} = \text{机械净工作生产率} \times \text{工作班延续时间} \times \text{机械利用系数} \qquad (2\text{-}12)$$

$$\text{施工机械时间定额} = \frac{1}{\text{施工机械台班产量定额}} \qquad (2\text{-}13)$$

（5）拟定工人小组的定额时间。工人小组的定额时间指配合施工机械作业工人小组的工作时间总和。

$$\text{工人小组定额时间} = \text{施工机械时间定额} \times \text{工人小组的人数} \qquad (2\text{-}14)$$

第六节　施工定额和企业定额的编制

一、施工定额的编制

施工定额是建筑安装工人或工人小组在合理的劳动组织和正常施工条件下，为完成单位合格产品所需消耗的人工、材料、机械的数量标准。

1. 施工定额的作用

施工定额是施工企业管理工作的基础，也是建设工程定额体系的基础。施工定额在企业管理中的基础作用主要表现在以下几个方面。

（1）施工定额是企业计划管理的依据。表现为施工定额是企业编制施工组织设计的依据，也是施工企业编制施工工作计划的依据。

（2）施工定额是组织和指挥施工生产的有效工具。企业通过下达施工任务书和限额领料单来实现组织管理和指挥施工生产。

（3）施工定额是计算工人劳动报酬的依据。工人的劳动报酬是根据工人的劳动数量和质量来计量的，而施工定额为此提供了一个衡量标准，它是计算工人计件工资的基础，也是计算奖励工资的基础。

（4）施工定额有利于推广先进技术。施工定额水平中包含着某些已成熟的先进的施工技术和经验，工人要达到和超过定额，就必须掌握和应用这些先进技术，如果工人想大幅度超过定额，就必须创造性地劳动。

（5）施工定额是编制施工预算，加强企业成本管理和经济核算的基础。

2. 施工定额的编制

（1）施工定额的编制原则

①施工定额水平必须遵循平均先进原则

所谓平均先进水平，是指在正常的生产条件下，多数施工班组或生产者经过努力可以达到，少数班组或生产者可以接近,个别班组或生产者可以超过的水平。通常这种水平低于先进水平,略高于平均水平,平均先进水平是一种鼓励先进、勉励中间、鞭策后进的定额水平。只有贯彻"平均先进"的原则,才能促进企业的科学管理和不断提高劳动生产率,进而达到提高企业经济效益的目的。

②定额的结构形式简明适用原则

所谓简明适用是指定额结构合理,定额步距大小适当,文字通俗易懂,计算方法简便,易为群众掌握运用,具有多方面的适用性,能在较大的范围内满足不同情况、不同用途的需要。

（2）编制施工定额前的准备工作

编制施工定额是一项非常复杂的工作,事先必须做好充分的准备和全面规划。编制前的准备工作一般包括以下几个方面的内容。

①明确编制任务和指导思想。

②系统整理和研究日常积累的定额基本资料。

③拟定定额编制方案,确定定额水平、定额步距、表达方式等。

（3）施工定额的编制

施工定额包括劳动定额、材料消耗定额和机械设备定额,具体编制方法见劳动定额、材料消耗定额和机械设备定额的方法。

二、企业定额的编制

企业定额是施工企业根据本企业的技术水平和管理水平,编制制订的完成单位合格产品所必需的人工、材料、施工机械台班消耗量,以及其他生产经营要素消耗的数量标准。企业定额反映企业的施工生产与生产消耗之间的数量关系,是施工企业生产力水平的体现。企业的技术和管理水平不同,企业定额的定额水平也就不同。因此,企业定额是施工企业进行施工管理和投标报价的基础和依据,也是企业核心竞争力的具体表现。

1. 企业定额的作用

随着我国社会主义市场经济体制的不断完善,工程造价管理制度改革的不断深入,企业定额将日益成为施工企业进行管理工作的重要工具。

（1）企业定额是施工企业计算和确定施工成本的依据,是企业进行成本管理、经济核算的基础。企业定额是根据本企业的人员技能、施工机械装备程度、现场管理和企业管理水平制订的,按企业定额计算得到的工程费用是企业进行施工生产所需的成本。在施工过程中,对实际施工成本的控制和管理,就应以企业定额作为控制的计划目标数开展相应的工作。

（2）企业定额是施工企业进行工程投标、编制工程投标价格的基础和主要依据。企业定额的定额水平反映出企业施工生产的技术水平和管理水平,在确定投标价格时,首先是依据企业定额计算出施工企业拟完成投标工程需发生的计划成本。在掌握工程成本的基础上,再根据所处的环境和条件,确定在该工程上拟获得的利润、预计的风险和其他应考虑的因素,从而确定投标价格。因此,企业定额是施工企业编制投标报价的基础。

（3）企业定额是施工企业编制施工组织设计的依据。企业定额可以应用于工程的施工管理,用于签发施工任务单、签发限额领料单以及结算计件工资或计量奖励工资等。企业定额直接反映本企业的施工生产力水平。运用企业定额可以更合理地组织施工生产,有效确定和控制施工中人力、物力消耗,节约成本开支。

2. 企业定额编制原则

施工企业在编制企业定额时应依据本企业的技术能力和管理水平,以基础定额为参照和指导,测定计算完成分项工程或工序所必需的人工、材料和机械台班消耗量,准确反映本企业的施工生产力水平。

目前,为适应我国推行工程量清单计价办法,企业定额可采用基础定额的形式,按统一的工程量计算规则、统一规划的项目、统一的计量单位进行编制。

在确定人工、材料和机械台班消耗量以后,需按选定的市场价格,包括人工价格、材料、机械台班价格等编制分项工程单价和分项工程综合单价。

3. 企业定额编制方法

编制企业定额最关键的工作是确定人工、材料和机械台班的消耗量,以及计算分项工程单价的综合单价。具体测定和计算方法同前述施工定额的编制。

人工消耗量的确定,首先是根据企业环境,拟定正常的施工作业条件,分别计算测定基本用工和其他用工的工日数,进而拟定施工作业的定额时间。

确定材料消耗量,是通过企业历史数据的统计分析、理论计算、实验试验、实地考察等方法计算确定材料(包括周转材料)的净用量和损耗量,从而拟定材料消耗的定额。

机械台班消耗量的确定,同样需要按照企业环境,拟定机械工作的正常施工条件,确定机械净工作效率和利用系数,据此拟定施工机械作业的定额台班和与机械作业相关的工人小组的定额时间。

第七节　预算定额的编制

一、预算定额的编制

预算定额是以施工定额为基础,按完成某一分项工程的内容将施工定额的有关工序加以综合制订的。预算定额子目的综合程度大于施工定额,从而可以简化施工图预算的编制工作。

预算定额项目中的人工、材料和施工机械台班消耗量指标,应根据编制预算定额的原则、依据,采用理论与实际相结合、图纸计算与施工现场测算相结合、编制定额人员与现场工作人员相结合等方法进行计算。

预算定额考虑了材料周转和摊销次数,并包含了更多的可变因素,如材料场内运输及操作损耗以及人工机械幅度差。其中人工、机械定额,考虑到一些琐碎的工作难以一一计算,而且在施工中可能出现一些事先无法估算的工作及影响效率的各种因素,因此人工工日和机械台班数,在施工定额综合后的数量上增加了一定的百分数,即幅度差。

二、单位基价的编制

在拟定的预算定额的基础上,还需要根据《公路工程基本建设项目概预算编制办法》规定的基期年和基期的工资、物价水平计算确定相应的人工、材料和施工机械台班的费用,并将相应的人工费、材料费和施工机械使用费累加,得到拟定预算定额中每一分部分项工程的基价,这一过程称为单位基价的编制。

分部分项工程的定额基价,是用定额规定的分部分项工程的人工、材料、机械的消耗量,分别乘以基期的人工价格、材料价格、机械台班价格,从而得到分部分项工程的人工费、材料费和机械使用费,并将三者汇总而成的。单位基价表的编制公式为:

分部分项工程基价 = 分部分项工程人工费 + 分部分项工程材料费 + 分部分项工程机械费

$$= \sum(人工定额消耗量 \times 人工单价) + \sum(材料定额消耗量 \times 材料价格)$$

$$+ \sum (机械台班定额消耗量 \times 机械台班单价) \qquad (2\text{-}15)$$

现行的《公路工程概预算编制办法》(JTG B06—2007)规定,《公路工程概预算定额》表中的定额基价中的工、料、机单价是按 2007 年北京市的单价计算的,其具体数额可参阅《公路工程预算定额》附录四。

第八节 概算定额的编制

概算定额是以预算定额为基础,根据通用设计和标准图等,经过适当综合扩大而编制的,它是确定一定计量单位的扩大分项工程的工、料、机消耗量的数量标准。

一、概算定额的作用

概算定额是在初步设计阶段编制设计概算或技术设计阶段编制修正概算的依据,是确定建设工程项目投资额的依据。概算定额可用于进行设计方案的技术经济比较,也是编制估算指标的基础。

二、编制概算定额的一般要求

(1)概算定额的编制深度要适应设计深度的要求。由于概算定额是在初步设计阶段使用,受初步设计的设计深度所限制,因此定额项目划分应坚持简化、准确和适用的原则。

(2)概算定额的水平的确定应与基础定额、预算定额的水平基本一致。它必须反映在正常的条件下,大多数企业的设计、生产、施工管理水平。

三、概算定额的编制方法

1.定额计量单位的确定

概算定额是在预算定额的基础上加以综合而成,因而产品常使用更大的单位来表示,如小桥涵以座(道)、桥梁上部构造以标准跨径、黑色碎石路面以公路千米为单位等。

2.确定概算定额与预算定额的幅度差

由于概算定额是在预算定额的基础上进行适当的合并与扩大而成的,因此,在工程量取值、工程的标准和施工方法确定上需综合考虑,且定额与实际应用必然会产生一些差异。这种差异允许预留一个合理的幅度差,以便依据概算定额编制的设计概算能控制住施工图预算。概算定额与预算定额之间的幅度差,一般控制在 5% 以内。

3.定额小数取位

概算定额小数取位与预算定额相同。

思 考 题

2-1 什么叫定额? 公路工程定额有什么特点? 又有什么作用?

2-2 公路工程定额可分为哪几类?

2-3 工人工作时间可分为哪几类?

2-4 劳动定额的制订方法有哪些?

2-5 劳动消耗定额和机械台班定额的表现形式有哪些? 其关系如何?

第三章 DISANZHANG

▶▶▶ 公路工程定额的应用

📖 本章导读

　　在公路工程建设生产过程中,每个阶段都要根据项目的特点套用相应的定额,定额应用正确与否直接影响工程的造价。为了正确使用定额,必须对定额进行全面了解,深刻理解定额,熟练掌握定额。在学习各类定额的过程中,往往需要通过实例编制造价文件来熟练地应用定额。公路工程建设过程中应用的定额种类较多,如《估算指标》、《概算定额》、《预算定额》、《施工定额》、和《公路工程机械台班费用定额》。这些定额应用时既有区别又有联系。基于篇幅所限,本章重点介绍现行的《预算定额》和《公路工程机械台班费用定额》的应用,其他的定额可参考本章介绍的方法使用。

📖 学习目标

　　有关定额中各种说明及示例。

📖 学习重点

　　1.公路工程预算定额总说明、路基工程、路面工程、桥涵工程、隧道工程、临时工程定额的说明及其应用;

　　2.公路预算定额附录的内容及其应用;

　　3.概预算定额应用的注意事项。

📖 学习难点

　　1.路基工程定额的说明及其应用;

　　2.桥涵工程定额的说明及其应用。

本章学习计划

内　　容	建议自学时间（学时）	学习建议	学习记录
第一节　定额应用概述			
第二节　概、预算定额的组成和定额表	1.0		
第三节　《预算定额》的总说明及其应用			
第四节　路基工程预算定额的说明及其应用	1.0	在学习定额章节说明后应重点掌握综合例题3-4	
第五节　路面工程预算定额的说明及其应用	1.0	在学习定额章节说明后应重点掌握综合例题3-20	
第六节　隧道工程预算定额的说明及其应用	0.5		
第七节　桥涵工程预算定额的说明及其应用	1.0	在学习定额章节说明后应重点掌握综合例题3-31、3-34、3-42	
第八节　防护工程预算定额的说明及其应用	0.5		
第九节　交通工程及沿线设施预算定额的说明及其应用			
第十节　临时工程预算定额的说明及其应用	1.0		
第十一节　材料采集及加工预算定额的说明及其应用			
第十二节　材料运输预算定额的说明及其应用			
第十三节　公路预算定额附录的内容及其应用	1.0	结合例题3-56、3-57重点掌握附录二砂浆及混凝土配合比表的应用	
第十四节　概、预算定额应用的注意事项			
第十五节　公路工程机械台班费用定额	1.0	重点掌握机械台班费用的组成及其台班单价的计算	

第一节 定额应用概述

一、应用定额的步骤

所谓应用定额,就是平时所说的"查定额",是根据编制概、预算的具体条件和目的,查得需要的、正确的定额的过程。为了正确地应用定额,首先,必须反复学习定额、熟练地掌握定额;其次,必须收集并熟悉国家主管部门有关定额应用方面的文件和规定。以此为前提,应用定额的基本步骤如下:

(1)根据应用定额的目的,确定所用定额的种类(是概算定额、预算定额、施工定额还是估算指标)。

(2)根据概(预)算项目表,依次按目、节确定欲查定额的项目名称,再据以在《定额》目录中找到其所在页次,并找到所需定额表。但要注意核查定额的工作内容、作业方式是否与施工组织设计相符。如人工开挖土这项作业,在《预算定额》路基工程中为[1-1-6]表,桥梁工程中为[4-1-1]表等。

(3)查到定额表后再做如下工作:

①看看表上"工程内容"与设计要求、施工组织要求是否有出入,若无出入,则可在表中找到相应的细目,并进一步确定子目(栏号)。

②检查定额表的计量单位与工程项目取定的计量单位是否一致、是否符合规定的工程量计算规则。

③看定额的总说明、章说明、节说明以及表下的小注是否与所查子目定额有关,若有关,则采取相应措施。

④根据设计图纸和施工组织设计检查一下,子目中有无需要抽换的定额,是否允许抽换,若需抽换,则进行具体抽换计算。

⑤依子目各序号确定各项定额值,可直接引用的就直接抄录,需计算的则在计算后抄录。

(4)重新按上述步骤复核。

(5)该项目的该细目定额查完后,再查该项目的另外细目的定额,依次完成后,再查另一项目的定额。

◆ 请练习[思考题 3-1]

二、定额应用的基本知识

1. 关于引用定额的编号

在《估算指标》、《概算定额》、《预算定额》中的定额表均是按工程项目不同,以章为单元将定额表有序的排列出来。在编制估算、概算、预算等造价文件时,需要根据定额表号采用简单的编号将所应用的定额表表示出来。一般采用[页-(章-节-表)-栏]的编制方法。

例如:编号[109-(2-1-7)-5、6]是指引用《预算定额》中的第 109 页第二章第一节表 7 中的第 5 栏和第 6 栏,即水泥含量为 5% 的水泥碎石压实厚度为 15cm 和每增减 1cm 的预算定额。这种编号方法对初学者来说检查方便,不易出错。

另一种编号方法是省去页号,按[章-节-表-/-栏]四符号法。例如《预算定额》中,浆砌片石基础的定额号为[4-5-2/-1]。而目前一般情况下采用计算机编制造价文件,在编制概、预算文件时,一般采用 8 位数进行编码,从左起第一位数代表章次,第二位至第三位代表节次,第四位至第五位代表表号，第六位至第八位代表栏号，如《预算定额》表[4-4-6/-120]可表示为40406120，表示《预算定额》第4章第4节第6个表第120栏。

定额的编号在估算、概算、预算文件编制中非常重要。一是可方便审查和复核人员利用定额编号快速查找，审核所用定额的准确性；二是定额编号可便于用计算机编制造价文件时使用；三是便于修编定额人员的统计工作。

2. 定额的套用

定额的套用分为定额的直接套用和复杂定额的套用。当设计的要求、工作内容及确定的工程项目完全与相应定额的工程项目符合时，可直接套用定额。但要特别注意各定额的总说明、章、节说明及定额表中小注的要求，注意阅读，以免发生错误。当设计图纸与一个定额的工程内容不符，可适当采用两个或两个以上的定额根据工程内容增减人工、材料、机械台班的消耗量时，属于复杂定额的套用。如应用《公路工程预算定额》时，已经确定用机动翻斗车运输，在确定软石的开挖与装车定额时，应考虑机动翻斗车运输石方的定额[1-1-8]中没有装车定额，根据小注的说明应该查阅人工开炸石方的定额[1-1-14]。这两个定额表必须同时应用，然后结合定额表的相关说明、小注调整定额。

3. 定额的调整与换算

定额是按一般正常合理的施工组织和正常的施工条件编制的，定额中所采用的施工方法和工程质量标准是根据国家现行公路工程施工技术及验收规范、质量评定标准及安全操作规程取定的。因此，在使用定额时不得因具体工程的施工组织、操作方法和材料消耗与定额规定的不同而变更定额。

当设计图纸及施工组织设计内容与定额中的工作内容、子目表中规定的内容、规格不符时，首先应仔细阅读定额的总说明、章说明、节说明及小注，确定是否需要调整及换算，以及如何调整和换算。

公路工程《预算定额》中常见的允许调整和换算的项目主要有水泥、石灰稳定土类基层配合比不同时的调整；砂浆、混凝土强度等级不同时的抽换；钢筋品种比例不同时的调整以及周转及摊销材料的换算等。

对于定额的调整与换算的具体方法，可参见后面几节的内容及相关计算示例。

4. 定额的补充

随着科学技术的发展，新结构、新工艺、新材料、新设备在公路工程上广泛使用。但是，定额的制订必须有一定的周期，在新定额未颁布以前，为了合理、正确地反映工程造价和经济效益，在现行的概、预算定额基础上，又编制了部颁补充定额、地区补充定额和个别工程项目的一次性补充定额等。所以查用现行定额时应注意该定额表左上方"工程内容"所包含的项目与实际工程项目是否完全一致，结构形式、施工工艺是否相同，以便正确选用补充定额，防止重算或漏算。

三、应用定额应注意的问题

(1)计量单位与项目的工程量单位之间应一致，特别是在抽换、增量计算时更应注意。

(2)当项目中有工、料、机消耗量与定额值不同时，其相应的基价也要做相应的变化。

(3)当查定额时，首先要鉴别工程项目是属于哪类工程，以免盲目随意确定而在表中找不到栏目、无法计算或错误引用定额。如"汽车运土"与"汽车运输（构件）"就是如此，前者为路基工程，而后者为桥梁工程。

(4)定额表中对某些物品规定按成品价格编制预算，如"其他工程"中的z形柱、铝合金标志等；而对某些物品则规定按半成品价格编制预算。

第二节　概、预算定额的组成和定额表

一、基本组成

现行的《公路工程概算定额》(JTG/T B6-01—2007)(以下简称《概算定额》)和《公路工程预算定额》(JTG/T B6-02—2007)(以下简称《预算定额》)的组成部分均包括:颁发定额的文件、总目录、总说明、各种工程的章说明、节说明、定额表。《预算定额》还包括附录。

定额的颁发文件,是指刊印在《概算定额》和《预算定额》前面的中华人民共和国交通部2007年第33号通告。是关于发布定额、施行日期、阐明定额性质、适用范围、负责解释的部门等的法令性文件。定额的解释权和管理权归交通部,而日常的解释和管理由交通部公路工程定额站负责。

《概算定额》包括路基工程、路面工程、隧道工程、涵洞工程、桥梁工程、其他工程及沿线设施、临时工程七章。

《预算定额》包括路基工程、路面工程、隧道工程、桥涵工程、防护工程、其他工程及沿线设施、临时工程、材料采集及加工、材料运输九章及附录。附录包括:路面材料计算基础数据,基本定额,材料周转及摊销,定额基价人工、材料单位质量、单价表四个内容,预算定额分上、下两册分别编制。

二、总说明及各章节说明的重要性

在《预算定额》和《概算定额》中编有"总说明"、"章说明"、"节说明"和附注,它们对于正确应用定额具有重要作用。要想准确而又熟练地运用定额,必须透彻地理解这些说明,而且争取全面记住。故需反复、认真地学习好这些说明。

定额的总说明是涉及定额使用方面的全面性的规定和解释,综合阐述了定额的编制原则、指导思想和编制依据、定额的作用;并对编制定额时已经考虑和没有考虑的因素、有关规定和使用方法作了介绍。《预算定额》的总说明有22条,《预算定额》共9章,有9个章说明,每章所含若干节,每节前面都有节说明。《概算定额》的总说明有23条;《概算定额》共7章,有7个章说明,每章所含若干节,每节前面也都有节说明。

定额的章说明主要介绍各章的工程内容及主要施工过程;定额子目的划分依据;工程量的计算方法和规则;计量单位;应扣除和应增加的部分以及计算的附表等,这部分内容是工程量计算及应用定额的基准,必须全面准确地掌握。

定额在各章中根据内容多少又进行了分节。各节都有相应的节说明。节说明主要是介绍本节工程项目的统一规定、工程内容、施工方法、允许抽换的规定、工程量计算规则等。

有些定额表的左下方还有附注,附注主要是针对某一项定额的补充说明或规定,并非所有定额都有,附注仅在那些需要说明而定额表中又难以表示清楚的定额后面出现。

要想准确又熟练地运用定额,要求概、预算专业人员和技术人员必须耐心、反复、全面地理解和牢记定额的总说明、各章说明、各节说明以及附注。当然,这需要一个较长的时间过程,特别是需要通过做习题的方式及与工作实践相结合的方式,来认真地学好这些说明,达到正确运用和熟练掌握定额的目的。由于各类定额中各章、节说明内容繁多,无法全部详细的介绍,本书在以后的几节中将对预算定额的说明进行扼要地介绍,以说明其重要性,同时为了进一步的理解和掌握

预算定额,各部分都适当的配以示例。

三、定额表

1. 定额表的组成内容

定额表是各类定额的最基本的组成部分,是定额指标数额的具体表示。在每个定额表中,人工的消耗量以合计工日数的形式表示;材料部分只列出主要材料的消耗量,次要、零星材料以"其他材料费"的形式表示;机械部分只列出主要施工机械的台班数量,非主要机械以"小型机具使用费"的形式表示。概算定额和预算定额的定额表格式基本相同。现将定额表的构成和主要栏目说明如下:

(1)表号及定额表名称

例如《预算定额》9 页中表[1-1-6]"人工挖运土方"(见教材表 3-1),这是定额表是基本形式,[1-1-6]为表号,指的是预算定额中第 1 章第 1 节中的第 6 个表,定额表的名称是"人工挖运土方"。

(2)工程内容

位于表的左上方,主要说明本定额表所包括的操作内容。查定额时,必须将实际发生的项目操作内容与表中的工程内容进行比较,若不一致时,应进行抽换或采取其他措施。

(3)工程项目计量单位

在定额表的右上角,是定额中规定的计量单位。如 $10m^3$、$10m^3$ 构件、$1000m^2$、$1km$、1 道涵长及每增减 $1m$ 等。

1-1-6 人工挖运土方　　　　　　　表 3-1

工程内容:1)挖松;2)装土;3)运送;4)卸除;5)空回　　　　　　单位:$1000m^3$ 天然密实方

顺序号	项　　目	单　位	代　号	第一个 20m 挖运			每增运 10m	
				松土	普通土	硬土	人工挑抬	手推车
				1	2	3	4	5
1	人工	工日	1	122.6	181.1	258.5	18.2	7.3
2	基价	元	1999	6032	8910	12718	895	359

注:①当采用人工挖、装,机动翻斗车运输时,其挖、装所需的人工按第一个 20m 挖运定额减去 30.0 工日计算。

②当采用人工挖、装、卸,手扶拖拉机运输时,其挖、装、卸所需人工按第一个 20m 挖运定额计算。

③如遇升降坡时,除按水平距离计算运距外,并按表 3-2 增加运距:

表 3-2

项　　目	升 降 坡 度	高 度 差	
		每升高 1m	每降低 1m
人工挑抬	0%～10%	7m	不增加
	11%～30%	10m	4m
	30%以上		7m
手推车运输	0%～5%	15m	不增加
	6%～10%	25m	5m
	10%以上		8m

(4)顺序号

位于定额表的最左侧,表征人工、材料、机械及费用的顺序号,起简化说明的作用。

（5）项目

即本定额表的工程所需人工、材料、机具、费用的名称、规格等。项目中的材料总重量是指生产一个工程计量单位合格产品所消耗的各种材料重量之和,材料总重量在计价时一般不予计算,仅供施工安排时使用。项目中的其他材料费是指项目中未列出,但实际使用的次要和零星材料的费用。项目的小型机具使用费是指未列入机械台班费用定额,但实际使用的小型机具的费用。

学习记录

（6）项目单位

项目单位不同于定额单位,一般指与定额内容相对应的资源消耗的计量单位。定额表中除人工以工日为单位和机械消耗以台班为单位外,材料等实物消耗均采用国际单位,如 m^3、t 等。

（7）代号

当采用电算方法来编制公路工程概、预算时,可引用表中代号作为对工、料、机名称的识别符号,不能随意变动;如遇有新增材料或机械时,可取相近品种材料或机械代号间的空号增加。定额表中工、料、机代号是按由小到大的顺序排列的,各种工、料、机所对应的代号详见《公路工程预算定额》附录四。

（8）工程细目

表征本定额表所包括的工程细目,如《预算定额》表［1-1-6］中的"松土"、"普通土"、"硬土"等。

（9）栏号

指工程细目编号,如表 3-1 所示定额表中"松土"栏号为 1,"普通土"栏号为 2,"硬土"栏号为 3。

（10）定额值

即定额表中各种资源的消耗量数值。其中括号内的数值,一般是指所需半成品的数量（定额值）,一般是不计价的,在定额基价中不包括其价格,主要为抽换时提供的数量消耗。如《预算定额》表［4-7-12］所示定额中的"C30 水泥混凝土"所对应的"（10.10 m^3）",是指预制 10 m^3 T 形或 I 形梁实体,需消耗 C30 水泥混凝土 10.10 m^3。注意此值在编制概、预算文件时不需列入,其费用已在组成水泥混凝土各材料中计算了。

（11）基价

亦称定额基价。它是指该工程细目的人工费、材料费、机械使用费的合计价值。其中人工费、材料费是按北京市 2007 年的人工、材料预算价格计算的,机械使用费是按 2007 年交通部公布的《公路工程机械台班费用定额》（JTG/T B06-03—2007）计算的。

（12）小注

有些定额表列有"注",位于定额表的下方。使用定额时,必须仔细阅读,以免发生错误。

◆ 请练习［思考题 3-2］

2.定额表数值与工程数量计算

《概算定额》和《预算定额》的定额表中的劳动定额和机械定额数值,是以时间定额的形式表示的。

当已知工程数量时,可按式（3-1）计算定额所包含的各种资源（工、料、机、费用等）的数量:

$$M_i = QS_i \tag{3-1}$$

式中:M——某种资源的数量（t、m^3、…）;

　　Q——工程数量（m^2、m^3、…）（一定要注意换算成定额单位）;

　　S_i——项目定额中某种资源（工、料、机、费用、…）的数量（kg、m^3、…）。

【例 3-1】 某预制 I 形梁工程,工程量 38.5 m^3,试求所需人工和 32.5 级水泥及中（粗）砂的数量。

【解】 由预算定额表[4-7-12/-3]所查定额表的定额值和工程量求得：

人工：$M_人 = QS_人 = (38.5 \div 10) \times 26.7 = 102.80$ 工日

水泥：$M_{水泥} = QS_{水泥} = (38.5 \div 10) \times 4.101 = 15.789t$

中（粗）砂：$M_砂 = QS_砂 = (38.5 \div 10) \times 4.65 = 17.90m^3$

四、附录

附录是在应用定额时配合使用的不可缺少的一个重要组成部分,主要包括路面材料计算基础数据、基本定额、材料的周转及摊销、定额基价人工、材料单位质量、单价表等内容。附录的主要作用如下：

(1)了解定额编制采用的各种统一规定,如路面材料计算基础数据;预制构件混凝土与模板的接触面积;每 $10m^2$ 接触面积的模板所需的人工、机械及材料的周转使用量。

(2)提供抽换定额中混凝土强度等级、砂浆强度等级时使用的混凝土、砂浆配合比表。

(3)编制补充定额所需的统一规定,如材料的周转次数、规格、单位质量、代号、基价等。

(4)便于使用单位经过施工实践核定定额水平,并对定额水平提出意见,作为修订定额的重要资料。

第三节 《预算定额》的总说明及其应用

在《预算定额》中编有"总说明"、"章说明"、"节说明"。定额的总说明是涉及定额使用方面的全面性的规定和解释。它是非常重要的,需要真正理解、切实掌握,而且应当记住,稍有疏忽便会产生错误。预算定额的总说明共有22条,由于篇幅所限,现就其重点内容进行介绍：

(1)定额表的工程内容。

定额中的工程内容,均包括定额项目的全部施工过程。定额内除扼要说明施工的主要操作工序外,均包括准备与结束、场内操作范围内的水平与垂直运输、材料工地小搬运、辅助和零星用工、工具及机械小修、场地清理等工程内容。其中,材料工地小搬运是指将施工材料从工地仓库或存放地点到操作现场的二次搬运;辅助和零星用工是指为保证基本工作能顺利完成所做的辅助性和零星工作所消耗的时间;场地清理是指为了便于施工,达到"三通一平"的要求,必须对施工现场进行场地清理,这样既能保证施工质量,又能保证工作人员的人身安全。场地清理的内容包括整平场地和运弃杂物等。

(2)材料消耗。

本定额中的材料消耗量系按现行材料标准的合格料和标准规格料计算的。定额内材料、成品、半成品均已包括场内运输及操作损耗,编制预算时,不得另行增加。其场外运输损耗、仓库保管损耗以及由于材料供应规格和质量不符合定额规定而发生的加工损耗,应在材料预算价格内考虑。

(3)周转性材料说明。

本定额中周转性的材料、模板、支撑、脚手杆、脚手板和挡土板等的数量,已考虑了材料的正常周转次数并计入定额内。其中,就地浇筑钢筋混凝土梁用的支架及拱圈用的拱盔、支架,如确因施工安排达不到规定的周转次数时,可根据具体情况进行换算并按规定计算回收,其余工程一般不予抽换。

(4)混凝土、砂浆的有关规定。

定额中列有的混凝土、砂浆的强度等级和用量,其材料用量已按附录中配合比表规定的数量列入定额,不得重算。如设计采用的混凝土、砂浆强度等级或水泥强度等级与定额所列强度等级不同时,可按《预算定额》附录二"基本定额"中的"浆、混凝土配合比表"(见《预算定额》1009～1016页)进行换算,用以替换定额表中相应的材料消耗定额值。但实际施工配合比材料用量与定额配合比表用量不同时,除配合比表说明中允许换算者外,均不得调整。

混凝土、砂浆配合比表的水泥用量,已综合考虑了采用不同品种水泥的因素,实际施工中不论采用何种水泥,均不得调整定额用量。

(5)有关外掺剂的费用的规定。

定额中各类混凝土均未考虑外掺剂的费用,如设计需要添加外掺剂时,可按设计要求另行计算外掺剂的费用并适当调整定额中的水泥用量。

(6)定额中各类混凝土均按施工现场拌和进行编制,当采用商品混凝土时,可将相关定额中的水泥、中(粗)砂、碎石的消耗量扣除,并按定额中所列的混凝土消耗量增加商品混凝土的消耗。

(7)定额中各项目的施工机械种类、规格是按一般合理的施工组织确定的,如施工中实际采用机械的种类、规格与定额规定的不同时,一律不得换算。

(8)定额中的施工机械的台班消耗,已考虑了工地合理的停置、空转和必要的备用量等因素。编制预算的台班单价,应按《公路工程机械台班费用定额》(JTG/T B06-03—2007)分析计算。

(9)定额中只列工程所需的主要材料用量和主要机械台班数量。次要,零量材料和小型施工机具均未一一列出,分别列入"其他材料费"及"小型机具使用费"内,以元计,编制预算即按此计算。

(10)定额未包括公路养护管理房屋,如养路道班房、桥头看守房、收费站房等工程,这类工程应执行地区的建筑安装工程预算定额。

(11)其他未包括的项目,各省、自治区、直辖市交通厅(局、委)可编制补充定额在本地区执行,并报交通部备案;还缺少的项目,各设计单位可编制补充定额,随同预算文件一并送审,并将编制依据送各省、自治区、直辖市公路(交通)工程定额(造价管理)站备查。所有补充定额均应按照《公路工程预算定额》(JTG/T B06-02—2007)的编制原则、方法进行编制。

(12)定额表中注明"××以内"或"××以下"者,均包括"××"本身;而注明"××以外"或"××以上"者,则不包括"××"本身。定额内数量带"(　)"者,则表示基价中未包括其价值。

(13)凡定额名称中带有"※"号者,均为参考定额,使用定额时,可根据情况进行调整。

第四节　路基工程预算定额的说明及其应用

现行《预算定额》中的路基工程,主要包括路基土、石方工程,排水工程,软基处理工程三节内容。本章章说明的主要内容是对土壤、岩石类别划分。预算定额按开挖的难易程度将土壤、岩石分为六类。其中土壤分为三类:松土、普通土、硬土;岩石分为三类:软石、次坚石、坚石。并给出了定额六级土、石分类和十六级土、石分类对照表,见表3-3。

定额土、石分类与六级土、石分类和十六级土、石分类对照表　　表3-3

定额分类	松　土	普通土	硬　土	软　石	次坚石	坚　石
六级分类	I	II	III	IV	V	VI
十六级分类	I～II	III	IV	V～VI	VII～IX	X～XVI

现对路基工程各节说明中应特别强调的部分工程量计算规则给予介绍。

1)土石方体积的计算:

该章第一节说明的第8条(1)指出:除定额中另有说明者外,土方挖方按天然密实体积计算,填方按压(夯)实后的体积计算,石方爆破按天然密实体积计算。当以填方压实体积为工程量,采用以天然密实方为计量单位的定额时,所采用的定额应乘以表3-4的系数。

压实方和天然密实方体积换算系数   表3-4

土类	土 方			石 方
公路等级	松土	普通土	硬土	
二级及二级以上等级公路	1.23	1.16	1.09	0.92
三、四级公路	1.11	1.05	1.00	0.84

其中:推土机、铲运机施工土方的增运定额按普通土栏目的系数计算;人工挖运土方的增运定额和机动翻斗车、手扶拖拉机运输土方、自卸汽车运输土方的运输定额在上表系数的基础上增加0.03的土方运输损耗,但弃方运输不应计算运输损耗。

该说明的第8条(2)指出:零填及挖方地段基底压实面积等于路槽底面宽度(m)和长度(m)的乘积。

该说明的第8条(3)指出:抛坍爆破的工程量,按抛坍爆破设计计算。

该说明的第8条(4)指出:整修边坡的工程量,按公路路基长度计算。

(1)压实方与天然密实方间换算系数的含义及其应用。

填方路基工程设计计算出的土、石方数量,是按工程的几何尺寸计算出来的,是压实方,天然密实方与压实方之间必然存在量差。它直接影响到土、石方数量计算、调配及土、石方工程定额的确定。

由于土石方作业的土壤种类、存在形式、天然密实度各不相同,而且设计要求的填方密实度也不相同,所以天然方与压实方之间的换算系数也不是一定值,最好是通过试验来确定。如【例3-2】。

【例3-2】 某公路沿线代表性土为粉质中液限黏土,压实度重型击实标准平均要求为93.5%;取天然土测得其天然湿密度为1.95g/cm³,含水率为22.5%,按重型击实试验得到最大干密度为1.86g/cm³,试求压实方与天然密实方之间的换算系数;如果要求填筑1000m³路基实体,需要多少方天然土?

【解】 天然土的干密度 $\rho = \dfrac{1.95}{1+22.5\%} = 1.59 \text{g/cm}^3$

天然土的压实度 $= \dfrac{\text{天然土的干密度}}{\text{实验室干密度}} \times 100\% = \dfrac{1.59}{1.86} \times 100\% = 85.5\%$

压实方与天然密实方之间的换算系数 $= 0.935 \div 0.855 = 1.094$

要求填筑1000m³路基实体,需要的天然密实土为1094m³。

由此可知,换算系数的概念是指多少单位天然密实方相当于1个单位压实方。

在实际工作中,不可能对每个单位工程都进行土工试验,所以预算定额给出了压实方与天然密实方之间的换算系数。当压实方为"1"时,其换算系数见表3-3。

(2)各种土石方量套用的定额、计量单位及计价内容分析。

①挖方:按土质分类分别套用相应的定额,定额单位为天然密实方。

②填方:套用相应的压实定额,定额单位为压实方。

③本桩利用:这一数量不参与费用的计算,其挖已在"挖方"内计算,其填已在"填方"内

计算。

④远运利用：只计算其调配运输的费用。其挖已在其他断面的"挖方"内计算，其填已在"填方"内计算。

⑤借方：计算其挖、装、运的费用，其填已在"填方"内计算。

⑥弃方：只计算其运输费用，其挖方已在"挖方"内计算。

在土、石方调配中，所有挖方无论是"弃"或"调走"，都应予以计价。但对于填方则不然，要根据用土来源来决定是否计价。如果是路外借土，那当然要计价；倘若是移挖作填调配利用，则不应再计价，否则形成双重计价。因此，计价土、石方必须通过土石方调配来确定，其数量为：

$$计价土石方数量 = 挖方数量 + 借方数量 \tag{3-2}$$

一般工程上所说的土石方总量，实际上是指计价土石方数量。一条公路的土石方总量，一般包括路基工程、排水工程、临时工程、小桥涵工程等项目的土石方数量。对于独立大、中桥梁、长隧道的土石方工程数量应另外计算。

【例3-3】　某一路段挖方1000m³（其中松土200m³，普通土600m³，硬土200m³），填方数量为1200m³，本断面挖方可利用方量为900m³（松土100m³，普通土600m³，硬土200m³），远运利用方量为普通土200m³（天然方），试求借方和弃方的数量？

【解】　本桩利用900m³，换算为压实方的数量 $= \dfrac{100}{1.23} + \dfrac{600}{1.16} + \dfrac{200}{1.09} = 782m^3$

远运利用方200m³换算为压实方 $= \dfrac{200}{1.16} = 172m^3$

故需借方（压实方）$= 1200 - 782 - 172 = 246m^3$

弃方（天然方）$= 1000 - 900 = 100m^3$

本例计算的填方数量，如需运输的话，应根据运输机械采用相应的系数进行换算。

◆ 请练习[思考题3-3]

2）由施工组织设计提出，并计入填方数量内的几种土石方数量。

下列各种土石方数量的发生，在编制《预算定额》时没有考虑在定额内，必须以计量方式计入预算之中：

（1）清除表土或零填方地段的基底压实、耕地填前夯（压）实后，回填至原地面高程所需的土、石方数量。

清除表土是指为保证路基在日后不形成滑动面或产生较大深陷，当施工地段地表有树根、草皮、腐殖土或地表土壤不符合路基填料要求时，在施工之前必须将其清除。对于不同的现场情况，是否清除表土以及表土清除的厚度是不同的，在设计时应根据不同的情况提出数量，这部分数量应计入计价方数量内。

（2）因基底压实和耕地填前压实所增加的土方数量。

对零填及耕地填前压实地段，地面碾压后会产生下沉，其回填至原地面高程所需的数量也应由设计提出。这部分数量应计入计价方数量内。可按式（3-3）计算：

$$Q = F \times h \tag{3-3}$$

式中：Q——压（夯）实增加的填方数量（m³）；

　　　F——填前压（夯）实的天然土的地面面积（m²）；

　　　h——压实产生的沉降量（m），可按下式计算：

$$h = 0.01\dfrac{p}{c} \tag{3-4}$$

p——有效作用力（kN/cm^2），一般按 12~15t 压路机的有效作用力 66kN/cm^2 计算；

c——土的抗沉陷系数（kN/cm^3），其经验数值如下：

沼泽土：1~1.5；凝滞土、细粒砂：1.8~2.5；松砂、松湿黏土、耕土：2.5~3.5；大块胶结的砂、潮湿黏土：3.5~6.0；坚实的黏土：10.0~12.5；泥灰石：13.0~18.0。

（3）因路基沉陷需增加填筑的土、石方数量。

路基沉陷是指路基表面在垂直方向产生的不均匀变形。可分为两种情况，一是路基本身的压缩沉降；二是地基承载力不足，在路基自重的作用下引起沉陷或向两侧挤出。这部分数量也应由设计提出，并计入计价方数量内。

（4）为保证路基边缘的压实度须加宽填筑时，所需的土、石方数量。

路基设计文件中一般是按路基设计断面尺寸计算工程量的，没有考虑宽填量。路基施工时，填方路基边缘部分需要压实，解决的方法就是将填方区边缘处宽填，这样就要增加土方用量。根据各地的实践经验，采用机械碾压时，其每边加宽的填土宽度通常在 20~50cm，需由设计根据具体情况确定加宽宽度，计算加宽填筑数量。这部分数量计入计价方数量内，但其费用应摊入计价方的单价内。

宽填的土方量一般可用公式（3-5）计算：

$$宽填土方量 = 填方区边缘全长 \times 路基平均高度 \times 宽填宽度 \times 2（侧） \tag{3-5}$$

【例3-4】 某高速公路 D 标段路基工程，全长 15km，按设计断面计算的填方为 2512500m^3，无利用方，宽填宽度为 0.3m，平均填土高度为 5m，路基平均占地宽 41m，路基占地及取土坑均为耕地，土质为Ⅲ类土，填前以 12t 压路机压实耕地。采用 1.0m^3 以内单斗挖掘机挖装土方。试问：填前压实增加土方量为多少？路基宽填增加土方量为多少？总计计价土方量（压实方）为多少？挖装借方作业的挖掘机总台班为多少？

【解】 （1）借方土质分类

取土坑土质为Ⅲ类土，按《预算定额》第一章说明可知属于定额土质分类的硬土。

（2）因填前压实耕地增加的土方量

耕土取 $c = 3.0 kN/cm^3$，12t 光面压路机的有效作用力 $p = 66 kN/cm^2$

因填前压实增加的沉降量 $h = 0.01 \times p \div c = 0.01 \times 66 \div 3.0 = 0.22m$

平均路基底面积 $= 41 \times 15000 = 615000m^2$

填前压实所增加的土方量 $= 615000 \times 0.22 = 135300m^3$（借方）

（3）因宽填路基而增加的土方量

宽填方量 $= 15000 \times 5 \times 0.3 \times 2（侧）= 45000m^3$（天然密实方）

由表 3-3 可知，硬土的换算系数为 1.09，则

宽填所需借方（压实方）$= 45000 \div 1.09 = 41284m^3$

（4）总计计价方量（压实方）

总计计价土方量（压实方）$= 2512500 + 135300 + 41284 = 2689084m^3$

（5）挖掘机台班需要量

查《预算定额》表[1-1-9/-6]，每1000m^3 天然密实土需要 1.0m^3 以内挖掘机 2.46 台班，因借方为压实方，而定额单位为天然密实方，故定额值应乘以 1.09 的换算系数。则

挖掘机总台班 $= 2689084 \times 1.09 \div 1000 \times 2.46 = 7210.51$ 台班

3）路基加宽填筑部分如需清除时，按刷坡定额中普通土子目计算；清除的土方如需远运，按土方运输定额计算。

【例3-5】 某路基工程，路槽宽度为 7.5m，零填方地段累计长度为 4.0km，路基加宽填筑部

分需清除,土质为松土。试计算零填方段基底压实面积为多少? 清除宽填部分采用哪个定额?

【解】　(1)根据本节说明 8 的规定,基底压实面积应为: $7.5 \times 4000 = 30000 \text{m}^2$

(2)根据本节说明 6 的规定,宽填部分如需清除时,应按刷坡定额中普通土子目计算;即采用《预算定额》第 45 页的定额表[1-1-21/-2]的定额

【例3-6】　某一级公路路基长度为 50km,其中填方长度为 38.5km,路基每侧宽填 20cm,宽填部分采用刷坡处理,试计算路基两侧整修边坡工程量。

【解】　由于路基宽填部分采用刷坡处理,本节说明的规定,刷坡可采用定额表[1-1-21/-2],而刷坡检底定额中已包括了整修边坡工作,故在计算整修边坡工程量时不能按路基全长计算,只计挖方段长度。

即整修边坡工程量 $= (50.0 - 38.5) \times 2 = 23 \text{km}$

整修路基可采用定额[1-1-20]

4)自卸汽车运输路基土、石方定额项目和洒水汽车洒水定额项目,仅适用于平均运距在 15km 以内的土、石方或水的运输。当平均运距超过 15km 时,应按社会运输的有关规定计算其运输费用。当运距超过第一个定额运距单位时,其运距尾数不足一个增运定额单位的半数时不计,等于或超过半数时按一个增运定额运距单位计算。

【例3-7】　某平原微丘区二级公路,其中一段的路基工程全部采用借土填方,土质为普通土,运输采用 12t 自卸汽车运土,填方量为 200000m^3,借方平均运距为 6km,试确定自卸汽车的台班消耗量。

【解】　查《预算定额》表[1-1-11/-17](12t 以内自卸汽车配合装载机运输土方第一个 1km)、表[1-1-11/-19](12t 以内自卸汽车配合装载机运输土方每增运 0.5km)。此时增运距离为 5km,需增运 $5 \div 0.5 = 10$ 个定额单位,同时考虑土方运输时的换算系数:(普通土)1.16 +(自卸汽车运输损耗)0.03 = 1.19

12t 以内自卸汽车台班消耗量: $(6.62 + 0.8 \times 10) \times 200000/1000 \times 1.19 = 3479.56$ 台班

5)机械施工土、石方,挖方部分机械达不到需由人工完成的工程量由施工组织设计确定。其中,人工操作部分,按相应定额乘以 1.15 的系数。

【例3-8】　某路基工程采用斗容量 1.0m^3 的挖掘机挖装硬土,机械无法操作部分采用人工挖装土方,其工程量为 500m^3,试问实际采用的定额值是多少? 其所需劳动量为多少?

【解】　根据题意可知,人工开挖土方的工程量 500m^3 是由施工组织设计提供的。

查《预算定额》表[1-1-6/-3]可知人工挖装硬土的定额值为 258.5 工日/1000m^3 天然密实方,实际采用的计算定额值为相应定额值乘以 1.15 的系数,即 $258.5 \times 1.15 = 297.28$(工日/$1000 \text{m}^3$)天然密实方。

所需总劳动量 $= 500 \times 297.28 \div 1000 = 148.64$ 工日

【例3-9】　某路基工程采用 10m^3 以内自行式铲运机铲运硬土 53000m^3,平均运距 800m,重车上坡坡度 15%。试按预算定额计算人工、机械消耗量。

【解】　(1)由预算定额表[1-1-13]表注:采用自行式铲运机铲运土方时,铲运机台班数量应乘以系数 0.7,上坡坡度大于 10% 时,应按地面斜距乘以系数 1.5 作运距

坡面斜距 $= [800^2 + (800 \times 0.15)^2]^{1/2} = 808.9 \text{m}$

运距 $= 808.9 \times 1.5 = 1213.4 \text{m}$

(2)铲运机铲运土方工程量为: 53000m^3,由定额表[1-1-13/7、8]"铲运机铲运土方"(计量单位为 1000m^3 天然密实方)得

人工 $= 53 \times 5 = 265$ 工日

75kW 以内履带式推土机 $= 53 \times 0.47 = 24.91$ 台班

增运倍数 $= (1213.4 - 100)/50 = 22.27$ 取 22

10m³ 以内自行式铲运机 $= 53 \times (2.82 + 0.39 \times 22) \times 0.7 = 422.94$ 台班

6)排水工程中挖截水沟、排水沟的工程量为设计水沟断面积乘以水沟长度与水沟圬工体积之和。

【例3-10】 某道路浆砌片石矩形排水沟,沟长 15km,普通土,其断面尺寸为沟宽 0.5m,沟高 0.5m,浆砌片石厚度沟两侧为 0.25m,沟底部为 0.30m,求其人工挖方工程量。

【解】 根据断面尺寸及工程量计算规则得出:

该挖方工程量 = 排水沟挖方体积 + 浆砌片石体积

排水沟挖方体积 $= 0.5 \times 0.5 \times 15000 = 3750$ m³

浆砌片石体积 $= (0.5 \times 0.25 \times 15000) \times 2 + 1 \times 0.3 \times 15000 = 8250$ m³

挖方工程量 $= 3750 + 8250 = 12000$ m³

其相应定额值查《预算定额》[1-2-1/-2]得:

人工 $= 12.00 \times 234 = 2808.0$ 工日

7)土工布的铺设面积为锚固沟外边缘所包围的面积,包括锚固沟的底面积和侧面积。定额中不包括排水内容,需要时另行计算。

【例3-11】 某软土地基上的路基工程,采用土工布处理,已知锚固沟边宽 7m,长 400m,四周锚固沟深 0.5m、底宽 0.3m、边坡 1:0.5,试求所需土工布铺设面积及定额数量各为多少?

【解】 (1)根据《预算定额》第一章第三节说明第 6 条的规定,土工布的铺设面积,为锚固沟外边缘所包围的面积,包括锚固沟的底面积和侧面积。计算所需土工布铺设面积如下

$$\left[7.0 + 2 \times \left(2 \times \sqrt{0.5^2 + \left(0.5 \times \frac{0.5}{1.0} \right)^2} + 0.3 \right) \right] \times \left[400 + 2 \times \left(2 \times \sqrt{0.5^2 + \left(0.5 \times \frac{0.5}{1.0} \right)^2} + 0.3 \right) \right]$$

$$= 3962.32 \text{m}^2$$

(2)由预算定额表[1-3-9/-1],计算得

土工布数量 $= 1081.8$ m²/1000m² $\times 3962.32$ m² $= 4286.44$ m²

人工 $= 47.6$ 工日/1000m² $\times 3962.32$ m² $= 188.61$ 工日

铁钉 $= 6.8$ kg/1000m² $\times 3962.32$ m² $= 26.94$ kg

其他材料费 $= 46.8$ 元/1000m² $\times 3962.32$ m² $= 185.44$ 元

8)粉体喷射搅拌桩和高压旋喷桩处理软土地基定额的工程量为设计桩长。

9)袋装砂井及塑料排水板处理软土地基,工程量为设计深度,定额材料消耗中已包括砂袋或塑料排水板预留长度。

10)注意本章定额表的附注及工程内容。

选用定额时应注意定额有无附注,还要注意其工程内容,防止重复计算及漏项。

(1)伐树、挖根、除草、清除表土定额中附注指出:清除表土与除草定额不可同时套用,清除的表土如需远运,应套用土方运输定额另行计算。

(2)挖淤泥、湿土、流沙定额中附注指出:如需排水时,排水费用另行计算;定额中不包括挖掘机的场内支垫费用,如发生,按实际计算;挖掘机挖装淤泥,流沙如需远运,按土方运输定额另行计算。

(3)填前夯(压)实及填前挖松定额附注中指出:夯(压)实如需用水时,备水费用另行计算;填前挖松适用于地面横坡 1:10 ~ 1:5;二级及二级以上等级公路的填前压实应采用压路机压实。

(4)人工挖运土方定额附注中指出:采用人工挖、装,机动翻斗车运输时,其挖、装所需的人

工按第一个 20m 挖运定额减去 30.0 工日计算;采用人工挖、装、卸,手扶拖拉机运输时,其挖、装、卸所需的人工按第一个 20m 挖运定额计算;如遇升降坡时,除按水平距离计算运距外,还应按定额表相应规定增加运距。

(5)机动翻斗车、手扶拖拉机配合人工运土、石方定额附注中指出:本定额不包括人工挖土、开炸石方及装、卸车的工料消耗,需要时按"人工挖运土方"和"人工开炸石方"定额的附注的有关规定计算。

(6)挖掘机挖装土方是按挖土装车编制的,如不需装车时,应按附注规定,定额乘以系数 0.87。

(7)装载机装土、石方定额中,装载机按轮式编制的,其施工条件考虑为较好的土质和比较方便的装载条件,所以当土质固结,装载机挖掘困难或施工条件不便(如平地取土)时,应按定额附注规定考虑推土机配合推松、集土,并且其人工、推土机台班的数量按"推土机推运土方"第一个 20m 定额乘以 0.8 的系数计算;另外,装载机与自卸汽车配合也可按附注中表列取值。

(8)推土机推土定额中当推运的坡度大于 10% 时,推土机的运距应乘以附注表列的系数。

(9)铲运机铲运土方定额是按拖式铲运机编制的,当采用自行式铲运机时,铲运机台班数量乘以 0.7 的系数;当上坡推运的坡度大于 10% 时,按坡面的斜距乘以附注表列系数作为运距。

(10)机械碾压路基定额中按自行式平地机整平土方编列,如采用推土机整平土方时,可采用括号内数字并扣除定额中平地机的全部台班数量;对铺设沥青混凝土或水泥混凝土路面的三级公路,零填及挖方地段的基底压实应采用二级公路定额;如需洒水,其费用另行计算。

(11)渗水路堤及填石路堤定额中不包括填石上部的填土工作,在地基易被冲刷地段,需设反滤层时,工、料另行计算;渗水路堤系按无压力渗水路堤编制,压力式渗水路堤如需在填石上部土质路堤部分加铺护坡时,工、料另行计算;渗水路堤定额中的片石是利用路基开炸石方,片石的价格按捡清片石计算,不应按购买片石或自采材料计算。

(12)袋装砂井处理软土地基定额按砂井直径 7cm 编制的,如砂井直径不同时,可按砂井截面积的比例关系调整砂的用量,其余不用调整。

(13)粉体喷射搅拌桩处理软土地基定额是按桩径 50cm 编制的,当设计桩径不同时,桩径每增加 5cm,定额人工和机械增加 5%;定额中的固化材料的掺入比是按水泥 15%、石灰 25% 计算的,当掺入比不同或桩径不同时,可按式(3-6)调整固化材料消耗。

$$Q = \frac{D^2 \times m}{D_0^2 \times m_0} \times Q_0 \qquad (3-6)$$

式中:Q——设计固化材料消耗;

Q_0——定额固化材料消耗;

D——设计桩径;

m——设计固化材料掺入比;

m_0——定额固化材料掺入比。

【例 3-12】　某公路处理软土地基采用袋装砂井法,使用带门架的袋装砂井机,砂井直径 9cm,试求 1200m 砂井的人工、中(粗)砂及袋装砂井机(带门架)的消耗量。

【解】　根据《预算定额》表[1-3-1]中的附注说明:定额中按砂井直径 7cm 直径编制,如砂井直径不同时,可按砂井截面积的比例关系调整中(粗)砂的消耗量,其他消耗量不做调整。

人工 $= 11.3 \times 1200 \div 1000 = 13.56$ 工日

中(粗)砂 $= 4.56 \times 1200 \div 1000 \times (9^2 \div 7^2) = 9.05 \mathrm{m}^3$

袋装砂井机(带门架) $= 2.11 \times 1200 \div 1000 = 2.532$ 台班

【例3-13】 某公路软土地基处理采用粉喷桩共长568m,桩径为60cm,桩长为10m,水泥用量为12%,试计算其工料机消耗。

【解】 查《预算定额》表[1-3-6]及附注说明,由于设计桩径和固化材料的掺入比均与定额不同,需调整定额用量:

学习记录

人工 $= [0.5 \times (1 + 10 \times 5\%/5)] \times 568/10 = 31.30$ 工日

32.5 级水泥 $= \left[\left(\dfrac{60^2 \times 12\%}{50^2 \times 15\%} \right) \times 0.481 \right] \times 568 \div 10 = 31.47t$

其他材料费 $= 20.00 \times 568/10 = 1136$ 元

粉体发送设备 $= [0.1 \times (1 + 10 \times 5\%/5)] \times 568/10 = 6.25$ 台班

15m 以内深层喷射搅拌机 $= [0.1 \times (1 + 10 \times 5\%/5)] \times 568/10 = 6.25$ 台班

$3m^3/min$ 机动空压机 $= [0.1 \times (1 + 10 \times 5\%/5)] \times 568/10 = 6.25$ 台班

小型机具使用费 $= 5 \times 568/10 = 284$ 元

【例3-14】 某路基工程,土方量300m³,全部为普通土,采用人工开挖,手扶拖拉机配合运输的方法进行施工,运距400m,求预算定额的工、料、机消耗量。

【解】 (1)根据预算定额表[1-1-6]的表注:采用人工挖、装、卸,手扶拖拉机运输时,其挖、装、卸所需的人工按第一个20m挖运定额计算。查表[1-1-6/-2]得出

人工 $= 181.1 \times 300/1000 = 54.33$ 工日

(2)查定额表[1-1-8/7、9]

手扶拖拉机 $= 41.46 + 2.19 \times (400 - 100)/50 \times 300/1000 = 16.38$ 台班

【例3-15】 某地区修建一条三级公路,该工程中有一段路基工程,全部是借土填方,共计普通土345000m³,在指定取土范围填土,使用240kW以内推土机推土50m,2m³以内装载机装土,求工、料、机消耗量。

【解】 根据定额表[1-1-10]表注:考虑推土机配合推松、集土,并且其人工、推土机台班的数量按"推土机推运土方"第一个20m定额乘以0.8的系数计算。

(1)查装载机装土、石方定额表[1-1-10/-2]

$2m^3$ 以内装载机装土 $= 1.42 \times 345000/1000 = 489.9$ 台班

(2)推土机推土,查定额表[1-1-10/-21]

人工 $= 4 \times 0.8 \times 345000/1000 = 1104$ 工日

240kW 推土机 $= 0.69 \times 0.8 \times 345000/1000 = 190.44$ 台班

【例3-16】 某省修建一条一级公路,该工程需要修筑一段长80m断面尺寸为30mm×40mm的碎石料盲沟,按预算定额计算工、料、机的消耗量。

【解】 查预算定额表[1-2-2/-2]

人工 $= 1.19 \times 80/10 = 9.52$ 工日

土工布 $= 14.8 \times 80/10 = 118.4m^2$

碎石(6cm) $= 1.41 \times 80/10 = 11.28m^3$

第五节 路面工程预算定额的说明及其应用

现行《预算定额》第二章为路面工程,包括路面基层及垫层;路面面层;路面附属工程三节内容。现对路面工程章说明以及各节说明中应特别强调部分给予介绍,并配以示例。

（1）定额包括各种类型路面以及路槽、路肩、垫层、基层等,除沥青混合料路面、厂拌基层稳定土混合料运输以 $1000m^3$ 路面实体为计算单位外,其他均以 $1000m^2$ 为计算单位。

（2）本章定额中凡列有洒水汽车的子目,均按 5km 范围内洒水汽车在水源处自吸水编制,不计水费。如工地附近无天然水源可利用,必须采用供水部门供水（如自来水）时,可根据定额子目中洒水汽车的台班数量,按每台班 $35m^3$ 计算定额用水量,乘以供水部门规定的水价增列水费。洒水汽车取水的平均运距超过 5km 时,可按路基工程的洒水汽车洒水定额中的增运定额增加洒水汽车的台班消耗,但增加的洒水汽车台班消耗量不得再计水费。

【例3-17】　某稳定土拌和机路拌石灰土砂砾（厚度为 15cm）基层工程,共 $64000m^2$,采用 6000L 洒水汽车洒水,需在距工地 6km 处吸取自来水。已知该子项目洒水汽车定额为 0.93 班/ $1000m^2$,自来水单价为 3.2 元/ m^3 ,试计算增列水费和该子项目实用洒水汽车定额及总作业量（台班）。

【解】　按路面工程章说明计列洒水汽车增运台班

查预算定额表[2-1-3/-21],6000L 以内洒水汽车台班为 0.93 台班/ $1000m^2$

洒水汽车用水量 $= 0.93 \times 64000/1000 \times 35 = 2083.2m^3$

水费 $= 3.2 \times 2083.2 = 6666.2$ 元

由路面工程章说明可知,洒水汽车平均运距超过 5km 时,按路基工程洒水汽车洒水定额中的增运定额增列洒水汽车台班。

查预算定额表[1-1-22/-7],每 $1000m^3$ 水每增运 0.5km 需 6000L 以内洒水汽车 0.88 台班,本工程项目增运 1km。

增列洒水汽车定额 $= 0.88 \times (1/0.5) \times 35/1000 = 0.062$ 台班/ $1000m^2$

实用洒水汽车定额 $= 0.93 + 0.0616 = 0.9916$ 台班/ $1000m^2$

洒水汽车总计作业量 $= 0.9916 \times 64000/1000 = 63.462$ 台班

（3）压路机台班按行驶速度,即两轮光轮压路机为 2.0km/h、三轮光轮压路机为 2.5km/h、轮胎式压路机为 5.0km/h、振动压路机为 3.0km/h 进行编制。如设计为单车道路面宽度时,两轮光轮压路机乘以 1.14 的系数、三轮光轮压路机乘以 1.33 的系数、轮胎式压路机和振动压路机乘以 1.29 的系数。

【例3-18】　某级配砾石路面,长 10km,路面设计宽度为 3.5m,面层厚度为 8cm,采用机械摊铺,平地机拌和,求其人工、机械定额值。

【解】　查预算定额表[2-2-3/-13]得人工 $= 4.2$ 工日/ $1000m^2$

120kW 以内自行式平地机 $= 0.7$ 台班/ $1000m^2$

12～15t 光轮压路机 $= 1.45$ 台班/ $1000m^2$

6000L 洒水车 $= 0.2$ 台班/ $1000m^2$

因本工程为单车道路面,根据定额路面工程章说明的规定,对两轮光轮压路机定额应分别乘以 1.14 的系数,故人工、机械定额值为:

人工 $= 10000 \times 3.5 \times 4.2/1000 = 147.0$ 工日

120kW 以内自行式平地机 $= 10000 \times 3.5 \times 0.7/1000 = 24.50$ 台班

12～15t 光轮压路机 $= 10000 \times 3.5 \times 1.45/1000 \times 1.14 = 57.86$ 台班

6～8t 光轮压路机 $= 10000 \times 3.5 \times 0.14/1000 \times 1.14 = 5.59$ 台班

6000L 洒水车 $= 1000 \times 3.5 \times 0.2/1000 = 7.00$ 台班

（4）各类稳定土基层、级配碎石、级配砾石基层的压实厚度在 15cm 以内,填隙碎石一层的压实厚度在 12cm 以内,垫层、其他种类的基层和底基层压实厚度在 20cm 以内,拖拉机、平地机和压路机的台班消耗按定额数量计算。如超过上述压实厚度进行分层拌和、碾压时,拖拉机、平地机和压路机的台班消耗按定额数量加倍计算,每1000m²增加3个工日。

(5)各类稳定土基层定额中的材料消耗系按一定配合比编制的,当设计配合比与定额标明的配合比不同时,有关材料可按式(3-7)进行换算:

$$C_i = \left[C_d + B_d \times (H - H_0) \right] \times \frac{L_i}{L_d} \tag{3-7}$$

式中:C_i——按设计配合比换算后的材料数量;

    C_d——定额中基本压实厚度的材料数量;

    B_d——定额中压实厚度每增减1cm的材料数量;

    H_0——定额的基本压实厚度;

    H——设计的压实厚度;

    L_d——定额中标明的材料百分率;

    L_i——设计配合比的材料百分率。

【例3-19】 某高速公路石灰土基层,厚度25cm,石灰含量12%,采用稳定土拌和机路拌,工程量为4500m³,试计算所需人工、材料、机械定额用量。

【解】 ①工程量计算

根据路面工程章说明的规定,底基层计量单位为1000m²,其工程量为 $= 4500 \div 0.25 = 18000\text{m}^2 = 18\text{km}^2$

②按路面工程第二节路面基层及垫层的节说明的规定,底基层厚度25cm,超过压实厚度10cm,每1000m²增加3.0工日;拖拉机、平地机和压路机台班按定额表数量加倍

③石灰土底基层、稳定土拌和机路拌法施工,应查预算定额表[2-1-3/-19、20]

④人工劳动量=人工劳动量$= 18 \times \left[29.4 + 1.6 \times (10 + 3.0) \right] = 871.2$工日

⑤材料用量

定额中配合比,石灰:土 $= 10:90$

设计配合比,石灰:土 $= 12:88$

由公式 $C_i = \left[C_d + B_d \times (H_1 - H_0) \right] \times L_i \div L_d$,得:

$C_{\text{石灰}} = \left[24.046 + 1.603 \times (25 - 15) \right] \times 12 \div 10 = 48.091\text{t}$

$C_{\text{土}} = \left[195.80 + 13.05 \times (25 - 15) \right] \times 88 \div 90 = 319.05\text{m}^3$

材料总用量:石灰$= 18 \times 48.091 = 865.638\text{t}$

    土$= 18 \times 319.05 = 5742.90\text{m}^3$

⑥机械台班用量

120kW以内自行式平地机$= 18 \times 0.37 \times 2 = 13.32$台班

6~8t光轮压路机$= 18 \times 0.27 \times 2 = 9.72$台班

12~15t光轮压路机$= 18 \times 1.27 \times 2 = 45.72$台班

230kW以内稳定土拌和机作业量$= 18 \times (0.32 + 0.02 \times 10) = 9.36$台班

6000L以内洒水汽车作业量$= 18 \times (1.07 + 0.05 \times 10) = 28.26$台班

【例3-20】 某段高速公路全长15km,基层为水泥稳定砂砾,水泥含量5%,厚度为20cm,路面宽度为22.50m,基层较面层每侧加宽0.25m,机械铺筑,平地机功率120kW。在距起始端3km外侧1km处设一稳定土拌和站,拌和设备生产能力250t/h以内,用6000L洒水汽车洒水养护,取水距离为7km,12t自卸汽车运输混合料,试计算该段基层定额基价。

【解】 该基层工程项目包括稳定土厂拌设备安装拆除、稳定土厂拌、运输、铺筑、洒水汽车

增运五个子目。

①工程量计算

路面面积 $= 15000 \times (22.50 + 2 \times 0.25) = 345000 \mathrm{m}^2$

②厂拌设备拌和基价：查预算定额表[2-1-7/-3、4]单位：1000m^2

基价 $= 12228 + 819 \times (20 - 15) = 16323$ 元

拌和基价小计 $= 16323 \times 345 = 5631435$ 元

③运输基价

平均运距 $= 3 \div 15 \times (1 + 1.5) + 12 \div 15 \times (1 + 6.0) = 6.1 \mathrm{km}$

工程量计算：$345000 \times 0.2 = 69000 \mathrm{m}^3$

查预算定额表[2-1-8-/17、19]单位：1000m^3

基价 $= 4379 + 467 \times (6 - 1) \div 0.5 = 9049$ 元

运输基价小计：$9049 \times 69000/1000 = 624381$ 元

④铺筑基价：查预算定额表[2-1-9/-3]单位：1000m^2

基价 $= 1285 + 3 \times 49.20 + 0.37 \times 908.89 + 0.14 \times 251.49 + 1.09 \times 411.77 = 2253$ 元

铺筑基价小计 $= 2253 \times 345 = 777285$ 元

⑤洒水汽车洒水：按路面工程总说明4计列洒水汽车增运台班及基价

查预算定额[2-1-9/-3]，6000L 以内洒水汽车台班为 0.31 台班/1000m^2 路面

洒水汽车台班小计 $= 0.31 \times 345 = 106.95$ 台班

用水量 $= 106.95 \times 35 = 3743.25 \mathrm{m}^3$

由路面工程总说明4可知，洒水汽车平均运距超过5km时，按路基工程洒水汽车洒水定额中的增运定额增列洒水汽车台班及基价。

查预算定额表[1-1-22/-7]，每 100m^3 水每增运 0.5km 需 6000L 以内洒水汽车 0.88 台班，基价 453 元，本工程项目增运2km。

增运所需汽车台班 $= 2 \div 0.5 \times 0.88 \times 3743.25 \div 100 = 131.76$ 台班

增运的总基价 $= 2 \div 0.5 \times 453 \times 3743.25 \div 100 = 67828$ 元

⑥厂拌设备安装、拆除基价，查预算定额表[2-1-10/-3]单位：1座

基价 $= 1 \times 153048 = 153048$ 元

⑦基价总计 $= 5631435 + 624381 + 777285 + 67828 + 153048 = 7253977$ 元

(6)各类稳定土底基层采用稳定土基层定额时，每1000m^2 路面减少 12~15t 光轮压路机 0.18 台班。

(7)泥结碎石、级配碎石、级配砾石、天然砂砾、粒料改善土路面面层，其压实厚度在 15cm 以内，拖拉机、平地机和压路机的台班消耗按定额数量计算。如超过上述压实厚度进行分层拌和、碾压时，拖拉机、平地机和压路机的台班消耗按定额数量加倍计算，每1000m^2 增加 3 个工日。

(8)在冬五区、冬六区采用层铺法施工沥青路面时，其沥青用量可按定额用量乘以下列系数：沥青表面处治：1.05；沥青贯入式基层：1.02，面层：1.028；沥青上拌下贯式下贯部分：1.043。

【例3-21】　某冬五区沥青贯入式面层工程，路面宽9.0m、铺装长度8km，设计厚度6cm，需铺黏层，试求其总劳动量和总用油量。

【解】　(1)根据要求，需查预算定额表[2-2-8/-3]和预[2-2-16/-5]得

面层人工定额：17.7 工日/1000m^2；石油沥青定额：6.283t/1000m^2；

黏层人工定额：0.7 工日/1000m^2；石油沥青定额：0.412t/1000m^2

(2)根据《预算定额》路面工程第二节说明的规定，面层定额用油量应乘以 1.028 系数

（3）面层人工劳动量 $=9.0 \times 8000 \times 17.7 \div 1000 = 1274.4$ 工日

（4）面层用油量 $=9.0 \times 8000 \times 6.283 \div 1000 \times 1.028 = 465.04t$

（5）黏层人工劳动量 $=9.0 \times 8000 \times 0.7 \div 1000 = 50.4$ 工日

（6）黏层用油量 $=9.0 \times 8000 \times 0.412 \div 1000 = 29.66t$

（7）总计人工劳动量 $=1274.4 + 50.4 = 1324.8$ 工日

（8）总计用石油沥青量 $=465.04 + 29.66 = 494.70t$

（9）定额系按一定的油石比编制的。当设计采用的油石比与定额不同时，可按设计油石比调整定额中的沥青用量。换算公式如下：

$$S_i = S_d \times \frac{L_i}{L_d}$$

（3-8）

式中：S_i——按设计油石比换算后的沥青数量；

S_d——定额中的沥青数量；

L_d——定额中标明的油石比；

L_i——设计采用的油石比。

【例3-22】 沥青混合料拌和设备生产能力为160t/h，沥青碎石玛蹄脂定额油石比为6.20%，某工程设计油石比为5.82%，对改性沥青用量进行调整。

【解】 查预算定额表[2-2-12/-2]

改性沥青：$144.32 \times 5.82/6.2 = 135.475t$

（10）注意本章定额表的附注及工程内容：

①修整旧黑色路面定额只适用于修整面积小于$30m^2$者，若修整的面积每块都大于$30m^2$应按相应路面定额人工和机械乘以0.8系数计算，其他不变。

②全部挖除旧路面项目，如果挖除的废渣需远运时，另按路基土方运输定额计算；废渣清除后，底层如需碾压，每$1000m^2$可增加15t以内振动压路机0.18台班。

③挖路槽项目按全挖路槽编制，挖除的土、石需远运时，另按路基土、石方运输定额计算。如为半填半挖路槽时，人工工日乘以0.8的系数。

④培路肩的土方数量应在路基填方内计算，包括开挖、远运等费用，此处的培路肩只是培筑、压实、修整路槽等工作内容。

⑤稳定土厂拌设备和沥青混合料拌和设备的安拆项目中，不包括场地清理、平整、加铺垫层、碾压等工作内容，需要时可按具体情况另行计算。至于多少公路设一座，应由施工组织设计确定。

【例3-23】 某道路原沥青表处面层有9段需进行修整，已知修整数量如表3-5所示。确定其人工及压路机的数量。

表3-5

修整段号	1	2	3	4	5	6	7	8	9
面积（m²）	20	24	36	40	16	22	28	42	38

【解】 （1）根据《预算定额》第二章章说明的规定，修整旧黑色路面定额的计量单位为$1000m^2$修整面

（2）根据定额表[2-3-1]的附注，"本定额适用于每块修整面积$30m^2$以内者，每块修整面积大于$30m^2$者，相应人工、机械乘以0.8系数"，其他不变。其修整面积为

①小于$30m^2$者有：$20 + 24 + 16 + 22 + 28 = 110m^2$

②大于$30m^2$者有：$36 + 40 + 42 + 38 = 156m^2$

（3）查定额表[2-3-1/-6]并计算得

人工 $= 22.9 \times 0.11 + 22.9 \times 0.156 \times 0.8 = 5.38$ 工日

$6 \sim 8t$ 光轮压路机 $= 0.69 \times (0.11 + 0.156 \times 0.8) = 0.16$ 台班

$0.6t$ 以内手扶式振动碾 $= 2.8 \times (0.11 + 0.156 \times 0.8) = 0.66$ 台班

◆ 请练习[思考题3-4]

学习记录

第六节　隧道工程预算定额的说明及其应用

隧道工程定额包括开挖、支护、防排水、衬砌、装饰、照明、通风及消防设施、洞门及辅助坑道等项目。定额是按照一般凿岩机钻爆法施工的开挖方法进行编制的,适用于新建隧道工程,改（扩）建及公路大中修工程可参照使用。现对隧道工程章说明以及各节说明中应特别强调部分给予介绍,并配以示例。

（1）定额按现行隧道设计、施工技术规范将围岩分为6级,即Ⅰ级～Ⅵ级。

（2）洞内出渣运输定额已综合洞门外500m运距,当洞门外运距超过此运距时,可按照路基工程自卸汽车运输土石方的增运定额加计增运部分的费用。

（3）隧道工程项目采用其他章节定额的规定:

①洞门挖基、仰坡及天沟开挖、明洞明挖土石方等,应使用其他章节有关定额计算。

②洞内工程项目如需采用其他章节的有关项目时,所采用定额的人工工日、机械台班数量应乘1.26的系数。

（4）定额中凡是按不同隧道长度编制的项目,均只编制到隧道长度在4000m以内。当隧道长度超过4000m时,应按以下规定计算:

①洞身开挖:以隧道长度4000m以内定额为基础,与隧道长度4000m以上每增加1000m定额叠加使用。

②正洞出渣运输

通过隧道进出口开挖正洞,以换算隧道长度套用相应的出渣定额计算。换算隧道长度计算公式为:

$$换算隧道长度 = 全隧长度 - 通过辅助坑道开挖正洞的长度 \qquad (3-9)$$

当换算隧道长度超过4000m时,以隧道长度4000m以内定额为基础,与隧道长度4000m以上每增加1000m定额叠加使用。

通过斜井开挖正洞,出渣运输按正洞和斜井两段分别计算,二者叠加使用。

③通风、管线路定额,按正洞隧道长度综合编制,当隧道长度超过4000m时,以隧道长度4000m以内定额为基础,与隧道长度4000m以上每增加1000m定额叠加使用。

（5）混凝土运输定额仅适用于洞内混凝土运输,洞外运输应按桥涵工程有关定额计算。

（6）洞内排水定额仅适用于反坡排水的情况,排水量按$10m^3/h$以内编制,超过此排水量时,抽水机台班按表3-6中的系数调整。

抽水机台班系数　　　　　　　　　　　　　　　　　　表3-6

涌水量（m^3/h）	10以内	15以内	20以内
调整系数	1.00	1.20	1.35

注:当排水量超过$20m^3/h$,根据采取治水措施后的排水量采用上表系数调整。

正洞内排水系按全隧道长度综合编制的,当隧道长度超过4000m时,以隧道长度4000m以内定额为基础,与隧道长度4000m以上每增加1000m定额叠加使用。

（7.)工程量计算规则:

喷射混凝土的工程量按设计厚度乘以喷射面积计算,喷射面积按设计外轮廓线计算。

【例3-24】 某隧道工程,采用喷射混凝土做衬砌,设计厚度8cm,喷射面积6000m²,其洞内预制混凝土沟槽数量50m³,混凝土盖板数量30m³,试确定其人工和机械的消耗量。

【解】 （1）根据题意喷射混凝土衬砌应查预算定额表[3-1-8/-1],预制混凝土沟槽应查预算定额表[3-1-13/-2、3]

（2）计算工程量

根据洞身工程节说明11(7)的规定,喷射混凝土的工程量为 $=0.08 \times 6000 = 480m^3$

（3）喷射混凝土衬砌,由定额表[3-1-8/-1],计算得

人工 $=48 \times 31.5 = 1512.0$ 工日

混凝土喷射机 $=48 \times 1.42 = 68.16$ 台班

9m³/min以内机动空压机 $=48 \times 1.22 = 58.56$ 台班

（4）洞内预制混凝土沟槽及盖板,由定额表[3-1-13/-2、3]计算得

人工 $=60.9 \times 50 \div 10 + 56.2 \times 30 \div 10 = 473.1$ 工日

1t以内的机动翻斗车 $=0.69 \times 50 \div 10 + 0.69 \times 30 \div 10 = 5.52$ 台班

【例3-25】 某隧道工程,围岩为Ⅲ级,隧道长度为5000m,正洞采用机械开挖,自卸汽车运输施工,洞外运距900m,试确定其人工和12t以内自卸汽车的预算定额值是多少?

【解】 （1）本题应包括:正洞开挖,出渣运输和自卸汽车增运三个子目

（2）正洞开挖,查 [3-1-3/Ⅰ-21、27] 单位:100m³ 自然密实石

人工 $=56.5 + 1.4 = 57.9$ 工日

（3）出渣运输,查定额表[3-1-3/Ⅱ-46、49] 单位:100m³ 自然密实石

采用自卸汽车运输,且包括洞外500m的运距。

人工 $=4.3 + 0.3 = 4.6$ 工日

12t以内自卸汽车 $=1.83 + 0.19 = 2.02$ 台班

（4）自卸汽车增运,查[1-1-11/-46] 单位:1000m³ 天然密实方

根据《隧道预算》定额总章说明4的规定,洞门外运距超过500m时,可按照路基工程自卸汽车运输土石方的增运定额[1-1-11/-46]计增运部分的费用。

12t以内自卸汽车 $=1.38$ 台班

【例3-26】 某隧道工程(长度小于1000m)内;需做路面砂砾垫层,厚度15cm,试计算其预算定额值。

【解】 路面垫层需到路面工程中去查定额表,定额表为[2-1-1/-2]。

根据该章说明8(2)的规定,所采用定额的人工工日、机械台班数量及小型机具使用费应乘以1.26系数。故隧道内每1000m²路面垫层的定额值为:

人工 $=29.3 \times 1.26 = 36.92$ 工日

材料 = 水:$19 \times 1 = 19m^3$;砂砾 $=191.25 \times 1 = 191.25m^3$

机械:6~8t光轮压路机,$0.25 \times 1.26 = 0.32$ 台班;12~15t光轮压路机 $=0.50 \times 1.26 = 0.63$ 台班

▶ 请练习[思考题3-5]

第七节 桥涵工程预算定额的说明及其应用

《预算定额》第四章是桥涵工程,定额包括开挖基坑,围堰、筑捣及沉井,打桩,灌注桩,砌筑,现浇混凝土及钢筋混凝土,预制、安装混凝土及钢筋混凝土构件,构件运输,拱盔、支架,钢结构和杂项工程等项目。

一、混凝土工程

(1)定额中混凝土工程除小型构件、大型预制构件底座、混凝土搅拌站安拆和钢桁架桥式码头项目中已考虑混凝土的拌和费用外,其他混凝土项目中均未考虑混凝土的拌和费用,应按有关定额另行计算。

(2)定额中混凝土均按露天养生考虑,如采用蒸汽养生时,应从各有关定额中扣减人工 1.5 个工日及其他材料费 4 元,并按蒸汽养生有关定额计算。

(3)定额中混凝土工程均已包括操作范围内的混凝土运输。现浇混凝土工程的混凝土平均运距超过 50m 时,可根据施工组织设计的混凝土平均运距,按第十一节杂项工程中混凝土运输定额增列混凝土运输。

(4)定额中采用泵送混凝土的项目均已包括水平和向上垂直泵送所消耗的人工、机械,当水平泵送距离超过定额综合范围时,可按表 3-7 增列人工及机械消耗量。向上垂直泵送不得调整。

泵送混凝土人工及机械消耗量　　　　　　　表 3-7

项　目		定额综合的水平泵送距离(m)	每 100m³ 混凝土每增加水平距离 50m 增列数量	
			人工(工日)	混凝土输送泵(台班)
基础	灌注桩	100	1.55	0.27
	其他	100	1.27	0.18
上、下部构造		50	2.82	0.36
桥面铺装		250	2.82	0.36

二、钢筋工程

(1)定额中凡钢筋直径在 10mm 以上的接头,除注明为钢套筒连接外,均采用电弧搭接焊或电阻对接焊。

(2)定额中的钢筋按选用图纸分为光圆钢筋、带肋钢筋,如设计图纸的钢筋比例与定额有出入时,可调整钢筋品种的比例关系。

(3)定额中的钢筋是按一般定尺长度计算的,如设计提供的钢筋连接用钢套筒数量与定额有出入时,可按设计数量调整定额中的钢套筒消耗,其他消耗不调整。

三、模板工程

(1)模板不单列项目。混凝土工程中所需的模板包括钢模板、组合钢模板、木模板,均按其周转摊销量计入混凝土定额中。

(2)定额中的模板均为常规模板,当设计或施工对混凝土结构的外观有特殊要求需要对模板进行特殊处理时,可根据定额中所列的混凝土模板接触面积增列相应的特殊模板材料的费用。

(3)定额中所列的钢模板材料指工厂加工的适用于某种构件的定型钢模板,其质量包括立模所需的钢支撑及有关配件;组合钢模板材料指市场供应的各种型号的组合钢模板,其质量仅为组合钢模板的质量,不包括立模所需的支撑、拉杆等配件,定额中已计入所需配件材料的摊销量;木模板按工地制作编制,定额中将制作所需工、料、机械台班消耗按周转摊销量计算。

(4)定额中均已包括各种模板的维修、保养所需的工、料及费用。

四、设备摊销费

定额中设备摊销费的设备指属于固定资产的金属设备,包括万能杆件、装配式钢桥桁架及有关配件拼装的金属架桥设备。设备摊销费按设备质量每吨每月 90 元计算(除设备本身折旧费用,还包括设备的维修、保养等费用)。各项目中凡注明允许调整的,可按计划使用时间调整。

五、工程量计算一般规则

(1)现浇混凝土、预制混凝土、构件安装的工程量为构筑物或预制构件的实际体积,不包括其中空心部分的体积,钢筋混凝土项目的工程量不扣除钢筋(钢丝、钢绞线)、预埋件和预留孔道所占的体积。

(2)构件安装定额中在括号内所列的构件体积数量,表示安装时需要备制的构件数量。

(3)钢筋工程量为钢筋的设计质量,定额中已计入施工操作损耗,一般钢筋因接长所需增加的钢筋质量已包括在定额中,不得将这部分质量计入钢筋设计质量内。但对于某些特殊的工程,必须在施工现场分段施工采用搭接接长时,其搭接长度的钢筋质量未包括在定额中,应在钢筋的设计质量内计算。

【例3-27】 某桥采用跨墩门架(一套)架设主梁。门架高 12m、跨径 30m,使用期为 6 个月。试计算其设备摊销费。

【解】 根据《预算定额》第四章桥梁工程定额说明 4 及定额表[4-7-31]"金属结构吊装设备"的跨墩门架的设备质量表,可知:

(1)跨墩门架一套(二个)设备重量为 52.5t(见《预算定额》603 页的表)。

(2)设计使用期为 6 个月,超过定额的 4 个月使用期,故定额表中的定额值不能直接套用,而应按每吨每月 90 元计算。则

设备摊销费 $= 52.5 \times 6 \times 90 = 28350$ 元

【例3-28】 某拱桥现浇混凝土实体式桥台 $60m^3$,采用混凝土搅拌机集中拌和施工,平均运距 500m,1t 以内机动翻斗车运输。

试求:(1)浇筑实体式桥台所需人工、机械台班的数量。

(2)混凝土需搅拌多少数量、250L 以内混凝土搅拌机台班、人工数以及运输混凝土机械台班数。

【解】 (1)查《预算定额》应为[4-6-2 /-7](实体式墩台)

人工 $= 11.8 \times 6 = 70.8$ 工日

12t 以内汽车式起重机 $= 0.35 \times 6 = 2.10$ 台班

(2)由《预算定额》第四章桥梁工程定额说明可知,实体式桥台混凝浇筑施工,不包括混凝土拌和、运输的费用,需按桥涵工程第"十一节杂项工程"[4-11-11]表的内容另行计算。

250L 搅拌机需拌和混凝土的数量为:$10.20 \times 6 = 61.20m^3$

混凝土拌和查《预算定额》表[4-11-11/Ⅰ-1]得:

人工 $= 2.7 \times 6.12 = 16.52$ 工日

250L 搅拌机 $= 0.45 \times 6.12 = 2.75$ 台班

（3）由于运距为 500m，根据章说明的规定，按定额[4-11-11/V-16、17]混凝土运输确定增运定额。即：1t 以内机动翻斗车 $= (2.94 + 4 \times 1.09) \times 0.612 = 4.47$ 台班

学习记录

【例 3-29】 某桥预制等截面箱梁的设计图纸中光圆钢筋为 2.50t、带肋钢筋为 8.20t。试确定该分项工程的钢筋定额。

【解】 根据定额章说明的规定，要核对图纸中光圆、带肋钢筋的比例是否与定额的比例有出入。

（1）由题目可知该分项工程在《预算定额》表[4-7-16/-3]。由定额表中查得光圆钢筋与带肋钢筋的比例为：$0.156 : 0.869 = 0.180$

（2）设计图纸中光圆钢筋与带肋钢筋的比例为 $2.50 : 8.20 = 0.305$，可知其与定额不符，应进行抽换

（3）由《预算定额》附录四可知光圆、带肋钢筋的场内运输及操作损耗为 2.5%

（4）实用定额为（1t 钢筋）

$$光圆钢筋 = \frac{2.5}{2.5 + 8.2} \times (1 + 0.025) = 0.239t$$

$$带肋钢筋 = \frac{8.2}{2.5 + 8.2} \times (1 + 0.025) = 0.786t$$

【例 3-30】 某混凝土灌注桩工程，采用桩径 250cm 回旋钻成孔，施工组织设计的混凝土水平泵送距离为 200m，求人工和混凝土输送泵的定额值。

【解】 根据定额章说明的规定，选用"灌注桩混凝土"预算定额[4-4-7/-18]时，其人工和混凝土输送泵的消耗量应调整为：

人工 $= 1.8 + 1.55 \div 10 \times (200-100) \div 50 = 2.11$ 工日/10m^3

混凝土输送泵 $= 0.09 + 0.27 \div 10 \times (200-100) \div 50 = 0.144$ 台班/10m^3

六、相关说明及示例

1. 开挖基坑相关节说明及示例

（1）干处挖基指开挖无地面水及地下水位以上部分的土壤，湿处挖基指开挖在施工水位以下部分的土壤。挖基坑石方、淤泥、流沙不分干处、湿处均采用同一定额。

（2）开挖基坑土、石方运输按弃土于坑外 10m 范围内考虑，如坑上水平运距超过 10m 时，另按路基土、石方增运定额计算。

（3）基坑深度为坑的顶面中心高程至底面的距离。在同一基坑内，不论开挖哪一深度均执行该基坑的全深度定额。

（4）电动卷扬机配抓斗及人工开挖配卷扬机吊运基坑土、石方定额中，已包括移动摇头扒杆用工，但摇头扒杆的配置数量应根据工程需要按吊装设备定额另行计算。

（5）开挖基坑定额中已综合了基底夯实、基坑回填及检平石质基底用工，湿处挖基还包括挖边沟、挖集水井及排水作业用工，使用定额时，不得另行计算。

（6）开挖基坑定额中不包括挡土板，需要时应据实按有关定额另行计算。

（7）机械挖基定额中已综合了基底高程以上 20cm 范围内采用人工开挖和基底修整用工。

（8）本节基坑开挖定额均按原土回填考虑，若采用取土回填时，应按路基工程有关定额另计取土费用。

（9）挖基定额中未包括水泵台班，挖基及基础、墩台修筑所需的水泵台班按"基坑水泵台班消耗"表（见表3-8）的规定计算，并计入挖基项目中。

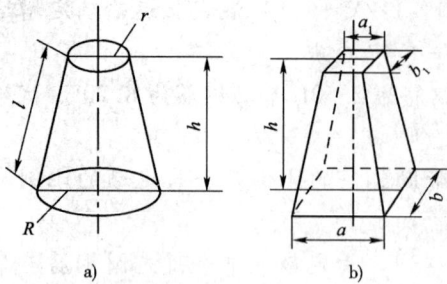

图3-1　基坑形状示意

a)截头圆锥；b)平截方锥

（10）工程量计算规则：

①基坑开挖工程量按基坑容积计算。其计算公式如下（图3-1）。

基坑为平截方锥时：

$$V = \frac{h}{6} \times [ab + (a + a_1)(b + b_1) + a_1 b_1] \quad (3\text{-}10)$$

基坑为截头圆锥时：

$$V = \frac{\pi h}{3} \times (R^2 + Rr + r^2) \quad\quad (3\text{-}11)$$

基坑水泵台班消耗表　　　　　　　　　　　　　　　表3-8

覆盖层土壤类别		水位高度（m）	河中桥墩			靠岸墩台		
			挖基（10m³）	每座墩砌筑水泵（台班）		挖基（10m³）	每座墩台砌筑水泵（台班）	
				基坑深3m以内	基坑深6m以内		基坑深3m以内	基坑深6m以内
1		2	3	4	5	6	7	8
I	1. 亚黏土 2. 粉砂土 3. 较密实的细砂土（0.1～0.25mm颗粒占多数） 4. 松软的黄土 5. 有透水孔道的黏土	地面水 4以内	0.19	7.58	10.83	0.12	4.88	7.04
		3以内	0.15	5.96	8.67	0.10	3.79	5.42
		2以内	0.12	5.42	7.58	0.08	3.52	4.88
		1以内	0.11	4.88	7.04	0.07	3.25	4.33
		地下水 6以内	0.08	—	5.42	0.05	—	3.79
		3以内	0.07	3.79	3.79	0.04	2.71	2.71
II	1. 中类砂土（0.25～0.5mm颗粒含量占多数） 2. 紧密的颗粒较细的砂砾石层 3. 有裂缝透水的岩层	地面水 4以内	0.54	16.12	24.96	0.35	10.32	16.12
		3以内	0.44	11.96	18.72	0.29	7.74	11.96
		2以内	0.36	8.32	14.04	0.23	5.16	9.36
		1以内	0.31	6.24	10.92	0.19	4.13	7.28
		地下水 6以内	0.23	—	7.28	0.15	—	4.68
		3以内	0.19	4.16	4.68	0.12	2.58	3.12
III	1. 粗粒砂（0.5～1.0mm颗粒含量占多数） 2. 砂砾石层（砂砾含量大于50%） 3. 透水岩石并有泉眼	地面水 4以内	1.04	30.76	47.14	0.68	19.85	30.76
		3以内	0.84	22.33	35.73	0.55	14.39	23.32
		2以内	0.69	16.37	26.79	0.45	10.42	17.37
		1以内	0.59	11.91	21.34	0.39	7.94	13.89
		地下水 6以内	0.44	—	10.92	0.29	—	6.95
		3以内	0.35	4.96	5.46	0.23	3.47	3.47
IV	1. 砂卵石层（平均颗粒大于50mm） 2. 漂石层有较大的透水孔道 3. 有溶洞、溶槽的岩石并有泉眼、涌水现象	地面水 4以内	1.52	45.26	68.35	0.99	29.37	44.45
		3以内	1.23	32.74	51.62	0.79	21.19	33.46
		2以内	1.01	23.59	39.19	0.65	15.41	25.33
		1以内	0.87	17.33	30.59	0.56	11.07	20.07
		地下水 6以内	0.64	—	15.77	0.41	—	10.04
		3以内	0.52	7.22	7.65	0.34	4.81	4.78

注：如钢板桩围堰打进覆盖层，则表列台班数乘以0.7的系数。

②基坑挡土板的支挡面积,按坑内需支挡的实际侧面积计算。

(11)基坑水泵台班消耗,可根据覆盖层土壤类别和施工水位高度采用表列数值计算:

①墩(台)基坑水泵台班消耗 = 湿处挖基工程量 × 挖基水泵台班

$$+ 墩台座数 × 砌筑水泵台班 \tag{3-12}$$

②基坑水泵台班消耗表中水位高度栏中"地面水"适用于围堰内挖基,水位高度指施工水位至坑顶的高度,其水泵消耗台班已包括排除地下水所需台班数量,不得再按"地下水"加计水泵台班;"地下水"适用于岸滩湿处的挖基,水位高度指施工水位至坑底的高度,其工程量应为施工水位以下的湿处挖基工程数量,施工水位至坑顶部分的挖基,应按干处挖基对待,不计水泵台班。

③表列水泵台班均为 Φ150mm 水泵。

(12)开挖基坑定额表说明及工程内容:

①基坑挖深超过 6m 时,每加深 1m,按挖基 6m 以内干处递增 5%,湿处递增 10%。

②锚碇基坑开挖土石方的坑外运输应按自卸汽车运路基土石方定额另行计算,除放坡方式开挖石方需另计装车费用外,其他均不得计装车的费用。

【例3-31】 某小桥两个靠岸桥台基坑开挖工程,土质为砂砾石(砾石含量大于50%),由于工期紧张,采取两个基坑开挖平行施工,用电动卷扬机配抓斗开挖。已知施工期无常水,基坑顶面中心高程 99.5m,地下水位 99.0m,基底高程 96.0m,一个基坑挖基总量 300m³,其中干处开挖 50m³,基底以上 20cm 人工开挖 15m³,运距 50m,按施工组织需湿处挡土板 50m²,试确定一个基坑开挖所需的人工、机械的预算定额值。

【解】 (1)本桥因两个基坑平行作业,按开挖基坑节说明的要求,每个基坑应计列摇头扒杆一个,查预算定额表 [4-7-33/-3],每个摇头扒杆的定额值

人工 = 22.7 工日

机械 = 30kN 以内单筒慢速卷扬机 2.40 台班;小型机具使用费 5.5 元

(2)电动卷扬机配抓斗系机械挖基,定额中无干处、湿处之分,也无基坑深度之分,故没有必要区分干处、湿处及基坑深度等

(3)根据开挖基坑节说明 7 规定,机械挖基定额已综合了基底以上 20cm 的人工开挖和基底修理用工,故人工挖方 15m³ 不必再列

(4)卷扬机配抓斗挖基土石方查定额表 [4-1-3/-1] 每 1000m³ 实体的定额值

人工 = 304.1 工日

机械:30kN 以内单筒慢速卷扬机 30.21 台班;小型机具使用费 391.9 元

(5)据节说明的规定,因砾石土运距大于 10m;应另按路基土石方增运定额增列人工等消耗。查定额表 [1-1-6/-5],每 1000m³ 天然密实土定额值

人工 = 7.3 工日

(6)基坑挡土板:查定额表 [4-1-4/-1],每 100m² 挡土板的定额值

人工 = 19.5 工日

(7)挖基、砌筑用水泵台班

按节说明的规定计算所需水泵台班,并入挖基项目中

基坑水泵台班消耗 = 湿处挖基工程量 × 挖基水泵台班 + 墩台座数 × 砌筑水泵台班

本例计算 1 个靠岸桥台基坑,覆盖层土壤类别为 Ⅲ 类土,地下水位高度为 99.0 − 96.0 = 3m(按 3m 以内计),湿处挖基工程量 250m³,基坑深 99.5 − 96.0 = 3.5m(按 6m 以内计),根据表 3-8:

水泵台班消耗 = 250 ÷ 10 × 0.23 + 1 × 3.47 = 9.22 台班(Φ150 水泵)

2. 筑岛、围堰及沉井工程节说明及示例

（1）围堰定额适用于挖基围堰和筑岛围堰。

（2）草土、草（麻）袋、竹笼、木笼铁丝围堰定额中已包括 50m 以内人工挖运土方的工日数量，定额括号内所列"土"的数量不计价，仅限于取土运距超过 50m 时，按人工挖运土方的增运定额，增加运输用工。

（3）沉井制作分钢筋混凝土重力式沉井、钢丝网水泥薄壁浮运沉井、钢壳浮运沉井三种。沉井浮运、落床、下沉、填塞定额，均适用于以上三种沉井。

（4）沉井下沉用的工作台、三角架、运土坡道、卷扬机工作台均已包括在定额中。井下爆破材料除硝铵炸药外，其他列入"其他材料费"中。

（5）沉井下水轨道的钢轨、枕木、铁件按周转摊销量计入定额中，定额还综合了轨道的基础及围堰等的工、料，使用定额时，不得另行计算。但轨道基础的开挖工作本定额中未计入，需要时按有关定额另行计算。

（6）沉井浮运定额仅适用于只有一节的沉井或多节沉井的底节，分节施工的沉井除底节外的其余各节的浮运、接高均应执行沉井接高定额。

（7）锚碇系统定额均已将锚链的消耗计入定额中，并已将抛锚、起锚所需的工、料、机消耗综合在定额中，使用定额时，不得随意进行抽换。

（8）工程量计算规则：

①草土、草（麻）袋、竹笼围堰长度按围堰中心长度计算，高度按施工水深加 0.5m 计算。木笼铁丝围堰实体为木笼所包围的体积。

②套箱围堰的工程量为套箱金属结构的质量。套箱整体下沉时悬吊平台的钢结构及套箱内支撑的钢结构均已综合在定额中，不得作为套箱工程量进行计算。

③沉井制作的工程量：重力式沉井为设计图纸井壁及隔墙混凝土数量；钢丝网水泥薄壁浮运沉井为刃脚及骨架钢材的质量，但不包括铁丝网的质量；钢壳沉井的工程量为钢材的总质量。

④沉井下沉定额的工程量按沉井刃脚外缘所包围的面积乘沉井刃脚下沉入土深度计算。沉井下沉按土、石所在的不同深度分别采用不同下沉深度的定额。定额中的下沉深度指沉井顶面到作业面的高度。定额中已综合了溢流（翻砂）的数量，不得另加工程量。

⑤沉井浮运、接高、定位落床定额的工程量为沉井刃脚外缘所包围的面积，分节施工的沉井接高的工程量应按各节沉井接高工程量之和计算。

⑥锚碇系统定额的工程量指锚碇的数量，按施工组织设计的需要量计算。

⑦地下连续墙导墙的工程量按设计需要设置的导墙的混凝土体积计算；成槽和墙体混凝土的工程量按地下连续墙设计长度、厚度和深度的乘积计算；锁口管吊拔和清底置换的工程量按地下连续墙的设计槽段数（指槽壁单元槽段）计算；内衬的工程量按设计需要的内衬混凝土体积计算。

（9）定额表及工程内容

①围堰高度不同时，可内插计算。

②筑岛填芯所需土、砂均为附近挖运，如运距超过 50m 时，其超运部分另行计算。

③导向船联结梁设备摊销费是按施工期 4 个月编制的，如实际施工期与定额不同时，可按实际工期进行调整；钢筋混凝土锚碇自重与定额不同时，按相近锚体质量定额执行，可按锚体体积比例抽换定额中的水泥、中（粗）砂、碎石的数量，但其他数量均不得调整；铁锚定额是按锚体质量为 5t 的锚碇并按每基础次使用 12 个月编制的，若锚碇的实际质量及使用期与定额不同时，可按实际数量予以调整定额中的设备摊销费。

④沉井下沉应按土、石所在的不同深度分别采用不同的下沉深度定额,如沉井下沉在5m以内的土、石应采用下沉深度0~5m的定额,当沉井继续下沉到10m以内时,对于超过5m的土、石应执行下沉深度5~10m的定额;当下沉深度超过40m时,按每增加10m为一档,每增加一档按下沉深度30~40m定额的人工、机械分不同地质乘以定额规定的系数进行计算。

【例3-32】　某桥草袋围堰工程,围堰中心长30m,宽25m,高2.5m,装草袋土的运距为200m,试确定该工程的预算定额值及总用工数量。

【解】　(1)工程量计算

按节说明,围堰工程量为:(30+25)×2=110m

(2)查定额表[4-2-2/-7],每10m长围堰的定额值

人工=51.9工日

材料:草袋=1498个;土=88.40m³

用工数量小计:51.9×110÷10=570.9工日

(3)取土运距大于50m,增列超运距用工,查定额表[1-1-6/-5]得1000m³天然密实土每增运10m定额值

人工=7.3工日

人工小计=7.3×(200-50)÷10×88.40÷1000×110÷10=106.5工日

(4)用工数=570.9+106.5=677.4工日

3.打桩工程节说明及示例

(1)土质划分:打桩工程土壤分为Ⅰ、Ⅱ两组。

Ⅰ组土——较易穿过的土壤,如轻亚黏土、亚黏土、砂类土、腐殖土、湿的及松散的黄土等。

Ⅱ组土——较难穿过的土壤,如黏土、干的固结黄土、砂砾、砾石、卵石等。

当穿过两组土层时,如打入Ⅱ组土各层厚度之和等于或大于土层总厚度的50%或打入Ⅱ组土连续厚度大于1.5m时,按Ⅱ组土计,不足上述厚度时,则按Ⅰ组土计。

(2)打桩定额中,均按在已搭好的工作平台上操作,但未包括打桩用的工作平台的搭设和拆除等的工、料消耗,需要时应按打桩工作平台定额另行计算。

(3)打桩定额中已包括打导桩、打送桩及打桩架的安、拆工作,并将打桩架、送桩、导桩及导桩夹木等的工、料按摊销方式计入定额中,编制预算时,不得另行计算。但定额中均未包括拔桩。破桩头工作,已计入承台定额中。

(4)打桩定额均为打直桩,如打斜桩时,机械乘1.20的系数,人工乘1.08的系数。

(5)工程量计算规则:

①打预制钢筋混凝土方桩和管桩的工程量,应根据设计尺寸及长度以体积计算(管桩的空心部分应予以扣除)。设计中规定凿去的桩头部分的数量,应计入设计工程量内。

②钢筋混凝土方桩的预制工程量,应为打桩定额中括号内的备制数量。

③拔桩工程量按实际需要数量计算。

④打钢板桩的工程量按设计需要的钢板桩质量计算。

⑤打桩用的工作平台的工程量,按施工组织设计所需的面积计算。

⑥船上打桩工作平台的工程量,根据施工组织设计,按一座桥梁实际需要打桩机的台数和每台打桩机需要的船上工作平台面积的总和计算。

(6)需要调整的定额表及工程内容

①打钢筋混凝土桩、接头定额为不射水打桩,如为射水打桩时,按相应定额人工及机械台班消耗乘0.98系数,并按打桩台班数量增加5~6级高压水泵台班,其余不变。接头定额系指考虑

学习记录

在打桩时接桩,如在场地预先接桩时,应扣除打桩机台班,人工乘 0.5 系数,其余不变。

②船上打桩工作平台所需驳船艘班,包括在打桩或拔桩的定额中。

【例 3-33】 某桥采用陆地工作平台上打钢筋混凝土桩基础,地基土层从上到下依次为轻亚黏土 4m,亚黏土 3m,干的固结黄土 3m,砂砾 8m,设计垂直桩入土深度 15m,斜桩入土深度 16m,设计规定凿去桩头 lm,根据施工组织设计,打桩工作平台 200m²,试计算打钢筋混凝土方桩和工作平台的预算定额值。

【解】 (1)土质划分

砂砾土层以上厚度为 10m,砂砾厚 8m,故桩底落在砂砾石层中,根据节说明 2,应按 Ⅱ 组土计算。

(2)根据节说明 4,破桩头工作已计入承台定额中,这里不再计列。又根据节说明 11 工程量计算规则的规定,凿去桩头的数量应计入打桩的工程量中

(3)打钢筋混凝土方桩的定额表为[4-3-1/-2]单位:10m³

(4)打钢筋混凝土垂直桩(10m³)的定额值为

人工 =20.6 工日

材料:锯材 =0.024m³;钢丝绳 =0.001t;其他材料费 =45.4 元

机械:1.8t 以内柴油打桩机 =1.96 台班

(5)根据节说明 5 的规定,打斜桩时,机械乘 1.20 系数,人工乘 1.08 的系数,故打钢筋混凝土斜桩(10m³)的定额值为

人工 =20.6×1.08 =22.2 工日

材料 =定额值同垂直桩

机械:1.8t 以内柴油打桩机 =1.96×1.2 =2.35 台班

(6)打桩工作平台定额值:根据节说明 3 的规定,应按定额表[4-3-7/-2]另列打桩工作平台,定额值为

人工 =17.9 工日

材料:锯材 =1.466m³;型钢 =0.263t;电焊条 =0.1kg;铁件 =12.7kg;铁钉 =2.5kg;其他材料费 =0.7 元;设备摊销费 =152.8 元

机械:32kVA 以内交流电焊机 =0.01 台班

小型机具使用费 1.8 元

4.灌注桩工程节说明及示例

(1)灌注桩造孔根据造孔的难易程度,将土质分为 8 种:

①砂土:粒径不大于 2mm 的砂类土,包括淤泥、轻亚黏土。

②黏土:亚黏土、黏土、黄土,包括土状风化。

③砂砾:粒径 2~20mm 的角砾、圆砾含量(指质量比,下同)小于或等于 50%,包括礓石及粒状风化。

④砾石:粒径 2~20mm 的角砾、圆砾含量大于 50%,有时还包括粒径 20~200mm 的碎石、卵石,其含量在 10% 以内,包括块状风化。

⑤卵石:粒径 20~200mm 的碎石、卵石含量大于 10%,有时还包括块石、漂石,其含量在 10% 以内,包括块状风化。

⑥软石:饱和单轴极限抗压强度在 40MPa 以下的各类松软的岩石,如盐岩,胶结不紧的砾岩、泥质页岩、砂岩,较坚实的泥灰岩、块石土及漂石土,软而节理较多的石灰岩等。

⑦次坚石:饱和单轴极限抗压强度在 40~100MPa 的各类较坚硬的岩石,如硅质页岩,硅质

砂岩,白云岩,石灰岩,坚实的泥灰岩,软玄武岩、片麻岩、正长岩、花岗岩等。

⑧坚石:饱和单轴极限抗压强度在100MPa以上的各类坚硬的岩石,如硬玄武岩,坚实的石灰岩、白云岩、大理岩、石英岩、闪长岩、粗粒花岗岩、正长岩等。

（2）灌注桩成孔定额分为人工挖孔、卷扬机带冲抓锥冲孔、卷扬机带冲击锥冲孔、冲击钻机钻孔、回旋钻机钻孔、潜水钻机钻孔6种。定额中已按摊销方式计入钻架的制作、拼装、移位、拆除及钻头维修所耗用的工、料、机械台班数量,钻头的费用已计入设备摊销费中,使用本节定额时,不得另行计算。

（3）灌注桩混凝土定额按机械拌和、工作平台上导管倾注水下混凝土编制,定额中已包括混凝土灌注设备（如导管等）摊销的工、料费用及扩孔增加的混凝土数量,使用定额时,不得另行计算。

（4）钢护筒定额中,干处埋设按护筒设计质量的周转摊销量计入定额中,使用定额时,不得另行计算。水中埋设按护筒全部设计质量计入定额中,可根据设计确定的回收量按规定计算回收金额。

（5）护筒定额中,已包括陆地上埋设护筒用的黏土或水中埋设护筒定位用的导向架及钢质或钢筋混凝土护筒接头用的铁件、硫磺胶泥等埋设时用的材料、设备消耗,使用定额时,不得另行计算。

（6）浮箱工作平台定额中,每只浮箱的工作面积为 $3 \times 6 = 18m^2$。

（7）当设计桩径与定额采用桩径不同时,可按表3-9系数调整:

表3-9

桩径(cm)	130	140	160	170	180	190	210	220	230	240
调整系数	0.94	0.97	0.70	0.79	0.89	0.95	0.93	0.94	0.96	0.98
计算基数	桩径150cm 以内		桩径200cm 以内				桩径250cm 以内			

（8）工程量计算规则:

①灌注桩成孔工程量按设计入土深度计算。定额中的孔深指护筒顶至桩底（设计高程）的深度。造孔定额中同一孔内的不同土质,不论其所在的深度如何,均采用总孔深定额。

②人工挖孔的工程量按护筒（护壁）外缘所包围的面积乘设计孔深计算。

③浇筑水下混凝土的工程量按设计桩径横断面面积乘设计桩长计算,不得将扩孔因素计入工程量。

④灌注桩工作平台的工程量按施工组织设计需要的面积计算。

⑤钢护筒的工程量按护筒的设计质量计算。设计质量为加工后的成品质量,包括加劲肋及连接用法兰盘等全部钢材的质量。当设计提供不出钢护筒的质量时,可参考表3-10的质量进行计算,桩径不同时可内插计算。

表3-10

桩径(cm)	100	120	150	200	250	300	350
护筒单位质量(kg/m)	170.2	238.2	289.3	499.1	612.6	907.5	1295.2

（9）灌注桩混凝土定额表附注及工程内容

①灌注桩工作平台定额中桩基工作平台中的设备摊销费系按使用4个月编制的,如实际施工期与定额不同时,可予以调整;

②浮箱工作平台中的浮箱质量为 $5.321t$/只,其设备摊销费系按使用一个月编制的,如浮箱质量和实际施工期与定额不同时,可予以调整。

【例 3-34】 某桥冲击钻机钻孔,设计桩深 28m,直径 150cm,地层由上到下为轻亚黏土 9m,粒径 2~20mm 的角砾含量 42% ±13m,以下为松软、胶结不紧、节理较多的岩石,钢护筒干处施工,试确定该项目的预算定额值。

【解】 (1)由节说明 1 钻孔土质分类方法可知,第一层轻亚黏土应为"砂土"类;第二层角砾应为"砂砾"类,第三层应为"软石"类

(2)根据成孔方法,成孔的定额表为[4-4-4/-33,35,38],灌注桩混凝土及钢筋定额表为[4-4-7/Ⅰ-7,Ⅱ-22],钢护筒制作、埋设、拆除定额表为[4-4-8/Ⅱ-7]

(3)钻孔定额值:每 10m 的定额值为

人工 = 9÷28×14.7 + 13÷28×34.8 + 6÷28×92.4 = 40.7 工日

材料:(略)

机械:10t 以内载货汽车 = 0.17 台班;12t 以内汽车式起重机,0.17 台班

30 型电动冲击钻机 = 9÷28×2.55 + 13÷28×9.98 + 6÷28×32.93 = 12.51 台班

32kVA 以内交流电焊机 = 9÷28×0.03 + 13÷28×0.09 + 6÷28×0.31 = 0.12 台班

(4)灌注桩混凝土:卷扬机配吊斗每 10m³ 的定额值为

人工 = 19.0 工日

材料:32.5 级水泥 = 5.436t;水 = 3m³;中(粗)砂 = 6.37m³;碎石 = 9.55m³;其他材料费 = 2.3 元;设备摊销费 = 47.8 元

机械:50kN 以内单筒慢速卷扬机 = 0.99 台班;小型机具使用费 = 3.9 元

另外根据第四章总说明 2 规定,还应另外考虑混凝土的拌和,此处略。

(5)钢筋:每 t 定额值为

人工 = 5.0 工日

材料:光圆钢筋 = 0.112t;带肋钢筋 = 0.913t;电焊条 = 5.1kg;20~22 号铁丝 = 2.2kg

机械:12t 以内汽车式起重机 = 0.12 台班

32kVA 以内交流电焊机 = 0.85 台班

小型机具使用费 = 15.2 元

(6)钢护筒制作、安装、拆除每 t 的定额值

人工 = 9.0 工日

材料:钢护筒 = 0.100t;黏土 = 6.41m³

机械:5t 以内汽车式起重机 = 0.16 台班

◆ 请练习[思考题3-6]

5. 砌筑工程节说明及示例

(1)定额中的 M5、M7.5、M12.5 水泥砂浆为砌筑用砂浆,M10、M15 水泥砂浆为勾缝用砂浆。

(2)定额中已按砌体的总高度配置了脚手架,高度在 10m 以内的配踏步,高度大于 10m 的配井字架,并计入搭拆用工,其材料用量均以摊销方式计入定额中。

(3)浆砌混凝土预制块定额中,未包括预制块的预制,应按定额中括号内所列预制块数量,另按预制混凝土构件的有关定额计算。

(4)浆砌料石或混凝土预制块作镶面时,其内部应按填腹石定额计算。

(5)砌筑工程的工程量为砌体的实际体积,包括构成砌体的砂浆体积。

【例 3-35】 某石砌桥实体式墩高 15m,用 M7.5 砂浆砌料石镶面及填腹石,试确定该项目的预算定额。

【解】 (1)根据节说明的规定,M5、M7.5 水泥砂浆为砌筑用砂浆;按节说明的规定,浆砌料

石作镶面时,内部按填腹石计算。该项目应按两个子目计算。

(2)桥墩料石镶面,查定额表[4-5-4/-2]每10m³定额值为:

人工=21.9 工日

材料:原木=0.010m³;锯材=0.009m³;钢管=0.010t;铁钉=0.1kg;8～12号铁丝=0.3kg;
32.5级水泥=0.559t;水=11m³;中(粗)砂=2.27m³;粗石料=9.00m³;其他材料费=7.0元

机械:30kN以内单筒慢速卷扬机:1.29台班

(3)桥墩填腹石定额,查定额表[4-5-3/-12],10m³定额值为:

人工=16.9工日

材料:原木=0.010m³;锯材=0.009m³;钢管=0.010t;铁钉=0.1kg;8～12号铁丝=0.3kg;
32.5级水泥=0.718t;水=7m³;中(粗)砂=2.94m³;块石=10.50m³;其他材料费=7.0元

机械:30kN以内单筒慢速卷扬机=0.90台班;小型机具使用费=5.3元

◆ **请练习[思考题3-7]**

6. 现浇混凝土及钢筋混凝土工程

(1)定额中未包括现浇混凝土及钢筋混凝土上部构造所需的拱盔、支架,需要时按有关定额另行计算。

(2)定额中片石混凝土中片石含量均按15%计算。

(3)有底模承台适用于高桩承台施工。

(4)使用套箱围堰浇筑承台混凝土时,应采用无底模承台的定额。

(5)定额中均未包括扒杆、提升模架、拐脚门架、悬浇挂篮、移动模架等金属设备,需要时,应按有关定额另行计算。

(6)桥面铺装定额中,橡胶沥青混凝土仅适用于钢桥桥面铺装。

(7)墩台高度为基础顶、承台顶或系梁底到盖梁顶、墩台帽顶或0号块件底的高度。

(8)索塔高度为基础顶、承台顶或系梁底到索塔顶的高度。当塔墩固结时,工程量为基础顶面或承台顶面以上至塔顶的全部数量;当塔墩分离时,工程量应为桥面顶部以上至塔顶的数量,桥面顶部以下部分的数量应按墩台定额计算。

(9)斜拉索锚固套筒定额中已综合加劲钢板和钢筋的数量,其工程量以混凝土箱梁中锚固套筒钢管的质量计算。

(10)斜拉索钢锚箱的工程量为钢锚箱钢板、剪力钉、定位件的质量之和,不包括钢管和型钢的质量。

【例3-36】　某桥梁下部构造为高桩承台,上部构造为钢桁梁。试确定用起重机配吊斗施工的高桩承台和橡胶沥青混凝土行车道铺装的预算定额值(不含钢筋)。搅拌用250L的混凝土搅拌机。

【解】　(1)高桩承台预算定额值

根据节说明3规定,高桩承台应按有底模承台,查定额表[4-6-1/-6],每10m³混凝土定额值为:

人工:7.6工日

材料:原木=0.016m³;锯材=0.013m³;型钢=0.003t;组合钢模板=0.01t;铁件=3.5kg;
32.5级水泥=3.417t;水=12m³;中(粗)砂=4.90m³;碎石=8.47m³;其他材料费=3.4元

机械:12t以内汽车式起重机=0.27台班;小型机具使用费=6.8元

(2)橡胶沥青混凝土行车道铺装,查定额表[4-6-13/Ⅰ-8]

每10m³实体定额值为:

人工 =44.5 工日

材料:氯化胶乳 =223.8kg;石油沥青 =1.572t;煤 =0.539t;矿粉 =1.639t;石屑 =8.97m³;路
面用碎石 =8.05m³;其他材料费 =13.7元;设备摊销费 =6.4元

机械:8~10t 光轮压路机 =0.080 台班;10~12t 光轮压路机 =0.18 台班;小型机具使用费 =
2.1元

(3)250L 混凝土搅拌机搅拌查《预算定额》表[4-11-11/-1]

人工 =2.7 工日。

机械:250L 混凝土搅拌机 =0.45 台班

7. 预制、安装混凝土及钢筋混凝土构件

(1)预制钢筋混凝土上部构造中,矩形板、空心板、连续板、少筋微弯板、预应力桁架梁、顶推
预应力连续梁、桁架拱、刚架拱均已包括底模板,其余系按配合底座(或台座)施工考虑。

(2)顶进立交箱涵、圆管涵的顶进靠背由于形式很多,宜根据不同的地形、地质情况设计,定
额中未单独编列子目,需要时可根据施工图纸采用有关定额另行计算。

(3)顶进立交箱涵、圆管涵定额根据全部顶进的施工方法编制。顶进设备未包括在顶进定
额中,应按顶进设备定额另行计算。"铁路线加固"定额除铁路线路的加固外,还包括临时信号
灯、行车期间的线路维修和行车指挥等全部工作。

(4)预制立交箱涵、箱梁的内模、翼板的门式支架等工、料已包括在定额中。

(5)顶推预应力连续梁按多点顶推的施工工艺编制,顶推使用的滑道单独编列子目,其他滑
块、拉杆、拉锚器及顶推用的机具、预制箱梁的工作平台均摊入顶推定额中。顶推用的导梁及工
作平台底模顶升千斤顶以下的工程,定额中未计入,应按有关定额另行计算。

(6)构件安装系指从架设孔起吊起至安装就位,整体化完成的全部施工工序。本节定额中
除安装矩形板、空心板及连续板等项目的现浇混凝土可套用桥面铺装定额计算外,其他安装上部
构造定额中均单独编列有现浇混凝土子目。

(7)本节定额中凡采用金属结构吊装设备和缆索吊装设备安装的项目,均未包括吊装设备
的费用,应按有关定额另行计算。

(8)制作、张拉预应力钢筋、钢丝束定额,是按不同的锚头形式分别编制的,当每吨钢丝的束
数或每吨钢筋的根数有变化时,可根据定额进行抽换。定额中的"××锚"是指金属加工部件的
质量,锚头所用其他材料已分别列入定额中有关材料或其他材料费内。定额中的束长为一次张
拉的长度。

(9)预应力钢筋、钢丝束及钢绞线定额中均已计入预应力管道及压浆的消耗量,使用定额时
不得另行计算。镦头锚的锚具质量可按设计数量进行调整。

(10)对于钢绞线不同型号的锚具,使用定额时可按表3-11规定计算:

表3-11

设计采用锚具型号(孔)	1	4	5	6	8	9	10	14	15	16	17	24
套用定额锚具型号(孔)	3			7				12		19		22

(11)金属结构吊装设备定额是根据不同的安装方法划分子目的,如"单导梁"系指安装用的
拐脚门架、蝴蝶架、导梁等全套设备。定额是以10t设备质量为单位,并列有参考质量。实际质
量与定额数量不同时,可根据实际质量计算,但设备质量不包括列入材料部分的铁件、钢丝绳、鱼

尾板、道钉及列入"小型机具使用费"内的滑车等。

（12）预制场用龙门架、悬浇箱梁用的墩顶拐脚门架，可套用高度9m以内的跨墩门架定额，但质量应根据实际计算。

（13）安装金属支座的工程量系指半成品钢板的质量（包括座板、齿板、垫板、辊轴等）。至于锚栓、梁上的钢筋网、铁件等均以材料数量综合在定额内。

（14）工程量计算规则：

①预制构件的工程量为构件的实际体积（不包括空心部分的体积），但预应力构件的工程量为构件预制体积与构件端头封锚混凝土的数量之和。预制空心板的空心堵头混凝土已综合在预制定额内，计算工程量时不应再计列这部分混凝土的数量。

②使用定额时，构件的预制数量应为安装定额中括号内所列的构件备制数量。

③安装的工程量为安装构件的体积。

④构件安装时的现浇混凝土的工程量为现浇混凝土和砂浆的数量之和。但如在安装定额中已计列砂浆消耗的项目，则在工程量中不应再计列砂浆的数量。

⑤预制、悬拼预应力箱梁临时支座的工程量为临时支座中混凝土及硫磺砂浆体积之和。

⑥移动模架的质量包括托架（牛腿）、主梁、鼻梁、横梁、吊架、工作平台及爬梯的质量，不包括液压构件和内外模板（含模板支撑系统）的质量。

⑦预应力钢绞线、预应力精轧螺纹粗钢筋及配锥形（弗氏）锚的预应力钢丝的工程量为锚固长度与工作长度的质量之和。

⑧配镦头锚的预应力钢丝的工程量为锚固长度的质量。

⑨先张钢绞线质量为设计图纸质量，定额中已包括钢绞线损耗及预制场构件间的工作长度及张拉工作长度。

⑩缆索吊装的索跨指两塔架间的距离。

（15）预制、安装混凝土及钢筋混凝土构件定额表附注及工程内容

①顶进立交箱涵定额中箱涵自重除本身质量外还包括顶进时必须拖带的设备质量。

②铁路线加固单位"米·股"，系指每股道的铁路加固长度。设备摊销费为铁路加固金属设备1.5t使用3个月的费用。

③现浇企口混凝土可套用桥面铺装定额计算。

④I形梁现浇横隔板及桥面板的钢筋计入预制的钢筋数量内。

⑤预应力钢绞线定额中的钢束长度指钢束的一次张拉长度。

⑥定额中的设备摊销费按每t每月90元，并按使用4个月编制，如施工工期不同时，可以调整。

【例3-37】　某圆管涵管径为150cm，普通钢筋，试确定预制、顶进圆管涵工程的定额基价。已知顶进设备使用2个月。

【解】　本工程项目可划分为预制圆管涵、顶进及顶进设备3个子目。

（1）预制圆管涵：查定额表[4-7-4/-2,3]单位：10m³实体及1t钢筋

基价：混凝土＝5425元/10m³实体

钢筋＝3882元/t

（2）顶进圆管涵：定额表号为[4-7-6/-3]单位：10m

基价＝6425元/10m

（3）顶进设备处：查定额表[4-7-35/-1]10t金属设备

根据节说明3，顶进设备未包括在定额中，应另列。由定额表[4-7-35]注知，设备摊销费每t

每月 90 元,本工程使用期 2 个月,定额中只列 1 个月的设备使用费,10t 金属设备的设备摊销费为 $90 \times 2 \times 10 = 1800$ 元,抽换定额表中的 900 元。

基价 $= (9770 + 1800 - 900) = 10670$ 元

(4)顶进圆管涵时应考虑靠背工作,由于本题未给出靠背形式,故未计算

【例 3-38】 试确定某预制场龙门架的预算定额值和参考重量。

【解】 (1)龙门架的预算定额值

根据第七节说明 12 的规定,预制场用龙门架可套用高度 9m 以内的跨墩门架定额。

查预算定额表[4-7-31/-3]单位:10t 金属设备

人工 = 82.6 工日

材料:原木 = 0.117m³;锯材 = 0.440m³;钢丝绳 = 0.021t;电焊条 = 0.01kg;铁件 = 17.0kg;铁钉 = 0.3kg;8~12 号铁丝 = 3.3kg;其他材料费 = 39.0 元;设备摊销费 = 3600.00 元

机械:30kN 以内单筒慢速卷扬机 = 5.69 台班;32kVA 以内交流电焊机 = 0.06 台班;小型机具使用费 = 13.7 元

基价 = 9164 元

(2)龙门架的参考重量

根据第七节说明 12 的规定,可知龙门架的重量,应按施工组织设计确定的重量计算,而不能直接套用《预算定额》603 页所提供的表中的参考重量。

8. 构件运输

(1)本节的各种运输距离以 10m、50m、1km 为计算单位,不足第一个 10m、50m、1km 者,均按 10m、50m、1km 计;超过第一个定额运距单位时,其运距尾数不足—个增运定额单位的半数时不计,等于或超过半数时按一个定额运距单位计算。

(2)运输便道、轨道的铺设,栈桥码头、扒杆、龙门架、缆索的架设等,均未包括在定额内,应按有关章节定额另行计算。

(3)本节定额未单列构件出坑堆放的定额,如需出坑堆放,可按相应构件运输第一个运距单位定额计列。

(4)凡以手摇卷扬机和电动卷扬机配合运输的构件重载升坡时,第一个定额运距单位不增加人工及机械,每增加定额单位运距按以下规定乘换算系数。

①手推车运输每增运 10m 定额的人工,按表 3-12 乘换算系数:

表 3-12

坡度(%)	1 以内	5 以内	10 以内
系数	1.0	1.5	2.5

②垫滚子绞运每增运 10m 定额的人工和小型机具使用费,按表 3-13 乘换算系数:

表 3-13

坡度(%)	0.4 以内	0.7 以内	1.0 以内	1.5 以内	2.0 以内	2.5 以内
系数	1.0	1.1	1.3	1.9	2.5	3.0

③轻轨平车运输配电动卷扬机每增运 50m 定额的人工及电动卷扬机台班,按表 3-14 乘换算系数:

表 3-14

坡度(%)	0.7 以内	1.0 以内	1.5 以内	2.0 以内	2.5 以内
系数	1.00	1.05	1.10	1.15	1.25

（5）构件运输定额表附注及内容

驳船运输定额仅适用于运距在 1km 以内的构件运输,当拖轮牵引运距在 5km 以内时,每增500m 乘以定额中的系数计算,超过 5km 时按社会运输计算。

【例 3-39】 某桥梁工程以手推车运输预制构件,每件构件重小于 0.3t,需出坑堆放,运输重载升坡 5%,运距 66m,试确定其预算定额值。

【解】 （1）由节说明 3 规定,构件需出坑堆放,按构件运输第一个运距单位定额计列

（2）由节说明 1,运距尾数超过一个定额单位半数时,按一个运距单位计,本例超过基本运距 56m,按 60m 计

（3）由节说明 4,重载升坡时,每增加定额单位运距应乘以 1.5 的换算系数

（4）定额值:查定额表[4-8-1/-1,2]

人工 $= 2.5 + 0.4 \times (60 \div 10) \times 1.5 + 2.5 = 8.6$ 工日

材料:其他材料费 $= 4.2 + 4.2 = 8.4$ 元

基价 $= 127 + 20 \times (60 \div 10) \times 1.5 + 127 = 434$ 元

9. 拱盔、支架工程

（1）桥梁拱盔、木支架及简单支架均按有效宽度 8.5m 计,钢支架按有效宽度 12.0m 计,如实际宽度与定额不同时可按比例换算。

（2）木结构制作按机械配合人工编制,配备的木工机械均已计入定额中。结构中的半圆木构件,用圆木对剖加工所需的工日及机械台班均已计入定额内。

（3）所有拱盔均包括底模板及工作台的材料,但不包括现浇混凝土的侧模板。

（4）桁构式拱盔安装、拆除用的人字扒杆、地锚移动用工及拱盔缆风设备工料已计入定额,但不包括扒杆制作的工、料,扒杆数量根据施工组织设计另行计算。

（5）桁构式支架定额中已包括了墩台两旁支撑排架及中间拼装、拆除用支撑架,支撑架已加计了拱矢高度并考虑了缆风设备。定额以孔为计量单位。

（6）木支架及轻型门式钢支架的帽梁和地梁已计入定额中,地梁以下的基础工程未计入定额中,如需要时,应按有关相应定额另行计算。

（7）简单支架定额适用于安装钢筋混凝土双曲拱桥拱肋及其他桥梁需增设的临时支架。稳定支架的缆风设施已计入定额内。

（8）涵洞拱盔支架、板涵支架定额单位的水平投影面积为涵洞长度乘以净跨径。

（9）桥梁拱盔定额单位的立面积系指起拱线以上的弓形侧面积,其工程量按下式计算:

$$F = K \times (净跨径)^2 \tag{3-13}$$

式中:K——与拱矢度有关的系数,可按表 3-15 查用。

拱 矢 度 系 数　　　　　　　　　　　　　表 3-15

拱矢度	$\frac{1}{2}$	$\frac{1}{2.5}$	$\frac{1}{3}$	$\frac{1}{3.5}$	$\frac{1}{4}$	$\frac{1}{4.5}$	$\frac{1}{5}$	$\frac{1}{5.5}$
K	0.393	0.298	0.241	0.203	0.172	0.154	0.138	0.125
拱矢度	$\frac{1}{6}$	$\frac{1}{6.5}$	$\frac{1}{7}$	$\frac{1}{7.5}$	$\frac{1}{8}$	$\frac{1}{9}$	$\frac{1}{10}$	
K	0.113	0.104	0.096	0.090	0.084	0.076	0.067	

（10）桥梁支架定额单位的立面积为桥梁净跨径乘以高度,拱桥高度为起拱线以下至地面的高度,梁式桥高度为墩、台帽顶至地面的高度,这里的地面指支架地梁的底面。

学习记录

（11）钢拱架的工程量为钢拱架及支座金属构件的质量之和,其设备摊销费按4个月计算,若实际使用期与定额不同可予以调整。

（12）钢管支架定额指采用直径大于30cm的钢管作为立柱,在立柱上采用金属构件搭设水平支撑平台的支架,其中下部指立柱顶面以下部分,上部指立柱顶面以上部分。下部工程量按立柱质量计算,上部工程按支架水平投影面积计算。

学习记录

（13）支架预压的工程量按支架上现浇混凝土的体积计算。

（14）拱盔、支架工程定额表附注及工程内容

①桥梁拱盔定额如用于就地浇筑混凝土双曲拱桥时,按相应项目乘以0.73的系数;钢拱架安拆所需设备未包括在定额中,需要时另行计算。

②桥梁简单支架定额中当支架高度与定额不同时,可内插计算。

③钢管支架定额中上部定额中每$100m^2$综合的金属设备质量为18.4t,设备摊销费按每t每月90元,并按使用4个月编制,如施工工期不同时,可以调整;下部定额中钢管消耗量为陆地上搭设管桩支架的消耗,若为水中搭设钢管桩支架或用于索塔横梁的现浇支架时,应将定额中的钢管桩消耗量调整为3.467t,其余消耗量不变。

【例3-40】 某2孔净跨径50m的拱桥,拱矢度1/5,起拱线至地面高度为10m,由于工期紧张,施工组织安排做2孔满堂式木拱盔及木支架,拱盔、木支架有效宽度20m,试计算2孔拱盔立面积、2孔支架立面积及拱盔、支架的定额基价。

【解】 （1）由节说明1,桥梁拱盔、木支架按有效宽度8.5m计,该桥有效宽度为20m,应按比例换算定额值。

（2）拱盔立面积

由节说明9,$F = K \times (净跨)^2 \times 2$

$F = 0.138 \times 50^2 \times 2 = 690m^2$

（3）支架立面积

由节说明10得:$F = 2 \times 50 \times 10 = 1000m^2$

（4）基价

拱盔基价:查定额表[4-9-2/-3],基价=3933元/$10m^2$立面积

木支架基价:查定额表[4-9-3/-2],基价=1514元/$10m^2$立面积

拱盔基价小计:$3933 \times 20 \div 8.5 \times 690 \div 10 = 638534$元

木支架基价小计:$1514 \times 20 \div 8.5 \times 1000 \div 10 = 356235$元

10. 钢结构工程

（1）本节钢桁梁桥定额是按高强螺栓栓接、连孔拖拉架设法编制的,钢索吊桥的加劲桁拼装定额也是按高强螺栓栓接编制的,如采用其他方法施工,应另行计算。

（2）钢桁架桥中的钢桁梁,施工用的导梁钢桁和连接及加固杆件,钢索吊桥中的钢桁、钢纵横梁、悬吊系统构件、套筒及拉杆构件均为半成品,使用定额时应按半成品价格计算。

（3）主索锚碇除套筒及拉杆、承托板以外,其他项目如锚洞开挖、衬砌、护索罩的预制、安装,检查井的砌筑等,应按其他章节有关定额另计。

（4）钢索吊桥定额中已综合了缆索吊装设备及钢桁油漆项目,使用定额时不得另行计算。

（5）抗风缆结构安装定额中未包括锚碇部分,使用定额时应按有关相应定额另计。

（6）安装金属栏杆的工程量系指钢管的质量。至于栏杆座钢板、插销等均以材料数量综合在定额内。

（7）定额中成品构件单价构成:

工厂化生产,无需施工企业自行加工的产品为成品构件,以材料单价的形式进入定额。其材料单价为出厂价格 + 运输至施工场地的费用。

①平行钢丝拉索,吊杆、系杆、索股等以 t 为单位,以平行钢丝、钢丝绳或钢绞线质量计量,不包括锚头和 PE 或套管等防护料的质量,但锚头和 PE 或套管防护料的费用应含在成品单价中。

学习记录

②钢绞线斜拉索的工程量以钢绞线的质量计算,其单价包括厂家现场编索和锚具费用。悬索桥锚固系统预应力环氧钢绞线单价中包括两端锚具费用。

③钢箱梁、索鞍、拱肋、钢纵横梁等以 t 为单位。钢箱梁和拱肋单价中包括工地现场焊接费用。

(8)施工电梯、施工塔式起重机未计入定额中。需要时根据施工组织设计另行计算其安拆及使用费。

(9)钢管拱桥定额中未计入钢塔架、扣塔、地锚、索道的费用,应根据施工组织设计套用第七节相关定额另行计算。

(10)悬索桥的主缆、吊索、索夹、检修道定额未包括涂装防护,应另行计算。

(11)本定额未含施工监控费用,需要时另行计算。

(12)本定额未含施工期间航道占用费,需要时另行计算。

(13)工程量计算规则:

①定位钢支架质量为定位支架型钢、钢板、钢管质量之和,以 t 为单位计算。

②锚固拉杆质量为拉杆、连接器、螺母(包括锁紧和球面)、垫圈(包括锁紧和球面)质量之和,以 t 为单位计算。

③锚固体系环氧钢绞线质量以 t 为单位计算。定额包括了钢绞线张拉的工作长度。

④塔顶门架质量为门架型钢质量,以 t 为单位计算。钢格栅以钢格栅和反力架质量之和计算,以 t 为单位。主索鞍质量包括承板、鞍体、安装板、挡块、槽盖、拉杆、隔板、锚梁、锌质填块的质量,以 t 为单位计算。散索鞍质量包括底板、底座、承板、鞍体、压紧梁、隔板、拉杆、锌质填块的质量,以 t 为单位计算。主索鞍定额按索鞍顶推按 6 次计算,如顶推次数不同,则按人工每 10t·次 1.8 工日,顶推设备每 10t·次 0.18 台班进行增减。鞍罩为钢结构,以套为单位计算,1 个主索鞍处为 1 套。鞍罩的防腐和抽湿系统费用需另行计算。

⑤牵引系统长度为牵引系统所需的单侧长度,以 m 为单位计算。

⑥猫道系统长度为猫道系统的单侧长度,以 m 为单位计算。

⑦索夹质量包括索夹主体、螺母、螺杆、防水螺母、球面垫圈质量,以 t 为单位计算。

⑧缠丝以主缆长度扣除锚跨区、塔顶区、索夹处无需缠丝的主缆长度后的单侧长度,以 m 为单位计算。

⑨缆套包括套体、锚碇处连接件、标准镀锌紧固件质量,以 t 为单位计算。

⑩钢箱梁质量为钢箱梁(包括箱梁内横隔板)、桥面板(包括横肋)、横梁、钢锚箱质量之和。

⑪钢拱肋的工程量以设计质量计算,包括拱肋钢管、横撑、腹板、拱脚处外侧钢板、拱脚接头钢板及各种加劲块,不包括支座和钢拱肋内的混凝土的质量。

(14)钢结构工程定额表附注内容

①悬索桥索鞍定额中 1 个塔顶门架参考质量为 23t;如果水中塔可利用施工便桥将主索鞍运至塔底时,应按岸上主索鞍定额计算;鞍罩定额未包括防腐和抽湿系统,需要时另行计算。

②悬索桥牵引系统定额中 1 个塔顶平台参考质量为 8t,定额中设备摊销费是按 4 个月编制,当实际工期不同时,可按每 t 每月 90 元进行调整;定额中未包括先导索过江航道管制费用,需要时另行计算。

③悬索桥猫道系统定额中猫道宽度为4.0m,定额中未包括猫道承重索制作加工场地及张拉槽座的费用,需要时另行计算。

【例3-41】 某钢桁梁桥,采用高强螺栓栓接,连孔拖拉架设,试确定该上承式桥的人工、基价的预算定额。

学习记录

【解】 (1)由节说明1,本例的桥梁结构和施工方法与定额要求完全相符,故可直接查定额

(2)高强螺栓栓接钢桁梁:查定额表[4-10-1/-1]单位:10t

人工=76.8工日

基价=111688元

(3)钢桁梁拖拉架设:查定额表[4-10-2/-1,2]单位:10t

定额值:人工=152.9工日;基价=11964元

导梁连接及加固杆件:人工=243.2工日;基价=16507元

11.杂项工程工程

(1)杂项工程包括:平整场地、锥坡填土、拱上填料及台背排水、土牛(拱)胎、防水层、基础垫层、水泥砂浆勾缝及抹面、伸缩缝及泄水管、混凝土构件蒸汽养生室建筑及蒸汽养生、预制构件底座、先张法预应力张拉台座、混凝土搅拌站、混凝土搅拌船及混凝土运输、钢桁架栈桥式码头、冷却管、施工电梯、塔吊安拆、拆除旧建筑物等项目,本节定额适用于桥涵及其他构造物工程。

(2)大型预制构件底座定额分为平面底座和曲面底座两项。

平面底座定额适用于T形梁、I形梁、等截面箱梁,每根梁底座面积的工程量按下式计算:

$$底座面积=(梁长+2.00m)×(梁宽+1.00m) \tag{3-14}$$

曲面底座定额适用于梁底为曲面的箱形梁(如T形钢构等),每块梁底座的工程量按下式计算:

$$底座面积=构件下弧长×底座实际修建宽度 \tag{3-15}$$

平面底座的梁宽指预制梁的顶面宽度。

(3)模数式伸缩缝预留槽钢纤维混凝土中钢纤维的含量按水泥用量的1%计算,如设计钢纤维含量与定额不同时,可按设计用量抽换定额中钢纤维的消耗。

(4)蒸汽养生室面积按有效面积计算,其工程量按每一养生室安置两片梁,其梁间距离为0.8m,并按长度每端增加1.5m,宽度每边增加1.0m考虑。定额中已将其附属工程及设备,按摊销量计入定额中,编制预算时不得另行计算。

(5)混凝土搅拌站的材料,均已按桥次摊销列入定额中。

(6)钢桁架栈桥式码头定额适用于大型预制构件装船。码头上部为万能杆件及各类型钢加工的半成品和钢轨等,均已按摊销费计入定额中。

(7)施工塔式起重机和施工电梯所需安拆数量和使用时间按施工组织设计的进度安排进行计算。

(8)杂项工程定额表附注及内容:

①平整场地定额中平整场地填挖厚度超过30cm时,土石方开挖、平整、碾压按"路基工程"项目的有关定额计算。

②伸缩缝及泄水管定额中毛勒伸缩缝的质量是按每排伸缩量为80mm的每排每m质量80kg计算的;定额单位每m伸缩缝指桥面行车道的宽度,行车道以外的伸缩缝工、料、机消耗量已包括在定额中;定额单位为每m²,指伸缩缝的接触面积。

③蒸汽养生定额中未包括混凝土预制构件底座。

④混凝土拌和及运输定额中搅拌站场地的清理、平整、碾压不包括在定额中,需要时可按有

关定额另行计算。

⑤施工电梯定额中当设计采用的施工电梯的规格、型号与定额不同时,可按实际情况对定额进行抽换。

⑥施工塔式起重机定额中当设计采用的塔式起重机的规格、型号与定额不同时,可以按实际情况对定额进行抽换。

【例 3-42】　某桥预制构件场预制 T 梁的梁长 19.96m、梁肋底宽 0.18m、翼板宽 1.60m,共 12 个底座。试计算预制 T 型梁底座所需人工、水泥用量、基价和养生 12 片梁所需的蒸汽养生室工程量及其人工、原木、基价等定额值。

【解】　(1)预制 T 型梁的底座所需人工、水泥用量、基价

由"杂项工程"节说明 2 可知:

每个底座面积 = (梁长 +2.00m) × (梁宽 +1.00m)

$$= (19.96 + 2.00) × (1.6 + 1.00) = 57.10m^2$$

底座总面积 = $57.10 × 12 = 685.15m^2$

由定额表[4-11-9/-1]查得定额值,按底座工程量计算人工、水泥用量及基价:

人工 = $16.6 × 685.15 ÷ 10 = 1137.36$ 工日

32.5 级水泥 = $0.836 × 685.15 ÷ 10 = 57.27$t

基价 = $1975 × 685.15 ÷ 10 = 135317$ 元

(2)蒸汽养生室建筑的定额值

蒸汽养生室工程量由节说明 4 可知,每个养生室面积:$(19.96 + 2 × 1.5) × (2 × 1.6 + 0.8 + 2 × 1.0) = 137.76m^2$

养生室总工程量 = $12 ÷ 2 × 137.76 = 826.56m^2$

根据定额表[4-11-8/-1]查得蒸汽养生室建筑的定额值,并按工程量计算所需人工、原木、基价等值:

人工 = $51.6 × 826.56 ÷ 10 = 5149.5$ 工日

原木 = $0.007 × 826.56 ÷ 10 = 0.579m^3$

基价 = $4014 × 826.56 ÷ 10 = 191679$ 元

第八节　防护工程预算定额的说明及其应用

(1)本定额主要内容包括人工铺草皮、植草护坡、编篱填石护坡、木笼、竹笼、铁丝笼填石护坡、现浇混凝土护坡、预制混凝土护坡、灰浆抹面护坡、喷射混凝土护坡、预应力锚索护坡、石砌护坡、抛石护坡、石砌挡土墙护坡,锚定板挡土墙护坡、柱板式挡土墙护坡、扶壁式、悬臂式挡土墙护坡、抗滑桩等 26 项子目。

(2)本章定额中除注明者外,均不包括挖基,基础垫层的工程内容,需要时按"桥涵工程"项目的有关定额计算。

(3)本章定额中除注明者外,均已包括设计要求需要设置的伸缩缝、沉降缝的费用。

(4)本章定额中除注明者外,均已包括水泥混凝土的拌和费用。

(5)预应力锚索护坡定额中的脚手架是按钢管脚手架编制的,脚手架宽度按 2.5m 考虑。

(6)工程量计算规则

①铺草皮工程量按所铺边坡的坡面面积计算。

②护坡定额中以100 m²或1000 m²为计量单位的子目的工程量,按设计需要防护的边坡坡面面积计算。

③木笼、竹笼、铁丝笼填石护坡的工程量按填石体积计算。

④本章定额砌筑工程的工程量为砌体的实际体积,包括构成砌体的砂浆体积。

学习记录

⑤本章定额预制混凝土构件的工程量为预制构件的实际体积,不包括预制构件中空心部分的体积。

⑥预应力锚索的工程量为锚索(钢绞线)长度与工作长度的质量之和。

⑦抗滑桩挖孔工程量按护壁外缘所包围的面积乘设计孔深计算。

(7)防护工程定额表附注及内容

①人工铺草皮定额中采用叠铺草皮时,定额中人工工日和草皮数量加倍,其他材料费不变。

②植草护坡定额中挂铁丝网未包括锚固筋(或锚杆)的消耗,应按相应定额另行计算;挂网定额中钢筋项目仅适用于挂铁丝网的钢筋框条;定额中的植草项目可根据设计用量调整定额的草籽或种子的消耗。

③编篱填石护坡定额中单、双层厚度包括10 cm砂砾垫层;定额中不包括坡脚铺填片石,需要时根据设计按有关定额另行计算。

④预制混凝土护坡定额中码砌棱形格护坡定额未包括框格间缝隙的填塞费用,需要时另行计算。

⑤现浇钢筋混凝土锚碇板式挡土墙定额中锚碇板预制按使用木模计算,如采用钢模,按"预制、安装钢筋混凝土锚碇板式挡土墙定额"计算。

⑥挡土墙防渗层、泄水层及填内芯定额中填内芯所需填料的挖运,按路基土方定额计算。

【例3-43】 某混凝土挡土墙工程,基础为C15片石混凝土,垫层为填碎(砾)石,墙身为C20水泥混凝土,试确定其人工、水泥及基价的预算定额值。

【解】 (1)填碎(砾)石垫层定额:

根据章说明2,垫层定额可采用桥梁工程有关定额,查定额表[4-11-5/-2],每10 m³实体的定额值:

人工=7.2工日

基价=1084元

(2)基础C15片石混凝土:

查定额表[5-1-18/-1],每10 m³的定额值:

人工=19.3工日

32.5级水泥=2.193 t

基价=2956元

(3)墙身C20水泥混凝土:

查定额表[5-1-18/-2],每10 m³的定额值:

人工=19.5工日

32.5级水泥=2.876 t

基价=3235元

【例3-44】 试确定下列工程的预算定额。

(1)浆砌片石护坡;

(2)浆砌片石锥坡;

(3)浆砌片石边沟、截水沟、急流槽;

（4）开挖浆砌片石挡土墙基础。

【解】　（1）浆砌片石护坡,是《预算定额》第五章防护工程的内容,是指路基边坡或护坡的砌筑,可查《预算定额》"5-1-10 石砌护坡"。

（2）浆砌片石锥坡,是桥台的防护工程,是《预算定额》第四章桥涵工程的内容,需查《预算定额》"4-5-2 浆砌片石"。

（3）浆砌片石边沟、截水沟、急流槽从表面上看是属于道路防护的构造物,但其工程定额应查《预算定额》第一章路基排水工程中"1-2-3 石砌边沟、排（截）水沟、急流槽"。

（4）开挖浆砌片石挡土墙基础,从本章说明中知道,浆砌挡土墙定额在《预算定额》第五章防护工程,可查《预算定额》"5-1-15",而其基础开挖定额在《预算定额》第四章"开挖基坑"中。

第九节　交通工程及沿线设施预算定额的说明及其应用

本章定额主要包括交通安全设施、监控、收费系统、通信系统、供电、照明系统、光缆、电缆敷设、配管、配线及接地工程、绿化工程等内容。

一、安全设施

安全设施主要包括柱式护栏,墙式护栏,波形钢板护栏,隔离栅,中间带,车道分离块,标志牌,轮廓标,路面标线,机械铺筑拦水带,里程碑、百米桩、界碑,公共汽车停靠站、防雨篷等项目。

【例3-45】　某高速公路隔离栅工程,已知设计为型钢立柱上挂刺铁丝形式,总长（两侧）42km、高2.0m,共用刺铁丝长度324.2km,刺铁丝单位重0.15kg/m。试确定该隔离栅的预算定额,并计算本项目所需的刺铁丝的总用量。

【解】　本项目应包括型钢立柱和刺铁丝两个子目:

（1）型钢立柱的预算定额值

查《预算定额》表[6-1-4/-4]单位:1t

人工 =28.3 工日

材料:光圆钢筋 =0.036t;型钢立柱 =1.000t;铁件 =5.8kg

机械:2t 以内载货汽车 =2.70 台班

基价 =7397 元

（2）刺铁丝的预算定额值

查《预算定额》表[6-1-4/-6]单位:1t

人工 =108.0 工日

材料:8 ~12 号水泥 =22.4kg;刺铁丝 =1020.0kg

基价 =12203 元

（3）刺铁丝的总用量

根据《预算定额》节说明 3 工程量计算规则（3）的规定,"刺铁丝隔离栅工程量"按铁丝总质量计。本例刺铁丝总重量 =324.2 ×1 000 ×0.15 ÷1 000 =48.63t。

由《预算定额》表[6-1-4-6]可计算刺铁丝的总用量如下:

刺铁丝总用量 =1020.0 ×48.63 =49602.6kg

【例3-46】　某高速公路波形钢板护栏,基础为 C20 水泥混凝土,立柱为埋入式钢管柱,单面波形钢板,试确定其人工、基价的预算定额值。

【解】 (1)波形钢板护栏,定额表为[6-1-3],该工程项目包括基础立柱、波形钢板3个子目

(2)基础混凝土

根据定额表的工程内容,表中已包括了基础浇筑混凝土的全部工序。从定额表[6-1-3/-1]查得每$10m^3$实体定额值:

人工 = 24.5 工日

基价 = 2875 元

(3)按节说明3(2)的规定,钢管柱按成品重量计算,查定额表[6-1-3/-2]得每t定额值

人工 = 16.1 工日

基价 = 7055 元

(4)波形钢板,由节说明1规定,波形钢板为成品,查定额表[6-1-3/-5]得每t定额值

人工 = 0.5 工日

基价 = 6762 元

二、监控、收费系统

监控、收费系统包括监控、收费系统中管理站、分中心、中心(计算机及网络设备,视频控制设备安装,附属配套设备),收费车道设备,外场管理设备(车辆检测设备安装、调试,环境检测设备安装、调试,信息显示设备安装、调试,视频监控与传输设备安装、调试),系统互联与调试,系统试运行,收费岛和人(手)孔等12个项目。

三、通信系统

通信系统内容包括光电传输设备安装,程控交换设备安装、调试,有线广播设备安装,会议专用设备安装,微波通信系统的安装、调试,无线通信系统的安装、调试,电源安装、通信管道敷设和包封等共23个项目。

【例3-47】 某高速公路,需敷设4孔镀锌钢管通信管道50000m,该管道需埋深1m,沟宽0.5m,试求:完成该工程所需的总人工数量。

【解】 (1)根据题意和本节说明7的规定,完成任务包括的人工有两部分,一是开挖和回填镀锌钢管沟槽的人工;二是敷设通信管道的人工

(2)挖填土方量 = $0.5 \times 1 \times 50000 = 25000m^3$

(3)开挖和回填的人工查《预算定额》表[1-1-6]和[1-1-7](按普通土考虑)

人工 = $(181.1 + 151.8) \times 25000/1000 = 8322.5$ 工日

(4)敷设通信管道的人工需查《预算定额》表[6-3-22]

人工 = $117.0 \times 50000/1000 = 5850.0$ 工日

(5)总人工 = $8322.5 + 5850.0 = 14172.5$ 工日

四、供电、照明系统

供电、照明系统主要包括干式变压器安装,电力变压器干燥,杆上、埋地变压器安装,组合型成套箱式变电站安装,控制、继电、模拟及配电屏安装,电力系统调整试验,柴油发电机组及其附属设备安装,排气系统安装,其他配电设备安装,灯架安装,立灯杆,杆座安装,高杆灯具安装,照明灯具安装,标志、诱导装饰灯具安装,其他灯具安装16个项目。

【例3-48】 试确定安装一组120kW柴油发电机组的预算定额值。

【解】　(1)安装120kW柴油发电机组的定额应查《预算定额》表[6-4-7/-3]

人工 = 23.4 工日

12t 以内汽车式起重机 = 0.17 台班

小型机具使用费 = 12.3

基价 = 1284 元

(2)本定额未包括安装柴油发电机组所需的底座的费用,应根据设计图纸按有关定额另行计算

五、光缆、电缆敷设

光缆、电缆敷设主要包括:室内光缆穿放和连接、安装测试光缆终端盒、室外敷设管道光缆、光缆接续、光纤测试、塑料子管、穿放或布放电话线、敷设双绞线缆、跳线架和配线架安装、布放同轴电缆、敷设多芯电缆、安装线槽、开槽、电缆沟铺砂盖板、揭盖板、顶管、铜芯电缆敷设、热缩式电缆终端头或中间头制作安装、控制电缆头制作安装、桥架或支架安装共18个项目。

【例3-49】　某路段需敷设芯数为34的管道光缆500m,试用预算定额计算工料机的消耗。

【解】　敷设管道光缆查《预算定额》表[6-5-3/-2],单位100m:

人工 = 4.5 × 500/100 = 22.5 工日

8~12 号铁丝 = 2.3 × 500/100 = 11.5kg

光缆 = 102 × 500/100 = 510m

其他材料费 = 16.0 × 500/100 = 80 元

光时域反射仪 = 0.02 × 500/100 = 0.1 台班

六、配管、配线及接地工程

配管、配线及接地工程主要包括镀锌钢管、给水管道、钢管地埋敷设、钢管砖、混凝土结构、钢管钢结构支架配管、PVC阻燃塑料管、母线、母线槽、落地式控制箱、成套配电箱、接线箱、接线盒的安装、接地装置安装、避雷针及引下线安装、防雷装置安装、防雷接地装置测试共14个项目。

【例3-50】　某公路路段安装三相漏电保安器8个,求预算定额下的工料机消耗量。

【解】　三相漏电保安器查定额表防雷装置安装[6-6-13/-6]:

人工 = 0.7 × 8 = 5.6 工日

镀锌螺栓 = 0.1 × 8 = 0.8kg

其他材料费 = 101.8 × 8 = 814.4 元

小型机具使用费 = 0.6 × 8 = 4.8 元

七、绿化工程

绿化工程主要包括挖树穴、栽植乔木、栽植灌木、栽植绿篱、栽植(片植)地被、浇水、松土除草、追肥、绿化成活期保养、苗木运输9个子目。

【例3-51】　试求算:挖沟栽植绿篱5000m的全部工程人工预算定额值。已知绿篱高100cm,埋深30cm,沟宽50cm(挖普通土)。

【解】　(1)求挖沟工程量 = 5000 × 0.3 × 0.5 = 750m³

(2)挖沟的人工预算定额值:查《预算定额》表[6-7-1/-2]单位:100m³

人工 = 35.0 × 750/100 = 262.5 工日

(3)栽植绿篱的人工预算定额:查《预算定额》表[6-7-4/-4]单位:100m

人工 = 11.5 × 5000 / 100 = 575.0 工日

（4）总计用工量 = 262.5 + 575.0 = 837.5 工日

【例3-52】 某公路管理服务区需要一批土球直径为15cm的乔木、灌木3500株,采用6t以内载货汽车从5km外的地方运到服务区,计算其工料机的消耗量。

【解】 土球直径20cm以内每1000株运输5km,查定额表[6-7-9/-3、4]

人工 = 3.4 × 3500 / 1000 = 11.9 工日

6t以内载货汽车 = [4.1 + (5-1) × 0.03] × 3500 / 1000 = 14.77 台班

第十节 临时工程预算定额的说明及其应用

（1）本章定额包括汽车便道,临时便桥,临时码头,轨道铺设,架设输电、电信线路,人工夯打小圆木桩共6个项目。

（2）汽车便道按路基宽度为7.0m和4.5m分别编制,便道路面宽度按6.0m和3.5m分别编制,路基宽度4.5m的定额中已包括错车道的设置。汽车便道项目中未包括便道使用期内养护所需的工、料、机数量,如便道使用期内需要养护,编制预算时,可根据施工期按表3-16增加数量。

汽车便道养护工料机消耗量 表3-16

项目	项 目	单位	代号	汽车便道路基宽度（m）	
				7.0	4.5
1	人 工	工日	1	3.0	2.0
2	天然级配	m³	908	18.00	10.8
3	6~8t光轮压路机	台班	1075	2.20	1.32

（3）临时汽车便桥按桥面净宽4m、单孔跨径21m编制。

（4）重力式砌石码头定额中不包括拆除的工程内容,需要时可按"桥涵工程"项目的"拆除旧建筑物"定额另行计算。

（5）轨道铺设定额中轻轨(11kg/m,15kg/m)部分未考虑道砟,轨距为75cm,枕距为80cm,枕长为1.2m;重轨(32kg/m)部分轨距为1.435m,枕距为80cm,枕长为2.5m,岔枕长为3.35m,并考虑了道砟铺筑。

（6）人工夯打小圆木桩的土质划分及桩入土深度的计算方法与打桩工程相同。圆木桩的体积,根据设计桩长和梢径(小头直径),按木材材积表计算。

（7）本章定额中便桥,输电、电信线路的木料、电线的材料消耗均按一次使用量计列,编制预算时应按规定计算回收;其他各项定额分别不同情况,按其周转次数摊入材料数量。

（8）本章定额表附注及内容

①临时便桥定额中的设备摊销费按使用4个月编制的,若使用期不同,可予以调整;定额中的钢管桩为使用1年的消耗量,若使用期不同,可予以调整。

②浮箱码头定额中每100m²码头平面面积的浮箱质量为25.365t(包括浮箱连接件),其设备摊销费按每t每月90元,并按使用12个月编制,若浮箱实际质量和施工期不同,可予以调整。

③钢筋混凝土锚定额中已包括了栓锚钢丝绳及锚链的数量,使用定额时不得另行计算。

④轨道铺设定额中如需设置道岔时,每处道岔工、料按相应轨道铺设增加:轨重11kg/m、

15kg/m 的增加 16m,轨重 32kg/m 的增加 31m;轨重 32kg/m 的道砟已考虑了周转使用,本定额按实际使用量的30%计。

⑤架设输电、电信线路定额中设备摊销费为变压器的费用,按施工期 2 年计算,如施工期不同,可按比例调整。

【例3-53】　某汽车便道工程,位于山岭重丘地区,路基宽 4.5m,天然砂砾路面压实厚度 15cm,路面宽 3.5m,使用期 40 个月,便道长 5km,需要养护,试计算该便道工程的预算定额值及养护所需的工、料、机数量。

学习记录

【解】　(1)查定额表[7-1-1/-4],每公里汽车便道路基的定额值为

人工 =94.2 工日

机械:75kW 以内的履带式推土机 =14.48 台班;6~8t 光轮压路机 =1.16 台班;8~10t 光轮
　　　压路机 =0.88 台班;12~15t 光轮压路机 =3.44 台班

基价 =15464 元

(2)砂砾路面:查定额表[7-1-1/-6],每 km 路面的定额值

人工 =167.3 工日

材料:水 =67m³

天然级配 =716.04m³

机械:8~10t 光轮压路机 =0.97 台班

12~15t 光轮压路机 =1.94 台班

0.6t 以内手扶式振动碾 =1.65 台班

基价 =38552 元

(3)汽车便道养护:由章说明 2 的规定,便道使用期内养护所需的工、料、机数量应按表 3-16 所列数值计算,由表 3-16 可知:每月每 km 养护增加定额值为

人工 =2.0 工日

天然砂砾 =10.8m³

6~8t 光轮压路机 =1.32 台班

根据便道长度及使用期,养护所需工、料、机总量为:

人工 =2.0 ×5 ×40 =400.0 工日

天然砂砾 =10.8 ×5 ×40 =2160m³

6~8t 光轮压路机 =1.32 ×5 ×40 =264.00 台班

养护基价应根据《公路工程预算定额》附录四中提供的人工、材料单价和《公路工程机械台班费用定额》的台班基价计算。

养护基价:400 ×49.2 +2160 ×40.0 +264 ×251.49 =172473 元

第十一节　材料采集及加工预算定额的说明及其应用

(1)材料计量单位标准,除有特别说明者外,土、黏土、砂、石屑、碎(砾)石、碎(砾)石土、煤渣、矿渣均按堆方计算;片石、块石、大卵石均按码方计算;料石、盖板石均按实方计算。

(2)开炸路基石方的片(块)石如需利用时,应按本章捡清片(块)石项目计算。

(3)材料采集及加工定额中,已包括采、筛、洗、堆及加工等操作损耗在内。

(4)本章定额表附注及工程内容

①开挖盖山土、石定额中盖山土石厚度超过 1m 时,按"路基工程"项目开挖(炸)土、石方定额计算。

②采筛洗砂及机制砂定额中需要清除表土及备水时,其工日另计(第 1m³ 砂按 0.5m³ 用水量计);如人工采、筛、洗、堆联合作业时,按"采、筛、洗、堆"及"洗、堆"工日之和扣减一次堆方,每 100m³ 扣减 3 个工日计算,其中洗、堆定额中的砂不计价;定额中的砂系自然砂。

③采砂砾、碎石土、砾石、卵石定额中如需备水洗石时,每 1m³ 石料用水量按 0.3m³ 计算,运水工另行计算。

④人工开采料石、盖板石定额中如需爆破,按开采块石所需材料计列。

【例 3-54】 某浆砌块石桥墩,需用大量块石,采用在采石场机械开采块石,试确定其人工、基价的预算定额值。如果该块石是利用开炸路基石方时捡清块石,试确定其人工、基价的预算定额值。

【解】 (1)机械开采块石的定额表为[8-1-6/-5],100m³ 码方定额值为

人工 = 118.4 工日

材料:空心钢钎 = 0.9kg

合金钻头 = 3.0 个

硝铵炸药 = 11.9kg

导火线 = 36m

普通雷管 = 35 个

机械:9m³/分机动空压机 = 3.95 台班;小型机具使用费 = 165.3 元

基价 = 8368 元

(2)人工捡清块石:根据章说明 2 的规定,开炸路基石方的块石如需利用时,应按捡清块石项目计算,查定额表[8-1-6/-6],100m³ 码方定额值为

人工 = 101.0 工日

基价 = 4969 元

捡清块石是路基施工开炸石方的附带产品,其打眼、爆破的工、料、机消耗已在路基工程中计列,故其定额值比机械开采减少了人工、爆破材料及机械用量,基价相应降低。

第十二节 材料运输预算定额的说明及其应用

(1)汽车运输项目中因路基不平、土路松软、泥泞、急弯、陡坡而增加的时间消耗,定额内已予考虑。

(2)人力装卸船舶可按人力挑抬运输、手推车运输相应项目定额计算。

(3)所有材料的运输及装卸定额中,均未包括堆、码方工日。

(4)本章定额中未列名称的材料,可按下列规定执行,其中不是以质量计量的应按单位质量进行换算。

①水按运输沥青、油料定额乘以 0.85 系数计算。

②与碎石运输定额相同的材料有:天然级配、石渣、风化石。

③定额中未列的其他材料,一律按水泥运输定额计算。

【例 3-55】 试列出下列预算定额:

(1)装载机装 15t 以内自卸汽车运输土,运距 5km。

（2）15t 以内自卸汽车配合装载机运路基土方，运距 5km。

（3）15t 以内载重汽车运水，计量单位 100t。

（4）人力装卸船舶定额。

（5）指出上列（1）与（2）两定额的使用区别。

【解】　（1）装载机装 15t 以内自卸汽车运土，运距为 5km 的预算定额，由定额表［9-1-6/Ⅵ-91,92］查得，每 100m³ 定额值

15t 以内自卸汽车 = 0.45 + （5-1）×0.09 = 0.81 台班

基价 = 308 + （5-1）×62 = 556 元

（2）15t 以内自卸汽车配合装载机运路基土方，运距 5km，应查预算表［1-1-10/-1］和［1-1-11/-21,23］两项，查得，每 1000m³ 天然密实方定额值

1.0 以内轮胎式装载机 = 2.59 台班

基价 = 1042 元

15t 以内自卸汽车 = 5.57 + （5-1）÷0.5×0.64 = 10.69 台班

基价 = 3816 + （5-1）÷0.5×438 = 7320 元

（3）15t 以内载重汽车运水的定额：由章说明 4 可知，运水定额按运输沥青、油料定额乘以 0.85 系数计，由定额表［9-1-5/Ⅴ-59,60］查得每 100t 的定额值

15t 以内载货汽车：第一个 1km，1.49×0.85 = 1.27 台班

每增运 1km 0.05×0.85 = 0.04 台班

基价：第一个 1km 1020×0.85 = 867 元；每增运 1km 34×0.85 = 29 元

（4）人力装卸船舶定额

根据章说明 2 可知，该定额可按人力挑抬、手推车运输相应项目定额计算。即按预算定额［9-1-1］表和［9-1-2］表的相应子目确定。

（5）本例的（1）与（2）两项定额，表面看来都是用同样工具运"土"，容易查错定额。两者的区别是

①两定额的运输对象性质不同，前者是将土视为"材料"来运输，而后者是专指路基过程中发生的"土"的运输。

②两定额计算结果所构成的费用类别不同。前者计算结果只能构成材料单价中的运费；而后者计算结果可构成工程项目的"直接费"。

③两者的运输条件（环境）也不相同。前者类似于社会运输性质的自办运输；而后者则泛指工地现场作业。

第十三节　公路预算定额附录的内容及其应用

《预算定额》附录包括内容为：路面材料计算基础数据，基本定额，材料周转及摊销，定额基价人工、材料单位质量、单价表 4 个内容，现对其内容介绍如下。

一、路面材料计算基础数据

在《预算定额》附录一中列有"路面材料计算基础数据"，该表的作用是：

（1）列示路面工程概（预）算定额中各种材料定额消耗量计算所依据的各项基础数据，即路面压实混合料干密度、各种路面材料松方干密度、单一材料结构，按压实系数计算时各种材料压

实系数和各类沥青混合料油石比。

(2)据以计算定额中路面材料消耗量(主要是在抽换计算时用)。

(3)据以计算定额中没包括的路面结构的各种路面材料的消耗数量。

可按下式计算不同配合比、不同压实厚度的各类路面定额中各种路面材料的用量。即:

$$C_{d} = \frac{F \cdot H_0 \cdot \gamma \cdot L_i}{\sum L_i \cdot \gamma_{松}} \times (1 + i\%) \tag{3-16}$$

式中:C_d——定额中基本压实厚度的材料数量;

F——定额计量单位($1000m^2$);

H_0——定额的基本压实厚度(cm);

γ——路面压实混合料干密度(t/m^3);

L_i——设计配合比材料百分率;

$\sum L_i$——即100,各种设计材料配合比百分率之和;

$\gamma_{松}$——路面材料松方干密度(t/m^3);

i——材料场内运输及操作损耗(%)。

二、基本定额

1. 基本定额及其分类

《预算定额》附录二编有"基本定额",它是公路工程预算定额的重要组成部分。

基本定额是指在合理的条件下,为生产单位数量半成品、中间产品所规定的各种资源(工、料、机、费用等)消耗量标准。如混凝土工作定额、模板工作定额等。

基本定额按其消耗资源对象的不同可分为劳动定额(人工、机械台班消耗定额)和材料消耗定额两大类。

基本定额的分类与组成如图3-3所示。

2. 基本定额的用途

"基本定额"的用途主要是:

(1)进行定额抽换。所谓定额抽换,就是当设计文件中所规定的工作内容、子目与定额表中某序号所列的规格(如混凝土标号)不符时,则应查用相应定额或基本定额予以替换。如设计要求用 C25 混凝土,而定额中所列为 C20 混凝土,此时即应查基本定额进行计算并予以替换。在抽换前应仔细阅读定额的总说明和章、节说明与注解,确定是否还需要抽换,以及如何抽换。

(2)分析分项工程(工作)或半成品所需人工、材料、机械等消耗量。当设计中出现定额表中查不到的个别分项工程、工作时,应根据其具体工程数量通过基本定额的有关表,分析计算所需工、料、机等数量。例如新型结构桥梁中的某混凝土构件在定额中查不到,此时即可通过基本定额来计算其所需人工、材料、机械数量;若需模板,尚应按"桥涵模板工作"来分析工、料消耗。

【例3-56】 某桥墩高 15m,采用浆砌混凝土预制块砌筑,设计砌筑用 M10 水泥砂浆,试问编制预算时定额值是否需要抽换? 如何抽换?

【解】 (1)浆砌混凝土预制块,应查定额表[4-5-5/-2]单位:10m³

(2)由定额表[4-5-5/-2]可知,表中所列砌筑用水泥砂浆为M7.5,由于设计强度等级与定额表中砂浆强度等级不同,故需要抽换定额

(3)由定额表查得,10m³砌体定额值:M7.5 水泥砂浆 = 1.30m³(砌筑用);M10 水泥砂浆 = 0.09m³(勾缝用);32.5 级水泥 = 0.373t(M7.5 和 M10 水泥砂浆所用水泥的合计值);中(粗)砂 = 1.51m³

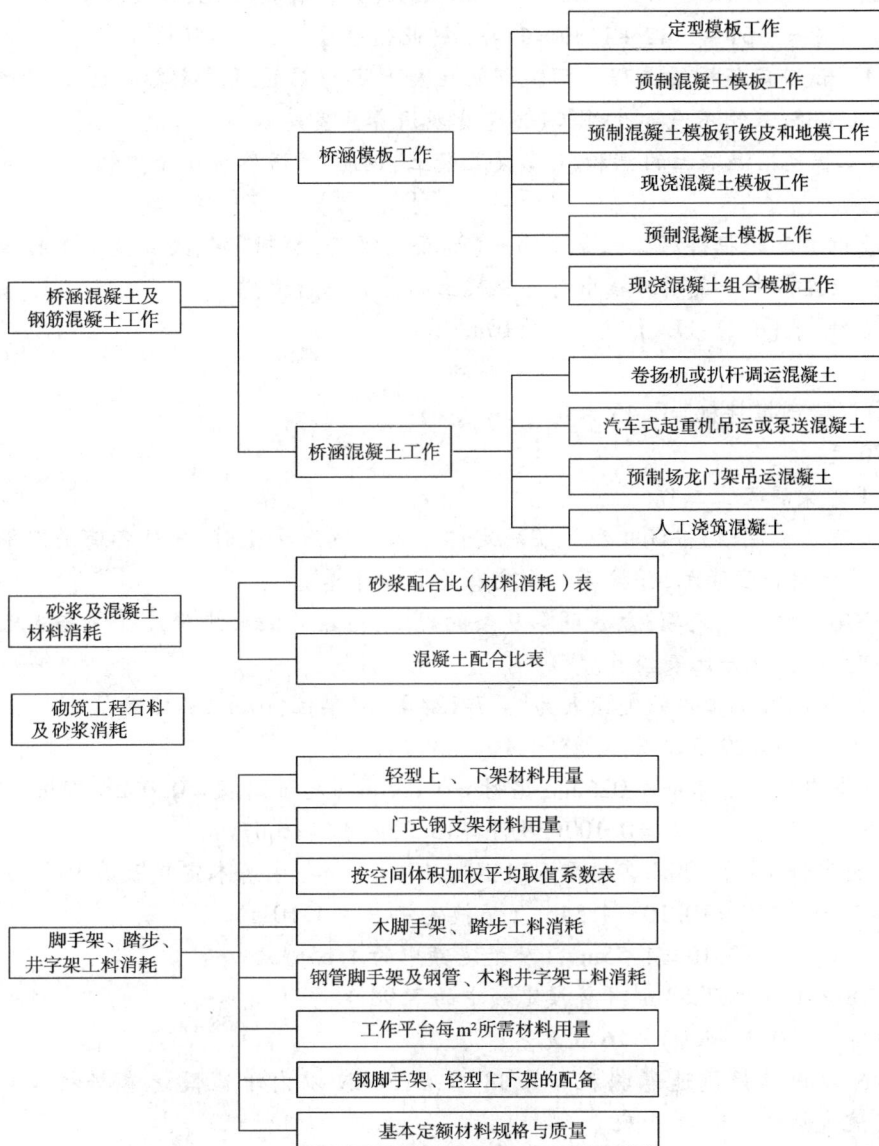

図 3-2　基本定额的组成

(4)查基本定额,M10 水泥砂浆每 m³ 需要:32.5 级水泥 311kg

中(粗)砂 = 1.07m³

M7.5 水泥砂浆每 m³ 需要:325 号水泥 = 266kg

中(粗)砂 = 1.09m³

(5)每 10m³ 浆砌混凝土预制块材料定额值

用 M10 水泥砂浆时,325 号水泥 = 1.30 × 0.311 = 0.404t

中(粗)砂 = 1.30 × 1.07　= 1.39m³

用 M7.5 水泥砂浆时,325 号水泥 $= 1.30 \times 0.266 = 0.346t$

中(粗)砂 $= 1.30 \times 1.09 = 1.42m^3$

(6)抽换后 $10m^3$ 砌体定额值

325 号水泥用量 $= 0.373 - 0.346 + 0.404 = 0.431t$(此值替换 $0.373t/10m^3$)

学习记录

中(粗)砂用量 $= 1.51 - 1.42 + 1.39 = 1.48m^3$(此值替换 $1.51m^3/10m^3$)

【例 3-57】 试确定某桥梁工程的预制钢筋混凝土 T 形梁的预算定额。已知 T 形梁混凝土设计强度等级为 C35,采用蒸汽养生施工(不考虑蒸汽养生室建筑)。

【解】 本工程包括混凝土的拌和、T 形梁混凝土、钢筋、蒸汽养生 4 个工程细目,按 4 个工程细目分别查定额。

(1)混凝土的拌和根据桥涵工程章说明一(2)条的规定,预制 T 形梁混凝土工作未考虑混凝土的拌和工作,应按第十一杂项工程中有关混凝土的拌和另行考虑

查《预算定额》表 $[4-11-11/ \text{I} -1]$ 单位:$10m^3$

人工 $= 2.7$ 工日

250L 以内混凝土搅拌机 $= 0.45$ 台班

基价 $= 176$ 元

(2)预制 T 形梁混凝土工作

①《公路工程预算定额》桥涵工程说明规定:"如采用蒸汽养生时,应从各有关定额中减去人工 1.5 工日及其他材料费 4 元,并按蒸汽养生有关定额计算"。

②根据《公路工程预算定额》总说明第 9 条的规定:当设计混凝土强度等级与定额表所列强度等级不相同时,可按配合比表换算。

③预制 T 形梁混凝土工作的定额表为 $[4-7-12/ \text{I} -1]$ 单位:$10m^3$,其定额值为:

人工 $= 31.0 - 1.5 = 29.5$ 工日

材料:直接查得值为原木 $= 0.026m^3$;锯材 $= 0.035m^3$;光圆钢筋 $= 0.002t$;钢板 $= 0.029t$;电焊条 $= 4.3kg$;钢模板 $= 0.100t$;铁件 $= 13.2kg$;水 $= 16m^3$

需要抽换的材料为:每 $10m^3$ 实体需 C30 混凝土 $10.10m^3$;由基本定额表第 1010 页算得:

32.5 级水泥 $= 0.450 \times 10.10 = 4.545t$,(替换定额中的 $4.101t$)

中(粗)砂 $= 0.45 \times 10.10 = 4.55m^3$,(替换定额中的 $4.65t$)

碎石 $= 0.78 \times 10.10 = 7.88m^3$,(替换定额中的 $7.98t$)

其他材料费 $= (20.3 - 4.0) = 16.3$ 元

机械:30kN 以内单筒慢速卷扬机 $= 1.38$ 台班;50kN 以内单筒慢速卷扬机 $= 4.14$ 台班;30kVA 以内交流电焊机 $= 1.04$ 台班

小型机具使用费 $= 38.7$ 元

(3)预制 T 形梁钢筋工作:$[4-7-12/ \text{I} -2]$ 单位:1t

人工 $= 9.8$ 工日

材料:光圆钢筋 $= 0.246t$;带肋钢筋 $= 0.779t$;电焊条 $= 7.4kg$;20~22 号铁丝 $= 2.6kg$

机械:30kN 以内单筒慢速卷扬机 $= 0.13$ 台班;30kVA 以内交流电焊机 $= 1.38$ 台班;150kVA 以内交流对焊机 $= 0.11$ 台班;小型机具使用费 $= 27.7$ 元

(4)蒸汽养生:其定额表号为 $[4-11-8/-2]$,查得每 $10m^3$ 构件定额值为

人工 $= 8.1$ 工日

其他材料费 $= 18.8$ 元

机械:30kN 以内单筒慢速卷扬机 $= 0.71$ 台班;1t/h 以内工业锅炉 $= 1.70$ 台班

三、材料周转及摊销

在《预算定额》附录三编有"材料的周转及摊销"定额。它的主要用途是：

（1）规定各种周转性材料的周转、摊销次数。

（2）对达不到规定周转次数的材料进行抽换。

学习记录

《预算定额》的总说明八指出：定额中的周转性材料、模板等的数量，已考虑了正常周转次数，计算在定额内，其中就地浇筑钢筋混凝土梁用的支架及拱圈用的拱盔、支架，如确因施工安排达不到规定周转次数时，可根据具体情况进行换算，并按规定计算回收，其余工程一般不予抽换。按此规定，对于达不到周转次数的周转性材料定额（即按实际周转次数确定的备料定额），可按下式进行换算：

$$E' = E \times k \tag{3-17}$$

式中：E——定额规定的周转性材料定额；

$\quad k$——换算系数，$k = n/n'$；

$\quad n$——定额规定的材料周转次数；

$\quad n'$——实际的材料周转次数。

材料的周转及摊销均按下式计算：

$$定额用量 = \frac{图纸一次使用量 \times (1 + 场内运输及操作损耗)}{周转次数（或摊销次数）} \tag{3-18}$$

材料的周转及摊销定额所包括的项目，详见《预算定额》附录三；周转性材料的回收规定见《公路工程基本建设概预算编制办法》。

【例3-58】　某高速公路2孔石砌拱桥，墩台高度10m，需备制满堂式木支架，支架有效宽度8.5m，试确定其实际周转次数的周转性材料预算定额。

【解】　（1）桥梁木支架，应查定额表[4-9-3/Ⅰ-2]单位：10m²

（2）查定额，每10m²立面积支架的周转性材料的定额值为

原木 = 0.687m³；锯材 = 0.069m³；铁件 = 10.0kg；铁钉 = 0.1kg

（3）由《公路工程预算定额》附录三"材料周转及摊销"定额表查得，支架的周转次数定额值 n 为：原木、锯材5次，铁件5次，铁钉4次

（4）实际周转次数 $n' = 2$

按式（3-17）可计算得实际周转次数周转性材料的定额值 E'：

原木：$E' = 0.687 \times 5 \div 2 = 1.718$m³

锯材：$E' = 0.069 \times 5 \div 2 = 0.173$m³

铁件：$E' = 10.0 \times 5 \div 2 = 25$kg

铁钉：$E' = 0.1 \times 4 \div 2 = 0.2$kg

四、人工、材料、代号、材料、半成品单位重、单价表

《预算定额》附录四为"定额基价人工、材料单位重、单价表"。表中内容有人工、材料的名称、代号、规格、单位、单位质量、场内运输及操作损耗和单价。附录表中的人工、材料代号与定额表中的代号是一致的，都是采用电子计算机编制概、预算时作为对工、料名称识别的符号，不得随意变动。编制补充定额时，遇有新增材料名称，可取相近品种材料代号间的空号。定额表中各子目基价中的人工、材料单价就是根据该表中的单价计算的。

第十四节　概、预算定额应用的注意事项

　　在前面几节中,已对定额的基本内容作了较全面的介绍。为了正确使用定额,必须全面了解定额,深刻理解定额,熟练地掌握定额。最好途径是通过编制概、预算等实践,达到熟练运用定额、掌握定额的目的。下面再谈几条定额应用的注意问题。

一、《公路工程概、预算定额》计量单位及位数的规定

　　关于《预算定额》和《概算定额》计量单位及位数的有关规定可参考表 3-17。

《概、预算定额》计量单位及位数规定表(供参考)　　　　表 3-17

序号	项　目	预 算 定 额		概 算 定 额	
		计量单位	位　数	计量单位	位　数
1	人工	工日	小数一位	工日	整数
2	木材	m³	小数三位	m³	小数二位
3	钢材	kg	整数	t	小数二位
4	水泥、石灰	kg	整数	t	小数二位
5	焊条、铁丝	kg	小数一位	kg	整数
6	圆钉、铁件	kg	小数一位	kg	整数
7	炸药	kg	整数	kg	整数
8	导火线	m	整数		不计
9	雷管	个	整数		不计
10	沥青、渣油	kg	整数	t	小数二位
11	砂	m³	小数二位	m³	小数一位
12	石料	m³	小数二位	m³	小数一位
13	黏土	m³	小数二位	m³	小数一位
14	煤渣	m³	小数二位	m³	小数一位
15	水	m³	整数	m³	整数
16	其他材料费	元	小数一位	元	整数
17	材料总重量	t	整数	t	整数
18	外购材料重量	t	小数一位	t	整数
19	各种机械	台班	小数二位	台班	小数一位
20	基价	元	整数	元	整数

二、《预算定额》中列入其他材料费的材料名称

　　关于《预算定额》中列入其他材料费的材料名称可参考表 3-18。

《预算定额》中列入其他材料费的材料名称表　　　　表 3-18

编号	材料名称	编号	材料名称	编号	材料名称
1	环氧树脂	5	木炭	9	油纸
2	机油	6	氧气	10	麻絮、麻丝
3	润滑油	7	电石	11	麻绳、草绳
4	煤油	8	沥青麻布	12	稻草、秸秆

编号	材 料 名 称	编号	材 料 名 称	编号	材 料 名 称
13	木柴	22	红丹粉	31	瓷瓶
14	木橛子	23	松香油	32	石棉垫
15	树枝	24	防锈油	33	石棉粉
16	清油	25	防水粉	34	绝缘子
17	磁漆	26	玻璃	35	抱箍
18	厚漆	27	芦苇	36	黑胶布
19	柴油	28	苇席	37	道钉
20	调和漆	29	桐油	38	鱼尾钉
21	防锈漆	30	陶管	39	易干油

学习记录

三、《预算定额》中列入小型机具使用费的机具

《预算定额》中列入小型机具使用费的机具有(供参考):

(1)土石方工程机械:凿岩机、锻钎机、钻头磨床、打夯机、抓土斗。

(2)路面工程机械:手摇式沥青洒布机、双铧犁。

(3)混凝土及灰浆工程机械:灰浆搅拌机、灰浆输送泵、水泥喷枪、振捣器、振动台。

(4)水平运输工程机械:轨道铁斗车等。

(5)起重及垂直运输工程机械:手摇卷扬机、皮带运输机、100t 以上液压千斤顶、电动葫芦。

(6)金属、木、石料加工机械:钢筋切断机、钢筋弯曲机、钢筋调直机、钢丝缠束机气焊设备、木工平刨床、木工压刨床、铆钉机、电钻、刨木机。

(7)其他类:价值 500 元以上,使用 2 年以上的设备工具。

第十五节　公路工程机械台班费用定额

现行的《公路工程机械台班费用定额》(JTG/T B06-03—2007)为交通部 2007 年第 33 号文,于 2008 年 1 月 1 日起施行。

一、适用范围、内容、规定及用途

《公路工程机械台班费用定额》是编制公路基本建设工程概算、预算、进行经济核算和结算的依据。公路养护的大、中修工程,可参考使用。

《公路工程机械台班费用定额》内容包括:土、石方工程机械,路面工程机械,混凝土及灰浆机械,水平运输机械,起重及垂直运输机械,打桩、钻孔机械,泵类机械,金属、木、石料加工机械,动力机械,工程船舶,其他机械等共计 11 类 746 个子目。

《公路工程机械台班费用定额》中各类机械(除潜水设备、变压器和配电设备外)每台(艘)班均按 8h 计算,潜水设备每台班按 6h 计算,变压器和配电设备每昼夜按一个台班计算。

《公路工程机械台班费用定额》的用途是:

(1)据以计算机械台班单价。根据《公路工程概算定额》和《公路工程预算定额》总说明的要

求,若地区机械工人的工资、燃料、水和电的预算价格与定额中的基价出入较大,编制预算时,机械台班单价应按《公路工程机械台班费用定额》分析计算确定。

(2)据以计算台班消耗的人工、燃料等实物量。编制施工组织设计时,需要统计人工、材料等实物量,其中有关机械所消耗的各种资源(如油、电等)实物量,要根据台班费用定额分析计算确定。

(3)有时可用该定额中的基价作为概、预算中的台班单价。有的省、市或地方交通厅规定可以直接引用该定额中的基价作为编制概预算的台班单价。

(4)供编制工程项目施工组织方案(特别是机械化施工方案)进行经济比较之用。

二、台班费用的组成

《公路工程机械台班费用定额》中机械台班费用定额由7项费用组成:

(1)折旧费:指机械设备在规定的使用期限内陆续收回其原值的费用。

(2)大修理费:指机械设备按规定的大修间隔台班必须进行大修理,以恢复其正常功能所需的费用。

(3)经常修理费:指机械设备除大修理以外的各级保养(包括一、二、三级保养)及为排除临时故障所需的费用;为保障机械正常运转所需替换设备、随机使用工具、附具摊销和维护的费用;机械运转与日常保养所需的润滑油脂、擦拭材料(布及棉纱等)费用和机械在规定年工作台班以外的维护、保养费用等。

(4)安装拆卸及辅助设施费:指机械在施工现场进行安装、拆卸所需的人工费、材料费、机械费、试运转费以及安装所需的辅助设施费。

辅助设施费包括安置机械的基础、底座及固定锚桩等费用。打桩、钻孔机械在施工过程中的过墩、移位等发生的安装及拆卸费包括在工程项目费之内;稳定土厂拌设备、沥青乳化设备、黑色粒料拌和机、沥青混合料拌和设备、混凝土搅拌站(楼)、塔式起重机、施工电梯的安装、拆卸以及拌和设备、大型发电机的混凝土基础、沉淀池等辅助设施和机械操作所需的轨道、工作台的设置费用,不在此项费用内,在工程项目中另行计算。

(5)人工费:指随机操作人员的工作日工资(包括基本工资、各类津贴、补贴、辅助工资、劳动保护费以及各类保险和住房公积金等)。

(6)动力燃料费:指机械在运转施工作业中所耗用的电力、固体燃料(煤、木柴)、液体燃料(汽油、柴油、重油)和水等。

(7)养路费及车船使用税:指机械按国家规定应缴纳的养路费和车船使用税等。

上述7项费用中第(1)至第(4)项费用(折旧费、大修理费、经常修理费、安装拆卸及辅助设施费)为不变费用,编制机械台班单价时,除青海、新疆、西藏等边远地区外,应直接应用;第(5)至第(7)项费用(人工费、动力燃料费、养路费及车船使用税)为可变费用,编制机械台班单价时,随机操作人员及动力、物资消耗量应以本定额中的数值为准。

三、台班费用定额表

台班费用定额表是《公路工程机械台班费用定额》的主要组成部分。定额表是按机械分类编制的,共分11个表。每个定额表又根据机械的规格分为若干子目的定额。

《公路工程机械台班费用定额》定额表一般由下列6项内容组成:

(1)表名:指定额表的名称,如土、石方机械、路面工程机械等共有11个。

(2)代号:是指每种规格的机械在用电子计算机编制概、预算时对机械的识别符号。各子目所示的代号与《公路工程概算定额》、《公路工程预算定额》中该子目所示机械的代号是一致的。代号不许变动,在各类机械之间留有一些空号,以备补充。

（3）子目:每个代号为一个子目,表示一种规格的机械。

（4）不变费用:指定额表中 1~4 项费用,编制机械台班单价时,除青海、新疆、西藏等边远地区外,直接采用表中不变费用的小计值。

（5）可变费用:指定额表中的 5~7 项费用。构成可变费用的有人工单价、燃料单价以及养路费标准等,可变费用随地区和时间的不同而不同,因此构成人工费、燃料费、养路费等可变费用也必然变动。人工单价、燃料单价按各省、自治区、直辖市交通厅的规定执行。养路费的征收标准,各地并不相同,计算机械台班单价时,要特别注意当地政府是否对公路工程车辆免征养路费。如果不免征,则对水平运输机械等计列养路费及车船使用税,其具体计算规定详见各省、直辖市、自治区的有关规定。

（6）定额基价:是不变费用和可变费用之合计数,仅供参考比较之用,不作为编制公路工程概、预算的依据。基价中可变费用中的人工费、动力燃料费按表3-19所列的预算价格计算。

可变费用预算价格

表3-19

项目	工资(工日)	汽油(kg)	柴油(kg)	重油(kg)	煤(kg)	电(kW·h)	水(m³)	木柴(kg)
预算价格(元)	49.20	5.20	4.90	2.80	0.265	0.55	0.5	0.49

四、台班费用定额应用示例

【例3-59】　试确定 135kW 以内稳定土拌和机的台班费用定额值和台班单价。已知当地规定人工单价为 50.00 元/工日,柴油单价为 5.35 元/kg。

【解】　（1）查《公路工程机械台班费用定额》,135kW 以内稳定土拌和机的代号为 1153

（2）在代号 1153 子目查得定额值并计算台班单价

定额值:不变费用 = 486.98 元;人工 = 2 工日;柴油 = 84.86kg

定额基价:1001.19 元/台班

可变费用:人工费 = 2 × 50.0 = 100.00 元

材料费(柴油) = 84.86 × 5.35 = 454.00 元

可变费用小计 = 100.00 + 454.00 = 554.00 元

台班单价 = 486.98 + 554.00 = 1040.98 元/台班

思　考　题

3-1　应用公路工程预算定额的步骤是什么?

3-2　公路工程预算定额表有哪些部分组成?

3-3　某一路段挖方 1500m³(其中松土 300m³,普通土 800m³,硬土 400m³),填方数量为 1600m³,本断面挖方可利用方量为 800m³(松土 100m³,普通土 500m³,硬土 200m³),远运利用方量为普通土 200m³(天然方),试求借方和弃方的数量?

3-4　石灰粉煤灰稳定碎石基层,定额标明的配合比为:石灰:粉煤灰:碎石 = 5:15:80,基本压实厚度为 15cm;设计配合比为:石灰:粉煤灰:碎石 = 6:13:81,设计压实厚度为 25cm。试计算各种材料调整后的定额用量。

3-5　某隧道工程,采用喷射混凝土做衬砌,设计厚度为 8cm,喷射面积为 5000m²,其洞内预制混凝土沟槽数量为 70m³,混凝土盖板数量为 40m³,试确定其人工和机械的消耗量。

3-6　某桥冲击钻机钻孔，设计桩深 20m，直径 120cm，地层由上到下为轻亚黏土 9m，粒径 2～20mm 的角砾含量 42%±8m，以下为松软、胶结不紧、节理较多的岩石，钢护筒干处施工，试确定该项目的预算定额值。

3-7　某桥墩高 16m，采用浆砌混凝土预制块砌筑，设计砌筑用 M10 水泥砂浆，试问编制预算时定额值是否需要抽换？如何抽换？

学习记录

第四章 DISIZHANG

▶▶▶ 公路工程工程量清单

本章导读

　　本章首先介绍了公路工程工程量清单的概念作用,然后介绍了公路工程工程量清单的编制,最后介绍了公路工程工程量清单计量内容,清单计量内容主要包括总则、路基工程、路面工程、桥涵工程、隧道工程、安全设施及预埋管线工程量、绿化及环境保护工程等。本章内容在工程招投标过程中起着重要的作用,为了将理论和实际紧密的联系起来,在学习本章内容时,应结合工程示例进行系统学习,并将本部分内容和公路工程预算定额的内容进行分析比较。

学习目标

1. 工程量清单的概念及内容;
2. 工程量清单的编制方法;
3. 工程量清单的计量和支付规则。

学习重点

1. 工程量清单的编制;
2. 按项目清单工程量计量的方法及支付内容。

学习难点

按项目清单工程量计量的方法及支付内容。

本章学习计划

内　　容	建议自学时间（学时）	学　习　建　议	学　习　记　录
第一节　公路工程工程量清单概述	1.0	掌握工程量清单的内容	
第二节　公路工程工程量清单编制		结合《公路工程标准施工招标文件》（2009年）学习本节内容	
第三节　总则工程量清单计量			
第四节　路基工程工程量清单计量	1.0	注意定额计量与清单计量的区别	
第五节　路面工程工程量清单计量			
第六节　桥涵工程工程量清单计量	1.0		
第七节　隧道工程工程量清单计量			
第八节　安全设施及预埋管线工程工程量清单计量	1.0		
第九节　绿化及环境保护工程工程量清单计量			

第一节　公路工程工程量清单概述

一、公路工程工程量清单及其作用

1.公路工程工程量清单的含义

公路工程工程量清单是由招标单位(业主)将要招标的工程,按一定的原则(如工程部位、性质等)进行分解,以明确工程的内容和范围,并将这些内容数量化而得到的一套工程项目表。是按照国家标准、行业标准、合同条款中约定的工程量计算规则,并根据招标项目具体特点和实际需要,按统一的项目编码、项目名称、计量单位和工程量计算规则进行编制的相应工程细目名称、特征和数量的明细清单。

公路工程工程量清单是由招标人发出的一套注有拟建工程各实物工程名称、性质、特征、单位、数量及开办项目、税费等相关表格组成的文件。工程量清单的编制人是招标单位或其委托的工程造价咨询单位,招标单位在编制工程量清单时可参考《公路工程标准施工招标文件》(2009年版)。另外,需要特别指出的是工程量清单中所列的工程数量(也称为清单工程量),是在实际施工生产前根据设计施工图纸和说明及工程量计算规则所得到的一种准确性较高的预算数量,并不是中标者在施工时应予完成的实际工程量。因为在实际施工过程中,可能会因各种原因与设计条件不一致,从而产生工程量的数量变化,业主应按实际工程量支付工程费用。

工程量清单是招标文件的组成部分,一经中标且签订合同,即成为合同的组成部分。因此,无论招标单位还是投标单位都应该慎重对待。

2.工程量清单的作用

公路工程工程量清单的作用主要表现为以下几个方面:

(1)工程量清单为投标人的投标竞争提供了一个平等和共同的基础。

工程量清单是由招标人负责编制,将要求投标人完成的工程项目及其相应工程实体数量全部列出,为投标人提供拟建工程的基本内容、实体数量和质量要求等基础信息。工程量清单由招标人统一提供,统一的工程量避免了由于计算不准确和项目不一致等人为因素造成的不公正影响,这样,在建设工程的招投标中,投标人的竞争活动就有了一个共同的基础,为投标者站在同一起跑线上,创造了一个公平的竞争环境。

(2)工程量清单是建设工程计价的依据。

工程量清单描述了工程项目的范围、内容及计量方式和方法,在工程实施期间对工程的计量与支付必须以工程量清单为依据,即使发生工程变更及费用索赔时,其参考作用也很明显,直接影响监理人对单价的确定。因此,工程量清单必须做到分项清楚明了、各种工作内容不重不漏,报价时工程数量的计算应尽可能准确。

(3)工程量清单是工程付款和结算的依据。

在施工阶段,建设单位根据承包人完成的工程量清单中规定的内容以及合同单价支付工程款。工程结算时,承发包双方按照工程量清单计价表中的序号对已实施的分部分项工程或计价项目,按合同单价或相关核算结算价款。

(4)工程量清单是调整工程价款、处理工程索赔的依据。

由于工程量清单是合同文件的组成部分,也是在发生工程变更、价格调整、工程索赔中建设单位与承包商都比较易于接受的价格基础,因此在工程变更、价格调整、工程索赔中,可以选用或参照工程量清单中的分部分项工程或计价项目及合同单价来确定变更价款和索赔费用。

(5)促使投标商提高技术水平及管理水平。

由于各个投标单位是在同一个基础上进行报价的,为了中标,投标单位必须不断提高管理水平和技术水平来降低投标报价。这样有利于促进施工单位改进施工方法优化施工方案,加强项目管理,采用自己掌握的先进施工技术、设备,最大限度地提高劳动生产率,最终降低生产成本。

◆ 请练习[思考题4-1]

二、公路工程工程量清单内容

公路工程工程量清单的内容分为工程量清单说明(或前言)、工程子目、计日工明细表和清单汇总表四部分。

1.工程量清单说明

(1)工程量清单是根据招标文件中包括的、有合同约束力的图纸以及有关国家标准、行业标准、合同条款中约定的工程量计算规则编制的。约定计量规则中没有的子目,其工程量按照有合同约束力的图纸所标示尺寸的理论净量计算。计量采用中华人民共和国法定计量单位。

(2)工程量清单应与招标文件中的投标人须知、通用合同条款、专用合同条款、技术规范及图纸等一起阅读和理解。

(3)工程量清单中所列工程数量是估算的或预计数量,仅作为投标报价的共同基础,不能作为最终结算与支付的依据。实际支付应按实际完成的工程量,由承包人按技术规范规定的计量方法,以监理人认可的尺寸、断面计量,按工程量清单的单价或总额价计算支付金额;或者根据具体情况,按合同条款的有关规定,由监理人确定的单价或总额价计算支付金额。

(4)工程量清单各章是按"技术规范"的相应章次编号的,因此,工程量清单中各章的工程子目的范围与计量等应与"技术规范"相应章节的范围、计量与支付条款结合起来理解或解释。

(5)对作业和材料的一般说明或规定,未重复写入工程量清单内,在给工程量清单各子目标价前,应参阅"技术规范"的有关内容。

(6)工程量清单中所列工程量的变动,丝毫不会降低或影响合同条款的效力,也不免除承包人按规定的标准进行施工和修复缺陷的责任。

(7)图纸中所列的工程量表及数量汇总表仅是提供资料,不是工程量清单的外延。当图纸与工程量清单所列数量不一致时,以工程量清单所列数量作为报价的依据。

2.投标报价说明

(1)工程量清单中的每一子目须填入单价或价格,且只允许有一个报价。

(2)除非合同另有规定,工程量清单有标价的单价和总额价均已包括了为实施和完成合同工程所需的劳务、材料、机械、质检(自检)、安装、缺陷修复、管理、保险、税费、利润等费用,以及合同明示或暗示的所有责任、义务和一切风险。本条说明要求投标人认识自己在合同中的报价所包括的范围,强调风险自担的原则。

(3)工程量清单中投标人没有填入单价或价格的子目,其费用视为已分摊在工程量清单的其他相关子目的单价或价格之中。承包人必须按监理人指令完成工程量清单中未填入单价或价格的子目,但不能得到结算与支付。这一说明减少了招投标过程中可能发生的争执,规范和加快了招投标工作过程,对投标人提出了计算中要认真、仔细的要求。

(4)符合合同条款规定的全部费用应认为已被计入有标价的工程量清单所列各子目之中,未列子目不予计量的工作,其费用应视为已分摊在本合同工程的有关细目的单价或总额价之中。这一条说明作用同上条,要求投标者将子目分摊工作做好,如果出现漏计或重计,后果自负。

（5）承包人对于本合同工程的各类装备的提供、运输、维护、拆卸、拼装等费用，已包括在清单的单价或总价之中。

（6）工程量清单中各项金额均以人民币（元）结算。

（7）暂定金额（不含计日工总额）应按照合同条件的规定使用和支付。

（8）暂估价的数量及拟用子目的说明。

3.计日工说明

1）总则

（1）本说明应参照《公路工程标准施工招标文件》（2009年版）通用合同条款一并理解。

①建设单位认为有必要时，由监理人通知承包人以计日工方式实施变更的零星工作，其价款按列入已标价工程量清单中的计日工计价子目及其单价进行计算。

②采用计日工计价的任何一项变更工作，应从暂列金额中支付，承包人应在该项变更的实施过程中，每天提交以下报表和有关凭证报送监理人审批。

a.工作名称、内容和数量。

b.投入该工作所有人员的姓名、工种、级别和耗用工时。

c.投入该工作的材料类别和数量。

d.投入该工作的施工设备型号、台数和耗用台时。

e.监理人要求提交的其他资料和凭证。

计日工由承包人汇总后，按约定列入进度付款申请单，由监理人复核并经建设单位同意后列入进度付款。

（2）未接到监理人书面指令，任何工程不得按计日工施工；接到监理人按计日工施工的书面指令，承包人也不得拒绝。

（3）投标人应在计日工单价表中填列计日工子目的基本单价或租价，该基本单价或租价适用于监理人指令的任何数量的计日工的结算与支付。计日工的劳务、材料和施工机械由招标人（或建设单位）列出正常的估计数量，投标人报出单价，计算出计日工总额后列入工程量清单汇总表中并进入评标价。

（4）计日工不调价。

2）计日工劳务

（1）在计算应付给承包人的计日工工资时，工时应从工人到达施工现场，并开始从事指定的工作算起，到返回原出发地点为止，扣去用餐和休息的时间。只有直接从事指定的工作，且能胜任该工作的工人才能计工，随同工人一起做工的班长应计算在内，但不包括领工（工长）和其他质检管理人员。

（2）承包人可以得到用于计日工劳务的全部工时的支付，此支付按承包人填报的"计日工劳务单价表"所列单价计算，该单价应包括基本单价及承包人的管理费、税费、利润等所有附加费，说明如下：

①劳务基本单价包括：承包人劳务的全部直接费用，如：工资、加班费、津贴、福利费及劳动保护费等。

②承包人的利润、管理、质检、保险、税费；易耗品的使用、水电及照明费，工作台、脚手架、临时设施费，手动机具与工具的使用及维修，以及上述各项伴随而来的费用。

3）计日工材料

承包人可以得到计日工使用的材料费用（上述2（2）款已计入劳务费内的材料费用除外）的支付，此费用按承包人"计日工材料单价表"中所填报的单价计算，该单价应包括基本单价及承

学习记录

包人的管理费、税费、利润等所有附加费,说明如下:

(1)材料基本单价按供货价加运杂费(到达承包人现场仓库)、保险费、仓库管理费以及运输损耗等计算。

(2)承包人的利润、管理、质检、保险、税费及其他附加费。

(3)从现场运至使用地点的人工费和施工机械使用费不包括在上述基本单价内。

4)计日工施工机械

(1)承包人可以得到用于计日工作业的施工机械费用的支付,该费用按承包人填报的"计日工施工机械单价表"中的单价计算。该单价应包括施工机械的折旧、利息、维修、保养、零配件、油燃料、保险和其他消耗品的费用以及全部有关使用这些机械的管理费、税费、利润和司机与助手的劳务费等费用。

(2)在计日工作业中,承包人计算所用的施工机械费用时,应按实际工作小时支付。除非经监理人的同意,计算的工作小时才能将施工机械从现场某处运到监理人指令的计日工作业的另一现场往返运送时间包括在内。

4.其他说明

根据工程项目特点进行填写。

5.工程量清单表

(1)工程量清单表

工程量清单表是招标过程中按章编制的各个项目表。表中有子目号、子目名称、单位、工程数量、单价及合价等栏目。其中单价或合价栏的数字一般由承包商投标时填写,而其他部分一般由建设单位或者招标单位在编制工程量清单时确定。

工程子目分章排列,有利于将不同性质、不同部位、不同施工阶段或其他特性的不同工程区别开来,同时也有利于将那些需要采用不同施工方法、不同施工阶段或成本不一样的工程区别开来。

表4-1和表4-2分别为根据《公路工程标准施工招标文件》(2009年版)第100章和第200章的部分内容,通过这些表可以了解工程量清单的整体联系和部分具体内容,其他表格的具体内容可参见《公路工程标准施工招标文件》(2009年版)。

工程量清单　　第100章　总则　　　　　　　　　　　　　　表4-1

子目号	子目名称	单位	数量	单价	合价
101-1	保险费				
-a	按合同条款规定,提供建筑工程一切险	总额			
-b	按合同条款规定,提供第三方责任险	总额			
102-1	竣工文件	总额			
102-2	施工环保费	总额			
102-3	安全生产费	总额			
102-4	工程管理软件(暂定金额)	总额			
103-1	临时道路修建、养护与拆除(包括原道路的养护费)	总额			
103-2	临时占地	总额			
103-3	临时供电设施				
-a	设施架设、拆除	总额			
-b	设施维修	月			
103-4	电讯设施的提供、维修与拆除	总额			
103-5	供水与排水设施	总额			
104-1	承包人驻地建设	总额			

清单　第100章合计　人民币_____

工程量清单　　第200章　路基　　　　　　　　表4-2

子目号	子 目 名 称	单位	数量	单价	合价
202-1	清除与掘除				
-a	清理现场	m²			
-b	砍伐树木	棵			
-c	挖除树根	棵			
202-2	挖除旧路面	m²			
-a	水泥混凝土路面	m²			
-b	沥青混凝土路面	m²			
-c	碎石路面	m²			
202-3	拆除结构物				
-a	钢筋混凝土结构				
-b	混凝土结构				
-c	砖、石及其他砌体结构				
	……				
	……				
	……				

清单第200章合计　人民币＿＿＿＿＿＿

（2）计日工表

计日工也称散工或点工，指在工程实施过程中，建设单位可能有一些临时性的或新增加的项目，而且这种临时的新增项目的工程量在招投标阶段很难估计，希望通过招投标阶段事先定价，避免开工后可能有发生时出现的争端，故需要以计日工明细表的方式在工程量清单中预以明确。

计日工明细表由计日工劳务、计日工材料、计日工机械和计日工汇总表等方面的内容组成，其表格样式见表4-3～表4-6。

计日工劳务计价表　　　　　　　　　　　表4-3

细目号	子目名称	单位	暂定数量	单价	合价
101	班长	h			
102	普通工	h			
103	焊工	h			
104	电工	h			
105	混凝土工	h			
106	木工	h			
107	钢筋工	h			
……	……				

劳务小计金额：＿＿＿＿＿＿
（计入"计日工汇总表"）

计日工材料计价表 表4-4

编号	子目名称	单位	暂定数量	单价	合价
201	水泥	t			
202	钢筋	t			
203	钢绞丝	t			
204	沥青	t			
205	木材	m^3			
206	砂	m^3			
207	碎石	m^3			
208	片石	m^3			
……	……				

材料小计金额：_____

（计入"计日工汇总表"）

计日工施工机械计价表 表4-5

编号	子目名称	单位	暂定数量	单价	合价
301	装载机	h			
301-1	1.5m^3 以下	h			
301-2	1.5 ~2.5m^3	h			
301-3	2.5m^3 以上	h			
302	推土机	h			
302-1	90kW 以下	h			
302-2	90 ~180kW	h			
302-3	180kW 以下	h			
……					

施工机械小计金额：_____

（计入"计日工汇总表"）

计 日 工 汇 总 表 表4-6

名 称	金 额	备 注
计日工		
1.劳务		
2.材料		
3.施工机械		

计日工总计：_____

（计入"投标报价汇总表"）

（3）暂估价表（表4-7 ~表4-9）

暂估价是指招标阶段直到签订合同协议时,招标人在招标文件中提供的用于支付必然要发生但暂时不能确定价格的材料、工程设备以及专业工程的金额。包括材料暂估价表、工程设备暂估价表和专业工程暂估价表。

材料暂估价表 表4-7

序号	名称	单位	数量	单价	合价	备注

工程设备暂估价表 表4-8

序号	名称	单位	数量	单价	合价	备注

专业工程暂估价表 表4-9

序号	专业工程名称	工程内容	金额

小计:_____

（4）投标报价汇总表

工程量清单汇总表是将各章的工程细目表及计日工明细表进行汇总,再加上一定比例或数量（按招标文件规定）的暂定金额而得出该项目的总报价,该报价与投标书中填写的投标总价是一致的。其格式如表4-10所示。

投标报价汇总表 表4-10

_____（项目名称）_____标段

序号	章 次	子 目 名 称	金 额
1	100	总则	
2	200	路基	
3	300	路面	
4	400	桥梁	
5	500	隧道	
6	600	安全设施及预埋管线	
7	700	绿化及环境保护	
8		第100章～第700章合计	
9		已包括在清单合计中的材料、工程设备、专业工程暂估价合计	
10		清单合计减去暂估价合计（即8－9）=10	
11		计日工合计	
12		暂列金额（不含计日工总额）	
13		投标报价（8＋11＋12）=13	

（5）工程量清单单价分析表（表4-11）

表 4-11

工程量清单单价分析表

序号	编码	子目名称	人工费			材料费					机械使用费	其他	管理费	税费	利润	综合单价
						主材			材费	金额						
			工日	单价	金额	主材耗量	单位	单价	主材费								

第二节　公路工程工程量清单编制

一、工程量清单的编制

工程量清单是招标人根据招标项目具体特点和实际需要,按统一的项目编码、项目名称、计量单位和工程量计算规则进行编制的相应工程细目名称、特征和数量的明细清单。其编制要坚持以下原则:

1.编制要贯彻"四统一"的原则

分部分项工程量清单的编制,首先要贯彻附录规定的"四统一"原则,即统一的项目编码、统一的项目名称、统一的计量单位和统一的工程量计算规则。

（1）项目编码

项目编码是为工程造价信息全国共享而设的,要求全国统一。《公路工程工程量清单计量规则》项目号的编写分别按项、目、节、细目表达,根据实际情况可按厚度、标号、规格等增列细目或子细目,与工程量清单细目号对应方式示例如下:

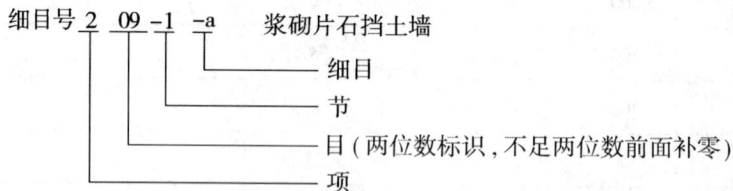

细目号 2 09 -1 -a　浆砌片石挡土墙

细目

节

目（两位数标识,不足两位数前面补零）

项

（2）项目名称

项目名称设置要规范,即清单项目名称一定要按计价规范附录的规定设置,不能各行其是。

项目的设置或划分是以形成工程实体为原则,它也是计量的前提。因此项目名称均以工程实体命名。项目设置的另一个原则是不能重复,完全相同的项目,只能相加后列一项,用同一编号,即一个项目只有一个编码,只有一个对应的综合单价。

（3）计量单位

按"计价规范"附录规定,工程量清单的计量单位均采用基本单位计量,编制清单或清单报价时一定要以"计价规范"附录中规定的计量单位计量,即应按以下单位计量:

长度计量采用"m"为单位;

面积计量采用"m^2"为单位;

体积和容积计量采用"m³"为单位；

质量计量采用"kg"为单位；

自然计量单位有"棵"、"根"、"台"、"套"、"块"……

（4）工程量计算规则

"计价规范"附录每一个清单项目都有一个相应的工程量计算规则,这个规则全国统一。

2.项目特征

项目特征是对项目的正确描述,是确定一个清单项目单价不可缺少的重要依据,是区分清单项目的依据,也是履行合同义务的基础。清单项目特征应按《公路工程标准施工招标文件》附录中规定的项目特征,结合技术规范、标准图集、施工图纸,按照不同的工程部位、施工工艺或材料品种、规格等分别予以详细而准确的表述和说明。凡项目特征中未描述到的其他独有特征,由清单编制人视项目具体情况确定。

项目特征是用附录中该项目所对应的"工程内容"中应完成的工程来描述项目的,将完成该项目的全部内容体现在清单上,不能有遗漏,以便投标人报价。如果因描述不清而引发纠纷,将以清单的描述论责任,而不是以附录提示的"工程内容"评定。

3.工程内容

工程内容是指完成该清单项目可能发生的具体工程。凡工程内容中未列的其他具体工程,由清单编制单位视项目具体情况编制,投标单位按招标文件或图纸要求,以完成清单项目为准,包含在报价中。

未列的清单项目计量规则与清单项目设置,可按本规则的原则进行补充,补充项目报有关部门备案。

4.列工程清单项目

根据设计图纸、工程量清单计量规则、消耗量定额、工程量清单表等,按顺序列出全部需要编制预算的项目,当然消耗量定额中没有图纸上有的分项内容也列出。通常称所列的清单项目为分项、子项或子目。

（1）列工程子项应掌握的基本原则

既不能多列、错列,也不能少列、漏列。具体列项如下:

①凡图纸上有的工程内容,规范和定额中也有相应子目,列子项。

②凡图纸上有的工程内容,规范和定额中却无相应子目,也要列项。

③当图纸上无而定额中有的,不列子项。

（2）子项工程名称

当图纸的构造及做法、所用材料、规格与定额规定完全相同时,则列出定额所示子目名称及其编号;当定额规定内容及做法与图纸要求不完全相符时,应按图纸列出子项名称,并在定额编号的右下角加一个脚注"换"字或"*"以示该子项应按定额中的工程量计算规则,仔细认真地逐项计算。

5.工程量计算

（1）认真细致逐项计算工程量,保证实物量的准确性。

计算工程量的工作是一项枯燥烦琐且花费时间长的工作,需要计算人员耐心细致,一丝不苟,努力将误差减小到最低限度。在计算时首先应熟悉和读懂设计图纸及说明,以定额为项目划分及其工程量计算规则的依据,根据工程现场情况,考虑合理的施工方法和施工机械,分部分项地逐项计算工程量。定额子目的确定必须明确。对于工程内容及工序符合定额的,按定额项目名称;对于大部分工程内容及工序符合定额,只是局部材料不同而定额允许换算者,应加以注明,如运距、强度等级、厚度等;对于定额缺项须补充增加的子目,应根据图纸内容做补充,补充的子目应力求表达清楚以免影响报价。

(2)认真进行全面复核,确保清单内容符合实际,科学合理。

清单准确与否,关系到工程投资的控制。清单编制完成后应认真进行全面复核。

6.行政事业性收费和税金

只要按国家规定开出即可。

总之,清单的编制一定要符合招标文件和规范的要求,每一个子目的工作内容与工作要求应表述准确与完整,应做到不多算,不少算,不漏算,重要的不留缺口,以防日后的工程造价追加。

二、工程量清单的价格编制

工程量清单计价是指投标单位完成由招标单位提供的工程量清单所需的全部费用,包括分部分项工程直接费(包括直接工程费、其他工程费)、间接费(包括规费、管理费)、利润和税金。

工程量清单计价采用综合单价计价。综合单价是指完成规定计量单位项目所需人工费、材料费和机械使用费、其他工程费、间接费、利润和税金,并考虑风险因素。

工程量清单模式计价就是招标单位提供工程量清单,投标单位依据建设单位提供的工程量清单、施工图纸、施工现场情况、施工方案、企业定额及市场价格,建设行政主管部门和工程造价主管机构的有关规定,并自行考虑风险情况等,按照市场规律以招投标的形式竞争定价的过程。

三、编制工程量清单注意事项

1.将开办项目作为独立的工程子目单独列出

开办项目往往是一些一开工就要发生或开工前就要发生的项目,如工程保险、担保、监理设施、承包人的驻地建设、测量放样、临时工程等。如果将这些项目包含在其他项目的单价中,到承包人开工时,上述各种款项将得不到及时支付,这不仅影响合同的公平性和承包人的资金周转,而且会增加招标中预付款的数量。

2.合理划分工程项目

在工程子目划分时,要注意将不同等级要求的工程区分开。将同一性质但不属于同一部位的工程区分开;将情况不同,可能要进行不同报价的项目区分开。这一做法主要是为了强化工程投标中的竞争性,使投标人报价更加具体,针对不同情况可以采用不同的单价,便于降低造价。

3.工程子目的划分要大小合适

工程子目的划分可大可小,工程子目大,可减少计算工作量,但太大就难以发挥单价合同的优势,不便于工程变更的处理。另外,工程子目太小也会使支付周期延长,影响承包人的资金周转,最终影响合同的正常履行。例如,在桥梁工程中,若将基础回填工作的计价包含在基础挖方项目中,则承包人必须等到基础回填工作完成以后才能办理该项目的计量支付,支付周期可能要半年或更长的时间,这将直接影响到承包人的资金周转,不利于合同的正常履行。但如果将基础开挖和基础回填分成两个工程子目,则可避免上述问题的发生。

工程子目相对较小,虽会增加计算工作量,但对处理工程变更和合同管理是有利的。如路基挖方中弃方运距的处理,有两种方案:一是路基挖方单价中包含全部弃方运距;二是路基挖方中包括部分弃方运距(如100m),超过该运距离弃方运费单独计量支付。如果弃方区明确且施工中不出现变更的话,上述两种方案是一样的,而且前面方案还可减少计量工作量。但是,一旦弃土区变更或发生设计变更,弃土运距会发生变化,则前一方案的单价会变得不适应,双方需按变更工程协商确定新的单价,从而使投标合同单价失效;而采用后一种方案时,合同中的单价仍是适用的,原则上可按原单价办理结算。

由此可见,工程子目的划分不是绝对的,既要简单明了、高度概括,又不能漏掉项目和应计价的内容,要结合工程实际,具体问题具体对待,灵活掌握。

4. 工程量的计算整理要细致准确

计算和整理工程量的依据是设计图纸和技术规范,它是一项严谨的技术工作,绝不是简单地罗列设计文件中的工程量。要认真阅读技术规范中的计量和支付方法,仔细核查设计文件中工程量所对应计量方法与技术规范中的计量方法是否一致,如不一致,则需在整理工程量时进行技术处理。此外,在工程量的计算过程中,要做到不重不漏,更不能发生计算错误,否则,会带来一系列问题。

5. 计日工清单或专项暂定金额不可缺少

计日工清单是用来处理一些附加的或小型的变更工程计价的,清单中计日工的数量完全是由业主虚拟的,用以避免承包人在投标时计日工的单价报得太离谱,有了计日工清单会使合同管理很方便。

6. 应与技术规范一致

工程量清单的编号、项目、单位等要求与技术规范中的计量支付应统一,从而保证整个合同的严密性和前后一致性。

◆ **请练习[思考题4-2]**

第三节 总则工程量清单计量

总则包括:保险费、竣工文件、施工环保、临时道路、临时用地、临时供电设施、电讯设施、承包人驻地建设费用。

一、有关问题的说明及提示

(1)保险费分为工程一切险和第三方责任险。

工程一切险是为永久工程、临时工程和设备及已运至施工工地用于永久工程的材料和设备所投的保险。

第三方责任险是对因实施本合同工程而造成的财产(本工程除外)的损失和损害或人员(建设单位和承包人雇员除外)的死亡或伤残所负责任进行的保险。保险费率按议定保险合同费率办理。

(2)竣工文件编制费是承包人对承建工程在竣工后按交通部发布的《公路工程竣工验收办法》的要求,编制竣工图表、资料所需的费用。

(3)施工环保费是承包人在施工过程中采取预防和消除环境污染措施所需的费用。

(4)临时道路(包括便道、便桥、便涵、码头)费是承包人为实施与完成工程建设所必须修建的设施,包括工程竣工后拆除的费用。

(5)临时用地费是承包人为完成工程建设,临时占用土地的租用费。工程完工后承包人应自费负责恢复到原来的状况,不另行计量。

(6)临时供电设施、电讯设施费是承包人为完成工程建设所需要的临时电力、电讯设施的架设与拆除的费用,不包括使用费。

(7)承包人的驻地建设费是指承包人为工程建设必须临时修建的承包人住房、办公房、加工车间、仓库、试验室和必要的供水、卫生、消防设施所需的费用,其中包括拆除并恢复到原来的自然状况的费用。

二、第 101 节　通则

1. 计量

(1)承包人按合同条款办理的建筑工程一切险和第三者责任保险,按总额计量。

(2)承包人应缴纳的所有税金(包括营业税、城市维护建设税和教育费附加)和工伤事故险保险费、人身意外伤害险保险费以及施工设备险保险费,由承包人摊入各相关工程子目的单价和费率之中,不单独计量。

2. 支付

合同条款中规定的建筑工程一切险和第三者责任险的保险费,将根据保险公司的保单经监理人签证后支付。如果由建设单位统一与保险公司办理上述两项保险,则由建设单位扣回。

三、第 102 节　工程管理

1. 计量

(1)工程记录与竣工文件的工作内容及与此有关的一切作业经监理人审查批准后,以总额计量。

(2)环境保护的工作内容包括施工场地砂石化、控制扬尘、降低噪声、合理排污等一切与此有关的作业经监理人检查验收后以总额计量。

(3)安全生产费用按投标价(不含安全生产费及建筑工程一切险及第三者责任险的保险费)的 1%(若招标人公布了投标控制价上限时,按投标控制价上限的 1% 计),以固定金额形式计入工程量清单支付子目 102-3 中。施工安全生产费用,应用于施工安全防护用具及设施的采购和更新、安全施工措施的落实、安全生产条件的改善,不得挪作他用。施工安全设施费及与此有关的一切作业经监理人,对工程安全生产情况审查批准后,以总额计量。如承包人在此基础上增加安全生产费用以满足项目施工需要,则承包人应在本项目工程量清单其他相关子目的单价或总额价中予以考虑,建设单位不再另行支付。

(4)工程管理软件按要求安装运行,工程管理软件费用由建设单位估定,以暂估价的形式按总额计入工程总价内。其费用包括系统操作人员的培训、劳务和计算机配置、维护、备份管理及网络构筑等一切与此相关的费用。

2. 支付

竣工文件子目在监理人验收合格后一次支付。

施工环保费子目费用每三分之一工期支付总额 30%,交工验收证书签发之后,支付总额 10%。

安全生产费子目费用由监理人发出开工通知后支付总额的 50%,在承包人的施工进度计划和施工方案说明被监理人批复后支付总额的 25%;按规范要求及监理人的指示落实安全生产措施后支付剩余的 25%。

工程管理软件子目经监理人验收后,支付监理人确认的实际金额的 90%,交工验收证书签发之后,支付剩余的 10%。

四、第103节　临时工程与设施

1. 计量

（1）临时道路、电讯设施及供水与排污设施的修建、维修及拆除等临时工程,根据施工过程中已完成的工程量,经监理人现场验收合格分别以总额计量。

（2）临时占地费经监理人批准,以总额计量。

（3）临时供电设施的修建及拆除费经监理人现场验收合格后以总额计量,临时供电设施的维修费以月为单位计量。

（4）为完成上述各项设施所需的一切材料、机械设备、人员及与此有关的一切作业费用均包含在相关子目单价或总额价之中不另行计量。

2. 支付

临时工程完工后,由监理人验收合格后分期支付,所报总价的80%,应在第1次至第4次进度付款证书中,以4次等额予以支付,所报总价中余下的20%,待交工验收证书颁发后支付。

五、第104节　承包人驻地建设

1. 计量

驻地建设完成后,经监理人现场核实,以总额计量。

2. 支付

承包人驻地建设子目所报总价的90%,应在第1~3次进度付款证书中,以3次等额支付,余下的10%,应在承包人驻地建设已经移走和清除,并经监理人验收合格时予以支付。

第四节　路基工程工程量清单计量

一、有关问题的说明及提示

（1）路基石方的界定。用不小于165kW（220匹马力）推土机单齿松土器无法勾动,需用爆破、钢楔或气钻方法开挖,且体积大于或等于$1m^3$的孤石为石方。

（2）土石方体积用平均断面积法计算。但与四棱体公式计算方式计算结果比较,如果误差超过5%时,采用四棱体公式计算。

（3）路基挖方以批准的路基设计图纸所示界限为限,均以开挖天然密实体积计量。其中包括边沟、排水沟、截水沟、改河、改渠、改路的开挖。

（4）挖方作业应保持边坡稳定,应做到开挖与防护同步施工,如因施工方法不当,排水不良或开挖后未按设计及时进行防护而造成的塌方,则塌方的清除和回填由承包人负责。

（5）借土挖方按天然密实体积计量,借土场或取土坑中非适用材料的挖除、弃运及场地清理、地貌恢复、施工便道便桥的修建与养护、临时排水与防护作为借土挖方的附属工程,不另行计量。

（6）路基填料中石料含量等于或大于70%时,按填石路堤计量;小于70%时,按填土路堤计量。

（7）路基填方以批准的路基设计图纸所示界限为限,按压实后路床顶面设计高程计算。应扣除跨径大于5m的通道、涵洞空间体积,跨径大于5m的桥则按桥长的空间体积扣除。为保证

学习记录

压实度两侧加宽超填增加的体积,零填零挖的翻松压实,均不另行计量。

(8)桥涵台背回填只计按设计图纸或工程师指示进行的桥涵台背特殊处理数量,但在路基土石方填筑计量中应扣除涵洞、通道台背及桥梁桥长范围外台背特殊处理的数量。

(9)回填土指零挖以下或填方路基(扣除 10～30cm 厚清表土)路段挖除非适用材料后好土的回填。

(10)填方按压实的体积以"m³"计量,包括挖台阶、摊平、密实、整型,其开挖作业在挖方中计量。

(11)项目未明确指出的工程内容,如:养护、场地清理、脚手架的搭拆、模板的安装、拆除及场地运输等均包含在相应的工程项目中,不另行计量。

(12)排水、防护、支挡工程的钢筋、锚杆、锚索除锈、制作、安装、运输及锚具、锚垫板、注浆管、封锚、护套、支架等,包括在相应的工程项目中,不另行计量。

(13)取弃土场的防护、排水及绿化在相应工程项目中计量。

二、第 201 节　通则

路基工程工作内容包括路基土石方工程、排水工程及路基防护工程的施工及其有关的作业。

(1)路基土石方工程包括:填方路基、挖方路基和特殊路基处理及其有关的作业。

(2)排水工程包括:坡面排水的施工及其有关的作业。

(3)路基防护工程包括:石砌护坡、护面墙、挡土墙、抗滑桩、河道防护及锥坡和其他防护工程的砌筑,以及其基础开挖与回填的施工作业。

本节工作内容均不作计量与支付,其所涉及的费用应包括在与其相关工程子目的单价或费率之中。

三、第 202 节　场地清理

本节为公路用地范围及借土场范围内施工场地的清理、拆除和挖掘,以及必要的平整场地等有关作业。

1.计量

施工场地清理的计量应按监理人书面指定的范围(路基范围以外临时工程用地清场等除外)进行验收。现场实地测量的平面投影面积以 m² 为单位计量。现场清理包括路基范围内的所有垃圾、灌木、竹林及胸径小于 100mm 的树木、石头、废料、表土(腐殖土)、草皮的铲除与开挖。借土场的场地清理与拆除(包括临时工程)均应列入土方单价之内,不另行计量。

(1)砍伐树木仅计胸径(即离地面 1.3m 高处的直径)大于 100mm 的树木,以棵计量,包括砍伐后的截锯、移运(移运至监理人指定的地点)、堆放等一切有关作业;挖除树根以棵计量,包括挖除、移运、堆放等一切有关的作业。

(2)挖除旧路面(包括路面基层)应按不同结构类型的路面以 m² 为单位计量;拆除原有公路结构物应分别按结构物的类型,依据监理人现场指示范围和量测方法量测,以 m³ 为单位计量。

(3)所有场地清理、拆除与挖掘工作的一切挖方、坑穴的回填、整平、压实,以及适用材料的移运、堆放和废料的移运处理等作业费用均含入相关子目单价之中,不另行计量。

2.支付

按上述规定计量,经监理人验收并列入工程量清单子目的工程量,其每一计量单位,将以合同单价支付。此项支付包括材料、劳力、设备、运输等及其为完成此项工程所必需的全部费用。

四、第 203 节 挖方路基

本节工作内容为挖方路基施工和边沟、截水沟、排水沟以及改河、改渠、改路等开挖有关作业。

1. 计量

（1）路基土石方开挖数量包括边沟、排水沟、截水沟,应以经监理人校核批准的横断面地面线和土石分界的补充测量为基础,按路线中线长度乘以经监理人核准的横断面面积进行计算,以立方米计量。

（2）挖除路基范围内非适用材料及淤泥（不包括借土场）的数量,应以承包人测量,并经监理人审核批准的断面或实际范围为依据的计算数量,分别以 m^3 为单位计量。

（3）除非监理人另有指示,凡超过图纸或监理人规定尺寸的开挖,均不予计量。

（4）石方爆破安全措施、弃方的运输和堆放、质量检验、临时道路和临时排水等均包含在相关子目单价或费率之中,不另行计量。

（5）在挖方路基的路床顶面以下,土方断面挖松深 300mm 再压实;石方断面应辅以人工凿平或填平压实,作为承包人应做的附属工作,均不另行计量。

改河、改渠、改路的开挖工程按合同图纸施工,计量方法可按上述（1）款进行。改路挖方线外工程的工作量计入 203-2 子目内。

2. 支付

（1）按上述规定计量,经监理人验收并列入工程量清单的以下支付子目的工程量,每一计量单位,将以合同单价支付。此项支付包括材料、劳力、设备、运输等及其为完成此项工程所必需的全部费用。

（2）土方和石方的单价费用,包括开挖、运输、堆放、分理填料、装卸、弃方和剩余材料的处理,以及其他有关的全部施工费用。

五、第 204 节 填方路基

本节工作内容为填筑路基和结构物处的台背回填以及改路填筑等有关的施工作业。

1. 计量

（1）填筑路堤的土石方数量,应以承包人的施工测量和补充测量经监理人校核批准的横断面地面线为基础,以监理人批准的横断面图为依据,由承包人按不同来源（包括利用土方、利用石方和借方等）分别计算,以经监理人校核认可的工程数量作为计量的工程数量。

（2）零填挖路段的翻松、压实含入报价之中,不另计量。

（3）零填挖路段的换填土,按压实的体积,以 m^3 为单位计量。计价中包括表面不良土的翻挖、运弃（不计运距）、换填好土的挖运、摊平、压实等一切与此有关作业的费用。

（4）利用土、石填方及土石混合填料的填方,按压实的体积,以 m^3 为单位计量。计价中包括挖台阶、摊平、压实、整型等一切与此有关作业的费用。利用土、石方的开挖作业在第 203 节路基挖方中计量。承包人不得因为土石混填的工艺、压实标准及检测方法的变化而要求增加额外的费用。

（5）借土填方,按压实的体积,以 m^3 为单位计量,计价中包括借土场（取土坑）中非适用材料的挖除、弃运及借土场的资源使用费、场地清理、地貌恢复、施工便道、便桥的修建与养护、临时排水与防护等和填方材料的开挖、运输、挖台阶、摊平、压实、整型等一切与此有关作业的费用。

（6）粉煤灰路堤按压实体积,以 m^3 为单位计量,计价中包括材料储运（含储灰场建设）、摊铺、晾晒、土质护坡、压实、整型以及试验路段施工等一切与此有关的作业费用。土质包边土在本节支付子目号204-1-e 中计量。

（7）结构物台背回填按压实体积，以 m³ 为单位计量，计价中包括：挖运、摊平、压实、整型等一切与此有关的作业费用。

（8）锥坡及台前溜坡填土，按图纸要求施工，经监理人验收的压实体积，以 m³ 为单位计量。

（9）临时排水以及超出图纸要求以外的超填，均不计量。

（10）改造其他公路的路基土方填筑的计量方法同本条（1）款。

2. 支付

按上述规定计量，经监理人验收并列入工程量清单子目的工程量，其每一计量单位，将以合同单价支付。此项支付包括材料、劳力、设备、运输等及其为完成此项工程所必需的全部费用。

六、第205节　特殊地区路基处理

本节工作内容包括：软土地区路基、滑坡地段路基、岩溶地区路基、膨胀土地区路基、黄土地区路基、盐渍土地区路基、风积沙及沙漠地区路基、季节性冻土地区路基和河、塘、湖、海地区路基的处理及其有关的工程作业。

1. 计量

本节所完成的工程，经验收后，由承包人计算监理人校核的数量作为计量的工程数量。

（1）挖除换填

挖除原路基一定深度及范围内淤泥以 m³ 为单位计量；列入第203节相应的支付子目中。

换填的填方，包括由于施工过程中地面下沉而增加的填方量，以 m³ 为单位计量；列入第204节相应的支付子目中。

（2）抛石挤淤

按图纸或验收的尺寸计算抛石体积的片石数量，以 m³ 为单位计量，包括有关的一切作业。

（3）砂垫层、砂砾垫层及灰土垫层

按垫层类型分别以 m³ 为单位计量，包括材料、机械及有关的一切作业。

（4）预压、超载预压

按图纸或监理人要求的预压宽度和高度以 m³ 为单位计量，包括材料、机械及有关的一切作业。

（5）真空预压、真空堆载联合预压

应以图纸或监理人所要求预压范围（宽度、高度、长度）经监理人验收合格，预压后体积以 m³ 为单位计量，计量中包括预压所用垫层材料、密封膜、滤管及密封沟与围堰等一切相关的材料、机械、人工费用。

（6）袋装砂井

按不同直径及深（长）度分别以 m 为单位计量。砂及砂袋不单独计量。

（7）塑料排水板

按规格及深（长）度分别以 m 为单位计量，不计伸入垫层内长度，包括材料、机械及有关的一切作业。

（8）砂桩、碎石桩、加固土桩、CFG桩

按不同桩径及桩深（长）度以图纸为依据，经验收合格按 m 为单位计量，包括材料、机械及有关的一切作业。

（9）土工织物

铺设土工织物以图纸为依据,经监理人验收合格以设计图为依据计算单层净面积数量（不计搭接及反包边增加量）,包括材料、机械及与此有关的一切作业。

（10）滑坡处理

按实际发生的挖除及回填体积,经监理人验收合格后以 m³ 为单位计量。计价中包括施工中所采取的安全保护措施、采取措施截断流向滑体的地表水、地下水及临时用水,以及采取措施封闭滑体上的裂隙等全部作业。

滑坡处理采用抗滑支挡工程施工时所发生工程量按不同工程项目,分别在相关支付子目下计量。

（11）岩溶洞按实际填筑体积,经监理人验收合格后以 m³ 为单位计量。经批准采取其他处理措施时,经验收合格后,参照类似项目的规定进行计量。

（12）膨胀土路基按图纸及监理人指示进行铺筑,经监理人验收合格,按不同厚度以 m² 为单位计量,其内容仅指石灰土改良费用,包括石灰的购置、运输、消解、拌和及有关辅助作业等一切有关费用;土方的挖运、填筑及压实等作业包含在第 203 节、第 204 节相关子目之中。

（13）黄土陷穴按实际开挖和回填体积,经监理人验收合格后以 m³ 为单位计量。

（14）采用强夯处理,以图纸为依据经监理人验收合格后以 m² 为单位计量,包括施工前的地表处理、拦截地表和地下水、强夯及强夯后的标准贯入、静力触探测试等相关作业。

（15）盐渍土路基处理换填,经监理人验收合格后按不同厚度以 m² 为单位计量,其内容包括铲除盐渍土、材料运输、分层填筑、分层压实等相关作业。

（16）风积沙填筑路基以图纸为依据,经验收合格以 m³ 为单位计量,包括材料、运输、摊平、碾压等相关作业。

（17）季节性冻土地区路基施工以图纸为依据,经验收合格按不同填料规格,以 m³ 为单位计量,其内容包括清除软层、材料运输、分层填筑、分层压实等相关作业。

（18）工地沉降观测作为承包人应做的工作,不予计量与支付。

（19）临时排水与防护设施认为已包括在相关工程中,不另行计量。

2. 支付

按上述规定计量,经监理人验收,第一次支付按完成工程数量的 85% 支付,其余部分经监理人核准承包人递交的沉降监测报告后再支付 15%。此项支付包括材料、劳力、设备、运输等及其他为完成安装工程所必需的全部费用。

七、第 206 节 路基整修

本节包括按规范规定进行的路堤整修和路堑边坡的修整,达到符合图纸所示的线形、纵坡、边坡、边沟和路基断面的有关作业。

本节工作内容均不作计量与支付,其所涉及的费用应包含在与其相关的工程子目的单价或费率之中。

八、第 207 节 坡面排水

本节工作为坡面排水和路界内地表水排除,包括边沟、排水沟、跌水与急流槽、盲沟和截水沟等结构物的施工及有关的作业。

1. 计量

（1）边沟、排水沟、截水沟的加固铺砌,按图纸施工经监理人验收合格的实际长度,分不同结构类型以 m 为单位计量。由于边沟、排水沟、截水沟加固铺砌而需扩挖部分的开挖,均作为承包人应做的附属工作,不另计量与支付。

（2）改沟、改渠护坡铺砌按图纸施工,经监理人验收合格的不同坝工体积,以 m³ 为单位计量。

学习记录

（3）急流槽按图纸施工,经验收合格的断面尺寸计算体积(包括消力池、消力槛、抗滑台等附属设施),以 m³ 为单位计量。

（4）路基盲沟按图纸施工,经验收合格的断面尺寸及所用材料,按长度以 m 为单位计量。

（5）所用砂砾垫层或基础材料、填缝材料、钢筋以及地基平整夯实及回填等土方工程均含入相关子目单价之中,不另行计量与支付。

（6）土工合成材料的计量、支付按第 205 节规定执行。

（7）渗井、检查井、雨水井的计量、支付按第 314 节规定执行。

2. 支付

按上述规定计量,经监理人验收的列入工程量清单子目的工程量,其每一计量单位将以合同单价支付。此项支付包括材料、劳力、设备、运输等及其他为完成地面排水工程所必需的所有费用,是对完成工程的全部偿付。

九、第 208 节 护坡、护面墙

本节工作内容包括:植物护坡、浆砌片(块)石或预制混凝土块护坡、护面墙、封面等有关的施工作业。

1. 计量

（1）干砌片石、浆砌片石护坡、护面墙等工程的计量,应以图纸所示和监理人的指示为依据,按实际完成并经验收的数量按不同的工程子目的不同的砂浆砌体分别以 m³ 为单位计量。

（2）预制空心砖和拱形及方格骨架护坡,按其铺筑的实际体积以 m³ 为单位计量。所有垫层、嵌缝材料、砂浆勾缝、泄水孔、滤水层、回填种植土以及基础的开挖和回填等有关作业,均作为承包人应做的附属工作,不另行计量与支付。

（3）种草、铺草皮、三维植被网、客土喷播等应以图纸要求和所示面积为依据实施,经监理人验收的实际面积以 m² 为单位计量。整修坡面、铺设表土、三维土工网、锚钉、客土、草种(灌木籽)、草皮、苗木、混合料、水、肥料、土壤稳定剂等(含运输)及其作业均作为承包人应做的附属工作,不另行计量。

（4）封面、捶面施工以图纸为依据,经监理人验收合格,以 m² 为单位计量,该项支付包括了上述工作相关的工料机全部费用。

2. 支付

按上述规定计量,经监理人验收并列入了工程量清单子目的工程量,其每一计量单位,将以合同单价支付。此项支付包括材料、劳力、设备、运输等及其为完成防护工程所必需的费用,是对完成工程的全部偿付。

十、第 209 节 挡土墙

本节工作内容包括砌体挡土墙、干砌挡土墙及混凝土挡土墙的施工及其相关作业。

1. 计量

（1）砌体挡土墙、干砌挡土墙和混凝土挡土墙工程应以图纸所示或监理人的指示为依据,按实际完成并经验收合格的数量,按砂浆强度等级及混凝土强度等级分别以 m³ 为单位计量。砂砾或碎石垫层按完成数量以 m³ 为单位计量。

（2）混凝土挡土墙的钢筋，按图纸所示经监理人验收后，以 kg 为单位计量。

（3）嵌缝材料、砂浆勾缝、泄水孔及其滤水层，混凝土工程的脚手架、模板、浇筑和养生、表面修整，基础开挖、运输与回填等有关作业，均作为承包人应做的附属工作，不另行计量与支付。

2. 支付

按上述规定计量，经监理人验收并列入了工程量清单子目的工程量，其每一计量单位，将以合同单价支付。此项支付包括材料、劳力、设备、运输等及其为完成防护工程所必需的费用，是对完成工程的全部偿付。

十一、第 210 节　锚杆、锚定板挡土墙

本节工作内容为锚杆挡土墙的施工及有关的工程作业。

1. 计量

（1）锚杆挡土墙、锚定板挡土墙工程计量应以图纸所示和监理人的指示为依据，按实际完成并经验收的数量，混凝土挡板和立柱以 m³ 为单位计量，钢筋及锚杆以 kg 为单位计量。

（2）锚孔的钻孔、锚杆的制作和安装、锚孔灌浆、钢筋混凝土立柱和挡土板的制作安装、墙背回填、防排水设置及锚杆的抗拔力试验等，以及一切未提及的相关工作均为完成锚杆挡土墙及锚定板挡土墙所必须的工作，均含入相关支付子目单价之中，不单独计量。

2. 支付

按上述规定计量，经监理人验收并列入工程量清单子目的工程量，其每一计量单位将以合同单价支付，此项支付包括材料、劳力、设备、运输、试验等及其他为完成本项工程所必需的费用，是对完成工程的全部偿付。

十二、第 211 节　加筋土挡土墙

本节工作内容包括在公路填方路段修建加筋土挡土墙及其有关的全部作业。

1. 计量

（1）加筋土挡土墙的墙面板、钢筋混凝土带、混凝土基础以及混凝土帽石，经监理人验收合格，以 m³ 为单位计量，浆砌片石基础以 m³ 为单位计量。

（2）铺设聚丙烯土工带，按图纸及验收数量以 kg 为单位计量。

（3）基坑开挖与回填、墙顶抹平层、沉降缝的填塞、泄水管的设置及钢筋混凝土带的钢筋等，均作为承包人的附属工作，不另计量。

（4）加筋土挡墙的路堤填料按图纸的规定和要求，在本规范第 204 节计量。

2. 支付

按上述规定计量，经监理人验收并列入了工程量清单子目的工程量，其每一计量单位，将以合同单价支付。此项支付包括材料、劳力、设备、运输等及其他为完成加筋挡土墙工程所必需的费用，是对完成工程的全部偿付。

十三、第 212 节　喷射混凝土和喷浆边坡防护

本节工作内容包括在挖方边坡上进行喷射素混凝土、喷浆防护、锚杆挂网喷射混凝土和喷浆防护以及土钉支护等有关的施工作业。

1. 计量

（1）锚杆按图纸或监理人指示为依据，经验收合格的实际数量，以 m 为单位计量。

（2）喷射混凝土和喷射水泥砂浆边坡防护的计量，应以图纸所示和监理人的指示为依据，按实际完成并经验收的数量，以 m² 为单位计量；钢筋网、铁丝网以 kg 为单位计量；土工格栅以 m² 为单位计量。

（3）喷射前的岩面清理，锚孔钻孔，锚杆制作以及钢筋网和铁丝网编织及挂网土工格栅的安装铺设等工作，均为承包人为完成锚杆喷射混凝土和喷射砂浆边坡防护工程应做的附属工作，不另行计量与支付。

（4）土钉支护施工以图纸为依据，经监理人验收合格，分不同类型组合的工程项目按下列内容分别计量：

①土钉钻孔桩、击入桩分别以 m 为单位计量。

②含钢筋网或土工格栅网的喷射混凝土面层区分不同厚度以 m² 为单位计量；

③钢筋、钢筋网以 kg 为单位计量；

④土工格栅以净面积为单位计量；

⑤网格梁、立柱、挡土板以 m³ 为单位计量。

⑥永久排水系统依结构形式参照第 207 节规定计量。

⑦土钉支护施工中的土方工程、临时排水工程以及未提及的其他工程均作为土钉支付施工的附属工作，不予单独计量，其费用已包含在相关工程子目单价之中。

2. 支付

同规范第 208.05-2 条。

十四、第 213 节　预应力锚索边坡加固

本节工作为开挖边坡的加固，其内容包括钻孔、锚索制作、锚索安装、注浆、张拉、锚固及检验等有关施工作业。

1. 计量

（1）预应力锚索长度按图纸要求，经监理人验收合格以 m 为单位计量。

（2）混凝土锚固板按图纸要求，经监理人验收合格以 m³ 为单位计量。

（3）钻孔、清孔、锚索安装、注浆、张拉、锚头、锚索护套、场地清理以及抗拔力试验等均为锚索的附属工作，不另行计量。

（4）混凝土的立模、浇筑、养生等为锚固板的附属工作，不另行计量。

2. 支付

按上述规定计量，经监理人验收并列入工程量清单子目的工程量，其每一计量单位将以合同单价支付。此项支付包括材料、劳力、设备、运输、试验等及其他为完成锚索工程所必需的费用，是对完成工程的全部偿付。

十五、第 214 节　抗滑桩

本节工作内容包括设置抗滑桩及其有关的施工作业。

1. 计量

（1）抗滑桩以图纸规定尺寸及深度为依据，按现场实际完成并验收合格的实际桩长以 m 为单位计量，设置支撑和护壁、挖孔、清孔、通风、钎探、排水及浇筑混凝土以及无破损检验，均作为抗滑桩的附属工程，不另行计量。

（2）抗滑桩用钢筋按图纸规定及经监理人验收的实际数量,以 kg 为单位计量。

（3）桩板式抗滑挡墙应按图纸要求进行施工,经监理人验收合格,挡土板以 m³ 为单位计量。桩板式抗滑挡墙施工中的挖孔桩按第 214.05.1（1）款规定计量。钻孔灌注桩、锚杆、锚索等项工作按实际发生参照第 405 节、第 212 节、第 213 节相关规定进行计量。

（4）土方工程、临时排水等相关工作均作为辅助工作不予计量,费用包含在相关工程报价中。

2.支付

按上述规定计量,经监理人验收并列入了工程量清单子目的工程量,其每一计单位,将以合同单价支付。此项支付包括材料、劳力、设备、运输等及其为完成抗滑桩工程所必需的费用,是对完成工程的全部偿付。

十六、第 215 节　河道防护

本节工作内容包括河床加固铺砌及顺坝、丁坝、调水坝及锥坡等砌筑工程及其有关的施工作业。

1.计量

（1）河床铺砌、顺坝、丁坝、调水坝及锥坡砌筑等工程及抛石防护,应分别按图纸尺寸和监理人的指示,按实际完成并经验收的数量,以 m³ 为单位计量。砂砾（碎石）垫层以 m³ 为单位计量。

（2）砌体的基础开挖、回填、夯实、砌体勾缝等工作,均作为承包人应做的附属工作,不另行计量与支付。

2.支付

按上述规定计量,经监理人验收并列入了工程量清单子目的工程量,其每一计量单位,将以合同单价支付。此项支付包括材料、劳力、设备、运输等及其为完成防护工程所必需的费用,是对完成工程的全部偿付。

◆ 请练习［思考题4-3］

第五节　路面工程工程量清单计量

根据《公路工程工程量计量规则》,路面工程包括垫层、底基层、基层、沥青混凝土面层、水泥混凝土面层、其他面层、透层、黏层、封层、路面排水、路面其他工程。

一、有关问题的说明及提示

（1）水泥混凝土路面模板制作安装及缩缝、胀缝的填灌缝材料,高密度橡胶板等所需费用,均包含在浇筑不同厚度水泥混凝土面层的工程项目中,不另行计量。

（2）水泥混凝土路面养生用的养护剂、覆盖的麻袋、养护器材等材料费用,均包含在浇筑不同厚度水泥混凝土面层的工程项目中,不另行计量。

（3）水泥混凝土路面的钢筋包括传力杆、拉杆、补强角隅钢筋及结构受力连续钢筋、支架钢筋。

（4）沥青混凝土路面和水泥混凝土路面所需的外掺剂不另行计量。

（5）沥青混合料、水泥混凝土和（底）基层混合料拌和场站、贮料场的建设、拆除、恢复均包括在相应工程项目中,不另行计量。

（6）钢筋的除锈、制作安装、成品运输，均包含在相应工程的项目中，不另行计量。

二、第 301 节　通则

工作内容包括在已完成并经监理人验收合格的路基上铺筑各种垫层、底基层、基层和面层；路面及中央分隔带排水施工；培土路肩、中央分隔带回填及路缘石设置，以及修筑路面附属设施等有关的作业。

计量与支付：本节工作内容均不作计量与支付，其所涉及的费用应包括在与其相关工程支付子目的单价或费率之中。

三、第 302 节　垫层

工作内容为在完成和验收合格，经监理人批准的路基上铺筑碎石，砂砾、煤渣、矿渣和水泥稳定土、石灰稳定土垫层。它包括所需的设备、劳力和材料，以及施工、试验等全部作业。

1. 计量

（1）碎石、砂砾垫层应按图纸和监理人指示铺筑，经监理人验收合格的面积，按不同厚度以 m^2 为单位计量。

（2）水泥稳定土、石灰稳定土垫层应按图纸和监理人指示铺筑、经监理人验收合格的面积，按不同厚度以 m^2 为单位计量。

（3）对个别特殊形状的面积，应采用适当的计量方法计量，并经监理人批准以 m^2 为单位计量。除监理人另有指示外，超过图纸所规定的面积，均不予计量。

2. 支付

（1）费用的支付，主要包括以下内容：

①承包人提供工程所需的材料、机具、设备和劳力等。

②原材料的检验、混合料设计与试验，以及经监理人批准的按照规范所要求的试验路段的全部作业。

③铺筑前对下承层的检查和清扫、混合料的拌和、运输、摊铺、压实、整形、养护等。

④质量检验所要求的检测、取样和试验等工作。

（2）按上述规定计量，经监理人验收并列入工程量清单子目的工程量，其每一计量单位，将以合同单价支付。此项支付包括一切为完成本项工程所必需的全部费用。

四、第 303 ~ 第 306 节　路面底基层与基层

路面工程底基层包括石灰稳定土底基层、水泥稳定土底基层、级配碎（砾）石底基层等。

路面工程基层包括水泥稳定粒料基层、石灰粉煤灰稳定基层、级配碎（砾）石基层、贫混凝土基层、沥青稳定碎石基层等

工作内容为在已完成并经监理人验收合格的路基或垫层上，铺筑各类底基层（或在底基层上铺筑基层）。它包括所需的设备、劳力和材料以及施工、试验等全部作业。

1. 计量

（1）基层与底基层应按图纸所示和监理人指示铺筑的平均面积，经监理人验收合格，按不同厚度以 m^2 为单位计量。

（2）对个别特殊形状的面积，应采用监理人认可的计算方法计算。除监理人另有指示外，超过图纸所规定的计算面积或体积均不予计量。

（3）桥梁和明涵处的搭板、埋板下变截面稳定土基层与底基层按图纸所示和监理的指示铺

筑,经监理人验收合格后,以 m³ 为单位计量。

2.支付

费用的支付,主要包括以下内容:

①承包人提供工程所需的材料、机具、设备和劳力等。

②原材料的检验,混合料设计与试验,以及经监理人批准的按照规范所要求的试验路段的全部作业。

学习记录

③铺筑前对下承层的检查和清扫、混合料的拌和、运输、摊铺、压实、整形、养护等。

④质量检验所要求的检测、取样和试验等工作。

按上述规定计量,经监理人验收并列入工程量清单子目的工程量,每一计量单位,将以合同单价支付。此项支付包括一切为完成此项工程所必需的全部费用。

五、第 307 节　透层、黏层和封层

工作内容为在已建成并经监理人验收合格的基层上洒布透层沥青;在沥青面层、水泥混凝土路面或桥面上洒布黏层沥青。它包括所需的设备、劳力和材料,以及施工、试验等全部作业。

1.计量

(1)透层、黏层和封层,按图纸规定的或监理人批示的喷洒面积,经监理人验收合格,以 m² 为单位计量。

(2)对个别特殊形状的面积,应采用适当的计算方法计量。除监理人另有批示外,超过图纸规定的计算面积均不予计量。

2.支付

(1)支付费用主要包括下列内容:

①承包人提供工程所需的材料,使用的工具、设备和劳力等。

②材料的检验、试验以及按规范规定的全部作业。

③喷洒前对层面的检查和清扫,材料的加热、运输、喷洒、养护等工作。

(2)按上述规定计量,经监理人验收并列入工程量清单子目的工程量,其每一计量单位,将以合同单价支付。此项支付包括一切为完成此项工程所必需的全部费用。

六、第 308 节　热拌沥青混合料面层

工作内容为在经监理人验收合格的基层上,按照图纸和监理人指示铺筑一层或多层的热拌沥青混合料面层。它包括提供全部设备、劳力和材料,以及施工、养护、试验等全部作业。

1.计量

热铺沥青混凝土,应按图纸所示或监理人指示的铺筑面积,经监理人验收合格,按粗、中、细粒式沥青混凝土和不同厚度分别以 m² 为单位计量。除监理人另有指示外,超过图纸所规定的面积均不予计量。

2.支付

(1)支付费用主要包括下列内容:

①承包人提供工程所需的材料工具、设备和劳力等。

②原材料的检验、混合料设计与试验,以及经监理人批准的按照规范所要求的试验路段的全部作业。

③铺筑前对下承层的检查和清扫、材料的拌和、运输、摊铺、压实、整形、养护等。

④质量检验所要求的检测、取样和试验等工作。

（2）按上述规定计量，经监理人验收并列入工程量清单子目的工程量，其每一计量单位，将以合同单价支付。此项支付包括一切为完成此项工程所必需的全部费用。

七、第309节　沥青表面处治及其他面层

工作内容为在按图纸所示施工，并经监理人验收合格的基层上铺筑单层或多层沥青表面处治面层；在沥青面层或沥青面层延迟期较长的基层上铺筑封层。它包括所需的设备、劳力和材料，以及施工、试验等全部作业。

1. 计量

（1）沥青表面处治按图纸所示或监理人指示铺筑，经监理人验收合格，按不同厚度分别以 m^2 为单位计量。

（2）封层按图纸规定的或监理人指示的喷洒面积，经监理人验收合格，以 m^2 为单位计量。

（3）表面处治除监理人另有指示外，超过图纸规定的面积不予计量。

2. 支付

（1）支付费用主要包括下列内容：

①承包人提供工程所需的材料、机具、设备和劳力等。

②材料的检验试验，以及按规范规定的全部作业。

③喷洒前对层面的检查和清扫，材料的加热、运输、喷洒、养护等工作。

（2）按上述规定计量，经监理人验收并列入工程量清单子目的工程量，其每一计量单位，将以合同单价支付。此项支付包括一切为完成此项工程所必需的全部费用。

八、第310节　改性沥青及改性沥青混合料

工作内容为在完成并经监理人验收合格的基层或其他沥青面层上，铺筑改性沥青混合料面层。它包括提供所需的设备、劳力和材料，以及施工、养护、试验等全部作业。

1. 计量

改性沥青混合料按图纸要求及监理人的指示按不同厚度及实际摊铺的面积以 m^2 为单位计量。

2. 支付

（1）费用的支付，主要包括以下内容：

①承包人提供工程所需的材料、机具、设备和劳力等。

②原材料的检验、混合料设计与试验，以及经监理人批准的按照规范所要求的试验路段的全部作业。

③铺筑前对下承层的检查和清扫，材料的拌和、运输、摊铺、压实、整形、养护等。

④质量检验所要求的检测、取样和试验等工作。

（2）按上述规定计量，经监理人验收并列入工程量清单子目的工程量，其每一计量单位，将以合同单价支付。此项支付包括一切为完成此项工程所必需的全部费用。

九、第311节　水泥混凝土面层

工作内容为在完成并经监理人验收合格的基层上，铺筑水泥混凝土面板的工作。它包括提供所需的设备、人工和材料，以及施工、养护、试验、检测等全部作业。

1. 计量

（1）水泥混凝土面板按图纸和监理人指示铺筑的面积、经监理人验收合格后，按不同厚度以

m² 为单位计量。除监理人另有指示外,任何超过图纸所规定的尺寸的计算面积均不予计量。

(2)水泥混凝土路面的补强钢筋及拉杆、传力杆等钢筋按图纸要求设置,经监理人现场验收后以 kg 为单位计量。因搭接而增加的钢筋不予计入。

(3)接缝材料等未列入支付子目中的其他材料均含入水泥混凝土路面单价之中,不单独计量与支付。

学习记录

2. 支付

(1)支付的费用,主要包括下列内容:

①承包人提供工程所需的材料、机具、设备和劳力等。

②原材料的检验、混合料设计与试验,以及经监理人批准的按照规范所要求的试验路段的全部作业。

③铺筑混凝土面板前对基层的检查和清扫、混凝土混合料的拌和、运输、摊铺、终饰、接缝、养护等。

④质量检验所要求的检测、取样和试验等工作。

(2)按上述规定计量,经监理人验收并列入工程量清单子目的工程量,其每一计量单位,将以合同单价支付。此项支付包括一切为完成此项工程所必需的全部费用。

十、第 312 节 培土路肩、中央分隔带回填土、土路肩加固及路缘石

工作内容包括路肩培土、中央分隔带的回填土以及土路肩加固工程等施工作业。

1. 计量

(1)培土路肩及中央分隔带回填土按压实后并经验收的工程数量分别以 m³ 为单位计量。

(2)水泥混凝土加固土路肩经验收合格后,沿路肩表面量测其长度以延米为单位计量,加固土路肩的混凝土立模、摊铺、振捣、养护、拆模、预制块预制铺砌、接缝材料等及其他有关加固土路肩的杂项工作均属承包人的附属工作,均不另行计量。

(3)路缘石按图纸所示的长度进行现场量测,经验收合格以延米为单位计量。埋设缘石的基槽开挖与回填、夯实等有关杂项工作均属承包人的附属工作,均不另行计量。

2. 支付

按上述规定计量,经监理人验收并列入工程量清单子目的工程量,其每一计量单位将以合同单价支付,此项支付包括材料、劳力、设备、运输、试验等及其他为完成本项工程所必需的费用,是对完成工程的全部偿付。

十一、第 313 节 路面及中央分隔带排水

工作内容为路面和中央分隔带排水工程,包括纵、横、竖向排水管、渗沟、缝隙式圆形集水管、集水井、路肩排水沟和拦水带等结构物的施工及有关的作业。

1. 计量

(1)中央分隔带处设置的排水设施,按图纸施工,经监理人验收合格的实际工程数量,分别按下列项目计量:

①排水管按不同材料、不同直径分别以 m 为单位计量。

②纵向雨水沟(管)按长度以 m 为单位计量。

③集水井按不同尺寸以座为单位计量。

④渗沟按不同截面尺寸以延长米为单位计量。

⑤防水沥青油毡以 m² 为单位计量。

（2）路肩排水沟，经监理人验收合格的实际工程数量，分别按下列项目计量：

①混凝土路肩排水沟按长度以 m 为单位计量。

②路肩排水沟砂砾垫层（路基填筑中已计量者除外）以 m³ 为单位计量。

③土工布以 m² 为单位计量。

（3）排水管基础、胶泥隔水层及出水口预制混凝土垫块等不另计量，包含在排水管单价中。

（4）渗沟上的土工布不另计量，包含在渗沟单价中。

（5）拦水带按长度以 m 为单位计量。

2. 支付

按上述规定计量，经监理人验收并列入工程量清单子目的工程量，其每一计量单位将以合同单价支付，此项支付包括材料、劳力、设备、运输、试验等及其他为完成本项工程所必需的费用，是对完成工程的全部偿付。

◆ 请练习[思考题4-4]

第六节　桥涵工程工程量清单计量

根据《公路工程工程量计量规则》，桥梁涵洞工程包括：桥梁荷载试验、地质钻探及土样试验、钢筋、挖基、混凝土灌注桩、钢筋混凝土沉桩、钢筋混凝土沉井、扩大基础；现浇混凝土下部构造，混凝土上部构造；预应力钢材，现浇预应力上部构造，预制预应力混凝土上部构造，斜拉桥上部构造，钢架拱上部构造；浆砌块片石及混凝土预制块、桥面铺装、桥梁支座、伸缩缝装置、涵洞工程。

一、有关问题的说明及提示

（1）基础、下部结构、上部结构混凝土的钢筋，包括钢筋及钢筋骨架用的铁丝、钢板、套筒、焊接、钢筋垫块或其他固定钢筋的材料以及钢筋除锈、制作安装、成品运输，作为钢筋工程的附属工作，不另行计量。

（2）附属结构、圆管涵、倒虹吸管、盖板涵、拱涵、通道的钢筋，均包含在各项目内，不另行计量。附属结构包括缘石、人行道、防撞墙、栏杆、护栏、桥头搭板、枕梁、抗震挡块、支座垫块等构造物。

（3）预应力钢材、斜拉索的除锈、制作、安装、运输及锚具、锚垫板、定位筋、连接件、封锚、护套、支架、附属装置和所有预埋件的费用，包括在相应的工程项目中，不另行计量。

（4）工程项目涉及的养护、场地清理、吊装设备、拱盔、支架、工作平台、脚手架的搭设及拆除、模板的安装及拆除，均包括在相应工程项目内，不另行计量。

（5）混凝土拌和场站、构件预制场、贮料场的建设、拆除、恢复，安装架设设备摊销、预应力张拉台座的设置及拆除均包括在相应工程项目中，不另行计量。

材料的计量尺寸为设计净尺寸。

（6）桥梁支座，包括固定支座、圆型板式支座、球冠圆板式支座，以体积 dm³ 为单位计量，盆式支座按套计量。

注：设计图纸标明的及由于地基出现溶洞等情况而进行的桥涵基底处理计量规则按路基工程中特殊路基处理。

二、第401节 通则

本章工程包括桥梁、涵洞及其附属结构物的施工。通道、排水、防护及隧道工程,亦可参照本章有关内容施工。

1. 计量

(1)荷载试验费用由建设单位估定,以暂定工程量的形式按总额计入工程总价内。

(2)地质钻探及取样试验按实际完成并经监理人验收后,分不同钻径以 m 为单位计量。

(3)本节的其他工程细目,均不计量。

2. 支付

按上述规定计量,经监理人验收列入了工程量清单的地质钻探及取样试验支付子目,其每一计量单位将以合同单价支付。此项支付包括为完成钻探取样所需的全部材料、劳力、设备、试验及成果分析的全部费用,是对完成钻探及取样试验的全部偿付。

三、第402节 模板、拱架与支架

工作内容包括就地浇筑和预制混凝土、钢筋混凝土、预应力混凝土、石料及混凝土预制块砌体所用模板、拱架和支架的设计、制作、安装、拆卸施工等有关作业。

本节工作为有关工程的附属工作,不作计量。

四、第403节 钢筋

工作内容包括桥梁及结构物工程中钢筋的供应、试验、储存、加工及安装。

1. 计量

(1)根据图纸所示及钢筋表所列,按实际安设并经监理人验收的钢筋以 kg 为单位计量。其内容包括钢筋混凝土中的钢筋和预应力混凝土中的非预应力钢筋及混凝土桥面铺装中的钢筋。

(2)除图纸所示或监理人另有认可外,因搭接而增加的钢筋不予计入。

(3)钢筋及钢筋骨架用的铁丝、钢板、套筒(连接套)、焊接、钢筋垫块或其他固定钢筋的材料,以及钢筋的防锈、截取、套螺纹、弯曲、场内运输、安装等,作为钢筋工程的附属工作,不另行计量。

2. 支付

按上述规定计量,经监理人验收并列入工程量清单支付子目的工程量,其每一计量单位,将以合同单价支付。此项支付包括材料、劳力、设备、检验、运输及其他为完成钢筋工程所必需的费用,是对完成工程的全部偿付。

五、第404节 基础挖方及回填

工作内容为结构物基坑的开挖与回填以及与之有关的场地清理、支护、排水、围堰等作业。

1. 计量

(1)基础挖方应按下述规定,取用底、顶面间平均高度的棱柱体体积,分别按干处、水下及土、石,以 m³ 为单位计量。干处挖方与水下挖方是以经监理人认可的施工期间实测的地下水位为界线。在地下水位以上开挖的为干处挖方,在地下水位以下开挖的为水下挖方。

基础底面、顶面及侧面的确定应符合下列规定:

①基础挖方底面:按图纸所示或监理人批准的基础(包括地基处理部分)的基底高程线计算。

②基础挖方顶面:按监理人批准的横断面上所标示的原地面线计算。

③基础挖方侧面:按顶面到底面,以超出基底周边 0.5m 的竖直面为界。

(2)当承包人遇到特殊或非常规情况时应及时通知监理人,由监理人定出特殊的基础挖方界线。凡未取得监理人批准,承包人以特殊情况为理由而完成的任何挖方将不予计量,其基坑超深开挖,应由承包人用砂砾或监理人批准的回填材料予以回填并压实。

(3)为完成基础挖方所做的地面排水及围堰、基坑支撑及抽水、基坑回填与压实、错台开挖及斜坡开挖等,作为挖基工程的附属工作,不另行计量。

(4)台后路基填筑及锥坡填土按第 204 节填方路基计量。

(5)基坑土的运输作为挖基工程的附属工作,不另行计量。

2. 支付

按上述规定计量,经监理人验收并列入工程量清单支付子目的工程量,其每一计量单位,将以合同单价支付。此项支付包括材料、劳力、设备、运输等及其他为完成挖基及回填工程所必需的费用,是对完成工程的全部偿付。

六、第 405 节 钻孔灌注桩

工作内容包括钻孔、安设和拆除护筒、安设钢筋笼、灌注混凝土以及按图纸规定及监理人指示的有关钻孔灌注桩的其他作业。

1. 计量

(1)钻孔灌注桩以实际完成并以监理人验收后的数量,按不同桩径的桩长以 m 为单位计量。计量范围是自图纸所示或监理人批准的桩底高程至承台底或系梁底;对于与桩连为一体的柱式墩台,如无承台或系梁时,则以桩位处地面线为分界线,地面线以下部分为灌注桩桩长,若图纸有标识,按图纸标识计。未经监理人批准,由于超钻而深于所需的桩长部分,将不予计量。

(2)开挖、钻孔、清孔、钻孔泥浆、护筒、混凝土、破桩头,以及必要时在水中填土筑岛、搭设工作台架及浮箱平台、栈桥等其他为完成工程的子目,作为钻孔灌注桩的附属工作,不另行计量。混凝土桩无破损检测及预埋钢管等材料,均作为混凝土桩的附属工作,不另行计量。

(3)钢筋在第 403 节内计量,列入钢筋子目内。

(4)监理人要求钻取的芯样,经检验,如混凝土质量合格,钻取的芯样应予计量,否则不予计量。混凝土取芯按取回的混凝土芯样的长度以 m 为单位计量。

2. 支付

按上述规定计量,经监理人验收并列入工程量清单子目的工程量,将以合同单价支付。此项支付包括材料、劳力、设备、运输等及其他为完成钻孔灌注桩工程所必需的费用,是对完成工程的全部偿付。

七、第 406 节 沉桩

工作内容包括桥梁基础钢筋混凝土或预应力混凝土沉桩的制作、养护、移运、沉入等以及按图纸规定及监理人指示的有关沉桩的其他作业。

1. 计量

(1)钢筋混凝土或预应力混凝土沉桩以实际完成并经监理人验收后的数量,按不同桩径的桩身长度以 m 为单位计量。桩身长度的计量应自图纸所示或监理人批准的桩尖高程至承台底或系梁底,未经监理人批准,沉入深度超过图纸规定的桩长部分,将不予计量与支付。

(2)为完成沉桩工程而进行的钢筋混凝土桩浇筑预制、养护、移运、沉入、桩头处理等一切有关作业,均为沉桩工程所包括的工作内容,不另行计量。

(3)试桩如系工程用桩,则该试桩按不同桩径分别列入支付子目中的钢筋混凝土沉桩细目内;如果试桩不作为工程用桩,则应按不同桩径以 m 为单位计量,列入支付子目中的试桩细目内。

学习记录

(4)沉桩的无破损检验作为沉桩工程的附属工作,不另行计量。

(5)钢筋混凝土或预应力混凝土沉桩(包括试桩)所用钢筋在钢筋子目内计量,列入 403-1 钢筋子目内,其余钢板及材料加工等均含在钢筋混凝土沉桩工程细目中,不另行计量与支付。

(6)制造预应力混凝土沉桩所用预应力钢材按预应力混凝土细目计量规则计量。其余钢材均计入预应力混凝土沉桩工程子目中,不另行计量与支付。

(7)试桩的试验机具及其提供、运输、安装、拆卸以及试验数据的分析和提供试验报告等均系该试桩的附属工作,不另行计量与支付。

2.支付

按上述规定计量,经监理人验收并列入工程量清单子目的工程量,其每一计量单位,将以合同单价支付。此项支付包括材料、劳力、设备、运输等及其他为完成沉桩工程(包括试桩)所必需的费用,是对完成工程的全部偿付。

八、第 407 节　挖孔灌注桩

工作内容包括挖孔,提供、安放和拆除孔壁支撑及护壁,设置钢筋,灌注混凝土以及按照图纸规定及按监理人指示的有关挖孔灌注桩的其他作业。

1.计量

(1)挖孔灌注桩是实际完成并经监理人验收后的数量,按不同桩径的桩长以 m 为单位计量。计量范围是从桩底高程至承台底或系梁底;如无承台或系梁时,则从桩底至图纸所示的桩顶;当图纸未示出桩顶位置,或示有桩顶位置但桩位处预先有夯填土时,由监理人根据情况确定。监理人认为由于超挖而深于所需的桩长部分,将不予计量。

(2)设置支撑和护壁、挖孔、清孔、通风、钎探、排水、混凝土、每桩的无破损检验以及其他为完成此项工程进行的项目,均为挖孔灌注桩的附属工作,不另行计量。

(3)钢筋在第 403 节内按钢筋子目计量,列入钢筋子目内。

(4)监理人要求钻取的混凝土芯样检验,经钻取检验后,如混凝土质量合格,钻取的芯样应予计量,否则不予计量。钻取芯样长度按取回的芯样以 m 为单位计量。

2.支付

按上述规定计量,经监理人验收并列入工程量清单子目的工程量,其每一计量单位,将以合同单价支付。此项支付包括材料、劳力、设备、运输等及其他为完成挖孔灌注桩工程(包括试桩)所必需的费用,是对完成工程的全部偿付。

九、第 408 节　桩的垂直静荷载试验

工作内容包括对钻(挖)孔灌注桩的足尺比例的荷载试验,其中包括压载、拉桩、高吨位千斤顶及所有其他进行试验需要的材料、设备准备等工作。

1.计量

(1)试桩不论是检验荷载或破坏荷载,均以经监理人验收或认可的单根试桩计量。计量包括压载、沉降观测、卸载、回弹观测、数据分析,以及完成此项试验的其他工作细目。

(2)检验荷载试验桩如试验后作为工程结构的一部分,其工程量应按钻孔灌注桩及挖孔灌

注桩子目内计量与支付。破坏荷载试验用的试桩,将来不作为工程结构的一部分,其工程量在第405节的支付子目405-3及第407节的支付子目407-3内计量与支付。

2. 支付

按上述规定计量,经监理人验收并列入工程量清单子目的工程量,其每一计量单位,将以合同单价支付。此项支付包括材料、劳力、设备、试验、运输、成果分析等及其他为完成试桩所必需的费用,是对完成工程的全部偿付。

十、第 409 节　沉井

工作内容包括施工场地准备,筑捣,沉井的制作,沉井下沉,基底处理,沉井封底,井孔填充,沉井顶板浇筑等以及按图纸或监理人指示的沉井有关作业。

1. 计量

(1)沉井制作完成,符合图纸规定要求,经监理人验收后,混凝土及钢筋按以下规定计量。

①沉井的混凝土,按就位后沉井顶面以下各不同部位(井壁、顶板、封底、填芯)和不同混凝土级别的体积以 m^3 为单位计量。

②沉井所用钢筋,列入第403节基础钢筋支付子目内计量。

(2)沉井制作及下沉,其中包括场地准备,围堰筑岛,模板、支撑的制作安装与拆除,沉井浇筑、接高,沉井下沉,空气幕助沉,井内挖土,基底处理等工作,均视为完成沉井工程所必需的工作,不另行计量。

(3)沉井刃脚所用钢材,视作沉井的附属工程材料,不另行计量。

2. 支付

按上述规定计量,经监理人验收并列入工程量清单子目的工程量,其每一计量单位,将以合同单价支付。此项支付包括材料、劳力、设备、运输等及其他为完成沉井基础工程所必需的费用,是对完成工程的全部偿付。

十一、第 410 节　结构混凝土工程

工作内容包括工程中结构混凝土的材料供应和拌和、立模、浇筑、拆模、修整、养护和质量检查。

混凝土强度等级。混凝土等级是指150mm标准立方体试件(粗集料最大粒径为40mm),在温度(20 ± 3)℃、相对湿度大于90%的潮湿环境下养护28d,经抗压试验所得极限抗压强度,单位MPa,具有不低于95%的保证率。混凝土强度等级以 C 为前缀表示,如 C30(30 级)、C40(40 级)。

1. 计量

(1)以图纸所示或监理人指示为依据,按现场已完工并经验收的混凝土,分别按不同结构类型及混凝土等级,以 m^3 为单位计量。

(2)直径小于200mm 的管子、钢筋、锚固杆、管道、泄水孔或桩所占混凝土体积不予扣除。作为砌体砂浆的小石子混凝土,不另行计量。

(3)桥面铺装混凝土在《技术规范》第 415 节内计量;结构钢筋在《技术规范》第 403 节内计量。

(4)为完成结构物所用的施工缝连接钢筋、预制构件的预埋钢板、防护角钢或钢板、脚手架或支架及模板、排水设施、防水处理、基础底碎石垫层、混凝土养护、混凝土表面修整及为完成结构物的其他杂项细目,以及预制构件的安装架设设备拼装、移运、拆除和为安装所需的临

时性或永久性的固定扣件、钢板、焊接、螺栓等,均作为各项相应混凝土工程的附属工作,不另行计量。

2.支付

按上述规定计量,经监理人验收并列入工程量清单子目的工程量,其每一计量单位,将以合同单价支付。此项支付包括材料、劳力、设备、运输、安装及其他为完成混凝土工程所必需的费用,是对完成工程的全部偿付。

十二、第411节 预应力混凝土工程

工作内容为预应力混凝土结构物的预应力钢材(包括钢丝、钢绞线、热轧钢筋、精轧螺纹粗钢筋)的供应、加工、冷拉、安装、张拉及封锚等作业;对先张法预应力混凝土包括安装台座的建造,后张法预应力混凝土包括预应力系统(锚具、连接器及相应的预应力钢材)的选择、试验及供应,管道形成及灌浆,以及预应力混凝土的浇筑。

1.计量

(1)预应力混凝土结构物(包括现浇和预制预应力混凝土)以图纸尺寸或监理人指示为依据,按已完工并经验收合格的结构体积,以 m^3 为单位计量。计量中包括悬臂浇筑、支架浇筑及预制安装预应力混凝土梁、板的一切作业。

(2)完工并经验收的预应力混凝土结构的预应力钢筋,按图纸所示或预应力钢筋表所列数量以 kg 为单位计量。后张法预应力钢筋的长度按两端锚具间的理论长度计算;先张法预应力钢筋的长度按构件的长度计算。

(3)预应力混凝土结构的非预应力钢筋,在《技术规范》第403节计量。

(4)预应力钢筋的加工、锚具、管道、锚板及联结钢板、焊接、张拉、压浆、封锚等,作为预应力钢筋的附属工作,不另行计量。预应力锚具包括锚圈、夹片、连接器、螺栓、垫板、喇叭管、螺旋钢筋等整套部件。

(5)预制板、梁的整体化现浇混凝土及其钢筋,分别在《技术规范》第410节及第403节计量。

(6)桥面铺装混凝土在《技术规范》第415节计量。

(7)后张法预应力混凝土梁封锚及端部加厚混凝土,计入相应梁段混凝土之中,不单独计量。

2.支付

按上述规定计量,经监理人验收并列入工程量清单子目的工程量,其每一计量单位,将以合同单价支付。此项支付包括材料、劳力、设备、运输等及其他为完成预应力混凝土工程所必需的费用,是对完成工程的全部偿付。

十三、第412节 预制构件的安装

工作内容包括钢筋混凝土及预应力混凝土预制构件的起吊、运输、装卸、储存和安装。经验收的不同型式预制构件的安装,包括构件安装所需的临时性或永久性固定扣件、钢板、焊接、螺栓等,其工作量包含在《技术规范》第410节及第411节相应预制混凝土构件或预应力混凝土构件的工程子目中,不另行计量与支付。

十四、第413节 砌石工程

工程内容包括石砌及混凝土预制块砌桥梁墩台、翼墙、拱圈等,也可作为涵洞、锥坡、挡土墙、

学习记录

护坡、导流构造物砌体工程的参考。

1. 计量

（1）以图纸所示或监理人指示为依据，按工地完成的并经验收的各种石砌体或预制混凝土块砌体，以 m³ 为单位计量。

（2）计算体积时，所用尺寸应由图纸所标明或监理人书面规定的计价线或计价体积定之。相邻不同石砌体计量中，应各包括不同石砌体间灰缝体积的一半。镶面石突出部分超过外廓线者不予计量。泄水孔、排水管或其他面积小于 0.02m² 的孔眼不予扣除，削角或其他装饰的切削，其数量为所用石料5%或少于5%者，不予扣除。

（3）砂浆或作为砂浆的小石子混凝土，作为砌体工程的附属工作，不另计量。

（4）砌体的垫铺材料的提供和设置，拱架、支架及砌体的勾缝，作为砌体工程的附属工作，不另计量。

2. 支付

按上述规定计量，经监理人验收并列入工程量清单子目的工程量，其每一计量单位，将以合同单价支付。此项支付包括材料、劳力、运输、安砌等及其他为完成砌体工程所必需的费用，是对完成工程的全部偿付。

十五、第 414 节　小型钢构件

主要工作包括桥梁及其他公路构造物，除钢筋及预应力钢筋以外的小型钢构件（如管道支架等）的供应、制造、保护和安装。

桥梁及其他公路构造物的钢构件，作为有关细目内的附属工作，不另计量与支付。

十六、第 415 节　桥面铺装

主要工作内容为混凝土及沥青混凝土桥面铺装。

1. 计量

（1）桥面铺装应按图纸所示的尺寸，或按实际完成并经监理人验收的数量，分不同材料及级别，以 m² 为单位计量。由于施工原因而超铺的桥面铺装，不予计量。

（2）桥面防水层按图纸要求施工，并经监理人验收的实际数量，以 m² 为单位计量。

（3）桥面泄水管及混凝土桥面铺装接缝等作为桥面铺装的附属工作，不另行计量。

（4）桥面铺装钢筋在《技术规范》第 403 节有关工程细目中计量，本节不另行计量。

2. 支付

按上述规定计量，经监理人验收并列入工程量清单子目的工程量，其每一计量单位，将以合同单价支付。此项支付包括材料、劳力、设备及其他为完成桥面铺装工程所必需的费用，是对完成工程的全部偿付。

十七、第 416 节　桥梁支座

工作内容包括桥梁隔震橡胶支座和普通橡胶支座及球形支座的供应和安装。

1. 计量

支座按图纸所示不同的类型，包括支座的提供的和安装，以个计量。支座清洗、运输、起吊及安装支座所需的扣件、钢板、焊接、螺栓、黏结等，作为支座安装的附属工作，不另行计量。

2. 支付

按上述规定计量，经监理人验收并列入工程量清单子目的工程量，其每一计量单位，将以合

同单价支付。此项支付包括材料、劳力、设备及其他为完成桥梁支座所必需的费用,是对完成工程的全部偿付。

十八、第417节 桥梁接缝和伸缩装置

工作内容包括为桥梁的所有竖向、横向或斜向接缝和伸缩装置,包括橡胶止水片、沥青类等接缝填料及桥面上伸缩装置的供应和安装。

1.计量

(1)桥面伸缩装置按图纸要求安装并经监理人验收的数量,分不同结构型式以 m 为单位计量。其内容包括伸缩装置的提供和安装等作业。

(2)除伸缩装置外的其他接缝,如橡胶止水片、沥青类等接缝填料,作为有关工程的附属工作,不另行计量。

(3)安装时切割和清除伸缩装置范围内沥青混凝土铺装和安装伸缩装置所需的临时或永久性的扣件、钢板、钢筋、焊接、螺栓、黏结等,作为伸缩装置安装的附属工作,不另行计量。

2.支付

按上述规定计量,经监理人验收的列入工程量清单子目的工程量,其每一计量单位,将以合同单价支付。此项支付包括材料、劳力、运输、工具、安装等及其他为完成伸缩装置工程所必需的费用,是对完成工程的全部偿付。

十九、第418节 防水处理

本节内容为桥梁工程中的混凝土或砌体表面防水工作。与路堤材料或路面接触的所有公路通道等结构物的外表面,亦应按图纸及本节要求做防水处理。

沥青或油毛毡防水层,作为与其有关子目内的附属工作,不另计量与支付。

二十、第419节 圆管涵及倒虹吸管

本节工作为圆管涵的施工,还包括倒虹吸管涵的修筑等有关作业。

1.计量

(1)钢筋混凝土圆管涵及倒虹吸管,以图纸规定的洞身长度或监理人同意的现场沿涵洞中心线量测的进出洞口之间的洞身长度,分别按不同孔径及孔数,经监理人检查验收后以 m 为单位计量。管节所用钢筋,不另计量。

(2)图纸中标明的基底垫层和基座,圆管的接缝材料、沉降缝的填缝与防水材料等,洞口建筑,包括八字墙、一字墙、帽石、锥坡、铺砌、跌水井以及基础挖方和运输、地基处理与回填等,均作为承包人应做的附属工作,不另计量与支付。

(3)洞口(包括倒虹吸管)建筑以外涵洞上下游沟渠的改沟、铺砌、加固以及急流槽消力坎的建筑等均列入《技术规范》第207节的相应子目内计量。

(4)建在软土、沼泽地区的圆管涵(含倒虹吸管涵),按图纸要求特殊处理的基础工程量(如:塑料排水板、袋装砂井、各种桩基、喷粉桩等)在《技术规范》第205节相关子目中计量,本节不另行计量。

2.支付

按上述规定计量,经监理人验收的列入工程量清单子目的工程量,其每一计量单位将以合同单价支付,此项支付包括材料、劳力、设备、运输等及其他为完成工程所必需的费用,是对完成工程的全部偿付。

在支付方式上,当完成管涵(含倒虹吸管)基础的浇筑或砌筑,经监理人检查认可后,支付管涵(含倒虹吸管)工程费用的30%;管涵(含倒虹吸管)工程全部完成后,再支付工程费用的余下部分。

学习记录

二十一、第420节 盖板涵、箱涵

工作内容包括钢筋混凝土盖板涵、箱涵(通道)的建造及其有关的作业。

1. 计量

(1)钢筋混凝土盖板涵(含梯坎涵、通道)、钢筋混凝土箱涵(含通道)应以图纸规定的洞身长度或经监理人同意的现场沿涵洞中心线测量的进出口之间的洞身长度,经验收合格后按不同孔径以 m 为单位计量,盖板涵、箱涵所用钢筋不另计量。

(2)所有垫层和基础,洞口建筑,包括八字墙、一字墙、帽石、锥坡、跌水井、洞口及洞身铺砌以及基础挖方、地基处理、回填土(包括台背)等作为承包人应做的附属工作,均不单独计量。

(3)洞口建筑以外涵洞上下游沟渠的改沟、铺砌、加固以及急流槽等,可列入《技术规范》第207节的有关子目计量。

(4)通道涵按下列原则进行计量与支付:

①通道涵洞身及洞口计量应符合上述第(1)款及(2)款的规定;

②通道范围(进出口之间距离)以内的土石方及边沟、排水沟等均包含在洞身报价之中,不另行计量;

③通道范围以外的改路土石方及边沟、排水沟等在《技术规范》第200章相关章节中计量;

④通道路面(含通道范围内)分不同结构类型在《技术规范》第300章相关章节中计量。

(5)建在软土、沼泽地区的盖板涵、箱涵(含通道),按图纸要求特殊处理的基础工程量(如:塑料排水板、袋装砂井、各种桩基、喷粉桩等)在《技术规范》第205节相关子目中计量与支付,本节不另行计量。

2. 支付

按上述规定计量,经监理人验收的列入工程量清单子目的工程量,其每一计量单位将以合同单价支付,此项支付包括材料、劳力、设备、运输等及其他为完成工程所必需的费用,是对完成工程的全部偿付。

在支付方式上,当完成涵洞工程基础部分的浇筑或砌筑,支付涵洞工程费用的20%;完成涵洞墙身的浇筑或砌筑,再支付涵洞工程费用的30%;涵洞工程全部完成后,再支付涵洞工程费用的余下部分。每一阶段完成的工程,均须得到监理人检查认可。

二十二、第421节 拱涵

工作内容包括石砌拱涵和混凝土拱涵的建造等有关作业。

1. 计量

(1)石砌和混凝土拱涵(含梯坎涵、通道)应以图纸规定的洞身长度或经监理人同意的现场沿涵洞中心线测量的进出口之间的洞身长度,经验收合格后按不同孔径以 m 为单位计量,钢筋不另计量。

(2)所有垫层和基础,沉降缝的填缝与防水材料,洞口建筑,包括八字墙、一字墙、帽石、锥坡(含土方)、跌水井、洞口及洞身铺砌以及基础挖方、地基处理与回填土等作为承包人应做的附属工作,均不单独计量。

(3)洞口建筑以外涵洞上下游沟渠的改沟、铺砌、加固以及急流槽等可列入《技术规范》第

207 节有关子目中计量。

（4）通道涵按下列原则进行计量与支付：

①通道涵洞身及洞口计量应符合上述第（1）款及（2）款的规定。

②通道范围（进出口之间距离）以内的土石方及边沟、排水沟等均包含在洞身报价之中不另行计量。

③通道范围以外的改路土石方及边沟、排水沟等，在《技术规范》第 200 章相关章节中计量与支付。

④通道路面（含通道范围内）分不同结构类型在《技术规范》第 300 章相关章节中计量与支付。

（5）建在软土、沼泽地区的拱涵，按图纸要求特殊处理的基础工程量（如：塑料排水板、袋装砂井、各种桩基、喷粉桩等）在《技术规范》第 205 节相关子目中计量，本节不另行计量。

2. 支付

同盖板涵、箱涵支付。

◆ **请练习**[**思考题 4-5**]

第七节　隧道工程工程量清单计量

根据《公路工程工程量计量规则》，隧道工程包括：洞口与明洞工程、洞身开挖、洞身衬砌、防水与排水、洞内防火涂料和装饰工程、监控量测、地质预报等。

一、有关问题的说明及提示

（1）场地布置，核对图纸、补充调查、编制施工组织设计，试验检测、施工测量、环境保护、安全措施、施工防排水、围岩类别划分及监控、通信、照明、通风、消防等设备、设施预埋构件设置与保护，所有准备工作和施工中应采取的措施均为各节、各细目工程的附属工作，不另行计量。

（2）风水电作业及通风、照明、防尘为不可缺少的附属设施和作业，均应包括在各节有关工程细目中，不另行计量。

（3）隧道名牌、模板装拆，钢筋除锈，拱盔、支架、脚手架搭拆，养护清场等工作均为各细目工程的附属工作，不另行计量。

（4）接钢板、螺栓、螺帽、拉杆、垫圈等作为钢支护的附属构件，不另行计量。

（5）混凝土拌和场站、贮料场的建设、拆除、恢复均包括在相应工程项目中，不另行计量。

（6）洞身开挖包括主洞、竖井、斜井。洞外路面、洞外消防系统土石开挖、洞外弃渣防护等计量规则见有关章节。

（7）材料的计量尺寸为设计尺寸。

二、第 501 节　通则

工作内容包括隧道的施工准备、洞口与明洞工程、洞身开挖、洞身衬砌、防水与排水、风水电作业及通风防尘、监控量测、特殊地质地段施工与地质预报等以及其他有关工程的施工作业。

计量与支付

（1）本节所有准备工作和施工中应采取的措施，均为以后各节工程的附属工作，不作单独计量与支付。

(2)图纸中列出的工程及材料数量,在各节工程支付子目表中凡未被列出的,其费用应认为均含在与其相关的工程项目单价中,不再另予计量与支付。

三、第502节 洞口与明洞工程

工作内容包括洞口土石方开挖、排水系统、洞门、明洞、坡面防护、挡墙以及洞口的辅助工程等的施工及其他有关作业。

1. 计量

(1)各项工程应以图纸所示和监理人指示为依据,按照实际完成并经验收的工程数量进行计量。

(2)洞口路堑等开挖与明洞洞顶回填的土石方,不分土、石的种类,只区分为土方和石方,以 m^3 为单位计量。

(3)弃方运距在图纸规定的弃土场内为免费运距,弃土超出规定弃土场的距离时(比如图纸规定的弃土场地不足要另外增加弃土场,或经监理人同意变更弃土场),其超出部分另计超运距运费,以 $m^3 \cdot km$ 为单位计量。若未经监理人同意,承包人自选弃土场时,则弃土运距不论远近,均为免费运距。

(4)隧道洞门的端墙、翼墙、明洞衬砌及遮光栅(板)的混凝土(钢筋混凝土)或石砌圬工,以 m^3 为单位计量,钢筋(锚杆)以 kg 为单位计量。

(5)截水沟(包括洞顶及端墙后截水沟)圬工以 m^3 为单位计量。

(6)防水材料(无纺布)铺设完毕经验收以 m^2 为单位计量,与相邻防水材料搭接部分不另计量。

(7)洞口坡面防护工程,按不同圬工类型分别汇总以 m^3 为单位计量。种植草皮以 m^2 为单位计量。

(8)截水沟的土方开挖和砂砾垫层、隧道名牌以及模板、支架的制作安装和拆卸等均包括在相应工程中,不单独计量。

(9)泄水孔、砂浆勾缝、抹平等的处理,以及图纸示出而支付细目表中未列出的零星工程和材料,均包括在相应工程细目单价内,不另行计量。

2. 支付

(1)按上述规定计量,经监理人验收的列入工程量清单子目的工程量,其每一计量单位将以合同单价支付。此项支付包括材料、劳力、设备、运输等及其为完成洞口及明洞工程所必需的费用,是对完成工程的全部偿付。

(2)洞口土石方开挖与明洞洞顶回填各子目的合同单价,应以《技术规范》第200章同子目的单价为结算依据。

四、第503节 洞身开挖

工作内容包括洞身及行车、行人横洞以及辅助坑道的开挖、钻孔爆破、施工支护、装渣运输等有关作业。

1. 计量

(1)洞内开挖土石方符合图纸所示(包括紧急停车带、车行横洞、人行横洞以及监控、消防设施的洞室)或监理人指示,按隧道内轮廓线加允许超挖值(设计给出的允许超挖值或《公路隧道施工技术规范》(JTG. F60—2009)按不同围岩级别给出的允许超挖值)后计算土石方。另外,当采用复合衬砌时,除给出的允许超挖值外,还应考虑加上预留变形量。按上述要求计算得出的土石方工程量,不分围岩级别,以 m³ 为单位计量。开挖土石方的弃渣,其弃渣距离在图纸规定的弃渣场内为免费运距;弃渣超出规定弃渣场的距离时(如图纸规定的弃渣场地不足要另外增加弃土场,或经监理人同意变更弃渣场),其超出部分另计超运距运费,按 m³·km 为单位计量。若未经监理人同意,承包人自选弃渣场时,则弃渣运距不论远近,均为免费运距。

(2)不论承包人出于何种原因而造成的超过允许范围的超挖和由于超挖所引起增加的工程量,均不予计量。

(3)支护的喷射混凝土按验收的受喷面积乘以厚度,以 m³ 为单位计量,钢筋以 kg 为单位计量。喷射混凝土其回弹率、钢纤维以及喷射前基面的清理工作均包含在工程细目单价之内,不另行计量。

(4)洞身超前支护所需的材料,按图纸所示或监理人指示并经验收的各种规格的超前锚杆或小钢管、管棚、注浆小导管、锚杆以 m 为单位计量;各种型钢以 kg 为单位计量;连接钢板、螺栓、螺帽、拉杆、垫圈等作为钢支护的附属构件,不另行计量;木材以 m³ 为单位计量。

(5)隧道开挖钻孔爆破、弃渣的装渣作业均为土石方开挖工程的附属工作,不另行计量。

(6)隧道开挖过程中,洞内外采取的施工防排水措施,其工作量应包含在开挖土石方工程的报价之中。

2. 支付

按上述规定计量,经监理人验收并列入了工程量清单子目的工程量,其每一计量单位将以合同单价支付。此项支付包括材料、劳力、设备、运输及其他为完成洞身开挖工程所必需的费用,是对完成工程的全部偿付。

五、第504节 洞身衬砌

工作内容包括隧道洞身衬砌、模板与支架、防水层和洞内附属工程等以及有关工程的施工作业。

1. 计量

(1)洞身衬砌的拱部(含边墙),按实际完成并经验收的工程量,分不同级别水泥混凝土和圬工,以 m³ 为单位计量。洞内衬砌用钢筋,按图纸所示以 kg 为单位计量。

(2)在任何情况下,衬砌厚度超出图纸规定轮廓线的部分,均不予计量。

(3)按技术规范规定,允许个别欠挖的侵入衬砌厚度的岩石体积,计算衬砌数量时不予扣除。

(4)仰拱、铺底混凝土,应按图纸施工,以 m³ 为单位计量。

(5)预制或就地浇筑混凝土边沟及电缆沟,按实际完成并经验收后的工程量,以 m³ 为单位计量。

(6)洞内混凝土路面工程经验收合格以 m² 为单位计量。

(7)各类洞门按图纸要求经验收合格,以个为单位计量。其中材料采备、加工制作、安装等均不另行计量。

(8)施工缝及沉降缝按图纸规定施工,其工作量含在相关工程细目之中,不另行计量。

2. 支付

按上述规定计量,经监理人验收并列入了工程量清单子目的工程量,其每一计量单位,将以合同单价支付。此项支付包括材料、劳力、设备、机具等及其他为完成隧道衬砌工程所必需的费用,是对完成工程的全部偿付。

六、第 505 节　防水与排水

工作内容包括隧道施工中的洞内外临时防水与排水和洞内永久防水、排水工程以及防水层施工等的有关作业。

1. 计量

(1)洞内排水用的排水管按不同类型、规格以 m 为单位计量。

(2)压浆堵水按所用原材料(如水泥浆液、水泥水玻璃浆液)以 t 为单位计量。压浆钻孔以 m 为单位计量。

(3)防水层按所用材料(防水板、无纱布等)以 m^2 为单位计量;止水带、止水条以 m 为单位计量。

(4)为完成上述项目工程加工安装所有工料、机具等均不另行计量。

(5)隧道洞身开挖时,洞内外的临时防排水工程应作为洞身开挖的附属工作,不另行支付。为此,洞道开挖支付子目的土方及石方工程报价时,应考虑除本节支付子目外的其他施工时采取的防排水措施的工作量。

2. 支付

按上述规定计量,经监理人验收并列入了工程量清单子目的工程量,其每一计量单位将以合同单价支付。此项支付包括材料、劳力、设备、运输等及其他为完成防排水工程所必需的费用,是对完成工程的全部偿付。

七、第 506 节　洞内防水涂料和装饰工程

工作内容包括隧道的洞内防火涂料及装饰工程(镶贴瓷砖)施工,以及喷涂混凝土专用漆等有关工程的施工作业。

1. 计量

本节完成的各项工程,应根据图纸要求,按实际完成并经监理人验收的数量,分别按以下的工程细目进行计量:

(1)喷涂防火涂料。喷涂的面积,以 m^2 为单位计量。其工作内容包括材料的采备、供应、运输,支架、脚手架的制作安装和拆除,基层表面处理,防火涂料喷涂后的养护,施工的照明、通风等一切与此有关的作业。

(2)镶贴瓷砖。镶贴瓷砖的面积,以 m^2 为单位计量。其工作内容包括材料的采备、供应、运输,混凝土边墙表面的处理,砂浆找平,施工的照明、通风等一切与此有关的作业。找平用的砂浆不另行计量。

(3)喷涂混凝土专用漆。喷涂混凝土专用漆的面积,以 m^2 为单位计量。其工作内容包括材料的采备、供应、运输,基层处理,施工的照明、通风等一切与此有关的作业。

2. 支付

按上述规定计量,经监理人验收的列入工程量清单子目的工程量,其每一计量单位将以合同单价支付。此项支付包括材料、劳力、设备、试验、运输等及其他为完成洞内防火涂料和装饰工程所必需的费用,是对完成工程的全部偿付。

八、第 507 节　风水电作业及通风防尘

工作内容包括隧道施工中的供风、供水、供电、照明以及施工中的通风、防尘等作业。

风水电作业及通风防尘为隧道施工的不可缺少的附属工作,其工作量均含在《技术规范》各节有关工程细目的报价中,不再另行计量。

九、第508节　监控量测

监控量测是隧道安全施工必须采取的措施,监控量测除必测项目外,应根据具体情况确定选测项目,分别以总额报价及支付。

十、第509节　特殊地质地段的施工与地质预报

工作内容为隧道施工中常遇到的几种特殊地质地段,向在这些地段中施工的有关作业单位进行地质预报。

隧道施工中遇到特殊地质地段时,承包人应采取的有关施工措施,不另计量与支付。地质预报采用的方法手段应根据具体情况选用,不同的方法手段,分别以总额报价及支付。

第八节　安全设施及预埋管线工程工程量清单计量

工作内容包括护栏、隔离栅、道路交通标志、道路交通标线、防眩设施、通信管道及电力管道、预埋(预留)基础、收费设施和地下通道等的施工及有关作业。

一、有关问题的说明及提示

(1)护栏的地基填筑、垫层材料、砌筑砂浆、嵌缝材料、油漆材料、油漆以及混凝土中的钢筋、钢缆索护栏的封头混凝土等,均不另行计量。

(2)隔离设施工程所需的清场、挖根、土地平整和设置地线等工程均为安装工程的附属工作,不另行计量。

(3)交通标志工程所有支承结构、底座、硬件和为完成组装而需要的附件,均不另行计量。

(4)道路诱导设施中路面标线玻璃珠包含在涂敷面积内,附着式轮廓标的后底座、支架连接件,均不另行计量。

(5)防眩设施所需的预埋件、连接件、立柱基础混凝土及钢构件的焊接,均作为附属工作,不另行计量。

(6)管线预埋工程的挖基及回填、压实及接地系统、所有封缝料和牵引线及拉棒检验等作为相关工程的附属工作,不另行计量。

(7)收费设施及地下通道工程:

①挖基、挖槽及回填、压实等作为相关工程的附属工作,不另行计量。

②收费设施的预埋件为各相关工程项目的附属工作,不另行计量。

③凡未列入计量项目的零星工程,均包含在相关工程项目内,不另行计量。

二、第601节　通则

工作内容包括护栏、隔离栅、道路交通标志、道路交通标线、防眩设施、通信管道及电力管道、预埋(预留)基础、收费设施和地下通道等的施工及有关作业。

本节不作计量与支付。

三、第602节　护栏

护栏内容为路基护栏、桥梁护栏和活动护栏的设置及其有关的施工作业。

1.计量

(1)设置在中央分隔带的混凝土护栏,应按图纸所示和监理人指示验收,按长度以 m 为单位计量,混凝土基础以 m³ 为单位计量。

(2)地基填筑、垫层材料、砌筑砂浆、嵌缝材料以及油漆涂料等均不另行计量。

学习记录

(3)波形梁钢护栏(含立柱)安装就位(包括明涵、通道、小桥部分)并经验收合格,其长度沿栏杆面(不包括起、终端段)量取以 m 为单位计量;钢护栏起、终端头以个计量。

(4)缆索护栏安装就位(包括明涵、通道、小桥、挡墙部分)并经验收合格,其长度按沿栏杆面量取的实际长度,以 m 为单位计量。

(5)中央分隔带开口处活动式钢护栏应拼装就位准确,验收合格,以个为单位计量。

(6)明涵、通道、小桥部分钢护栏的立柱插座、预埋构件作为上述构造物的附属工作,不另计量。

2.支付

按上述规定计量,经监理人验收并列入工程量清单子目的工程量,其每一计量单位,将以合同单价支付。此项支付包括材料、劳力、设备、检验、运输等及其他为完成护栏、护柱安装工程所必需的费用,是对完成工程的全部偿付。

四、第 603 节 隔离栅和防落网

隔离栅和防落网工作内容为隔离栅和防落网的制作、安装等的施工及有关作业。

1.计量

(1)隔离栅应安装就位并经验收,分别按铁丝编织网隔离栅、刺铁丝隔离栅、钢板网隔离栅、电焊网隔离栅等,从端柱外侧沿隔离栅中部丈量,以 m 为单位计量。金属立柱及紧固件等均并入隔离栅计价中,不另行计量。

(2)桥上防护网以 m 为单位计量,安设网片的支架、预埋件及紧固件等不另行计量。

(3)钢立柱及钢筋混凝土立柱安装就位并经验收,以根为单位计量;钢筋及立柱斜撑不另计量。

(4)所需的清场、挖根、土地整平和设置地线等工程均为安装隔离栅的附属工作,不另计量。

2.支付

按上述规定计量,经监理人验收并列入工程量清单子目的工程量,其每一计量单位,将以合同单价支付。此项支付包括材料、劳力、设备、运输等及其他为完成隔离栅和桥梁护网工程所必需的费用,是对完成工程的全部偿付。

五、第 604 节 道路交通标志

道路交通标志工作内容为各式道路交通标志、界碑及里程标等的提供和设置有关施工作业。

1.计量

(1)道路交通标志应按图纸规定提供、装好、埋设就位和经验收的不同种类、规格分别计量:

①所有各式交通标志(包括立柱、门架)均以个为单位计量。

②所有支承结构、底座、硬件和为完成组装而需要的附件,均附属于各有关标志工程细目内,不另行计量。

(2)里程标和公路界碑等均应按埋设就位和验收的数量以个为单位计量。

2.支付

按上述规定计量,经监理人验收并列入工程量清单子目的工程量,其每一计量单位,将以合

同单价支付。此项支付包括材料、劳力、设备、检验、运输等及其他为完成交通标志安装工程所必需的费用,是对完成工程的全部偿付。

六、第605节　道路交通标线

道路交通标线内容为在已完成的沥青混凝土和水泥混凝土路面上喷涂路面标线、涂敷振荡标线,安装突起路标、轮廓标及其附属工程等有关施工作业。

1.计量

(1)路面标线应按图纸所示,经检查验收后,以热熔型涂料、溶剂,常温涂料和溶剂,加热涂料的涂敷实际面积,以 m² 为单位计量。反光型的路面标线玻璃珠应包含在涂敷面积内,不另计量。

(2)突起路标安装就位,经检查验收后以个为单位计量。

(3)轮廓标安装就位,经检查验收后以个为单位计量。

(4)立面标记设置经检查验收后以处为单位计量。

(5)锥形交通路标安装就位经检查验收后以个数为单位计量。

2.支付

按上述规范计量,经监理人验收并列入工程量清单子目的工程量,其每一计量单位,将以合同单价支付。此项支付包括材料、劳力、设备、检验、运输等及其他为完成交通标线工程所必需的费用,是对完成工程的全部偿付。

七、第606节　防眩设施

防眩设施内容为设置防眩板、防眩网的有关施工作业。

1.计量

(1)防眩板设置安装完成并经验收后以块为单位计量。

(2)防眩网设置安装完成并经验收后以延米为单位计量。

(3)为安装防眩板、防眩网设置的预埋件,连接件、立柱、基础混凝土以及钢构件的焊接等均作为防眩板、防眩网工程的附属工作,不另行计量。

2.支付

按上述规定计量,经监理人验收列入了工程量清单子目的工程量,其每一计量单位,将以合同单价支付。此项支付包括材料、劳力、工具及其他为完成防眩设施所必需的费用,是完成工程的全部偿付。

八、第607节　通信和电力管道与预埋(预留)基础

通信和电力管道与预埋(预留)基础内容为通信、监控、照明、供配电等的预埋管道和基础工程,人(手)孔,紧急电话设施基础,接地系统的施工作业等。

1.计量

(1)人(手)孔应根据图纸所示的形式及不同尺寸按个计量。

(2)紧急电话平台应按底座就位和验收的个数计量。

(3)预埋管道工程应按铺筑就位并验收,以 m 为单位计量,计量是沿着单管和多管结构的管中线进行。过桥管箱的制作、安装以 m 为单位计量。所有封缝料和牵引线及拉棒检验等,作为承包的附属工作,不另行计量。

(4)挖基及回填,压实及接地系统作为相关工程的附属工作,不另计量。

（5）附属于桥梁、通道或跨线桥的预留管道及其他的电信设备应作为这些结构的一部分，在主体工程内计量，本节不单独计量。

（6）通信管道安装在桥上的托架作为制造、安装过桥管箱的附属工作，不另行计量。

2. 支付

按上述规范计量，经监理人验收并列入工程量清单子目的工程量，其每一计量单位，将以合同单价支付。此项支付包括材料、劳力、设备、运输等及其他为完成安装工程所必需的费用，是对完成工程的全部偿付。

九、第608节　收费设施及地下通道

收费设施及地下通道工作内容包括收费站内收费设施的土建部分，即收费岛、收费亭、收费天棚、预埋（架设）管线、地下通道以及收费设施的预埋件设施等有关作业。

1. 计量

（1）收费亭按图纸所示的形式组装或修建，经监理人验收，分别按单人收费亭和双人收费亭以个为单位计量。

（2）收费天棚按图纸所示组装架设，经监理人验收以 m² 为单位计量。

（3）收费岛浇筑按图纸所示形式及大小经监理人验收，分别按单向收费岛和双向收费岛以个为单位计量。

（4）地下通道按图纸要求经监理人验收，其长度沿通道中心量测洞口间距离，以 m 为单位计量，计量中包含了装饰贴面工程及防、排水处理等内容。

（5）预埋及架设管线按图纸规定铺设就位，经监理人验收以 m 为单位计量。

（6）收费设施的预埋件为各有关工程细目的附属工作，均不另予计量。

（7）所有挖基、挖槽以及回填、压实等均为各相关工程细目的附属工作，不另予计量。凡未列入计量细目的零星工程，均包含在相关工程细目内，不另予计量。

2. 支付

按上述规定计量，经监理人验收并列入工程量清单子目的工程量，其每一计量单位，将以合同单价支付。此项支付包括材料、劳力、设备、工具、运输、安装和清理现场地等及其他为完成工程所必需的费用，是对完成工程的全部偿付。

第九节　绿化及环境保护工程工程量清单计量

工作内容为公路沿线及附属结构地域内，为净化空气、减小噪声、防止水土流失、美化环境等所增设的必要设施的施工及其管理等的有关作业。

一、有关问题的说明及提示

（1）绿化工程为植树及中央分隔带及互通立交范围内和服务区、管养工区、收费站、停车场的绿化种植区。

（2）除按图纸施工的永久性环境保护工程外，其他采取的环境保护措施已包含在相应的工程项目中，不另行计量。

（3）由于承包人的过失、疏忽或者未及时按设计图纸做好永久性的环境保护工程，导致需要另外采取环境保护措施，这部分额外增加的费用应由承包人负担。

（4）在公路施工及缺陷责任期间,绿化工程的管理与养护以及任何缺陷的修正与弥补,是承包人完成绿化工程的附属工作,均由承包人负责,不另行计量。

二、第701节 通则

工作内容为公路沿线及附属结构地域内,为净化空气、减小噪声、防止水土流失、美化环境等所增设的必要设施的施工及其管理等的有关作业。

本节不作计量与支付。

三、第702节 铺设表土

铺设表土内容为在公路绿化工作开始前,在公路绿化区域(含路堤、中央分隔带及互通立交范围内和服务区的绿化种植区)内按照图纸布置和植物生长的最小土层厚度要求,保持地表面的平整,翻松、铺设表土等施工作业。

1. 计量

（1）表土铺设应按完成的铺设面积并经验收以 m^3 为单位计量。

（2）铺设表土准备工作(包括提供、运输等)为承包人应做的附属工作,不另予计量。

2. 支付

按上述规定计量,经监理人验收并列入工程量清单子目的工程量,每一计量单位,将以合同单价支付。此项支付包括材料、劳力、设备、运输等及其他为完成铺设表土所必需的费用,是对完成铺设表土的全部偿付。

四、第703节 撒播草种和铺植草皮

撒播草种和铺植草皮为按照图纸所示或监理人指示,在公路绿化区域内铺设表土的层面上撒播草种或铺植草皮和施肥、布设喷灌设施等绿化工程作业。

1. 计量

（1）撒播草种按经监理人验收的成活草种的面积以 m^2 为单位计量。

（2）草种、水、肥料等,作为承包人撒播草种的附属工作,均不另行计量。

（3）铺植草皮按经监理人验收的数量以 m^2 为单位计量,当采用叠铺时,按叠铺程度确定一叠铺系数(经监理人同意)增计面积。

（4）需要铺设的表土,按表土的来源,按铺设表土细目计量。

（5）绿地喷灌设施按图纸所示,敷设的喷灌管道以 m 为单位计量。喷灌设施的闸阀、水表、洒水栓等均不另行计量。

2. 支付

按上述规定计量,经监理人验收并列入工程量清单子目的工程量,其每一计量单位,将以合同单价支付。此项支付包括材料、劳力、设备、运输和养护、管理等及其他为完成绿化工程所必需的费用,是对完成工程的全部偿付。但在工作进行中根据工程进度分期支付。

（1）在开始种植时期按工作量预付给承包人工程款项的40%,支付的确实数额由监理人决定。

（2）其余支付承包人款项,在工程交工验收植物栽植成活率符合规定后支付,未达到成活率要求的应进行补植。

五、第704节 种植乔木、灌木、攀缘植物

种植乔木、灌木、攀缘植物工作内容为按照图纸所示或监理人指示,对公路绿化区域内提供

和种植乔木、灌木和攀缘植物等作业。

1. 计量

(1)人工种植由监理人按成活数验收,乔木、灌木及人工种植攀缘植物均以棵为单位计量。

(2)需要铺设的表土,按表土的来源,依据铺设表土细目计量。

(3)种植用水、设置水池储水,均作为承包人种植植物的附属工作,不另予计量。

2. 支付

按上述规定计量,经监理人验收并列入工程量清单子目的工程量,其每一计量单位,将以合同单价支付。此项支付包括材料、劳力、设备、运输和养护、管理等及其他为完成绿化工程所必需的费用,是对完成工程的全部偿付。但在工作进行中根据工程进度分期支付:

(1)在开始种植时期按工作量预付给承包人工程款项的40%,支付的确实数额由监理人决定。

(2)其余支付承包人款项,在工程交工验收植物栽植成活率符合规定后支付,未达到成活率要求的应进行补植。

六、第 705 节　植物养护和管理

植物养护和管理工作内容为公路绿化工作,从开始种植到工程缺陷责任期结束,对所有按技术规范第 703 节及第 704 节施工的种植物进行管理和养护。

种植物的养护及管理是承包人完成绿化工程的附属工作,不另计量与支付。

七、第 706 节　声屏障

声屏障工作内容为根据图纸要求,在公路路侧居民集中区、学校教学区、医院病房区等设置声屏障等隔声设施以及与此有关的施工作业。

1. 计量

吸、隔声板声屏障应按图纸施工完成经监理人验收的现场量测的长度,以 m 为单位计量;吸声砖及砖墙声屏障以 m³ 为单位计量。声屏障的基础开挖、基底夯实、基坑回填、立柱、横板安装等工作为砌筑吸声砖声屏障及砌筑砖墙声屏障所必需的附属工作,均不另行计量。

2. 支付

按上述规定计量,经监理人验收并列入工程量清单子目的工程量,其每一计量单位,将以合同单价支付。此项支付包括材料、劳力、设备、运输等及其他为完成声屏障工程所必需的费用,是对完成工程的全部偿付。

思　考　题

4-1　公路工程工程量清单的作用是什么?

4-2　编制工程量清单时应注意的事项有哪些?

4-3　路基工程工程量清单计量的规则是什么?

4-4　路面工程工程量清单计量的规则是什么?

4-5　桥涵工程工程量清单计量的规则是什么?

第五章 DIWUZHANG

▶▶ 公路工程项目造价管理

本章导读

公路基本建设是需要耗用大量资金才能完成的工程项目。为了确保质量，降低工程造价，对于工程费用及投资额的测算与控制自始至终贯穿于整个过程之中，即在基本建设的各个阶段，随着工作的不断深入，以及对投资额测算精度和要求的不同，都有相应的投资额测算与之对应，因而形成了投资估算→初步设计概算→施工图预算→标底→报价→施工预算→工程结算→竣工结算等八种测算方式，从而形成了一个完整地反映投资在数量上变化的投资额测算体系。

学习目标

1. 公路工程项目施工图预算；
2. 公路工程项目标底和投标价；
3. 公路工程项目合同价款的结算与支付。

学习重点

1. 公路工程项目设计概算、施工图预算；
2. 公路工程项目标底和投标价；
3. 公路工程项目合同价款的结算与支付。

学习难点

1. 公路工程项目施工图预算；
2. 公路工程项目标底和投标价；
3. 公路工程项目合同价款的结算与支付。

本章学习计划

内　　容	建议自学时间（学时）	学 习 建 议	学 习 记 录
第一节　公路工程项目造价概述	1.0	了解不同建设阶段的投资额测算体系	
第二节　公路工程项目决策阶段造价管理		学生如需编制投资估算工作,请参阅最新版《公路工程基本建设项目投资估算编制办法》及《公路工程估算指标》	
第三节　公路工程项目设计阶段造价管理	1.0	掌握设计阶段造价管理的类型及其内容	
第四节　公路工程项目招投标阶段造价管理			
第五节　公路工程项目合同价款的结算与支付	1.0	重点掌握教材[例5-2]	
第六节　公路工程项目竣工决算	1.0		

第一节 公路工程项目造价概述

一、工程造价的双重含义

公路工程造价是指建设一条公路或一座独立大桥或隧道使其达到设计要求所花费的全部费用,公路工程造价有如下两层含义:

(1)第一层含义是建设项目造价。反映建设一项工程预期开支或实际开支的从建设筹备到竣工验收的全部固定资产投资费用之和。

这一含义是从投资者(业主)的角度来定义的。投资者选定一个投资项目,为了获得预期的效益,就要通过项目评估进行决策,然后进行设计招标、工程招标,直到竣工验收等一系列投资管理活动。在投资活动中所支付的全部费用形成固定资产和无形资产,所有这些开支就形成了公路工程造价。从这个意义上讲,建设工程造价就是建设工程项目固定资产的总投资。

(2)第二层含义是指公路工程价格。即建成一项公路工程,预计或实际在土地市场、设备市场、技术劳务市场,以及工程承包市场等交易活动中所形成的公路工程的价格和公路建设项目总价格。显然,工程造价的第二层含义是指以建设工程这种特定的商品作为交易对象,通过招标投标竞争或其他交易方式,在进行多次性预估的基础上,最终由市场形成的价格。

承发包价格是工程造价中一种重要的、也是较为典型的价格交易形式,是在建筑市场通过招标投标,由需求主体(投资者)和供给主体(承包商)共同认可的价格。

工程造价的两层含义实质上就是以不同的角度把握同一事物的本质。对市场经济条件下的投资者来说,工程造价就是项目投资,是"购买"工程项目要付出的价格;同时,工程造价也是投资者作为市场供给主体,"出售"工程项目时确定价格和衡量投资经济效益的尺度。对规划、设计、承包商以及包括造价咨询在内的中介服务机构来说,工程造价是他们作为市场供给主体出售商品和劳务价格的总和,或者是特指范围的工程造价,如建筑安装工程造价。

◈ 请练习[思考题5-1]

二、公路工程计价特征

1. 以特殊的定价方式单独定价

公路工程建筑产品的价格,因其自身的特点,需要采用特殊的计价方式单独定价。其原因:首先是构成公路整体的路基、路面、桥梁、涵洞、隧道及沿线设施等,各有不同的形状与结构;其次是因为公路工程建设必然受工程所在地的气候、地质、水文等客观自然条件的影响,使工程施工中必须采取不同的工艺设备和建筑材料,使构成的价格和费用必定存在差异,最终导致工程造价各不相同。

对于每一单位工程,按其类别、所处的地区、不同的建设时期、不同的施工企业等都要按照计价的基本原理,按照有关的定额、标准、计算方法确定其工程造价。任何两条公路的工程造价不可能完全相同,因此,公路工程只按单件性计价。

2. 分阶段多次计价

公路工程一般建设规模大,建设周期长,技术性较复杂,受建设地点的自然条件影响也大,消耗的人力、物力和财力也都非常巨大,所以一旦决策失误,将造成无法挽回的经济损失。为了满足工程各阶段不同的需要,合理地确定与控制工程造价,在项目建设的全过程中,应进行多阶段计价。多次计价是个逐步深化、逐步细化和逐步接近实际造价的过程。工程项目按一定的建设程序进行决策、设计和施工和竣工验收,需分别进行以下计价过程。

(1)投资估算。投资估算是指项目建议书及可行性研究阶段通过编制投资估算文件测算和确定工程造价。投资估算是建设项目进行决策、筹集资金和合理控制造价的主要依据。

(2)设计概算和修正概算。设计概算是指在初步设计阶段,根据设计意图,通过编制工程概算文件预先测算和确定工程造价。与投资估算相比较,概算造价的正确性有所提高,但受估算造价的控制。修正概算是在技术设计阶段,根据技术设计的要求,通过编制修正概算文件预先测算和确定工程造价。修正概算是对初步设计阶段的概算造价的修正和调整,比概算造价准确,但受概算造价控制。

(3)施工图预算。施工图预算是指在施工图设计阶段,根据施工图纸,通过编制工程预算文件预先测算和确定工程造价。它比概算造价或修正概算造价更为详细和准确,但同样受前一阶段工程造价的控制。

(4)标底。标底是建设单位招标时,对拟建的工程项目依据工程内容及有关规定计算出建成这项工程所需的造价,是对招标工程所需工程费用的自我测算和事先控制。标底一般由招标单位对发包的工程,按发包工程的工程内容、设计文件、合同条件以及技术规范和有关定额等资料进行编制。标底是一项重要的投资额测算,它是评标的一个基本尺度,因此,标底在招标中起着关键作用,其性质与概、预算很相近,编制方式也相同。

(5)投标报价。投标报价是投标人参与工程项目投标时报出的工程造价。即投标价是指在工程招标发包过程中,由投标人或受其委托具有相应资质的工程造价咨询人按照招标文件的要求以及有关计价规定,依据发包人提供的工程量清单、施工设计图纸,结合工程项目特点、施工现场情况及企业自身的施工技术、装备和管理水平等,自主确定的工程造价。

(6)工程结算。工程结算是指发包人在工程实施过程中,依据合同中相关付款条款的规定和已完成的工程量,按照规定的程序向承包人支付工程款的一项经济活动。

(7)竣工决算。竣工决算是指项目在竣工验收阶段由建设单位编制的从项目申请到建成投入使用的全部实际成本的技术经济文件,是公路竣工验收、交付使用的重要依据。它全面反映了竣工项目从筹建到交付使用全过程各项资金的使用情况和设计概算的执行结果,是公路建设成果和财务情况的总结性文件。

3. 必须考虑影响工程造价的动态因素

在建设过程中,人工、材料、设备等价格的变动,设计修改或施工方法的变更等,都会对工程造价产生影响。工程造价的确定必须考虑影响造价的动态因素。估算、概预算的编制应按当时、当地的人工、材料、设备的价格计算或采用预留费、价差预备费、材料设备价格指数、包干系数等形式合理地确定动态因素对造价的影响。

4. 按工程构成分部组合计价

为合理地计算出公路工程项目的造价,必须将整个建设项目分解到最小的分部分项工程。如将公路工程按部位分成基础工程、桥梁(上部、下部)工程、路基工程和路面工程等。按工程不同的结构、不同材料和不同施工方法将分部工程又划分为分项工程,如基础工程可划分为围堰、挖基、基础砌筑和回填等分项工程。公路工程定价的基本原理是将分项工程作为计算工、料、机及资金消耗的最基本的构造要素,在计价过程中,首先确定单位分项工程的人工、材料、机械台班消耗指标(即定额),再用货币形式计算出它们的价格(即单价),作为建筑产品的计价基础;然后根据施工图纸及工程量计算规则分别计算出各工程项目的工程数量,分别乘以上述单价,得出建筑产品的直接费用成本,并以直接费为基础计算出间接费用成本;最后再计算利润和税金,汇总后构成单位工程完全价格。

5.计价依据的多样性

影响造价的因素多,计价依据复杂、种类繁多,各阶段计价依据可参见各有关章节。

◆ **请练习[思考题5-2]**

学习记录

三、公路工程造价构成

根据我国现行《公路工程基本建设项目投资估算编制办法》(JTG M20—2011)和《公路工程基本建设项目概算预算编制办法》(JTG B06—2007)可知,现行公路工程项目投资由建筑安装工程费、设备工具购置费、工程建设其他费用和预备费构成,见图5-1。

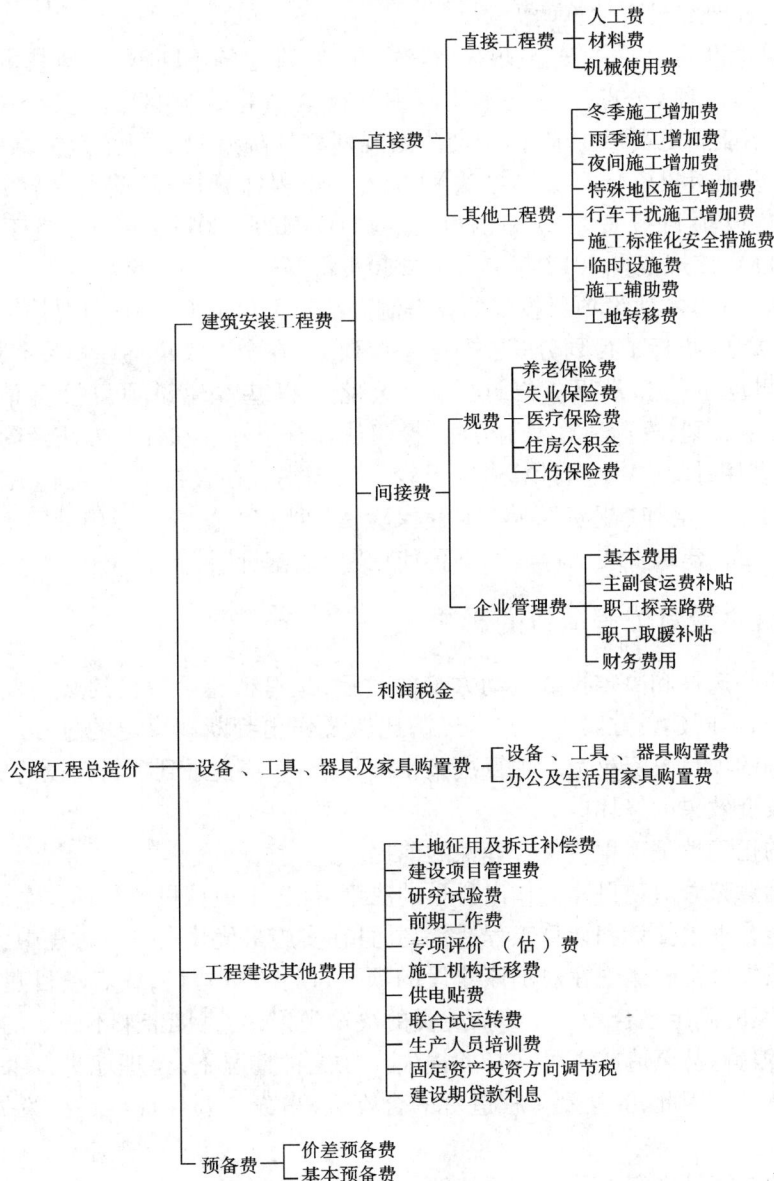

公路工程总造价
- 建筑安装工程费
  - 直接费
    - 直接工程费
      - 人工费
      - 材料费
      - 机械使用费
    - 其他工程费
      - 冬季施工增加费
      - 雨季施工增加费
      - 夜间施工增加费
      - 特殊地区施工增加费
      - 行车干扰施工增加费
      - 施工标准化安全措施费
      - 临时设施费
      - 施工辅助费
      - 工地转移费
  - 间接费
    - 规费
      - 养老保险费
      - 失业保险费
      - 医疗保险费
      - 住房公积金
      - 工伤保险费
    - 企业管理费
      - 基本费用
      - 主副食运费补贴
      - 职工探亲路费
      - 职工取暖补贴
      - 财务费用
  - 利润税金
- 设备、工具、器具及家具购置费
  - 设备、工具、器具购置费
  - 办公及生活用家具购置费
- 工程建设其他费用
  - 土地征用及拆迁补偿费
  - 建设项目管理费
  - 研究试验费
  - 前期工作费
  - 专项评价(估)费
  - 施工机构迁移费
  - 供电贴费
  - 联合试运转费
  - 生产人员培训费
  - 固定资产投资方向调节税
  - 建设期贷款利息
- 预备费
  - 价差预备费
  - 基本预备费

图5-1 公路工程总投资构成

第二节 公路工程项目决策阶段造价管理

一、公路工程项目决策阶段投资估算概述

投资估算是项目建议书和工程可行性研究报告的重要组成部分,是建设项目经济评价中支出费用的关键部分,是投资前期阶段(决策阶段),建设单位向国家申请建设项目或国家对拟建项目进行决策时,确定建设项目在项目建议书、可行性研究报告等不同阶段的相应投资总额而编制的经济文件。根据投资估算的作用及内容深度的不同,公路工程投资估算分为项目建议书投资估算和工程可行性研究投资估算两大类。

随着我国公路建设的发展,"安全、耐久、节约、和谐"理念的不断深入,新技术、新工艺、新设备、新材料的不断涌现,原《公路工程基本建设项目投资估算编制办法》(交公路发[1996]611号)和估算指标已不能满足实际要求,由中交公路规划设计院有限公司作为主编单位,负责对原《公路工程基本建设项目投资估算编制办法》及《公路工程估算指标》进行了修订,编制了现行《公路工程基本建设项目投资估算编制办法》(JTG M20—2011)和《公路工程估算指标》(JTG/T M21—2011),该规范自2012年1月1日起实行。

现行的《公路工程基本建设项目投资估算编制办法》(JTG M20—2011)对估算指标中各项费用组成、费用计算方法、指标子目划分等进行了系统研究,在全面收集整理相关资料的基础上,编制、复核、审核并测算了估算水平。修订后的《公路工程基本建设项目投资估算编制办法》(JTG M20—2011)由总则、投资估算编制方法、投资估算费用标准和计算方法及附录组成。本次修订对费用组成、费用计算、人工费计算进行了较大的调整。在直接费中增加"施工标准化与安全措施费",在间接费中增加"规费",将"工程保险费"列入预备费。费用计算基数采用"人工费"、"直接工程费"或"建筑安装工程费",不再使用"定额基价"计算。

二、建设项目决策对工程造价的影响

项目投资决策是选择和决定投资行动方案的过程,是对拟建设项目的必要性和可行性进行技术经济认证,是对不同建设方案进行技术经济比较及作出判断和决定的过程。正确的项目投资行动来源于正确的项目投资决策。项目决策正确与否,直接关系到项目建设的成败,关系到工程造价的高低及投资效果的好坏。

1. 项目决策的正确性是工程造价合理性的前提

项目决策正确意味着对项目建设作出科学的决策,优选出最佳投资行动方案,达到资源的合理配置。这样才能合理地估计和计算工程造价,并且在实施最优投资方案过程中,有效地控制工程造价。项目决策失误主要体现在对不该建设的项目进行投资建设,或者项目建设地点的选择错误,或者投资方案的确定不合理等。诸如此类的决策失误,会直接带来不必要的资金投入和人力、物力及财力的浪费,甚至造成不可弥补的损失。在这种情况下,合理地进行工程造价的计价与管理已经毫无意义。因此,要达到工程造价的合理性,事先就要保证项目决策的正确性,避免决策失误。

2. 项目决策的内容是决定工程造价的基础

工程造价的计价与控制贯穿于项目建设全过程,但决策阶段各项技术经济决策,对项目的工程造价有重大影响,特别是建设标准的确定和建设地点的选择等,直接关系到工程造价的高低。

据有关资料统计,在项目建设各阶段中,投资决策阶段的造价控制,对建设项目经济性的影响高达 70%~90%,对整个建设项目而言,投资决策阶段的造价管理对节约投资的可能性最大,直接影响着决策阶段之后的各个建设阶段造价的计价与控制是否科学、合理。

3. 造价高低、投资多少也影响项目决策

学习记录

决策阶段的投资估算是进行投资方案选择的重要依据之一,同时也是决定项目可行及主管部门进行项目审批的参考依据。

4. 项目决策的深度影响投资估算的精确度,也影响工程造价的控制效果

投资决策过程是一个由浅入深、不断深化的过程,依次分为若干个工作阶段,不同阶段决策的深度不同,投资估算的精确度也不同。如投资机会和项目建议书阶段,是初步决策阶段,投资估算的误差率为 ±30%;而详细可行性阶段,是最终决策的阶段,投资估算的误差率应在 ±10% 以内。另外,由于在项目建设各阶段中,即决策阶段、初步设计阶段、技术设计阶段、施工图设计阶段、工程招投标及承发包阶段、施工阶段及竣工验收阶段,通过工程造价的确定与控制,相应形成投资估算、设计概算、修正概算、施工图预算、承包合同价、结算价及竣工决算。这些造价形式之间存在着前者控制后者、后者补充前者这样的相互作用关系。按照"前者控制后者"的制约关系,意味着投资估算对后面的各种形式的造价起着制约作用,作为限额目标。由此可见,只有加强项目决策的深度,采用科学的估算方法和可靠的数据资料,合理地计算投资估算,保证打足,才能保证其他阶段的造价被控制在合理范围,使投资控制目标能够实现,避免"三超"现象的发生。

三、建设项目投资估算的依据

投资估算编制依据如下:

(1)国家发布的有关法律、法规、规章、规程等。

(2)现行《公路工程基本建设项目投资估算编制办法》(JTG M20—2011)、《公路工程估算指标》(JTG/T M21—2011)、《公路工程概算定额》(JTG/T B06-01—2007)、《公路工程预算定额》(JTG/T B06-02—2007)、《公路工程机械台班费用定额》(JTG/T B06-03—2007)。

(3)工程所在地省级交通运输主管部门发布的补充计价依据。

(4)批准的项目建议书等有关资料。

(5)项目建议书或工程可行性研究图纸等设计文件。

(6)工程所在地的人工、材料、机械及设备预算价格。

(7)工程所在地的自然、技术、经济条件等资料。

(8)工程实施方案。

(9)有关合同协议等。

(10)其他有关资料。

◆ 请练习[思考题 5-3]

四、建设项目投资估算要求

(1)投资估算编制必须严格执行国家的方针、政策和有关规定,并应符合公路工程行业标准、规范的规定。投资估算文件应达到的质量要求是:符合规定、结合实际、经济合理、提交及时、不重不漏、计算正确、字迹清晰、装订整齐完善。

(2)投资估算应由具有相应资质的设计、工程(造价)咨询单位负责编制。编制、审核人员必须持有公路工程造价人员执业资格证书,并对工程造价文件的编制质量负责。

(3)当一个项目由两个以上设计(咨询)单位共同承担设计时,各设计(咨询)单位应负责编

制所承担设计的单项或单位工程投资估算,主体设计(咨询)单位应负责编制原则和依据、工程设备与材料价格、取费标准等的协调与统一,汇编总估算,并对全部估算的编制质量负责。

(4)投资估算精度应能满足控制初步设计概算要求,并尽量减少投资估算的误差。

学习记录

五、投资估算编制方法

公路工程基本建设项目投资估算应根据项目建议书和工程可行性研究报告的深度,核实工程项目及其数量,结合工程所在地的建设条件,以现行《公路工程估算指标》(JTG/T M21—2011)为依据,根据现行《公路工程估算指标》(JTG/T M21—2011)规定的各工程项目的人工、材料、机械台班消耗量,按《公路工程基本建设项目投资估算编制办法》(JTG M20—2011)第三章规定的投资估算编制时工程所在地的人工费标准、材料预算单价和机械台班单价计算出各工程项目的人工、材料、机械台班费用,并计算各项其他费用。投资估算的材料、机械台班单价及各项费用的计算应通过规定的表格反映。各表格之间的关系及各费用的具体计算方法,可参见《公路工程基本建设项目投资估算编制办法》(JTG M20—2011),在此不再作详细介绍。

第三节　公路工程项目设计阶段造价管理

一、公路工程设计阶段造价类型

拟建项目批准立项后,即进入工程设计阶段,工程设计按设计深度可分为初步设计,技术设计和施工图设计三个阶段,进而工程造价文件相应地也分为三种,即设计概算、修正概算和施工图预算。

(1)初步设计概算是指在初步设计阶段,由设计单位根据批准的可行性报告、初步设计图纸、公路工程概算定额、各类其他费用定额、建设地区的自然条件等资料,预先计算和确定工程投资额的经济文件。

(2)修正概算是在技术设计阶段,对初步设计成果作进一步修改、调整后,重新计算其工程投资额的经济文件。由于设计概算和修正概算除所处的设计阶段不同外,其采用的定额及《公路工程基本建设工程概算预算编制办法》(JTG B06—2007)(以下简称《编制办法》)均相同,故统称为概算。概算一经批准,则是国家确定和控制公路基本建设投资总额的依据,是工程投资总额的封顶线,即在随后其他阶段的投资总额都不能随意突破概算的测算值。

(3)施工图预算是根据施工图设计提供的工程数量和施工方案,按照交通部颁布的《公路工程预算定额》(JTG/T B06-02—2007)和《编制办法》所编制的反映工程造价的具体文件。随着基本建设程序的不断深入,工程项目的工作内容日趋明晰,施工图预算与前述的概算、估算相比,其计算精度更高,更接近工程的实际造价。公路工程基本建设工程无论采用几阶段设计,施工图设计则是设计阶段的最后一个阶段,是最终设计,也是最详尽的设计。

施工图预算必须以施工图设计文件、施工组织设计以及编制概预算的有关法令性文件等为依据。它是考核施工图设计经济合理性的依据,对于按施工图预算承包的工程,它又是签订建筑安装工程合同,实行建设单位和施工单位投资包干和办理工程结算的依据;对于进行施工投标的工程,施工图预算也是编制工程标底的依据,同时,也是施工单位加强经营管理,搞好经济核算的基础。

二、设计阶段造价管理与控制的重要意义

1. 提高资金利用率

设计阶段投资额测算的计价形式是编制设计概、预算,通过设计概、预算可以了解工程造价的构成,分析资金分配的合理性,并可以利用价值工程理论分析项目各个组成部分功能与成本的匹配程度,调整项目功能与成本,使其更趋合理。

2. 提高投资控制效率

编制设计概、预算并进行分析,可以了解各组成部分的投资比例,对于投资比例较大的部分应作为投资控制的重点,这样可以提高投资控制的效率。

3. 使控制工作更主动

长期以来,人们把控制理解为目标值与实际值的比较,以及当实际值偏离目标值时分析产生差异的原因,确定下一步对策。这对于批量生产的产品而言,是一种有效的管理方法。但对于建筑产品具有单件性的特点,这种管理方法,只能发现差异,不能消除差异,也不能预防差异的发生,而且差异一旦发生,损失往往很大,因此是一种被动的控制方法,而如果在设计阶段控制工程造价,可以先按一定的质量标准,提出新建构筑物每一部分或分项的计划支出费用的报表,然后当详细设计制订出来后,对工程的每一部分或分项估算造价,对照造价计划中所列的指标进行审核,预先发现差异,使设计更经济。

4. 便于技术与经济相结合

由于体制和传统习惯原因,我国的工程设计工作往往由专业技术人员来完成的,他们在设计过程中往往更关注工程的使用功能,力求采用比较先进的技术方法实现项目所需功能,而对经济因素考虑较少。在设计阶段,造价工程师应共同参与全过程设计,使设计从一开始就建立在健全的经济基础之上,在做出重要决定时就能充分认识其经济后果。另外投资限额一旦确定后,设计只能在确定的限额内进行,有利于技术人员发挥个人的创造力,选择一种最经济的方式实现技术目标,从而确保设计方案能较好地体现技术与经济的结合。

5. 在设计阶段控制工程造价效果最显著

建设项目的造价控制贯穿于项目建设的整个过程,包括投资决策、设计、施工、竣工决算等阶段,每个阶段对建设项目造价影响程度各不相同。据统计,投资决策阶段占 70%～90%;设计阶段占 35%～75%;施工阶段占 5%～35%;竣工决算阶段占 0%～5%,由此可见,工程造价控制的重点应放在对投资影响最大的前期投资决策阶段和设计阶段,在项目做出投资决策后,控制工程造价的关键在于设计阶段。在设计一开始就将控制投资的目标贯穿于设计工作中,可保证选择恰当的设计标准和合理的功能水平。

三、设计方案技术经济评价

1. 设计方案技术经济评价的原则

公路工程设计的总目标,是以较低的投资实现所需求的运输能力,同时创造良好的运营条件,降低运营费用。此外,还应注意减少污染和美化环境,方便公众对客货运输的需要,创造良好的社会效益。实现一项设计目标,可提出各种技术方案供比较选用,每一种技术方案都称为方案。各种设计方案采用的技术措施不同,其工程特征、运营特征和经济效益就会不同。各个方案都有其优缺点,需要进行全面的分析、计算、比较和评价,从而选出环境上自然协调、功能上适用、结构上坚固耐用、技术上先进、造型上美观和经济合理的最优设计方案,为决策提供科学依据。

为了保证方案技术经济能够得到正确的结论,需要遵循下列原则:

（1）设计方案必须要处理好技术先进性与经济合理性之间的关系。

技术先进性与经济合理性有时是一对矛盾，设计时应妥善处理好两者的关系，一般情况下，要在满足使用者要求的前提下，尽可能降低工程造价，或者在资金限制范围内，尽可能提高功能水平。

（2）设计方案必须兼顾建设和使用，考虑项目全寿命费用。

造价水平的变化，可能会影响到项目将来的使用成本。如果单纯为了降低造价而使建造质量得不到保障，就会导致使用过程中的维修费用很高，甚至有可能发生重大事故，给社会财产和人民安全带来严重损害。反之，过分地追求高标准，会导致造价过高，使有限的资金不能得到充分的作用，也是不合理的。因此，在设计过程中，要兼顾建设过程和使用过程，力求使项目全寿命费用最低。

（3）设计必须兼顾近期与远期的要求。

一项工程建成后，往往会在很长的时期内发挥作用。如果仅按照目前的要求设计工程，可能会出现以后由于项目功能水平无法满足需要而重新建造的情况。但是如果按照未来需要设计工程，又会出现由于功能水平过高而造成资源闲置浪费的现象。所以，设计时要兼顾近期与远期的要求，选择项目合理的功能水平。同时也要根据远景发展需要，适当留有发展余地。

除以上原则外，对于交通运输项目，还需考虑以下几方面的要求：

（1）完成规定的运输任务。

（2）不遗漏有比较价值的方案。

（3）各方案应在同等精度的基础上进行比较。

2. 方案技术经济评价的指标

在方案设计中，通常要从技术特征、工程条件、运营条件和经济效果等方面对方案进行评价和比选。比选的依据是反映上述各方面特征的技术指标和经济指标。

1）技术指标

技术指标反映技术方案的技术特征，对方案的工程条件和运营条件具有重要的影响。

反映工程条件的技术指标有：线路建筑长度、最大坡度、最小曲线半径、地质不良地段的数目和长度、土石方和桥隧工程数量、劳动力投入、占地数量及建设工期等。

反映运营条件的技术指标有：运营长度、运营时间、海拔高度、通过能力、输送能力、运行速度、燃料消耗等。

2）经济指标

设计方案的经济特征指标包括工程费、运营费、换算年费用、投资回收期、净现值、内部收益率等。

3. 经济效果评价的方法

1）经济效果评价的基本方法

经济效果评价的基本方法包括确定性评价方法和不确定性评价方法两类。对于同一技术方案，必须同时进行确定性评价和不确定性评价。

2）按评价方法的性质分类

按评价方法的性质不同，经济效果评价可分为定量分析与定性分析。在技术方案经济效果评价中，应坚持定量分析和定性分析相结合，以定量分析为主的原则。

3）按评价方法是否考虑时间因素分类

对定量分析，按其是否考虑时间因素又可分为静态分析和动态分析。

静态分析是不考虑资金的时间因素，亦即不考虑时间因素对资金价值的影响，而对现金流量分别进行直接汇总来计算分析指标的方法。

动态分析是在分析方案的经济效果时,对发生在不同时间的现金流量折现后来计算分析指标。在经济效果评价中,由于资金具有时间价值,对技术方案的每一笔现金流量都应考虑它所发生的时间,以及时间因素对其价值的影响。动态分析能较全面地反映技术方案整个计算期的经济效果。

4)按是否考虑融资分类

按技术方案是否考虑融资可分融资前分析融资后分析。

5)按技术方案评价的时间分类

按技术方案评价的时间可分为事前评价、事中评价和事后评价。

四、公路工程项目设计概算或修正概算

1.设计概算或修正概算的编制依据

编制初步设计概算的依据比较多,概括起来,主要有以下几项内容。

(1)国家发布的有关法律、法规、规章、规程等。

国家有关的公路工程建设的方针、政策以及工程造价管理的有关规定,它们不仅是编制设计概算的重要依据,而且必须严格认真贯彻执行,以确保建设工程的顺利实施。

国家颁发的建设征用土地补偿标准、工程勘察设计收费标准以及其他应计入建设项目投资中有关规定的费用项目,也是编制设计概算的依据。

(2)现行的《公路工程概算定额》(JTG/T B06-01—2007)、《公路工程预算定额》(JTG/T B06-02—2007)、《公路工程机械台班费用定额》(JTG/T B06-03—2007)及《编制办法》。

定额是编制设计概算的基础资料,由交通部统一制定颁发,具有指导性,在编制设计概算时,无论是划分分部分项工程项目,确定计量单位,还是计算工程量都必须以概算定额作为标准和依据,才能做到不重不漏,符合规定。

《编制办法》不仅规定了概、预算文件的组成内容、格式以及概、预算各项费用的计算方法。还结合我国的国情和建设实践,对构成建设工程造价的其他工程费、间接费、利润、税金以及建设单位管理费等,均以费率作为计算概算费用的依据。它是规范人们从事编制设计概算行为的准则,通过编制各种计算表格,使之按照科学而有序的方式进行,从而更好地完成设计概算编制工作。

(3)工程所在地省级交通主管部门发布的补充计价依据。

当遇定额缺项时,按规定编制的补充定额也是编制设计概算的合法依据。

(4)批准的可行性研究报告(修正概算时为初步设计文件)等有关资料。

可行性研究报告是控制设计投资概算的依据,要求在批准的投资估算允许幅度范围内做好限额设计,以不断提高设计概算的编制质量。

(5)初步设计(或技术设计)图纸等设计文件。

根据设计图纸上所表示的结构形式和尺寸而计算的工程数量,是编制设计概算的基础资料,是决定建设工程造价大小的一个主要因素;也是编制设计概算的主要工作对象,它是完整、准确地反映设计内容的基本因素。

(6)工程所在地的人工、材料、机械及设备预算价格等。

它是按建设工程所在地的实际价格确定的,是计算直接工程费的最直接的基础资料。其工资标准和材料的供应价格,应以当地公路(交通)工程定额(造价管理)站发布的价格信息为依据。

（7）工程所在地的自然、技术、经济条件等资料。

（8）工程施工方案。

（9）有关合同、协议等。

（10）其他有关资料。

2. 设计概算的作用

（1）设计概算是编制建设项目投资计划、制订和控制建设投资的依据。

编制年度固定资产投资计划，确定计划投资总额及其构成数额，要以批准的初步设计概算为依据，没有批准的初步设计及其概算的建设工程不能列入年度固定资产投资计划。

对于使用政府资金的建设项目按照规定报请有关部门或单位批准的初步设计及总概算，一经上级批准，总概算就是总造价的高限额，不得任意突破，如有突破，需报原审批部门批准。

（2）设计概算是签订建设工程合同和贷款合同的依据。

《中华人民共和国合同法》明确规定，建设工程合同是承包人进行工程建设，发包人支付价款的合同。合同价款的多少是以设计概预算为依据的，而且总承包合同不得超过设计总概算的投资额。

设计概算是银行拨款和签订贷款合同的最高限额，建设项目的全部拨款或贷款以及各单项工程的拨款或贷款的累计总额，不能超过设计概算。如果项目的投资计划所列投资额或拨款与贷款突破设计概算时，必须查明原因后由建设单位报请上级主管部门调整或追加设计概算总投资额。

（3）设计概算是控制施工图设计和施工图预算的依据。

经批准的设计概算是建设项目投资的最高限额，设计单位必须按照批准的初步设计和总概算进行施工图设计，施工图预算不得突破设计概算。如确需突破总概算时，应按规定程序报上级主管部门审批。

（4）设计概算是考核设计方案经济合理性和选择最佳设计方案的依据。

设计概算是设计方案技术经济合理性的综合反映，据此可以用来对不同的设计方案进行技术与经济合理性比较，以便选择最佳的设计方案。

（5）设计概算是工程造价管理及编制招标标底和投标报价的依据。

设计概算一经批准，就可作为工程造价管理的最高限额，并据此对工程造价进行严格的控制。以设计概算进行招投标的工程，招标单位编制标底是以设计概算造价为依据的，并依此作为评标定标的依据。承包单位为了在投标竞争中取胜，也以此为依据，编制出合理的投标报价。

（6）设计概算是考核建设项目投资效果的依据。

通过设计概算与竣工决算对比，可以分析和考核建设项目投资效果的好坏，同时还可以验证设计概算的准确性，有利于加强设计概算管理和建设项目的造价管理工作。

◆ **请练习[思考题5-4]**

3. 设计概算的审查内容

1）设计概算审查的意义

（1）审查设计概算有助于概算编制人员严格执行国家有关概算的编制规定和费用标准，提高概算的编制质量。

（2）审查设计概算有利于合理分配投资资金、加强投资计划管理。设计概算编制的偏高或偏低，都会影响投资计划的真实性，影响投资资金的合理分配。进行设计概算审查是遵循客观经济规律的需要、通过审查可以提高投资的准确性和合理性。

（3）审查设计概算有助于促进设计的技术先进性与经济合理性的统一。概算中的技术经济指标是概算水平的综合反映,合理、准确的设计概算是技术经济协调统一的具体体现,与同类工程相比,便可看出它的先进与合理程度。

(4)审查设计概算有利于核定建设项目的投资规模,可以使建设项目总投资力求做到准确、完整,防止任意扩大投资规模和出现漏项,从而减少投资缺口、缩小概算与预算之间的差距,避免故意压低概算投资,最后导致实际造价大幅度地超出概算。

(5)审查设计概算有利于为建设项目投资的落实提供可靠的依据。打足投资,不留缺口,有助于提高建设工程项目的投资效益。

2)设计概算审查的内容

(1)审查设计概算的编制依据。

①合法性审查。采用的各种编制依据必须经过国家或授权机关的批准,符合国家的编制规定。未经过批准的不得采用,不得强调特殊理由擅自提高费用标准。

②时效性审查。对定额、指标、价格、取费标准等各种依据,都应根据国家有关部门的现行规定执行。对颁布时间较长、已不能全部适用的应按有关部门规定的调整系数执行。

③适用范围审查。各主管部门、各地区规定的各种定额及其取费标准均有其各自的适用范围,特别是各地区间材料预算价格区域性差别较大,在审查时应给予高度重视。

(2)单位工程设计概算构成的审查。

①工程量审查。根据初步设计图纸、概算定额、工程量计算规则的要求进行审查。

②采用的定额或指标的审查。审查定额或指标的使用范围、定额基价、指标的调整、定额或指标缺项的补充等。其中审查补充的定额或指标时,其项目划分、内容组成、编制原则等需与现行定额一致。

③材料预算价格的审查。以耗用量最大的主要材料作为审查的重点,同时着重审查材料原价、运输费用及节约材料运输费用的措施。

④各项费用的审查。审查各项费用所包含的具体内容是否重复计算或遗漏、取费标准是否符合国家有关部门或地方规定的标准。

3)设计概算审查方法

(1)对比分析法

对比分析法主要是通过建设规模、标准与立项批文对比,工程数量与设计图纸对比,计算范围、内容与编制方法、规定对比,各项取费与规定对比,人工、材料单价与统一信息对比,技术经济指标与同类工程对比等。通过以上对比分析,容易发现设计概算存在的主要问题与偏差。

(2)查询核实法

查询核实法是对一些关键设备和设施、重要装置、引进工程图纸不全、难以核算的大投资进行多方查询核对,逐项落实的方法。主要设备的市场价向设备供应部门或招标公司查询核实;重要生产装置、设施向同类工程查询了解;进口设备价格及有关费税向进出口公司调查落实,复杂的建安工程向同类工程的建设、承包、施工单位征求意见;深度不够或不清楚的问题直接向原概算编制人员、设计者询问。

(3)联合会审法

联合会审可先采取多种形式分头审查,包括:设计单位自审,主管、建设、工程造价咨询单位评审,邀请同行专家预审,审批部门复审。在会审大会上,由设计单位介绍概算编制情况及有关问题,各有关单位、专家汇报初审及预审意见。然后进行认真分析、讨论,结合对各专业技术方案的审查意见所产生的投资增减,逐一核实原概算出现的问题。经过充分协商,认真听取设计单位意见后,实事求是地处理、调整。

◆ 请练习［思考题 5-5］

五、公路工程项目施工图预算

1. 施工图预算的编制依据

（1）国家发布的有关法律、法规、规章、规程等。

由国家有关主管部门批准颁发的有关法律、法规、规章、规程等，具有法律的约束力，凡人们从事工程造价经济活动时，必须严格遵守，认真贯彻执行。

（2）现行的《公路工程预算定额》（JTG/T B06-02—2007）、《公路工程机械台班费用定额》（JTG/T B06-03—2007）及《编制办法》。

《公路工程预算定额》（JTG/T B06-02—2007）不仅是计算建设项目中的建筑安装工程费部分的人工、材料、机械台班消耗量的主要依据和标准，而且它规还定了分项工程各自的工程内容和定额的一些换算方法，所以还是计算工程量的主要依据。工程量计算规则包括两个方面的含义，一是根据施工设计图纸资料如何计算工程量，二是按预算定额的内容要求如何正确确定工程量，两者都是编制施工图预算时必须遵照执行的规则。

《编制办法》除规定了各种费率标准外，还对组成预算文件的各种计算表格的内容、填表程序和方法，都做出了十分明确的规定，不得随意修改。所以，这些也是编制施工图预算的依据。

（3）工程所在地省级交通主管部门发布的补充计价依据。

为了很好地执行《编制办法》，各省、自治区、直辖市交通主管部门都制订并发布了适合于本省、市、自治区的"补充规定"，在编制公路工程概、预算时，除执行《编制办法》的规定外，还必须执行"补充规定"。

另外，当采用新结构、新材料、新工艺、新设备而定额缺项时，按规定编制的补充定额，也是编制施工图预算的依据。

（4）批准的初步设计文件（或技术设计文件，若有）等有关资料。

在第一阶段设计中，是可行性研究报告和投资估算；在第一阶段设计中，是初步设计文件和设计概算；在第三阶段设计中，是技术设计文件和修正概算。经批准的设计文件和投资限额，是编制施工图预算的主要依据，一般施工图预算不得随意突破批准的投资限额。

（5）施工图纸等设计文件。

这些资料都具体规定了建设工程的形式、内容、地质情况、结构尺寸、施工技术要求等，不仅是指导施工的指令性技术文件，而且也可作为计算该项目主体工程预算工程数量的主要依据。

（6）工程所在地的人工、材料、机械及设备预算价格等。

工程所在地的人工、材料、机械及设备预算价格以及据以计算这些价格的工资标准、材料供应价、运价、机械台班费用定额等，都是编制施工图预算的基础资料。因为按预算定额计算的只是建设项目所需的人工、材料、机械台班的实物消耗量，要分别乘以相应的预算价格，才能得到其预算金额，即以货币表现的费用。

（7）工程所在地的自然、技术、经济条件等资料。

了解当地自然条件及其变化规律，如气温、雨季、冬季、洪水季节及规律，风雪、冰冻、地质水源等。

了解当地的经济发展状况及沿线设施等。编制工程概、预算除应掌握上述资料外，还应深入调查、了解施工现场的实际情况。

（8）工程施工组织设计或施工方案。

对施工期限、施工方法、机械化程度，以及大型构件预制场、路面混合料拌和场、材料堆放地点、各种必须修建的临时工程和临时占用的土地数量等,都应做出明确而具体的规定。这些资料是计算辅助工程数量、临时工程数量、套用预算定额和计算有关各项费用的重要依据。

(9)有关合同、协议等。

凡与编制预算有关的合同、协议等,以及在外业调查中所签订的各种协议和合同都是编制预算的重要依据。

(10)其他有关资料。

2.施工图预算的作用

1)施工图预算对建设单位的作用

(1)施工图预算是施工图设计阶段确定建设工程项目造价的依据,是设计文件的组成部分。

建筑工程由于体积庞大,结构复杂,形态多样,用途各异,地点固定,生产周期长,消耗材料数量大品种多,不能像其他工业产品那样由国家制订统一的出厂价格,而必须依据各自的施工设计图纸,预算定额、取费标准等,分别计算各个建筑工程的预算造价。因此,建筑工程预算起着为建筑产品定价的作用。实行招标的工程,预算也是确定标底价的依据。

(2)施工图预算是编制年度建设项目计划的依据。

施工图预算是建设单位在施工期间安排建设资金计划和使用建设资金的依据。建设单位按照施工组织设计、施工工期、各个部分预算造价安排建设资金计划,确保资金有效使用,保证项目建设顺利进行。

(3)施工图预算是招投标的重要基础,既是工程量清单的编制依据,也是标底编制的依据。招标投标法实施后,市场竞争日趋激烈,特别是推行工程量清单计价方法后,传统的施工图预算在投标报价中的作用将逐渐弱化;但是,由于现阶段人们对工程量清单计价方法掌握能力的限制,施工图预算还在招投标中大量应用,是招投标的重要基础,施工图预算的原理、依据、方法和编制程序,仍是投标报价的重要参考资料。同时,现阶段投标企业还没有自己的企业定额,这样,预算定额、预算编制模式和方法是工程量清单的编制依据。对于建设单位来说,标底的编制是以施工图预算为基础的,通常是在施工图预算的基础上考虑工程特殊施工措施费、工程质量要求、目标工期、招标工程的范围、自然条件等因素编制的。就是采用工程量清单计价方法进行招投标,其计价基础还是预算定额,计价方法还是预算方法,因此,施工图预算是标底编制的依据。

(4)施工图预算是拨付进度款及办理结算的依据。

一个建设项目的各项工程用款,建设银行都是以经审查后的预算为依据进行贷(拨)款和结算的,并监督建设单位和施工单位按工程的施工进度合理地使用建设资金。

2)施工图预算对施工单位的作用

(1)施工图预算是确定投标报价的依据。在竞争激烈的建筑市场,施工单位需要根据施工图预算造价,结合企业的投标策略,确定投标报价。

(2)施工图预算是施工单位进行施工准备的依据,是施工单位在施工前组织材料、机具、设备及劳动力供应的重要参考,是施工单位编制进度计划、统计完成工作量、进行经济核算的参考依据。施工图预算的人工、材料、机械台班分析,为施工单位材料购置、劳动力及机具和设备的配备提供参考。

(3)施工图预算是控制施工成本的依据。施工图预算确定的中标价格是施工单位收取工程款的依据,施工单位只有合理利用各项资源,采取技术措施、经济措施和组织措施降低成本,将成本控制在施工图预算以内,施工单位才能获得良好的经济效益。

3)施工图预算对其他方面的作用

(1)对于工程咨询单位而言,尽可能客观、准确地为委托方做出施工图预算,它是其业务水平、素质和信誉的体现。

（2）对于工程造价管理部门而言，施工图预算是监督检查执行定额标准、合理确定工程造价、测算造价指数及审定招标工程标底的重要依据。

◆ 请练习［思考题5-6］

3. 施工图预算的审查内容

1）施工图预算审查的内容

施工图预算审查的重点是工程量计算是否准确，定额套用、各项取费标准是否符合现行规定或单价计算是否合理等方面。审查的主要内容如下：

（1）审查施工图预算的编制是否符合现行国家、行业、地方政府有关法律、法规和规定要求。

（2）审查工程量计算的准确性、工程量计算规则与计价规范规则或定额规则的一致性。

（3）审查施工图预算的编制过程中，各种计价依据使用是否恰当，各项费率计取是否正确；审查依据主要有施工图设计资料、有关定额、施工组织设计、有关造价文件规定的技术规范、规程等。

（4）审查各种要素市场价格选用是否合理。

（5）审查施工图预算是否超过设计概算以及进行偏差分析。

2）施工图预算审查的步骤

（1）审查前准备工作

①熟悉施工图纸。施工图纸是编制与审查预算的重要依据，必须全面熟悉了解。

②根据预算编制说明，了解预算包括的工程范围。

（2）选择审查方法、审查相应内容

工程规模、繁简程度不同，编制施工图预算的繁简和质量就不同，应选择适当的审查方法进行审查。

（3）整理审查资料并调整定案

综合整理审查资料，同编制单位交换意见，定案后编制调整预算。经审查若发现差错，应与编制单位协商，统一意见后进行相应增加或核减的修正。

3）施工图预算审查的方法

施工图预算的审查可采用全面审查法、标准预算审查法、分组计算审查法、对比审查法、筛选审查法、重点审查法等。

（1）全面审查法

全面审查又称逐项审查法，即按定额顺序或施工顺序，对各项工程细目逐项全面详细审查的一种方法。其优点是全面、细致，审查质量高、效果好。缺点是工作量大，时间较长。这种方法适合于工程量较小、工艺比较简单的工程。

（2）标准预算审查法

标准预算审查法就是对利用标准图纸或通用图纸施工的工程，先集中力量编制标准预算，以此为准来审查工程预算的一种方法。按标准设计施工的工程，一般上部结构和做法相同，只是根据现场施工条件或地质情况不同，仅对基础部分做局部改变。凡是这样的工程，应以标准预算为准，局部修改部分单独审查即可，不需逐一详细审查。该方法优点是时间短、效果好、易定案。缺点是适用范围小，仅适用于采用标准图纸的工程。

（3）分组计算审查法

分组计算审查法就是把预算中有关项目按类别划分若干组，利用同组中的一组数据审查分项工程量的一种方法。

（4）对比审查法

对比审查法是当工程相同时,用已完工程的预算或未完但已经过审查修正的工程预算对比审查拟建工程的同类工程的一种方法。

（5）筛选审查法

"筛选"是能较快发现问题的一种方法。其优点是简单易懂,便于掌握,审查速度快,便于发现问题。该方法适用于住宅工程或不具备全面审查条件的工程。

（6）重点审查法

重点审查法就是抓住施工图预算中的重点进行审核的方法。审查的重点一般是工程量大或者造价较高的各种工程、补充定额、计取的各项费用(计费基础、取费标准)等。重点审查法的优点是突出重点,审查时间短效果好。

◆ 请练习[思考题5-7]

第四节　公路工程项目招投标阶段造价管理

一、公路工程招投标概述

1. 招投标的概念

建设工程项目招标是指招标人在发包建设项目之前,依据法定程序,以公开招标或邀请招标方式,鼓励潜在的投标人依据招标文件参与竞争,通过评定,从中择优选定中标人的一种经济活动。

建设工程项目投标是工程招标的对称概念,是指具有合法资格和能力的投标人,根据招标条件,在指定期限内填写标书,提出报价,并等候开标、决定能否中标的经济活动。

2. 招投标范围

根据《中华人民共和国招标投标法》的规定,下列公路工程施工项目必须进行招标,但涉及国家安全、国家秘密、抢险救灾或者利用扶贫资金实行以工代赈等不适宜进行招标的项目除外。

（1）投资总额在3000万元人民币以上的公路工程施工项目。

（2）施工单项合同估算价在200万元人民币以上的公路工程施工项目。

（3）法律、行政法规规定应当招标的公路工程施工项目。

3. 招标方式

（1）公开招标

公开招标亦称无限竞争性招标,招标人在公共媒体上发布招标公告,提出招标项目和要求,符合条件的一切法人或者组织都可以参加投标竞争,都有同等竞争的机会。按规定应该招标的建设工程项目,一般应采用公开招标方式。

公开招标的优点是招标人有较大的选择范围,可在众多的投标人中选择报价合理、工期较短、技术可靠、资信良好的中标人。但是公开招标的资格审查和评标的工作量比较大,耗时长、费用高,且有可能因资格预审把关不严导致鱼目混珠的现象发生。

如果采用公开招标方式,招标人不得以不合理的条件限制或排斥潜在的投标人。例如不得限制本地区以外或本系统以外的法人或组织参加投标等。

（2）邀请招标

邀请招标亦称有限竞争性招标,招标人事先经过考察和筛选,将投标邀请书发给某些特定的法人或者组织,邀请其参加投标。

为了保护公共利益,避免邀请招标方式被滥用,各个国家和世界银行等金融组织都有相关规定,按规定应该招标的建设工程项目,一般应采用公开招标,如果要采用邀请招标,需经过批准。

对于有些特殊项目,采用邀请招标方式确实更加有利。根据我国的有关规定,有下列情形之一的,经批准可以进行邀请招标。

①项目技术复杂或有特殊要求,只有少数几家潜在投标人可供选择的。

②受自然地域环境限制的。

③涉及国家安全、国家秘密或者抢险救灾,适宜招标但不宜公开招标的。

④拟公开招标的费用与项目的价值相比,不值得的。

⑤法律、法规规定不宜公开招标的。

招标人采用邀请招标方式,应当向三个以上具备承担招标项目的能力、资信良好的特定法人或者其他组织发出投标邀请书。

4.招标文件的组成

招标文件包括:

(1)招标公告(或投标邀请书)。

(2)投标人须知。

(3)评标办法。

(4)合同条款及格式。

(5)工程量清单。

(6)图纸。

(7)技术规范。

(8)投标文件格式。

(9)投标人须知前附表规定的其他材料。

对招标文件所作的澄清、修改,构成招标文件的组成部分。

当招标文件、招标文件的澄清或修改等在同一内容的表述上不一致时,以最后发出的书面文件为准。

5.投标文件的组成

公路工程投标文件应包括下列内容:

(1)投标函及投标函附录。

(2)法定代表人身份证明或附有法定代表人身份证明的授权委托书。

(3)联合体协议书(如有)。

(4)投标保证金。

(5)已标价工程量清单。

(6)施工组织设计。

(7)项目管理机构。

(8)拟分包项目情况表。

(9)资格审查资料。

(10)承诺函。

(11)调价函及调价后的工程量清单(如有)。

(12)投标人须知前附表规定的其他材料。

二、公路工程招标造价管理

1. 招标标底概述

标底是由招标人在招标时,对拟建的工程项目依据工程内容及有关规定计算出建成这项工程所需的造价,是对招标工程所需工程费用的自我测算和事先控制。标底一般由招标单位对发包的工程,按发包工程的工程内容、设计文件、合同条件以及技术规范和有关定额等资料进行编制。

标底是衡量投标报价的准绳,是评标的重要尺度。只有制订了正确的标底,才能正确判断投标人所报价的合理性、可靠性。

编制一个合理、可靠的标底必须考虑以下因素:

(1)标底必须适应目标工期的要求,又对提前工期有所反映。

实际上招标工程目标工期往往不能等同于国家颁布的工期定额,而需要缩短工期。承包人此时要考虑相应的施工措施,增加人员和设备数量,加班加点,付出比正常工期更多的人力、物力、财力,这样就会提高工程成本。因此,编制标底时,必须考虑这一因素,把目标工期对照工期定额,按提前天数给出必要的赶工费和奖励,并列入标底。

(2)标底必须符合招标人的质量要求,对高于标准的质量有所反映。

标底对工程质量的反映,应按国家相关的施工验收规范的要求作为合格的工程产品,按国家规范来验收。但招标人往往还要提出高于国家验收规范的质量要求,因此,承包人要付出比合格水平更多的费用,标底的计算应体现优质优价。

(3)标底必须考虑价格变化。

由于材料的价格不统一,在编制标底时应将所有变化的价格列出清单,随同招标文件、图纸发给投标人,供报价时参考。委托投标人办理的材料,须按市场价格,并将价差列入标底。

(4)标底必须合理考虑项目的宏观情况。

将地下工程及"三通一平"等招标工程范围内的费用正确地计入标底价格。由于自然条件导致的施工不利因素也应考虑,计入标底。

标底在开标前必须严格保密,不得泄漏。许多国家法规规定,泄漏标底者要负法律责任。

2. 标底的作用

(1)标底是评标中衡量投标报价是否合理的尺度,是确定投标单位能否中标的重要依据。根据《公路工程标准施工招标文件》(2009 年版)的规定,投标单位的报价或调价函中的报价超出招标人公布的投标控制价上限(如有),经监标人确认,应当场宣布为废标。所以投标单位是否能取得中标资格,其报价与标底的差距大小是重要的影响因素。

(2)标底是招标中防止盲目报价、抑制低价抢标现象的重要手段。低价抢标现象是建设市场不成熟、法律法规不健全、招标管理不规范的产物。低价抢标者在施工过程中,常采用偷工减料或拖延施工进度或无理索赔等手段来避免自己的损失,这样工程的质量和施工进度就无法得到保证,业主的合法权益将受到损害。所以,标底在招标中具有防止不正当竞争的作用。

(3)标底是控制投资额,核实建设规模的文件。如果标底超过批准的概算或修正概算时,应首先进行详细复核并认真分析,对其中不合理部分应剔除或调整。如果经过复核和分析,仍超过批准的概算或修正概算时,应会同设计单位一起寻找原因,必要时,由设计单位调整原来的概算或修正概算,并报原批准机关审核批准后,才能进行招标工作。从这方面看,标底又是核实建设规模的文件。

学习记录

3. 标底和概、预算的主要区别

标底不同于工程概、预算,同时,标底的编制又离不开工程概、预算。一方面,国家规定标底必须控制在批准的概算之内,如标底突破批准的概算,必须经原概算批准机关批准。另一方面,由于技术、经验和所掌握的资料的限制,标底编制单位不得不以概、预算定额及概、预算编制办法为基础来进行预测,并以此作为标底编制依据。

标底和概、预算的主要区别在于:

(1)标底要按工程量清单的项目和数量进行编制,概、预算则按定额项目和以图纸计算的工程数量套用相应定额进行编制。

(2)标底可根据现场具体情况,考虑必要的工程特殊措施费,如边通车边施工路段具体的维持通车的措施费,概、预算除在其他工程费中计算行车干扰工程施工增加费外,一般不能再计其他费用。

(3)标底可根据具体工程和不同的承包方式考虑不同的包干系数,概、预算则按规定的不可预见费率计算。

(4)标底中的其他工程费、间接费、利润、税金的费率应根据招标工程的规模、地区条件、招标方式和投标单位的实际情况取定,概、预算则按费用定额规定编制。

(5)标底只计算工程量清单的费用,概、预算则是计算建设项目全部投资的预计数额,除工程施工费外,还包括设备购置、征地拆迁、勘察设计、贷款利息和建设单位管理费等其他费用。

(6)标底应根据具体工期要求和施工组织计划编制,概、预算则难以考虑工期等具体情况。

4. 标底编制的依据

标底编制的依据主要有以下 6 个方面。

(1)招标文件。

(2)概、预算定额。

(3)费用定额。

(4)人工、材料、机械台班价格。

(5)初步设计文件或施工图设计文件。

(6)施工组织方案。

5. 标底的管理

标底的管理包括标底审定和标底保密。标底审定的重点是控制编制方法的合理性。标底的价格应严格控制在初步设计概算甚至是施工图预算所确定的各项费用之内。标底的保密是一个难度很大的问题,开标前知道标底的人员(数量上)要严格限制。为减轻标底保密带来的压力,实践中可以采用先投后审的办法,即在投标工件结束后再审定标底。

三、公路工程投标造价管理

1. 投标报价的概念

投标价是指在工程招标发包过程中,由投标人或受其委托具有相应资质的工程造价咨询人按照招标文件的要求以及有关计价规定,依据发包人提供的工程量清单、施工设计图纸,结合工程项目特点、施工现场情况及企业自身的施工技术、装备和管理水平等,自主确定的工程造价。

投标价是投标人希望达成工程承包交易的期望价格,但不能高于招标人设定的招标控制价。投标报价的编制是指投标人对拟承建工程项目所要发生的各种费用的计算过程。作为投标报价计算的必要条件,应预先确定施工方案和施工进度,此外,投标计算必须与采用的合同形式相一致。

2. 投标价的编制原则

报价是投标的关键性工作,报价是否合理直接关系到投标工作的成败。工程量清单计价下编制投标报价的原则如下。

(1)投标报价由投标人自主确定,但必须执行《公路工程标准施工招标文件》(2009年版)的强制性规定。投标价应由投标人或受其委托,具有相应资质的工程造价咨询人编制。

学习记录

(2)投标人的投标价不得低于成本。在评标过程中,评标委员会发现投标人的报价明显低于其他投标报价或者在设有标底时明显低于标底的,使得其投标报价可能低于其个别成本的,应当要求该投标人做出书面说明并提供相关证明材料。投标人不能合理说明或者不能提供相关证明材料的,由评标委员会认定该投标人以低于成本报价竞标,其投标应作为废标处理。

(3)按招标人提供的工程量清单填报价格。实行工程量清单招标,招标人在招标文件中提供工程量清单,其目的是使各投标人在投标报价中具有共同的竞争平台。因此,为避免出现差错,要求投标人应按照招标人提供的工程量清单填报投标价格,填写的项目编码、项目名称、项目特征、计量单位、工程量必须与招标人提供的一致。

(4)投标报价要以招标文件中设定的承发包双方责任划分,作为设定投标报价费用项目和费用计算的基础。承发包双方责任划分不同,会导致合同风险分摊不同,从而导致投标人报价不同;不同的工程承发包模式会直接影响工程项目投标报价的费用和计算深度。

(5)应该以施工方案、技术措施等作为投标报价计算的基本条件。企业定额反映企业技术和管理水平,是计算人工、材料和机械台班消耗量的基本依据;更要充分利用现场考察、调研成果、市场价格信息和行情资料等编制基础标价。

(6)报价计算方法要科学严谨,简明适用。

3. 投标价编制依据

投标报价应根据下列依据编制:

(1)招标单位提供的招标文件、工程量清单及其补充通知、答疑纪要。

为保证投标的有效性,必须对招标文件给予全面的响应,因此,招标文件是必不可少的编制依据。另外,业主在开标前规定的日期内颁发的有关合同、规范、图纸的书面修改书和书面变更通知具有与招标文件同等的效力,也是报价的依据。

(2)《公路工程标准施工招标文件》(2009年版)。

(3)国家或省级、行业建设主管部门颁发的计价办法。

(4)企业定额、国家或省级、行业建设主管部门颁发的计价定额。

(5)建设工程项目设计文件及相关资料。

(6)施工现场情况、工程项目特点及拟定投标文件的施工组织设计或施工方案。

(7)与建设项目相关的标准、规范、技术资料。

(8)市场价价格信息或工程造价管理机构发布的工程造价信息。

(9)其他的相关资料。

4. 投标报价

投标人应按"工程量清单"的要求填写相应表格。工程量清单的填写分下列两种方式。投标人应按投标人须知前附表规定的方式填写工程量清单。

(1)如项目招标采用工程量固化清单,招标人在出售招标文件的同时,向投标人提供工程量固化清单电子文件(光盘或U盘)。投标人填写工程量清单中的单价及总额价,即可完成投标工程量清单的编制,确定投标报价,并打印出投标工程量清单,编入投标文件。投标人未在工程量清单中填入单价或总额价的工程子目,将被认为其已包含在工程量清单其他子目的单价和总额价中,招标人将不予支付。

投标人必须严格遵循工程量固化清单电子文件中的数据、格式及运算定义,并将已填写完毕的投标工程量清单电子文件单独拷入招标人提供的光盘(或 U 盘)中,密封在投标文件正本内一并交回。严禁投标人修改工程量固化清单电子文件中的数据、格式及运算定义。

投标人根据招标人提供的工程量固化清单电子文件填报完成并打印的投标文件工程量清单中的投标报价和投标函大写金额报价应一致,如果报价金额出现差异时,则以投标函大写金额报价为准。

(2)如项目招标由招标人提供书面工程量清单,由投标人按照招标人提供的工程量清单填写合同各工程子目的单价、合价和总额价。评标委员会将按照"评标办法"及有关规定对投标价进行算术性错误修正及其他错误修正。

投标人在投标截止时间前修改投标函中的投标总报价,应同时修改"工程量清单"中的相应报价。

投标人如果发现工程量清单中的数量与图纸中数量不一致时,应立即通知招标人核查,除非招标人以书面方式予以更正,否则,应以工程量清单中列出的数量为准。

投标人应根据《公路水运工程安全生产监督管理办法》,在投标总价中计入安全生产费用。工程量清单 100 章内列有上述安全生产费的支付子目,由投标人按招标文件的规定填写总额价。

除投标人须知前附表另有规定外,招标人不接受调价函。若招标人接受调价函,则应在招标文件中给出调价函的格式。投标人若有调价函则应遵循如下规定:

(1)调价函必须采用招标文件规定的格式;调价函应说明调价后的最终报价,并以最终报价为准,而且投标人只能有一次调价的机会。

(2)工程量清单中招标人指定的报价不允许调价。

(3)调价函必须附有调价后的工程量清单;调价函必须粘贴或机械装订在投标文件正本首页,与投标文件一起密封提交。

若投标人未提交调价后的工程量清单,或调价函未装在投标文件正本首页,调价函均视为无效,仍以原报价作为最终报价,若投标人提交的调价函多于一个,或对不允许调价的内容进行了调价,或调价函有附加条件,投标文件作为废标处理。

(4)若招标人接受调价函,投标人调价后的工程量清单和有效调价函的大写金额报价应保持一致,如果报价金额出现差异时,则以有效调价函的大写金额报价为准。

◆ 请练习[思考题 5-8]

第五节　公路工程项目合同价款的结算与支付

一、公路工程合同价款支付种类

1. 按时间分类

按时间分类,支付可分为预先支付(即预付)、期中支付、交工结算、最终结清四种。

(1)预付。预付款有两种,即开工预付和材料预付款,是由业主提供给承包人的无息款项,按一定条件支付并扣回。

(2)期中支付。即进度款,按月支付,即按本月完成的工程价值及其他有关款项进行综合支付,由监理工程师开出期中支付证书来实施。

（3）交工结算。即在项目完工或基本完工,监理工程师签发交工证书后办理的支付工作。

（4）最终结清。即在缺陷责任期结束后,监理工程师签发缺陷责任证书后,办理的最后一次支付工作。

2.按支付的内容分类

按支付内容可分为工程量清单内的付款和工程量清单外的付款,即基本支付和附加支付。

学习记录

3.按工程内容分类

根据合同执行是否顺利,监理工程师要进行正常支付和合同终止支付两类。

◆ 请练习[思考题5-9]

二、公路工程预付款的支付与抵扣

预付款用于承包人为合同工程施工购置材料、工程设备、施工设备、修建临时设施以及组织施工队伍进场等。预付款的额度和预付办法在专用合同条款中应明确约定。预付款必须专用于合同工程。预付款包括开工预付款和材料、设备预付款。

1.开工预付款

开工预付款的金额在项目专用条款数据表中约定。在承包人签订了合同协议书并提交了开工预付款保函后,监理人应在当期进度付款证书中向承包人支付开工预付款的70%的价款;在承包人承诺的主要设备进场后,再支付预付款30%。

承包人不得将该项付款用于与本工程无关的支出。监理工程师有权监督承包人对该项费用的使用,如经查实承包人滥用开工预付款,发包人有权立即通过银行发出收回开工预付款保函的方式,将该款收回。

开工预付款支付的条件有:

（1）承包人和发包人已签订了施工合同。

（2）承包人已提交了开工预付款保函。

2.材料、设备预付款

材料、设备预付款按项目专用合同条款数据表中所列主要材料、设备单据费用（进口的材料、设备为到岸价,国内采购的为出厂价或销售价,地方材料为堆场价）的百分比支付。其预付条件为:

（1）材料、设备符合规范要求并经监理人认可。

（2）承包人已出具材料、设备费用凭证或支付单据。

（3）材料、设备已在现场交货,且存储良好,监理人认为材料、设备的存储方法符合要求。

监理人应将此项金额作为材料、设备预付款计入下一次的进度付款证书中。在预计竣工前3个月,将不再支付材料、设备预付款。

3.预付款保函

除项目专用合同条款另有约定外,承包人应在收到开工预付款前向发包人提交开工预付款保函。开工预付款保函的担保金额应与开工预付款金额相同。出具保函的银行须与合同规定的要求相同,所需费用由承包人承担。银行保函的正本由发包人保存,该保函在发包人将开工预付款全部扣回之前一直有效,担保金额可根据开工预付款扣回的金额相应递减。

4.预付款的扣回与还清

（1）开工预付款在进度付款证书的累计金额未达到签约合同价的30%之前不予扣回。在达到签约合同价30%之后,按工程进度以固定比例（即每完成签约合同价的1%,扣回开工预付款的2%）分期从各月的进度付款证书中扣回。全部金额在进度付款证书的累计金额达到签约合同价的80%时扣完。

（2）当材料、设备已用于或安装在永久工程之中时，材料、设备预付款应从进度付款证书中扣回，扣回期不超过3个月。已经支付材料、设备预付款的材料、设备的所有权应属于发包人。工程竣工时所有剩余材料、设备所有权应属于承包人。

三、公路工程施工进度款的结算

1. 工程价款的主要结算方式

工程款结算是指发包人在工程实施过程中，依据合同中相关付款条款的规定和已完成的工程量，按照规定的程序向承包人支付工程款的一项经济活动。工程款的结算主要有以下几种方式：

（1）按月结算

实行旬末或月中预支或不预支，月终结算，竣工后清算的办法。跨年度竣工的工程，在年终进行工程盘点，办理年度结算。

（2）竣工后一次结算

建设项目或单项工程全部建筑安装工程建设期在12个月以内，或者工程承包价值在100万元以下的，可以实行工程价款每月月中预支，竣工后一次结算。

（3）分段结算

即当年开工，当年不能竣工的单项工程或单位工程按照工程进度，划分不同阶段进行结算，分段结算可以按月预支工程款。

（4）目标结算方式

即在工程合同中，将承包工程的内容分解成不同的控制界面，以业主验收作为支付工程价款的前提条件。也就是说，将合同中的工程内容分解成不同的验收单元，当承包商完成单元工程内容并经业主（或其委托人）验收后，业主支付构成单元工程内容的工程价款。

（5）双方约定的其他支付方式

◆ 请练习[思考题5-10]

2. 工程进度款的支付

1）进度付款周期

工程进度款付款周期同计量周期，即单价子目按月支付，总价子目按批准的支付分解报告确定的周期支付。

2）进度付款申请单

承包人应在每个付款周期末，按监理人批准的格式和专用合同条款约定的份数，向监理人提交进度付款申请单，并附相应的支持性证明文件。除专用合同条款另有约定外，进度付款申请单应包括下列内容：

（1）截止本次付款周期末已实施工程的价款。

（2）应增加和扣减的变更金额。

（3）应增加和扣减的索赔金额。

（4）应支付的预付款和扣减的返还预付款。

（5）应扣减的质量保证金。

（6）根据合同应增加和扣减的其他金额。

3）进度付款证书和支付时间

（1）监理人在收到承包人进度付款申请单以及相应的支持性证明文件后的14d内完成核

查,提出发包人到期应支付给承包人的金额以及相应的支持性材料,经发包人审查同意后,由监理人向承包人出具经发包人签认的进度付款证书。监理人有权扣发承包人未能按照合同要求履行任何工作或义务的相应报酬。

如果该付款周期应结算的价款经扣留和扣回后的款额少于项目专用合同条款数据表中列明的进度付款证书的最低金额,则该付款周期监理人可不核证支付,上述款额将按付款周期结转,直至累计应支付的款额达到项目专用合同条款数据表中列明的进度付款证书的最低金额为止。

（2）发包人应在监理人收到进度付款申请单后的 28d 内,将进度应付款支付给承包人。发包人不按期支付的,按专用合同条款数据表中约定的利率向承包人支付逾期付款违约金。违约金的计算基数为发包人的全部未付款额,时间从应付而未付该款额之日算起(不计复利)。

（3）监理人出具进度付款证书,不应视为监理人已同意、批准或接受了承包人完成的该部分工作。

4）工程进度付款的修正

在对以往历次已签发的进度付款证书进行汇总和复核中发现错、漏或重复的,监理人有权予以修正,承包人也有权提出修正申请。经双方复核同意的修正,应在本次进度付款中支付和扣除。

3. 物价波动引起的价格调整

在公路工程合同中,大部分合同为可调价合同,规定调整合同价款的方式和方法,最终确定合同结算价款。

1）采用价格指数调整价格差额

（1）价格调整公式

因人工、材料和设备等价格波动影响合同价格时,根据投标函附录中的价格指数和权重表约定的数据,按以下公式计算差额并调整合同价格。

$$\Delta P = P_0 \left[A + \left(B_1 \times \frac{F_{t1}}{F_{01}} + B_2 \times \frac{F_{t2}}{F_{02}} + B_3 \times \frac{F_{t3}}{F_{03}} + \cdots + B_n \times \frac{F_{tn}}{F_{0n}} \right) - 1 \right] \tag{5-1}$$

式中：　　　　ΔP——需调整的价格差额;

P_0——约定的付款证书中承包人应得到的已完成工程量的金额,此项金额应不包括价格调整、不计质量保证金的扣留和支付、预付款的支付和扣回,变更及其他金额已按现行价格计价的,也不计在内;

A——定值权重(即不调部分的权重);

B_1、B_2、B_3、$\cdots$、B_n——各可调因子的变值权重(即可调部分的权重),为各可调因子在投标函投标总报价中所占的比例;

F_{t1}、F_{t2}、F_{t3}、$\cdots$、F_{tn}——各可调因子的现行价格指数,为约定的付款证书相关周期最后一天的前 42d 的各可调因子的价格指数;

F_{01}、F_{02}、F_{03}、$\cdots$、F_{0n}——各可调因子的基本价格指数,指基准日期的各可调因子的价格指数。

以上价格调整公式中的各可调因子、定值和变值权重,以及基本价格指数及其来源在投标函附录价格指数和权重表中约定。价格指数应首先采用有关部门提供的价格指数,缺乏上述价格指数时,可采用有关部门提供的价格代替。

（2）暂时确定调整差额

在计算调整差额时得不到现行价格指数的,可暂用上一次价格指数计算,并在以后的付款中再按实际价格指数进行调整。

（3）权重的调整

由于变更导致原定合同中的权重不合理时，应由监理人与承包人和发包人协商后进行调整。

（4）承包人工期延误后的价格调整

由于承包人原因未在约定的工期内竣工的，则对原约定竣工日期后继续施工的工程，在使用价格调整公式时，应采用原约定竣工日期与实际竣工日期的两个价格指数中较低的一个作为现行价格指数。

◆ 请练习[思考题5-11]

2）采用造价信息调整价格差额

施工期内，因人工、材料、设备和机械台班价格波动影响合同价格时，人工、机械使用费按照国家或省、自治区、直辖市建设行政管理部门、行业建设管理部门或其授权的工程造价管理机构发布的人工成本信息、机械台班单价或机械使用费系数进行调整；需要进行价格调整的材料，其单价和采购数应由监理人复核，监理人确认需调整的材料单价及数量，作为调整工程合同价格差额的依据。

4. 法律变化引起的价格调整

在基准日后，因法律变化导致承包人在合同履行中所需要的工程费用发生除物价变动以外的增减时，监理人应根据法律、国家或省、自治区、直辖市有关部门的规定，总监理工程师应与合同当事人协商，尽量达成一致。不能达成一致的，总监理工程师应认真研究后审慎确定需调整的合同价款。

【例5-1】 某施工单位承接了某一级公路水泥混凝土路面"白改黑"工程施工，该工程路基宽2×12m，路面宽度2×10m，长45.5km，工期4个月。施工内容包括：旧路面病害的治理、玻纤格栅铺设、6cm厚AC-20下面层摊铺、5cm厚AC-16中面层摊铺、4cm厚SBS改性沥青SMA上面层摊铺。设计中规定上面层SMA混合料必须采用耐磨值高的玄武岩碎石。

该工程施工期间，原材料价格波动很大，施工合同中约定只对沥青、柴油及玄武岩采用调值公式法进行价差调整。

基期为当年5月，工程款按月计量，每月调整价差，在该工程投标函投标总报价中，沥青占35%，柴油占15%，玄武岩占20%，各月价格如表5-1所示。

各 月 现 行 价 格 表5-1

月份	沥青(元/t)	柴油(元/L)	玄武岩(元/m³)
5月（基期）	3800	5.9	200
7月	4050	6.13	195
8月	4280	6.13	215
…	…	…	…

施工单位7月份完成工程产值3156万元，8月份完成工程产值4338万元。

试问：8月份调价之后的当月工程款是多少？（列式计算）

【解】 根据调值公式(5-1)，可计算得8月份调价之后的当月工程款为：

$$4338 \times (0.3 + 0.35 \times 4280/3800 + 0.15 \times 6.13/5.9 + 0.2 \times 215/200)$$
$$= 4619.97 \text{ 万元}$$

四、公路工程质量保证金的支付与返还

（1）监理工程师应从第一个付款周期开始，在发包人的进度付款中，按项目专用合同条款数

据表规定的百分率扣留质量保证金,直至扣留的质量保证金总额达到项目专用合同条款数据表规定的限额为止。质量保证金的计算额度不包括预付款的支付以及扣回的金额。

(2)在合同条款约定的缺陷责任期满时,承包人向发包人申请到期应返还承包人剩余的质量保证金,发包人应在14d内会同承包人按照合同约定的内容核实承包人是否完成缺陷责任。如无异议,发包人应当在核实后将剩余保证金返还承包人。

(3)在合同条款约定的缺陷责任期满时,若承包人没有完成缺陷责任,发包人有权扣留未履行责任剩余工作所需金额相应的质量保证金余额,并有权根据合同条款约定要求延长缺陷责任期,直到完成剩余工作为止。

【例5-2】　某承包商于某年承包某工程项目施工,与业主签订的承包合同的部分内容有:

(1)工程合同价2000万元,工程价款采用调值公式动态结算。该工程的人工费占工程价款的35%,材料费占50%,不调值费用占15%。具体的调值公式为:

$$P = P_0 \times (0.15 + 0.35A/A_0 + 0.2B/B_0 + 0.3C/C_0) \tag{5-2}$$

(2)开工前,业主向承包商支付合同价20%的预付款,当工程进度款达到合同价的60%时,开始从超过部分的工程结算款中按60%抵扣工程预付款,竣工前全部扣清。

(3)工程进度款按月结算,业主从第一个月起,从承包商工程款中按5%的比例扣除保修金,工程保修期1年。

该合同的原始报价日期为当年3月1日,结算各月份的人工、材料价格指数如表5-2所示。

人工、材料价格指数表　　　　　　　　　　　表5-2

代号	A_0	B_0	C_0
3月指数	100	120	130
代号	A	B	C
5月指数	110	125	130
6月指数	108	128	140
7月指数	105	120	135
8月指数	102	130	128

未调值前各月完成的工程情况为:

5月份完成工程300万元,其中,业主供料部分材料费为20万元。

6月份完成工程600万元。

7月份完成工程700万元,另外,由于业主方设计变更,导致工程局部返工,造成损失5万元,重新施工增加费用10万元。

8月份完成工程400万元,另有批准的索赔款5万元。

问:(1)工程预付款是多少?

(2)计算每月终业主应支付的工程款。

(3)在工程竣工半年后,发生桥面漏水,业主应如何处理此事?

【解】　本案例考核工程预付款、工程价款的调值公式结算方法和计算,以及工程质量保证金的处理等。

(1)工程预付款:

$$2000 万元 \times 20\% = 400 万元$$

(2)工程预付款的起扣点：

$$2000 \ 万元 \times 60\% = 1200 \ 万元$$

每月终业主应支付的工程款：

5 月份月终支付：$300 \times (0.15 + 0.35 \times 110/100 + 0.2 \times 125/120 + 0.3 \times 130/130) \times (1-5\%) - 20 = 277.35 \ 万元$

6 月份月终支付：$600 \times (0.15 + 0.35 \times 108/100 + 0.2 \times 128/120 + 0.3 \times 140/130) \times (1-5\%) = 606.71 \ 万元$

7 月份月终支付：$[700 \times (0.15 + 0.35 \times 105/100 + 0.2 \times 120/120 + 0.3 \times 135/130) + 5 + 10] \times (1-5\%) - (1600 - 1200) \times 60\% = 458.56 \ 万元$

8 月份月终支付：$[400 \times (0.15 + 0.35 \times 102/100 + 0.2 \times 130/120 + 0.3 \times 128/130) + 5] \times (1-5\%) - (400 - 400 \times 60\%) = 231.99 \ 万元$

(3)工程在竣工半年后,发生桥面漏水,由于在保修期内,业主应首先通知承包商进行维修,费用自付。如果承包商不能在约定的时间内派人维修,业主可委托他人进行修理,费用从承包商的保修金中支付。

五、公路工程交工结算

1. 交工付款申请书

(1)承包人在交工验收证书签发后 42d 内向监理工程师提交交工付款申请单(包括相关证明资料),交工付款申请单的份数在项目专用合同条款数据表中约定。

(2)监理工程师对交工付款申请单有异议的,有权要求承包人进行修正和提供补充资料,经监理工程师和承包人协商后,由承包人向监理人提交修正后的交工付款申请单。

2. 交工付款申请书及支付时间

(1)监理工程师在收到承包人提交的交工付款申请单后 14d 内完成核查,提出发包人到期应支付给承包人的价款送发包人审核并抄送承包人。发包人应在收到后 14d 内审核完毕,由监理工程师向承包人出具经发包人签认的交工付款证书。监理工程师未在约定的时间内核查,又未提出具体意见的,视为承包人提交的交工付款申请单已经监理人核查同意;发包人未在约定的时间内审核又未提出具体意见的,监理工程师提出发包人到期应支付给承包人的价款视为已经发包人同意。

(2)发包人应在监理工程师出具交工付款申证书的 14d 内,将应支付款支付给承包人。发包人不按期支付的,按合同条款的约定,将逾期付款违约金支付给承包人。

(3)承包人对发包人签认的交工付款证书有异议的,发包人可出具交工付款申请单中承包人已同意部分的临时付款证书。存在争议的部分,按合同条款的约定办理。

六、公路工程最终结清

1. 最终结清申请单

(1)承包人应在缺陷责任期终止证书签发后 28d 内向监理工程师提交最终结清申请单(包括相关证明资料),最终结清申请单的份数在项目专用合同条款数据表中约定。

最终结清申请单中总金额应认为是代表了根据合同规定应付给承包人的全部款项的最后结算。

(2)发包人对最终结清申请单内容有异议的,有权要求承包人进行修正和提供补充资料,由承包人向监理工程师提交修正后的最终结清申请单。

2. 最终结清证书和支付时间

（1）监理工程师在收到承包人提交的最终结清申请单后的 14d 内,提出发包人应支付给承包人的价款送发包人审核并抄送承包人。发包人应在收到后 14d 内审核完毕,由监理工程师向承包人出具经发包人签认的最终结清证书。监理工程师未在约定的时间内核查,又未提出具体意见的,视为承包人提交的交工付款申请单已经监理人核查同意;发包人未在约定的时间内审核又未提出具体意见的,监理工程师提出发包人到期应支付给承包人的价款视为已经发包人同意。

（2）发包人应在监理工程师出具最终结清证书后的 14d 内,将应支付款支付给承包人。发包人不按期支付的,按合同条款的约定,将逾期付款违约金支付给承包人。

（3）承包人对发包人签认的最终结清证书有异议的,按合同条款的约定办理。

"最终结清认证书"是表明发包人已经履行完其合同义务的证明文件,它与缺陷责任终止证书一样,是具有重要法律意义的文件。

只要监理工程师向承包人出具以发包人签认的"最终结清认证书",就意味着从法律上确立了发包人也已履行完毕其应履行的合同义务;同理,"最终结清认证书"也是证明合同双方的义务都已按照合同要求履行完毕的证明文件,合同至此终止。

七、公路工程其他支付

1. 索赔费用

1）承包人索赔的提出

根据合同约定,承包人认为有权得到追加付款和（或）延长工期的,应按以下程序向发包人提出索赔:

（1）承包人应在知道或应当知道索赔事件发生后 28d 内,向监理人递交索赔意向通知书,并说明发生索赔事件的事由。承包人未在前述 28d 内发出索赔意向通知书的,丧失要求追加付款和（或）延长工期的权利。

（2）承包人应在发出索赔意向通知书后 28d 内,向监理人正式递交索赔通知书。索赔通知书应详细说明索赔理由以及要求追加的付款金额和（或）延长的工期,并附必要的记录和证明材料。

（3）索赔事件具有连续影响的,承包人应按合理时间间隔继续递交延续索赔通知,说明连续影响的实际情况和记录,列出累计的追加付款金额和（或）工期延长天数。

（4）在索赔事件影响结束后的 28d 内,承包人应向监理人递交最终索赔通知书,说明最终要求索赔的追加付款金额和延长的工期,并附必要的记录和证明材料。

2）承包人索赔处理程序

（1）监理人收到承包人提交的索赔通知书后,应及时审查索赔通知书的内容、查验承包人的记录和证明材料,必要时,监理人可要求承包人提交全部原始记录副本。

（2）监理人应与承包人商定或确定追加的付款和（或）延长的工期,并在收到上述索赔通知书或有关索赔的进一步证明材料后的 42d 内,将索赔处理结果答复承包人。

（3）承包人接受索赔处理结果的,发包人应在作出索赔处理结果答复后 28d 内完成赔付。

2. 计日工费用

发包人认为有必要时,由监理人通知承包人以计日工方式实施变更的零星工作。其价款按列入已标价工程量清单中的计日工计价子目及其单价进行计算。

采用计日工计价的任何一项变更工作,应从暂列金额中支付,承包人应在该项变更的实施过程中,每天提交以下报表和有关凭证报送监理人审批:

（1）工作名称、内容和数量。

（2）投入该工作所有人员的姓名、工种、级别和耗用工时。

（3）投入该工作的材料类别和数量。

（4）投入该工作的施工设备型号、台数和耗用台时。

（5）监理人要求提交的其他资料和凭证。

计日工由承包人汇总后，按约定列入进度付款申请单，由监理人复核并经发包人同意后列入进度付款。

3. 变更工程费用

（1）变更的范围和内容

除专用合同条款另有约定外，在履行合同中发生以下情形之一，应按下列规定进行变更。

①取消合同中任何一项工作，但被取消的工作不能转由发包人或其他人实施。

②改变合同中任何一项工作的质量或其他特性。

③改变合同工程的基线、高程、位置或尺寸。

④改变合同中任何一项工作的施工时间或改变已批准的施工工艺或顺序。

⑤为完成工程需要追加的额外工作。

（2）变更估价

①除专用合同条款对期限另有约定外，承包人应在收到变更指示或变更意向书后的 14d 内，向监理人提交变更报价书，报价内容应根据约定的估价原则，详细开列变更工作的价格组成及其依据，并附必要的施工方法说明和有关图纸。

②变更工作影响工期的，承包人应提出调整工期的具体细节。监理人认为有必要时，可要求承包人提交要求提前或延长工期的施工进度计划及相应施工措施等详细资料。

③除专用合同条款对期限另有约定外，监理人收到承包人变更报价书后的 14d 内，根据约定的估价原则，商定或确定变更价格。

（3）变更的估价原则

①已标价工程量清单中有适用于变更工作的子目，采用该子目的单价。

②已标价工程量清单中无适用于变更工作的子目，但有类似子目的，可在合理范围内参照类似子目的单价，由监理人与承包人商定或确定变更工作的单价。

③已标价工程量清单中无适用或类似子目的单价，可按照成本加利润的原则，由监理人与承包人商定或确定变更工作的单价。

4. 价格调整费用

监理工程师应严格按合同规定的价格调整方法来确定价格调整款额。

5. 拖期违约损失赔偿金（违约罚金）

拖期违约损失赔偿金是由于承包人原因，使得工程不能按期完工时，承包人应向业主支付的赔偿金。原则上其赔偿标准应与业主的损失相当。一般规定，每逾期 1d，赔偿合同价的 $0.01\% \sim 0.05\%$；同时也规定，赔偿总额不得超过合同价的 10%。这些规定在投标书附件中都应明确。

6. 逾期付款违约金

逾期付款违约金是对业主的一种约束，业主有准时付款给承包人的责任和义务。业主必须在规定的时间内支付承包人所完成工程的款额，否则应向承包人支付利息。

（1）监理工程师在收到承包人进度付款申请单以及相应的支持性证明文件 14d 内完成核查，提出发包人到期应支付给承包人的金额以及相应的支持性材料，经发包人审查同意后，由监理工程师向承包人出具经发包人签认的进度付款证书。监理工程师有权扣发承包人未能按照合同要求履行任何工作或义务的相应金额。

(2)发包人应在监理工程师收到进度付款申请单后的28d内,将进度应付款支付给承包人。发包人不按期支付的按专用条款的约定支付逾期付款违约金。违约金计算基数为发包人的全部未付款额,时间从应付而未付该款额之日算起(不计复利)。

◆ 请练习[思考题 5-12]

· 学习记录

第六节　公路工程项目竣工决算

一、公路工程项目竣工决算

建设工程竣工决算是指在竣工验收交付使用阶段,由建设单位编制的建设项目从筹建到竣工投产或使用全过程的全部实际支出费用的经济文件。它也是建设单位反映建设项目实际造价和投资效果的文件,是竣工验收报告的重要组成部分。

施工企业为了总结经验,提高自身的经营管理水平,在单位工程(或单项工程)竣工后,往往也编制单位工程(或单项工程)竣工成本决算,用以核算工程实际成本、预算成本和成本降低额,作为实际成本分析,反映经营成果,总结经验和提高管理水平的手段。它与建设工程竣工决算在概念和内容方面都不一样。

竣工决算的编制是以建设单位为主,在监理工程师和施工单位的配合下共同完成的,它是建设工程所特有的多次计价环节中的最后一次计价。根据《交通基本建设项目竣工决算报告编制办法》、《公路建设项目工程决算编制办法》等有关规定编制竣工决算,其编制原则、程序和方法,既不同于估算、概算和预算,也不同于招标标底和投标报价。因为从估算到报价的多次造价的编制,都是在工程开工之前进行的,要按照一定的编制程序和办法,通过各种计算表格进行大量的分析和累计计算,并经过一定的审批程序,才能成立;而竣工决算则是在工程竣工之后,根据实际发生的工程量和大量的施工统计原始资料,以工程承包合同价为依据来编制的,其主要表现形式是要进行大量的统计分析而不是计算来重新确定工程造价文件。为了做好竣工编制,建设单位从项目筹建开始,即应明确专人负责,做好有关资料的收集、整理、积累、分析工作。项目完成时,应组织工程技术、计划、财务、物资、统计等有关人员共同完成竣工决算报告的编制工作。

二、公路工程项目竣工决算的编制依据

(1)经主管部门批准的设计文件,以及批准的概(预)算或调整概(预)算文件。
(2)招标文件、标底(如果有)及各有关单位签订的合同文件。
(3)建设过程中的文件有关支付凭证。
(4)竣工图纸。
(5)其他有关文件、资料、凭证。

三、公路工程项目竣工决算的作用

竣工决算是从财务管理的角度出发,侧重于对资金的流向、大小和在时间上的分布的分析,以现行的财税制度为依据,通过对资金的流动情况为重点进行分析,形成符合基本建设财务管理办法的科目体系,来反映竣工工程从开始建设起至竣工为止的全部资金来源和运用情况,达到核定使用资产价值的目的。其主要作用有以下几方面:

（1）竣工决算是国家对基本建设投资实行计划管理的重要手段。

（2）竣工决算是竣工验收的主要依据。

（3）竣工决算是确定建设单位新增固定资产价值的依据。

（4）竣工决算是基本建设成果和财务的综合反映。

（5）竣工决算为建立交通基本建设工程技术经济档案、为工程定额修订提供资料。

四、公路工程项目竣工决算报告内容

竣工决算报告由以下四个部分组成：

（1）交通基本建设项目竣工决算报告封面。

（2）竣工工程平面示意图。

（3）竣工决算报告说明书：主要内容包括工程项目概况及组织管理情况；工程建设和工程管理工作中的重大事件、经验教训；工程投资支出和财务管理工作的基本情况；工程遗留问题等。

（4）竣工决算表格。竣工决算报告表格分为决算审批表、工程概况专用表和财务通用表。

思　考　题

5-1　简述公路工程造价的双重含义？

5-2　公路工程计价特点有哪些？

5-3　投资估算是在哪阶段编制的？其编制的依据是什么？

5-4　设计概算是在哪个阶段编制的？设计概算的编制依据有哪些？概算的作用是什么？

5-5　设计概算审查的意义、内容和方法各有哪些？

5-6　其作用有哪些？施工图预算的编制依据又有哪些？

5-7　施工图预算审查的内容和方法各有哪些？

5-8　公路工程项目招标标底和投标价的概念？

5-9　公路工程合同价款支付种类有哪些？

5-10　公路工程价款的主要结算方式有哪些？

5-11　如何利用调值公式法对公路工程款进行调整？

5-12　公路工程其他支付包括哪些内容？

第六章 DILIUZHANG

▶ 公路工程概、预算的编制

📖 本章导读

　　本章内容为全书的重点,主要是依据《编制办法》的有关内容编写的。要求重点掌握建筑安装工程费的计算方法。学习本章内容时,应在熟练掌握公路工程预算定额和概预算文件编制流程的基础上,结合示例中的工程项目进行分项,最后进行各种费用的计算。这部分内容主要靠学生自学掌握,学生通过本章示例的学习,可系统的掌握概预算文件的编制方法和程序。

📖 学习目标

　　1. 概、预算费用、项目及文件组成;

　　2. 建筑安装工程费的计算;

　　3. 预备费的计算。

📖 学习重点

　　1. 概、预算费用、项目及文件组成;

　　2. 建筑安装工程费的计算;

　　3. 预备费的计算;

　　4. 编制预算文件时如何对项目进行分项;

　　5. 编制预算文件时如何应用预算定额;

　　6. 熟练掌握概预算文件组成及编制步骤。

📖 学习难点

　　建筑安装工程费的计算。

本章学习计划

内　　容	建议自学时间（学时）	学 习 建 议	学 习 记 录
第一节　概、预算外业调查工作	0.5		
第二节　概、预算费用、项目及文件组成	0.5		
第三节　建筑安装工程费的计算	3.0	掌握建筑安装工程费的计算方法及编制程序	
第四节　设备、工具、器具及家具购置费的计算	1.0		
第五节　工程建设其他费用			
第六节　预备费的计算			
第七节　回收金额及其他费用、指标的计算			
第八节　公路工程概、预算的编制方法	3.0		
第九节　公路工程概预算编制示例		本例题是对定额和编制办法的综合应用,应结合第三章和第六章内容学习	

第一节 概、预算外业调查工作

学习记录

在整个概、预算工作中,概、预算资料调查是一项很重要的基础工作,是编制概、预算工作的第一步。概、预算外业调查工作的优劣、深浅直接影响着概、预算工作的质量、工程造价的高低,甚至还影响下一步工作的进行。公路工程概、预算的第一部分建筑安装工程费是用工料分析法进行计算的;不通过材料原价、运距、运杂费等的调查就无法进行预算价格计算,也就无法进行分项工程费用的计算。即使第二、第三部分,没有调查资料也无法计算。概、预算资料调查是公路工程设计的一部分,是概预算工作的关键性的第一步,是工程造价管理在整个公路工程建设中的第一关。

一、初步设计概算外业调查工作

在初步设计阶段的概算资料调查,应按《公路路线勘测规程》和《公路工程基本建设概算预算编制办法》(JTG B06—2007)(以下简称《编制办法》)的有关规定进行,此阶段调查的主要内容有:

1. 政府和职能机构的补充规定和相关文件

各省区交通厅颁发的《补充编制办法》;各省区计委、国土局、物价局等地方文件。如其他工程费与间接费,在勘测阶段应按《编制办法》的有关规定进行调查,特别是各省、自治区、直辖市根据施工企业的情况另有规定,均应取得证明;其他工程建设费用与预备费,在初步设计阶段按《编制办法》的有关规定进行调查,除交通厅的统一规定外,各省、自治区、直辖市制定颁发的各种补充规定均应仔细调查,确定依据。

2. 施工条件调查

施工单位和施工方式调查。在勘察设计阶段,如未明确施工单位,则应向建设单位调查落实施工单位。无论采用何种方式施工,均应调查施工单位的施工能力(即可投入的人力、机械、设备及其他施工手段等)。对实行招标、投标的工程,在设计阶段一般不能明确施工单位,设计单位应从设计角度出发,提出最为合理的意见,作为编制概算的依据。

3. 自然条件调查

自然条件调查,是指对地形、地貌、水文、地质等方面的勘测与调查。当桥位确定或路线定线后,即开始进行自然条件调查。

(1)施工现场或路线沿线的地形地貌的勘察。勘察的主要对象是公路沿线、桥位、大型土石方工程地段、料场、加工厂等地。调查的内容主要是对施工现场进行定性描述,必要时应测绘平面图或地形图;查清施工现场的地上障碍物、地下埋设物,以及可以利用的地形地物情况;要对施工现场的平面设计进行初步构思和设想,做到心中有数。

(2)气象、水文、地质资料。在勘测中或施工前应与工程所在地的气象部门联系,抄录工程所在地的气温、季风、雨量、积雪、冻深、雨季等资料。

4. 工程所在地的人工、材料、机械及设备的价格的调查

(1)工资标准调查

工资标准应向工程所在地政府主管部门调查,包括公路建筑生产工人标准工资以及各种工资性补贴标准(物价补贴、煤、燃气补贴、交通费补贴等)、地区生活补贴等。若为民工施工,则应向当地交通部门调查民工补助标准及有关津贴和费用标准。

（2）材料费的调查

材料费调查主要是两方面,一是调查材料供应情况,材料供应情况调查的任务是确定工程所需各种材料的供应价格、供应地点、供应量、运输方式、运距等情况,材料供应价应向当地公路工程造价站进行调查;二是调查工程造价上涨率,这是一个综合性指标,一般由设计单位与建设单位根据工程人工费、材料费、施工机械费、间接费以及第二部分和第三部分费用可能发生价格上浮等因素,以第一部分建筑安装工程费为基数综合分析预测。一般情况下,可按5%估算。

（3）设备费的调查

设备费的调查主要包括运营、管理、养护需要购置的设备、工具、器具的价格和供应条件的调查以及大型专用机械设备价格和供应条件调查。

5.运输条件调查

调查当地所在省、自治区、直辖市规定的"汽车运价规则实施细则",还应调查运价、装卸费、其他杂费以及运输路线的路况等。

6.占地补偿调查

修建公路占用土地,应按国家规定计算土地补偿费、菜田建设费、安置补助费等。为此,必须实地丈量并结合路线平面图、路线横断面图确定被征用、临时占用的土地数量以及为计算补偿所需的各种资料。具体补偿规定详见《国家建设征用土地条例》及各省、市、自治区为贯彻该条例所公布的各项具体规定。

7.拆迁补偿

按公路用地范围,实地测量并确定需要拆除的各种建筑物（如房屋、水井、坟墓等）,然后再与建筑物的所有者根据有关规定洽商补偿金额,并签订协议书。

对于必须拆迁的电力、电信设备,应由电力、电讯部门与测设单位共同在现场查实,了解其技术要求,做好记录,协商拆迁事宜及补偿费金额并签订意向书。也可由这些单位按规定提出拆迁补偿费等标准或拆迁补偿费用的概算,经测设单位同意后,列入公路概预算文件,并签订协议书。

对于必须拆迁的水利设施、文物等应请主管单位人员到现场勘察,洽商拆迁事宜和补充金额,签订意向书或协议。

8.路线交叉调查

当公路与铁路、水利设施发生交通干扰时,应会同有关单位协商解决的方案,所发生工程费用可由被干扰一方提出概算,或由测设单位根据协商方案计算费用,列入公路概算文件,并应签订协议书。对于公路与公路交叉的,则只填调查表,不必签订协议书。

9.沿线可利用房屋调查

调查落实施工期间可用作临时生活、办公用房及生产用房的建筑面积、租用费、修缮费以及生活用水情况,并签订合同,明确费用支付方法。

10.临时工程调查

外业期间,调查人员应与桥涵组、路基组、地质组人员研究确定便道、便桥等有关资料。

11.供水、供电调查

施工中所需市内自来水,应进行调查所需费用并签订协议。如需架设临时电力、电讯线路,应向电力、电讯部门协商原有线路的电杆可否利用和加挂要求,并需调查供电电源、电量及电费标准,还应签订协议书。

12.设备、工具、器具及家具购置费

为公路运营、服务、管理、养护等需购置的设备、工器具及家具,调查其规格、售价及运杂费。

13. 协议书、合同书

各项调查资料应清楚、完善、真实、可靠,与地方及有关部门座谈纪要、协议书、调查证明、合同书等均应齐全。

二、施工图预算外业调查工作

在初步设计阶段,编制概算对所需资料已经进行了调查,取得了大量数据,签订了各种意向书。施工图设计阶段要认真研究初步设计资料,在初步设计基础上开展施工图设计阶段预算调查工作。

根据《编制办法》的规定,概算和预算除使用的定额、取费标准不同之外,两者在文件组成、项目组成、费用组成、编制程序、表格组成等方面基本上是相同的。为此,在初步设计阶段的概算调查与施工图设计阶段的预算调查,在内容、方法方面也是基本上是相同的,只是在调查的深度、公证文件(协议、证明等)的形式上有所区别。总的来看,施工图设计阶段的预算调查要比初步设计阶段的概算调查更加具体、更加落实、更加深入、更加可行。

施工图设计阶段的预算外业调查工作,利用上述概算调查的各项成果,在确定的路线(或桥涵、构造物等)位置,进行实地复查、补测、重测;对证明文件,在意向书的基础上,按工程实际进行现场勘验、谈判、洽商,最后签订正式协议书或其他证明文件。对于方案变化的,则应重新调查。在预算阶段的外业调查可以按概算阶段调查的内容、方式以及表格进行。但预算外业调查工作应注意以下几个方面。

(1)材料费及设备费调查方面,要进一步落实材料料场、供应部门、工厂所能供应的数量、品种、规格;要落实施工单位、社会、民间等方面的运力情况;进一步核实运输方式、运价率、运杂费。在设备方面也要进一步落实大型专用设备购置计划清单。

(2)征地补偿及拆迁补偿方面,首先要注意占地、拆迁在数量方面的准确性;其次应注意补偿金额要落实到户,协议文件要合法有效。

(3)电力部门、水利部门、铁路部门按调查及测量结果,该改的改、该补的补、该定的定,在意向书的基础上正式签订协议书。

(4)地质、地形、地貌的一般调查。

该项调查用于预算中土、石方工程和钻孔桩工程的土质分类,以便确定施工方法和套用定额;对地形、地貌进行调查了解,也可使设计费的计算建立在比较可靠的基础上,所以此项调查不可忽视。

预算外业调查除上述调查外,如沿线的施工力量,劳力情况,运输条件,该工程的工期要求,资金来源,资金使用计划,贷款额度,外资汇率,当地生活必需品的供应,气象条件,大中桥的常年最大水位等水文资料也都要进行调查。

◆ **请练习**[思考题6-1]

第二节　概、预算费用、项目及文件组成

一、概、预算费用组成

根据交通部交公路发[2007]第33号公告发布的《编制办法》的规定,公路基本建设工程概、预算费用由建筑安装工程费;设备、工具、器具及家具购置费;工程建设其他费用和预备费用四大

部分组成,如图 6-1 所示。

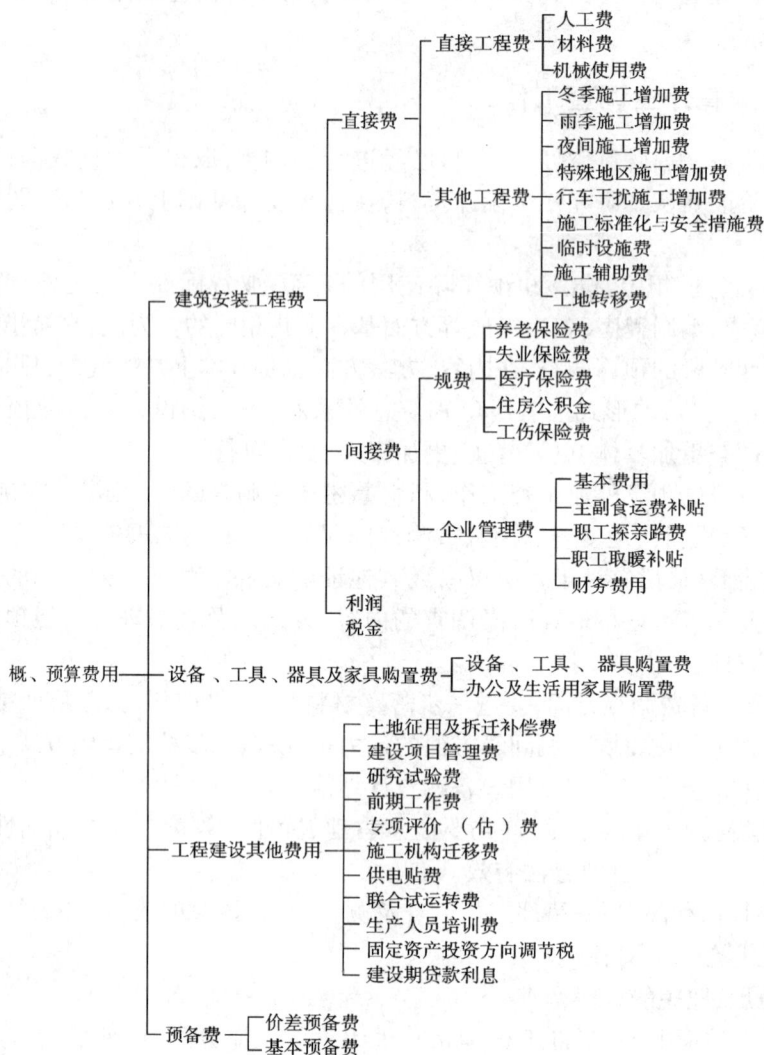

概、预算费用
- 建筑安装工程费
  - 直接费
    - 直接工程费
      - 人工费
      - 材料费
      - 机械使用费
    - 其他工程费
      - 冬季施工增加费
      - 雨季施工增加费
      - 夜间施工增加费
      - 特殊地区施工增加费
      - 行车干扰施工增加费
      - 施工标准化与安全措施费
      - 临时设施费
      - 施工辅助费
      - 工地转移费
  - 间接费
    - 规费
      - 养老保险费
      - 失业保险费
      - 医疗保险费
      - 住房公积金
      - 工伤保险费
    - 企业管理费
      - 基本费用
      - 主副食运费补贴
      - 职工探亲路费
      - 职工取暖补贴
      - 财务费用
  - 利润
  - 税金
- 设备、工具、器具及家具购置费
  - 设备、工具、器具购置费
  - 办公及生活用家具购置费
- 工程建设其他费用
  - 土地征用及拆迁补偿费
  - 建设项目管理费
  - 研究试验费
  - 前期工作费
  - 专项评价（估）费
  - 施工机构迁移费
  - 供电贴费
  - 联合试运转费
  - 生产人员培训费
  - 固定资产投资方向调节税
  - 建设期贷款利息
- 预备费
  - 价差预备费
  - 基本预备费

图 6-1　概、预算费用的组成

◆ 请练习[思考题 6-2]

二、概、预算项目表

1. 概、预算项目划分的规定

由概、预算费用组成可知,公路工程建设项目总金额由建筑安装工程费,设备、工具、器具及家具购置费,工程建设其他费用和预备费组成。其中,后三部分费用可分别按国家规定的有关费用标准和相应的产品价格直接计算,较易确定。而建筑安装工程费则不同,它是由相当数量的分项工程组成的庞大复杂的综合体,直接计算出它的全部人工、材料和机械台班的消耗量及价值,是一项极为复杂的工作。为了准确无误地计算和确定建筑安装工程的造价,必须对公路基本建设项目进行科学地分析与分解。即将一个建设项目分解为若干个单项工程,再将一个单项工程分解为若干个单位工程,又将单位工程分解为若干个分部工程,最后将分部工程分解为若干个分项工程。分项工程是概、预算项目划分的基本单位。为了保证概、预算的编制质量,使之有利于公路工程概、预算的编审，以及公路基本建设的计划、统计和基建拨款贷款等方面的工作。同时也为了便于同类工程之间进行比较和对分项工程进行技术经济分析，使编制概、预算项目时不重不漏，必须对概、预算项目的划分、排列顺序及内容做出统一规定，这就形成了公路工程概、预算项目表，概、预算项目划分的具体内容，在《编制办法》中对工程项目和费用项目的名称、层次作了统一的规定，具体规定如下：

第一部分　建筑安装工程费

第一项　临时工程

第二项　路基工程

第三项　路面工程

第四项　桥梁涵洞工程

第五项　交叉工程

第六项　隧道工程

第七项　公路设施及预埋管线工程

第八项　绿化及环境保护工程

第九项　管理、养护及服务房屋

第二部分　设备、工具、器具及家具购置费

第三部分　工程建设其他费用

2. 概、预算项目表

公路工程概、预算应按项目表的序列及内容编制，概、预算项目划分的具体内容见《编制办法》附录四。

3. 运用项目表列项要求

编制概、预算时，原则上应按项目表规定的项目序列及内容编制，如实际出现的工程和费用项目与项目表的内容不完全相符时，应注意以下几个方面：

(1) "部分"和"项"的序号保留不变。如第二部分，设备、工具、器具及家具购置费在该项工程中不发生时，第三部分工程建设其他费用仍为第三部分。同样，路线工程第一部分第六项为隧道工程，第七项为公路设施及预埋管线工程，若路线中无隧道工程项目，但其序号仍应保留，公路设施及预埋管线工程仍为第七项。

(2) "目"、"节"、"细目"可随需要增减，并按项目表的顺序以实际出现的"目"、"节"、"细目"依次排列，不保留缺少的"目"、"节"、"细目"序号。即依次递补改变序号。例如，概、预算项目表第五项"交叉工程"中，1 目为"平面交叉道"，2 目为"通道"，3 目为"人行天桥"，4 目为"渡槽"，5 目为"分离式立体交叉"，6 目为"互通式立体交叉"，若工程项目中没有"通道"、"人行天桥"、"渡槽"，则"平面交叉道"应为 1 目，"分离式立体交叉"应为 2 目，"互通式立体交叉"应为 3 目。

(3) 路线建设项目中的互通式立体交叉、辅道、支线，如工程规模较大时，也可按概、预算项目表单独编制建筑安装工程费，然后将其概、预算建安工程总金额列入路线的总概、预算表中相应的项目内。

(4) 概预算应按一个建设项目(如一条路线或一座独立大、中桥)进行编制。当一个建设项目需要分段或分部编制时，应根据需要分别编制，但必须汇总编制"总概(预)算汇总表(01-1 表)"。

三、概、预算文件组成

概、预算文件由封面及目录，概、预算编制说明及全部概、预算计算表格组成。

1. 封面及目录

概、预算文件的封面和扉页应按《编制办法》中的规定制作,扉页的次页应有建设项目名称,编制单位,编制、复核人员姓名并加盖执业(从业)资格印章,编制日期及第×册共×册等内容。其格式见图6-2或《编制办法》附录五。

目录应按概、预算表的表号顺序编排。

××公路初步设计概算

（K××+×××~K××+×××）

第　　册共　　册

编制:(签字并加盖执业(从业)资格印章)

复核:(签字并加盖执业(从业)资格印章)

（编制单位）

年　　月

图6-2　概、预算文件扉页的格式

2. 概、预算编制说明

概、预算编制完成后,应写出编制说明,文字力求简明扼要。应叙述的内容一般有:

(1)建设项目设计资料的依据及有关文号,如建设项目可行性研究报告批准文号、初步设计和概算批准文号(编修正概算及预算时),以及根据何时的测设资料及比选方案进行编制的等。

(2)采用的定额、费用标准,人工、材料、机械台班单价的依据或来源,补充定额及编制依据的详细说明。

(3)与概、预算有关的委托书、协议书、会议纪要的主要内容(或将抄件附后)。

(4)总概、预算金额,人工、钢材、水泥、木料、沥青的总需要量情况,各设计方案的经济比较,以及编制中存在的问题。

(5)其他与概、预算有关但不能在表格中反映的事项。

3. 概、预算表格

概预算文件的主要内容和组成部分是概预算表格,它实际上是由一套规定的表格所组成。公路工程概、预算应按统一的概、预算表格计算(表格式样见《编制办法》附录五),其中,概、预算相同的表式,在印制表格时,应将概算表与预算表分别印制。概预算表格是一个有机的整体,它们互相联系,共同反映出工程的费用。概、预算的材料和机械台班单价及各项费用的计算都应通过表格反映。各种表格的计算顺序及相互关系如图6-3所示。

4. 甲组文件与乙组文件

概、预算文件是设计文件的组成部分,按不同的需要分为两组,甲组文件为各项费用计算表,乙组文件为建筑安装工程费各项基础数据计算表(只供审批使用)。甲、乙组文件应按《编制办法》关于设计文件报送份数的要求,随设计文件一并报送。报送乙组文件时,还应提供"建筑安装工程费各项基础数据计算表"的电子文档和编制补充定额的详细资料,并随同概、预算文件一并报送。

乙组文件中的"建筑安装工程费计算数据表(08-1表)"和"分项工程概(预)算表(08-2表)"应根据审批部门或建设项目业主单位的要求全部提供或仅提供其中的一种。

概、预算应按一个建设项目(如一条路线或一座独立大、中桥、隧道)进行编制。当一个编制项目需要分段或分部编制时,应根据需要分别编制,但必须汇总编制"总概(预)算汇总表(01-1表)"。

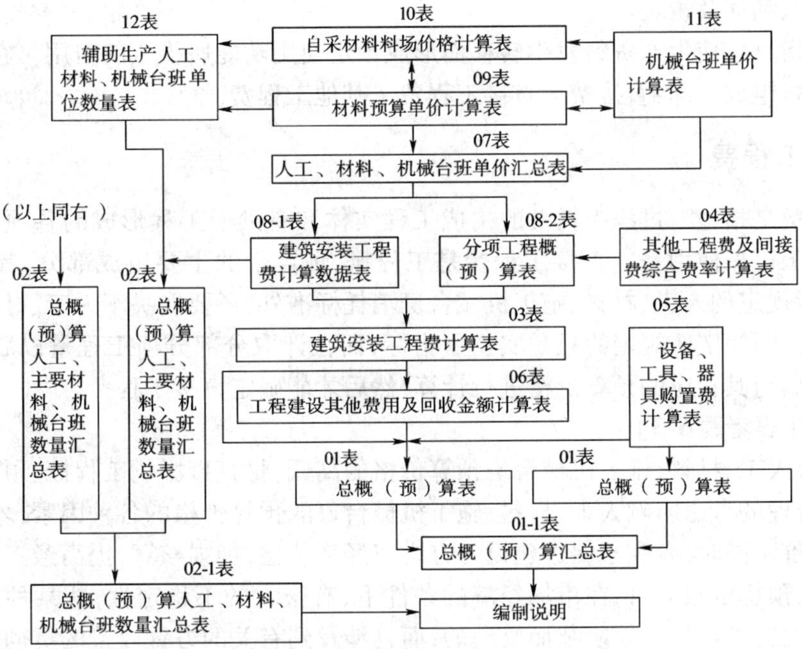

图 6-3　概、预算各种表格的计算顺序和相互关系

甲组文件包括的内容如下：

（1）编制说明。

（2）总概（预）算汇总表（01-1 表）。

（3）总概（预）算人工、材料、机械台班数量汇总表（02-1 表）。

（4）总概（预）算表（01 表）。

（5）总概（预）算人工、主要材料、机械台班数量汇总表（02 表）。

（6）建筑安装工程费计算表（03 表）。

（7）其他工程费及间接费综合费率计算表（04 表）。

（8）设备、工具、器具购置费计算表（05 表）。

（9）工程建设其他费用及回收金额计算表（06 表）。

（10）人工、材料、机械台班单价汇总表（07 表）。

乙组文件包括的内容如下：

（1）建筑安装工程费计算数据表（08-1 表）。

（2）分项工程概（预）算表（08-2 表）。

（3）材料预算单价计算表（09 表）。

（4）自采材料料场价格计算表（10 表）。

（5）机械台班单价计算表（11 表）。

（6）辅助生产人工、材料、机械台班单位数量表（12 表）。

第三节　建筑安装工程费的计算

建筑安装工程费简称建安费，是指概、预算中直接用于形成工程实体所发生的费用。它包括直接费、间接费、利润及税金。

直接费是指直接使生产资料发生转移而形成预定使用功能所投入的费用。它是由直接工程费和其他工程费组成。即:直接费 = 直接工程费 + 其他工程费。

一、直接工程费

直接工程费是指施工过程中耗费的构成工程实体和有助于工程形成的各项费用,包括人工费、材料费、施工机械使用费。直接工程费是工程概、预算中的主要组成部分,其费用除取决于概、预算定额所规定的人工、材料、施工机械台班消耗标准外,还要取决于人工、材料、施工机械台班的预算价格。因为定额规定的只是实物量指标,而在计取分部分项工程量以后所计算的实物量指标还要根据与其相应的预算价格进行计算,然后才能确定直接工程费。

◆ 请练习[思考题6-3]

由此可知,人工、材料、施工机械台班预算价格的高低,将直接影响工程概、预算费用的大小,因此,科学而合理的考虑影响人工、材料、施工机械台班的预算价格的各种因素,才能如实的反映建设工程的造价。同时,有利于促进建设各方讲究经济效益,加强核算,提高经济管理水平,这些因素相对于概、预算定额而言,在市场经济的条件下,有很大的不稳定性,从某种意义上来讲,确定各项价格因素的工作是比较复杂而繁琐的,而且涉及到有关的方针政策的贯彻执行,所以重视和不断完善这些工作是十分必要的。

1. 人工费

1)人工费内容

人工费系指列入概、预算定额的直接从事建筑安装工程施工的生产工人开支的各项费用,内容包括:

(1)基本工资。系指发放生产工人的基本工资,流动施工津贴和生产工人劳动保护费,以及职工缴纳的养老、失业、医疗保险费和住房公积金等。

生产工人劳动保护费系指按国家有关部门规定标准发放的劳动保护用品的购置费及修理费,徒工服装补贴,防暑降温费,在有碍身体健康环境中施工的保健费用等。

(2)工资性补贴。系指按规定标准发放的物价补贴,煤、燃气补贴,交通补贴,地区津贴等。

(3)生产工人辅助工资。系指生产工人年有效施工天数以外非作业天数的工资,包括开会和执行必要的社会义务时间的工资,职工学习,培训期间的工资,调动工作、探亲、休假期间的工资,因气候影响停工期间的工资,女工哺乳时间的工资,病假在六个月以内的工资及产、婚、丧假期的工资。

(4)职工福利费。系指按国家规定标准计提的职工福利费。

2)人工费单价的计算

人工费标准按照本地区公路建设项目的人工工资统计情况并结合工种组成、定额消耗、最低工资标准以及公路建设劳务市场情况进行综合分析确定,由各省、自治区、直辖市交通运输厅(局、委)审批并公布。

3)人工费金额的计算

人工费以概、预算定额计算得出的人工工日数乘以每工日人工费计算。即某工程细目的人工费金额可根据该工程细目的工程数量和相应的人工定额、人工费单价按下式计算:

$$人工费 = 人工定额 \times 工程数量 \times 人工费单价 \qquad (6-1)$$

式中:定额——当编制概算时,采用概算定额;当编制施工图预算时,采用预算定额。

人工费金额在编制概、预算时,通过表格计算的。如编制分项工程概、预算时,可在08-1 表和08-2表计算出每工程细目的人工费;在计算自采材料和机械台班单价时,可在10表和11表计算出单位数量所需的人工费。

【例6-1】 山东省某市修建一座钢筋混凝土连续梁桥,采用桩基础,回旋钻机钻孔,桩径150cm,已知工程数量为现浇683.2m³ 水泥混凝土,灌注桩钢筋29.137t,人工费单价68.50元/工日,试计算该工程细目的人工费。

【解】 (1)灌注桩混凝土工程的人工费计算

查《公路工程预算定额》(JTG/T B06-02—2007)表[4-4-7/-13]可知,完成10m³灌注桩混凝土需人工17.0工日,因此,灌注桩混凝土分项工程的人工费为:

$$17.0 \times 683.2 \div 10 \times 68.5 = 79210 \text{ 元}$$

(2)灌注桩钢筋工程的人工费计算

查《公路工程预算定额》(JTG/T B06-02—2007)表[4-4-7/-22]知,完成1t钢筋工程需人工5.0工日,因此,该分项工程的人工费为:

$$5.0 \times 29.137 \times 68.5 = 9979 \text{ 元}$$

(3)钻孔桩工程的人工费计算

该钻孔桩工程的人工费应该由灌注桩混凝土和桩钢筋的人工费合计,即:

$$79210 + 9979 = 89189 \text{ 元}$$

注:本例中未考虑混凝土的拌和和运输的费用。

【例6-2】 某公路路基人工挖运土方工程,工程数量为9000m³ 天然密实土,运距为50m,硬土,人工费单价为51.2元/工日,其他工程费6495元,试计算该工程项目的人工费、直接工程费和直接费。

【解】 (1)确定定额值

由《公路工程预算定额》(JTG/T B06-02—2007)中定额表[1-1-6-/3,4]得,定额值如下(每1000m³ 天然密实土)。

人工:

$$258.5 + (50 - 20) \div 10 \times 18.2 = 313.1 \text{ 工日}$$

(2)人工费

$$9000 \div 1000 \times 313.1 \times 51.2 = 144276 \text{ 元}$$

(3)直接工程费

$$直接工程费 = 人工费 + 材料费 + 机械使用费 = 144276 \text{ 元}$$

(4)直接费

$$直接费 = 直接工程费 + 其他工程费 = 144276 + 6495 = 150771 \text{ 元}$$

◆ **请练习**[思考题6-4]

2.材料费

1)材料费的概念

材料费系指施工过程中耗用的构成工程实体的原材料、辅助材料、构(配)件、零件、半成品、成品的用量和周转材料的摊销量,按工程所在地的材料预算价格计算的费用。

材料费是直接工程费的组成部分,在工程造价中,材料费一般占很大比重,其计算正确与否对概、预算编制质量影响很大。

2)材料的预算价格

材料费不仅与材料的用量有关,而且与材料的价格有关。《编制办法》规定,在编制概、预算时,采用材料的预算价格来计算材料费。

材料预算价格由材料原价、运杂费、场外运输损耗、采购及仓库保管费组成。

材料预算价格有两种确定方法,一种是公式计算,一种是地区规定的材料预算价格。但其价格组成内容是一致的。《编制办法》采用的是第一种方法,即可按下式计算:

$$材料预算价格 = (材料原价 + 运杂费) \times (1 + 场外运输损耗率) \times$$
$$(1 + 采购及保管费率) - 包装品回收价值 \qquad (6-2)$$

由于材料预算价格的重要性及其计算的复杂性,专门设计了表格"材料预算单价预算表(09表)"进行计算。

◆ 请练习[思考题6-5]

(1)材料原价

各种材料原价按以下规定计算。

外购材料:国家或地方的工业产品,按工业产品出厂价格或供销部门的供应价格计算,并根据情况加计供销部门手续费和包装费。如供应情况、交货条件不明确时,可采用当地规定的价格计算。

地方性材料:地方性材料包括外购的砂、石材料等,按实际调查价格或当地主管部门规定的预算价格计算。

自采材料:自采的砂、石、黏土等自采材料,按定额中开采单价加辅助生产间接费和矿产资源税(如有)计算。

材料原价应按实计取。各省、自治区、直辖市公路(交通)工程造价(定额)管理站应通过调查,编制本地区的材料价格信息,供编制概、预算使用。

关于以上提到的原价、供销手续费、包装费具体说明如下:

原价:材料的原价是指出厂价、市场价、料场价。其中,市场价指主管部门规定价格或调查价格;料场价格指自采材料的料场材料价格,应通过"自采材料料场价格计算表(10表)"进行计算,计算时应注意:人工费按定额人工消耗量和人工工日单价计算,材料费按定额材料消耗和材料预算价格计算,机械使用费按定额机械台班消耗量和机械台班单价计算,辅助生产间接费以人工费为计算基数,《编制办法》规定辅助生产间接费的费率为5%。

供销部门手续费:一般必须经物资部门供应的材料,要加计供销部门手续费,此费无统一规定,只能通过调查确定。

包装费:若材料的原价和供销部门手续费不包括包装费,但有包装的材料、规定计费的材料,应加计包装费,并在材料预算价格中扣回包装品的回收价值。按摊销计算的包装费,不计回收;习惯上纸箱、草袋、草绳包装的也不计回收。《编制办法》规定:桶装沥青、汽油、柴油按每吨摊销一个(旧)汽油桶计算包装费,不计回收。由容器或包装的材料及长大轻浮材料,应按规定的毛重计算。

(2)运杂费

①运杂费的概念

运杂费是指材料自供应地点至工地仓库(施工地点存放材料的地方)的运杂费用,包括装卸费、运费,如果发生,还应计囤存费及其他杂费(如过磅、标签、支撑加固、路桥通行等费用)。运杂费是构成材料预算价格的基本成分之一。

②运杂费的计算

通过铁路、水路和公路运输部门运输的材料,按铁路、航运和当地交通部门规定的运价计算运费。其中,铁路运输按铁道部的《铁路货物运输规则》规定计算运费;公路运输按交通运输部颁发的《汽车运价规则》规定计算运费,结合各地实际情况,按各省交通厅制定的实施细则执行。

施工单位自办的运输,单程运距15km以上的长途汽车运输按当地交通部门规定的统一运价计算运费;单程运距5~15km的汽车运输按当地交通部门规定的统一运价计算运费,当工程所在地交通不便、社会运输力量缺乏时,如边远地区和某些山岭区,允许按当地交通部门规定的统一运价加50%计算运费;单程运距5km及以内的汽车运输以及人力场外运输,按预算定额计算运费,其中,人力装卸和运输需按人工费加计辅助生产间接费。

材料单位运杂费的计算公式如下:

$$材料单位运杂费=(运价率×运距+装卸费+吨次费+杂费)×毛重系数×单位毛重 \tag{6-3}$$

式中:运价率——运输每吨每千米物资金额[元/(t·km)],按当地运输部门规定计列;

运距——由运料起点至运料终点间的里程(km);

吨次费——因短途运输所增加的费用;

毛重系数——指有容器或包装的材料及长大轻浮材料,为了计算其运输的实际质量而考虑的系数,按表6-1确定;

单位毛重——指单位材料的重量,按《公路工程预算定额》(JTG/T B06-02—2007)附录四确定。

材料毛重系数及单位毛重表　　　　表6-1

材 料 名 称	单 位	毛 重 系 数	单 位 毛 重
爆破材料	t	1.35	—
水泥、块状沥青	t	1.01	—
铁钉、铁件、焊条	t	1.10	—
液体沥青、液体燃料、水	t	桶装1.17,油罐车装1.00	
木料	m³	—	1.000t
草袋	个	—	0.004t

③运杂费计算的有关注意事项

a.材料运距:由于运距的变化对运费的影响很大,所以对每种材料都要科学地确定其合理运距。一种材料如有两个以上的供应点时,应根据不同的运距、运量、运价采用加权平均的方法计算运费。

b.由于预算定额中汽车运输台班已考虑工地便道特点,且定额中已计入了"工地小搬运"项目,因此,平均运距中汽车运输便道里程不得乘调整系数,也不得在工地仓库或堆料场之外再加场内运距或二次倒运的运距。

c.毛重系数及单位毛重只有铁路、水运及雇用汽车的公路运输,应按毛重计算单位运杂费;而采用定额计算运费时,不按毛重计算,即材料单位质量不必再乘以毛重系数。

d.装卸费应按实际发生的费用计取。有些材料只发生装车的费用,而不发生卸车的费用;有些材料只发生卸车的费用,而不发生装车的费用,这时装卸费应折半计算。

e.在计算材料单位运杂费时,注意其单位要与实物量单位一致。

材料运杂费通过"材料预算单价预算表(09表)"(参见"乙组文件")进行计算。

【例6-3】　某桥需运输钢材650.00t,汽车运输,运距25km,运价率0.50元/(t·km)。吨次费2.0元(20~30km,每千米减0.2元),囤存费3.0元/t,装卸费5.00元/t。试计算钢材的单位运杂费和总运杂费。

【解】　(1)单位运杂费

钢材毛重系数(无包装)和单位毛重都是1.00,根据式(6-3)可得:

$$单位运杂费 = [0.50 \times 25.0 + 5.00 + 2.0 - (25 - 20) \times 0.2 + 3.00] \times 1.00 \times 1.00$$
$$= 21.5 \ 元/t$$

（2）总计运杂费用

$$总计运杂费用 = 21.50 \times 650 = 13975 \ 元$$

学习记录

【例6-4】 人力手推车运砂,人力装卸,平均运距100m,试计算其运杂费。（已知当地人工单价为58.2元/工日）

【解】 查《公路工程预算定额》(JTG/T B06-02—2007)中定额表[9-1-2/-1,2]可知,每运送100m³ 砂需人工为:

$$9.1 + 0.7 \times 100 \div 10 = 16.1 \ 工日$$

又知人力装卸和运输应按人工费加计辅助生产间接费,而辅助生产间接费可按人工费的5%计,故运杂费为:

$$16.1 \times (1 + 5\%) \times 58.2 = 984 \ 元/100m^3$$

◈ 请练习[思考题6-6]

（3）场外运输损耗

场外运输损耗系指有些材料在正常的运输过程中发生的损耗,这部分损耗应摊入材料单价内。场外运输损耗费以材料原价和材料运杂费为基数乘以场外运输损耗率计算,参见式(6-4),材料场外运输操作损耗率见表6-2。

$$场外运输损耗费 = (材料原价 + 材料运杂费) \times 场外运输损耗率 \qquad (6-4)$$

材料场外运输操作损耗率表（%）　　　　　　　　　　表6-2

材料名称		场外运输（包括一次装卸）	每增加一次装卸
块状沥青		0.5	0.2
石屑、碎砾石、砂砾、煤渣、工业废渣、煤		1.0	0.4
砖、瓦、桶装沥青、石灰、黏土		3.0	1.0
草皮		7.0	3.0
水泥（袋装、散装）		1.0	0.4
砂	一般地区	2.5	1.0
	多风地区	5.0	2.0

注:汽车运水泥时,如运距超过500km,增加损耗率:袋装0.5%。

场外运输损耗费在"材料预算单价计算表(09表)"中计算,计入材料预算单价中。场外运输损耗的实物量,则应在"总概(预)算人工、主要材料、机械台班数量汇总表(02表)"中计算,并计入材料的总用量。

（4）采购及保管费

材料采购及保管费系指材料供应部门(包括工地仓库以及各级材料管理部门)在组织采购、供应和保管材料过程中,所需的各项费用及工地仓库的材料储存损耗。

材料采购及保管费,以材料的原价加运杂费及场外运输损耗的合计数为基数,乘以采购保管费率计算。即:

$$采购及保管费 = (材料原价 + 材料运杂费 + 场外运输损耗费) \times 采购及保管费率 \qquad (6-5)$$

材料的采购及保管费费率为2.5%。

外购的构件、成品及半成品的预算价格,其计算方法与材料相同,但构件(如外购的钢桁梁、钢筋混凝土构件及加工钢材等半成品)的采购及保管费率为1%。

商品混凝土预算价格的计算方法与材料相同,但其采购及保管费率为0。

包装品的回收价值。在材料预算价格中,应扣除材料包装品可回收的那部分价值。回收价值应按实际列,如果某材料的包装品有回收价值,则应在"材料预算单价计算表(09 表)"的预算单价中扣除。

【例6-5】 人工开采粗料石,人工装卸,4t 载货汽车运 4km,已知人工单价为 58.5 元/工日,汽油单价为 5.0 元/kg,试求料石的预算价格。

学习记录

【解】 (1)料场价格的确定

料石为自采材料,其料场价格应查《公路工程预算定额》(JTG/T B6-02—2007)第八章确定。查定额[8-1-7/-1]得,100m³ 实方需人工 699.6 工日。

$$料场价格 = 699.6 \times 58.5 \times (1+5\%) = 42973 \ 元/100m^3 = 429.73 \ 元/m^3$$

(2)运杂费的计算

①运费。由于运距小于 5km,运费应查《公路工程预算定额》(JTG/T B6-02—2007)中定额表[9-1-5/-1,2]得:

$$每 100m^3 需要 4t 汽车台班:6.97+0.53 \times 3 = 8.56 \ 台班$$

$$4t 载货汽车台班单价 = 66.38+1 \times 58.5+34.28 \times 5.0 = 296.28 \ 元/台班$$

$$运费 = 8.56 \times 296.28 = 2536 \ 元/100m^3 = 25.36 \ 元/m^3$$

②装卸费。查《公路工程预算定额》(JTG/T B06-02—2007)表[9-1-9/-1]得:

$$装卸 100m^3 需人工:33.5 \ 工日$$

$$装卸费 = [33.5 \times 58.5 \times (1+5\%)]/100 = 2058 \ 元/100m^3 = 20.58 \ 元/m^3$$

$$运杂费 = 运费 + 装卸费 = 25.36+20.58 = 45.94 \ 元/m^3$$

(3)材料场外运输操作损耗率

取为 0。

(4)采购及保管费率

取为 2.5%。

(5)料石预算价格

$$预算价格 = (429.73+45.94)(1+0\%)(1+2.5\%) = 487.56 \ 元/m^3$$

3)材料费金额的计算

与人工费金额的计算方法一样,材料费也是以概、预算定额计算得出的各种材料数量乘以材料预算价格。即某工程细目的材料费金额可根据该工程细目的工程数量和相应的定额、材料预算价格按下式计算:

$$材料费 = \Sigma[工程数量 \times \Sigma 材料定额用量(材料预算价格+其他材料费+设备摊销费)] \quad (6-6)$$

材料费金额在编制概、预算时,也是通过表格计算的。如编制分项工程概、预算时,是在"分项工程概(预)算表(08-2 表)"计算每工程细目材料费;在计算自采材料料场价格时,可在"自采材料料场价格计算表(10 表)"计算出单位数量所需的材料费。

3.施工机械使用费

1)施工机械使用费的概念

施工机械使用费系指列入概、预算定额的施工机械台班数量,按相应的机械台班费用定额计算的施工机械使用费和小型机具使用费。

2)施工机械台班单价的确定

施工机械台班单价应按交通部公布的《公路工程机械台班费用定额》(JTG/T B06-03—2007)计算,台班单价由不变费用和可变费用组成。不变用包括折旧费费、大修理费、经常修理费、安装拆卸及辅助设施费等,编制机械台班单价时,除青海、新疆、西藏等边远地区外,应直接采用;可变费用包括机上人员工资、动力燃料费、养路费及车船使用税。可变费用中的人工工日数及动力燃料消耗量,应以机械台班费用定额中的数值为准;台班人工费工日单价同生产工人人工费单价,动力燃料费用则按材料费的计算规定计算。机械台班单价可按下式计算。

施工机械台班单价 = 不变费用 × 调整系数 + 可变费用

$$= 不变费用 × 调整系数 + 定额人工消耗 × 人工单价 +$$

定额动力燃料消耗 × 动力燃料 + 养路费、车船使用税　　　　(6-7)

当工程用电为自行发电时,1kW·h(度)电的单价可由下述近似公式计算:

$$A = 0.24 \frac{K}{N} \tag{6-8}$$

式中:A——1kW·h 电单价(元);

　　K——发电机组的台班单价(元);

　　N——发电机组的总功率(kW)。

3)施工机械使用费的计算

施工机械使用费 = ∑工程数量 × (机械台班定额 × 机械台班单价 +

小型机具使用费)　　　　　(6-9)

施工机械使用费也是在"分项工程概(预)算表(08-2 表)"中计算,而施工机械台班单价则通过"机械台班单价计算表(11 表)"分析计算。

◆ 请练习[思考题 6-3]

二、其他工程费

1.其他工程费的概念

其他工程费系指直接工程费以外施工过程中发生的直接用于工程的费用。内容包括冬季施工增加费、雨季施工增加费、夜间施工增加费、特殊地区施工增加费、行车干扰工程施工增加费、安全及文明施工措施费、临时设施费、施工辅助费、工地转移费等九项。公路工程中的水、电费及因场地狭小等特殊情况而发生的材料二次搬运等其他工程费已包括在概、预算定额中,不再另计。

2.其他工程费及间接费取费标准的工程类别划分

由于其他工程费、间接费是根据工程项目的直接工程费或人工费和机械费之和或直接费为基数,以规定的费率计算的,而工程项目内容千差万别,无法按各具体工程项目来制订费率标准,只能将性质相近的工程项目合并成若干类别来制定费率。

《编制办法》规定,其他工程费及间接费取费标准的工程类别划分如下 13 类:

(1)人工土方:系指人工施工的路基、改河等土方工程,以及人工砍树、挖根、除草、平整场地、挖盖山土等工程项目,并适用于无路面的便道工程。

(2)机械土方:系指机械施工的路基、改河等土方工程,以及机械砍树、挖根、除草等工程项目。

(3)汽车运输:系指汽车、拖拉机、机动翻斗车等运送的路基、改河土(石)方,路面基层和面层混合料、水泥混凝土及预制构件、绿化苗木等。

(4)人工石方:系指人工施工的路基、改河等石方工程,及人工施工的挖盖山石项目。

(5)机械石方:系指机械施工的路基、改河等石方工程(机械打眼即属机械施工)。

(6)高级路面:系指沥青混凝土路面、厂拌沥青碎石路面和水泥混凝土路面的面层。

(7)其他路面:系指除高级路面以外的其他路面面层,各等级路面的基层、底基层、垫层、透层、黏层、封层,采用结合料稳定的路基和软土等特殊路基处理等工程,以及有路面的便道工程。

(8)构造物Ⅰ:系指无夜间施工的桥梁、涵洞、防护(包括绿化)及其他工程,交通工程及沿线设施工程(设备安装及金属标志牌、防撞钢护栏、防眩板(网)、隔离栅、防护网除外)。以及临时工程中的便桥、电力电讯线路、轨道铺设等工程项目。

(9)构造物Ⅱ:系指有夜间施工的桥梁工程。

(10)构造物Ⅲ:系指商品混凝土(包括沥青混凝土和水泥混凝土)的浇筑和外购构件及设备的安装工程。商品混凝土和外购构件及设备的费用不作为其他工程费和间接费的计算基数。

(11)技术复杂大桥:系指单孔跨径在 120m 以上(含 120m)和基础水深在 10m 以上(含 10m)的大桥主桥部分的基础、下部和上部工程。

(12)隧道:系指隧道工程的洞门及洞内土建工程。

(13)钢材及钢结构:系指钢桥及钢吊桥的上部构造,钢沉井、钢围堰、钢套箱及钢护筒等基础工程,钢索塔,钢锚箱,钢筋及预应力钢材,模数式及橡胶板式伸缩缝,钢盆式橡胶支座,四氟板式橡胶支座,金属标志牌、防撞钢护栏、防眩板(网)、隔离栅、防护网等工程项目。

购买路基填料的费用不作为其他工程费和间接费的计算基数。

在编制概、预算时,应按上述各类划分的内容,来确定工程的类别,然后才能在费率表中正确确定费率。

◆ 请练习[思考题 6-7]

3.其他工程费的计算

1)冬季施工增加费

(1)定义

冬季施工增加费系指按照《公路工程施工质量验收规范》(DGJ 08-119—2005)所规定的冬季施工要求,为保证工程质量和安全生产所需采取的防寒保温设施,工效降低和机械作业率降低以及技术操作过程的改变等所增加的有关费用。

(2)冬季施工增加费的内容

①因冬季施工所需增加的一切人工、机械与材料的支出费用。

②施工机具所需修建的暖棚(包括拆、移)、增加油脂及其他保温设备费用。

③因施工组织设计确定,需增加的一切保温、加温及照明等有关支出费用。

④与冬季施工有关的其他各项费用,如清除工作地点的冰雪等费用。

(3)冬季气温区的划分

冬季施工增加费与工程所在地区有关。在《编制办法》中列有"全国冬季施工气温区划分表",《编制办法》将全国气温区划分为冬一区(包括Ⅰ、Ⅱ副区)、冬二区(包括Ⅰ、Ⅱ副区)、冬三区、冬四区、冬五区、冬六区、准一区、准二区。只要知道工程所在地的省和县名,即可查得工程所在地的气温区。全国各地的冬季区划分也可参见教材附录二。若当地气温资料与附录二中划定的冬季气温区划分有较大出入时,可按当地气温资料及《编制办法》的划分标准确定工程所在地的冬季气温区。

冬季气温区的划分是根据气象部门提供的满 15 年以上的气温资料确定的。自每年秋冬第一次连续 5d 出现室外日平均温度在 5℃ 以下,日最低温度在 -3℃ 以下的第一天算起,至第二年春夏最后一次连续 5d 出现同样温度的最末一天为冬季期。冬季期内平均气温在 -1℃ 以上者为冬一区, -1 ~ -4℃ 为冬二区, -4 ~ -7℃ 为冬三区, -7 ~ -10℃ 为冬四区, -10 ~ -14℃ 为冬五区, -14℃ 以下为冬六区。冬一区内平均气温低于 0℃ 的连续天数在 70d 以内的为Ⅰ副区,70d 以上的为Ⅱ副区,冬二区内平均气温低于 0℃ 的连续天数在 100d 以内的为Ⅰ副区,100d 以上的为Ⅱ副区。

气温高于冬一区,但砖石混凝土工程施工需采取一定措施的地区为准冬季区,准冬季区分两个副区,简称准一区、准二区。凡一年内日最低气温在0℃以下的天数多于20d的,日平均气温在0℃以下的天数少于15d的为准一区,多于15d的为准二区。

(4)费率与计算

冬季施工增加费以各类工程的直接工程费之和为基数,按工程所在地的气温区选用表6-3的费率计算。即:

$$冬季施工增加费 = \sum 各类工程的直接工程费 \times 冬季施工增加费费率 \qquad (6\text{-}10)$$

冬季施工增加费费率表(%) 表6-3

工程类别 / 气温区	冬季期平均温度(℃)								准一区	准二区
	-1以上		-1~-4		-4~-7	-7~-10	-10~-4	-14以下		
	冬一区		冬二区		冬三区	冬四区	冬五区	冬六区		
	Ⅰ	Ⅱ	Ⅰ	Ⅱ						
人工土方	0.28	0.44	0.59	0.76	1.44	2.05	3.07	4.61	—	—
机械土方	0.43	0.67	0.93	1.17	2.21	3.14	4.71	7.07	—	—
汽车运土	0.08	0.12	0.17	0.21	0.40	0.56	0.84	1.27	—	—
人工石方	0.06	0.10	0.13	0.15	0.30	0.44	0.65	0.98	—	—
机械石方	0.08	0.13	0.18	0.21	0.42	0.61	0.91	1.37	—	—
高级路面	0.37	0.52	0.72	0.81	1.48	2.00	3.00	4.50	0.06	0.16
其他路面	0.11	0.20	0.29	0.37	0.62	0.80	1.20	1.80	—	—
构造物Ⅰ	0.34	0.49	0.66	0.75	1.36	1.84	2.76	4.14	0.06	0.15
构造物Ⅱ	0.42	0.60	0.81	0.92	1.67	2.27	3.40	5.10	0.08	0.19
构造物Ⅲ	0.83	1.18	1.60	1.81	3.29	4.46	6.69	10.03	0.15	0.37
技术复杂大桥	0.48	0.68	0.93	1.05	1.91	2.58	3.87	5.81	0.08	0.21
隧 道	0.10	0.19	0.27	0.35	0.58	0.75	1.12	1.69	—	—
钢材及钢结构	0.02	0.05	0.07	0.09	0.15	0.19	0.29	0.43	—	—

冬季施工增加费在概、预算表格中不直接列出,而是通过将其费率纳入由另外几项其他工程费费率组成的"综合费率"中,然后再将"综合费率"乘以直接工程费来共同形成其他工程费。

在编制概、预算时,首先根据取费工程分类,将各类工程的冬季施工增加费率均列入"其他工程费及间接费综合费率计算表(04表)",形成"综合费率Ⅰ"中的一种;其次在"分项工程概(预)算表(08-2表)"中,将根据工程类别选取的"综合费率Ⅰ"乘以工程细目的直接工程费,则可形成工程项目的其他工程费;最后将各个工程项目的其他工程费累计起来,就形成了项目的其他工程费,这其中就包含了冬季施工增加费。

(5)冬季施工增加费计算的注意事项

①为了简化计算,建设项目不论是否在冬季施工,均按规定的取费标准计取冬季施工增加费,即采用全年平均摊销的方法计算冬季施工增加费。

②一条路线穿过两个以上的气温区时,可分段计算或按各区的工程量比例求得全线的平均增加率,计算冬季施工增加费。

2）雨季施工增加费

（1）定义

雨季施工增加费系指雨季期间施工，为保证工程质量和安全生产所需采取的防雨、排水、防潮和防护措施、工效降低和机械作业率降低以及技术作业过程的改变，所需增加的有关费用。

（2）雨季施工增加的内容

①因雨季施工所需增加的工、料、机费用的支出，包括工作效率的降低及易被雨水冲毁的工程所增加的工作内容等（如基坑坍塌和排水沟等堵塞的清理、路基边坡冲沟的填补等）。

②路基土方工程的开挖和运输，因雨季施工（非土壤中水影响）而影响的黏附工具，降低工效所增加的费用。

③因防止雨水必须采取的防护措施的费用，如挖临时排水沟、防止基坑坍塌所需的支撑、挡板等。

④材料因受潮、受湿的耗损费用。

⑤增加防雨、防潮设备的费用。

⑥其他有关雨季施工所需增加的费用，如因河水高涨致使工作困难而增加的费用等。

（3）雨量区、雨季期

雨量区和雨季期的划分，是根据气象部门提供的满 15 年以上的降雨资料确定的。凡月平均降雨天数在 10d 以上，月平均日降雨量在 3.5～5mm 之间者为 I 区。月平均日降雨量在 5mm 以上者为 II 区。全国各地雨量区及雨季期的划分可参见《编制办法》或本教材附录三。若当地气象资料与附录三所划定的雨量区及雨季期出入较大时，可按当地气象资料及上述划分标准确定工程所在地的雨量区及雨季期。

（4）费率和计算

雨季施工增加费以各类工程的直接工程费之和为基数，按工程所在地的雨量区、雨季期选用表 6-4 的费率计算。即：

$$雨季施工增加费 = \sum 各类工程的直接工程费 \times 雨季施工增加费费率 \qquad (6-11)$$

雨季施工增加费费率表（%）   表 6-4

雨季期与雨量区	工程类别	人工土方	机械土方	汽车运土	人工石方	机械石方	高级路面	其他路面	构造物 I	构造物 II	构造物 III	技术复杂大桥	隧道	钢材及钢结构
1	I	0.04	0.04	0.04	0.02	0.03	0.03	0.03	0.03	0.03	0.06	0.03	—	—
1.5	I	0.05	0.05	0.05	0.03	0.04	0.04	0.04	0.04	0.04	0.08	0.05	—	—
2	I	0.07	0.07	0.07	0.05	0.06	0.06	0.06	0.05	0.05	0.11	0.07	—	—
2	II	0.11	0.11	0.11	0.07	0.1	0.1	0.09	0.08	0.08	0.17	0.1	—	—
2.5	I	0.09	0.09	0.09	0.06	0.08	0.08	0.08	0.06	0.07	0.14	0.08	—	—
2.5	II	0.13	0.13	0.13	0.09	0.12	0.12	0.09	0.1	0.21	0.12	—	—	
3	I	0.11	0.11	0.11	0.07	0.1	0.1	0.09	0.07	0.08	0.17	0.1	—	—
3	II	0.15	0.15	0.16	0.11	0.14	0.14	0.15	0.11	0.12	0.25	0.14	—	—
3.5	I	0.13	0.13	0.13	0.08	0.12	0.12	0.1	0.08	0.09	0.2	0.12	—	—
3.5	II	0.17	0.17	0.19	0.13	0.16	0.17	0.16	0.13	0.14	0.3	0.17	—	—
4	I	0.15	0.15	0.15	0.09	0.14	0.14	0.12	0.1	0.11	0.23	0.14	—	—
4	II	0.2	0.2	0.22	0.15	0.18	0.19	0.18	0.15	0.16	0.35	0.19	—	—

续上表

雨季期 与雨量区	工程类别	人工 土方	机械 土方	汽车 运土	人工 石方	机械 石方	高级 路面	其他 路面	构造 物Ⅰ	构造 物Ⅱ	构造 物Ⅲ	技术 复杂 大桥	隧道	钢材 及钢 结构
4.5	Ⅰ	0.17	0.17	0.17	0.1	0.16	0.16	0.14	0.12	0.13	0.27	0.16	—	—
	Ⅱ	0.23	0.23	0.25	0.17	0.22	0.22	0.21	0.17	0.18	0.4	0.22		
5	Ⅰ	0.19	0.19	0.19	0.12	0.18	0.18	0.16	0.14	0.15	0.31	0.18	—	—
	Ⅱ	0.26	0.27	0.27	0.19	0.25	0.25	0.24	0.19	0.21	0.45	0.25		
6	Ⅰ	0.21	0.22	0.22	0.15	0.2	0.2	0.19	0.16	0.17	0.35	0.2	—	—
	Ⅱ	0.31	0.32	0.32	0.23	0.29	0.29	0.28	0.23	0.25	0.52	0.29		
7	Ⅱ	0.36	0.37	0.37	0.27	0.34	0.34	0.32	0.27	0.3	0.6	0.34		
8	Ⅱ	0.42	0.43	0.43	0.32	0.39	0.39	0.37	0.31	0.34	0.69	0.39		

在编制概、预算时,雨季施工增加费不单独以该费用的名目出现,而是通过将其费率纳入由另外几项其他工程费费率组成的"综合费率"中,然后再将"综合费率"乘以直接工程费来共同形成其他工程费。其计算方法与冬季施工增加费相同。

(5)雨季施工增加费的注意事项

①为了简化计算,采用全年平均摊销的方法,即不论是否在雨季施工,均按规定的取费标准计取雨季施工增加费。

②一条路线通过不同的雨量区和雨季期时,应分别计算雨季施工增加费或按工程量比例求得平均的增加率,计算全线雨季施工增加费。

③室内管道及设备安装工程不计雨季施工增加费。

3)夜间施工增加费

(1)定义

夜间施工增加费系指根据设计、施工的技术要求和合理的施工进度要求,必须在夜间连续施工而发生的工效降低、夜班津贴以及有关照明设施(包括所需照明设施的安拆、摊销、维修及油燃料、电)等增加的费用。

(2)费率及计算

夜间施工增加费按夜间施工工程项目(如桥梁工程项目包括上、下部构造全部工程)的直接工程费之和为基数,按表6-5的费率计算。即:

$$夜间施工增加费 = \Sigma 夜间施工工程的直接工程费 \times 夜季施工增加费费率 \qquad (6-12)$$

在编制概预算时,夜间施工增加费也是通过"其他工程费及间接综合费率计算表(04表)"和"分项工程概(预)算表(08-2表)"联合计算出来的,也是与其他各种其他工程费一起综合反映在"其他工程费"中。要注意按工程实际应该发生的项目直接工程费之和来计列此费。

夜间施工增加费费率表(%)   表6-5

工 程 类 别	费 率	工 程 类 别	费 率
构造物Ⅱ	0.35	构技术复杂大桥	0.35
构造物Ⅲ	0.70	钢材及钢结构	0.35

注:设备安装工程及金属标志牌、防撞钢护栏、防眩板(网)、隔离栅、防护网等不计夜间施工增加费。

4)特殊地区施工增加费

特殊地区施工增加费包括高原地区施工增加费、风沙地区施工增加费和沿海地区施工增加费三项。

（1）高原地区施工增加费

高原地区施工增加费系指在海拔高度1500m以上地区施工，由于受气候、气压的影响，致使人工、机械效率降低而增加的费用。

高原地区施工增费以各类工程人工费和机械使用费之和为基数，按表6-6的费率计算。即：

$$高原地区施工增加费 = \sum（各类工程人工费 + 机械使用费）\times$$
$$高原地区施工增加费费率（\%）\qquad\qquad (6\text{-}13)$$

高原地区施工增加费费率表（%）　　　　　　表6-6

工程类别	海 拔 高 度 （m）							
	1501～2000	2001～2500	2501～3000	3001～3500	3501～4000	4001～4500	4501～5000	5000以上
人工土方	7.00	13.25	19.75	29.75	43.25	60.00	80.00	110.00
机械土方	6.56	12.60	18.66	25.60	36.05	49.08	64.72	83.80
汽车运土	6.50	12.50	18.50	25.00	35.00	47.50	62.50	80.00
人工石方	7.00	13.25	19.75	29.75	43.25	60.00	80.00	110.00
机械石方	6.71	12.82	19.03	27.01	38.50	52.80	69.92	92.72
高级路面	6.58	12.61	18.69	25.72	36.26	49.41	65.17	84.58
其他路面	6.73	12.84	19.07	27.15	38.74	53.17	70.44	93.60
构造物Ⅰ	6.87	13.06	19.44	28.56	41.18	56.86	75.61	102.47
构造物Ⅱ	6.77	12.90	19.17	27.54	39.41	54.18	71.85	96.03
构造物Ⅲ	6.73	12.85	19.08	27.19	38.81	53.27	70.57	93.84
技术复杂大桥	6.70	12.81	19.01	26.94	38.37	52.61	69.65	92.27
隧　道	6.76	12.90	19.16	27.50	39.35	54.09	71.72	95.81
钢结构	6.78	12.92	19.20	27.66	39.62	54.50	72.30	96.80

一条路线通过两个以上（含两个）不同的海拔高度分区时，应分别计算高原地区施工增加费或按工程量比例求得平均的增加率，计算全线高原地区施工增加费。

（2）风沙地区施工增加费

①定义

风沙地区施工增加费系指在沙漠地区施工时，由于受风沙影响，按照施工及验收规范的要求，为保证工程质量和安全生产而增加的有关费用。内容包括防风、防沙及气候影响的措施费，材料费，人工、机械效率降低增加的费用，以及积沙、风蚀的清理修复等费用。

②风沙地区的划分

根据《公路自然区划标准》（JTJ 003—1986）、《沙漠地区公路建设成套技术研究报告》中公路自然区划和沙漠公路区划，结合风沙地区的气候状况将风沙地区分为三区九类：半干旱、半湿润沙地为风沙一区，干旱、极干旱寒冷沙漠地区为风沙二区，极干旱炎热沙漠地区为风沙三区；根据覆盖度（沙漠中植被、戈壁等覆盖程度），又将每区分为固定沙漠（覆盖度 >50%），半固定沙漠（覆盖度10%～50%），流动沙漠（覆盖度 <10%）三类，覆盖度由工程勘探设计人员在公路工程勘察设计时确定。

全国风沙地区公路施工区划参见《编制办法》或教材附录四。若当地气象资料及自然特征与附录四中的风沙地区划分有较大的出入时，由项目所在省、自治区、直辖市公路（交通）工程造价（定额）管理站按当地气象资料和自然特征及上述划分标准确定工程所在地的风沙区划，并抄送交通部公路司备案。

③费率与计算

风沙地区施工增加费以各类工程的人工费和机械使用费之和为基数,根据工程所在地的风沙区划及类别,按表6-7的费率计算。即:

$$风沙地区施工增加费 = \sum(各类工程人工费 + 机械使用费) \times 风沙地区施工增加费率(\%)$$

$$(6-14)$$

一条路线穿过两个以上不同风沙区,按路线长度经过不同的风沙区加权计算项目全线风沙地区施工增加费。

风沙地区施工增加费费率表(%) 表6-7

风沙区划	风沙一区			风沙二区			风沙三区		
工程类别	沙漠类型								
	固定	半固定	流动	固定	半固定	流动	固定	半固定	流动
人工土方	6.00	11.00	18.00	7.00	17.00	26.00	11.00	24.00	37.00
机械土方	4.00	7.00	12.00	5.00	11.00	17.00	7.00	15.00	24.00
汽车运输	4.00	8.00	13.00	5.00	12.00	18.00	8.00	17.00	26.00
人工石方	—	—	—	—	—	—	—	—	—
机械石方	—	—	—	—	—	—	—	—	—
高级路面	0.50	1.00	2.00	1.00	2.00	3.00	2.00	3.00	5.00
其他路面	2.00	4.00	7.00	3.00	7.00	10.00	4.00	10.00	15.00
构造物Ⅰ	4.00	7.00	12.00	5.00	11.00	17.00	7.00	16.00	24.00
钢材及钢结构	1.00	2.00	4.00	1.00	3.00	5.00	2.00	5.00	7.00

(3)沿海地区工程施工增加费

沿海地区工程施工增加费系指工程项目在沿海地区施工受海风、海浪和潮汐的影响,致使人工、机械效率降低等所需增加的费用。本项费用应由沿海各省、自治区、直辖市交通厅(局)制定具体的适用范围(地区),并抄送交通部公路司备案。

沿海地区工程施工增加费以各类工程的直接工程费之和为基数,按表6-8的费率计算。即:

$$沿海地区工程施工增加费 = \sum 各类工程的直接工程费 \times 沿海地区工程施工增加的费率(\%)$$

$$(6-15)$$

沿海地区工程施工增加费费率表(%) 表6-8

工 程 类 别	费 率	工 程 类 别	费 率
构造物Ⅱ	0.15	构技术复杂大桥	0.15
构造物Ⅲ	0.15	钢材及钢结构	0.15

5)行车干扰工程施工增加费

行车干扰工程施工增加费系指由于边施工边维持通车,受行车干扰的影响,致使人工、机械效率降低而增加的费用。

行车干扰工程施工增加费以受行车影响部分的工程项目的人工费和机械使用费之和为基数,按表6-9的费率计算。即:

$$行车干扰工程施工增加费 = \sum(受行车影响部分的工程项目的人工费 +$$
$$机械使用费) \times 行车干扰工程增加费费率(\%) \quad (6-16)$$

行车干扰工程施工增加费费率表（％）　　　　　　　表6-9

工程类别	施工期平均每昼夜双向行车次数（汽车兽力车合计）（次）							
	51~100	101~500	501~1000	1001~2000	2001~3000	3001~4000	4001~5000	5000以上
人工土方	1.64	2.46	3.28	4.10	4.76	5.29	5.86	6.44
机械土方	1.39	2.19	3.00	3.89	4.51	5.02	5.56	6.11
汽车运土	1.36	2.09	2.85	3.75	4.35	4.84	5.36	5.89
人工石方	1.66	2.40	3.33	4.06	4.71	5.24	5.81	6.37
机械石方	1.16	1.71	2.38	3.19	3.70	4.12	4.56	5.01
高级路面	1.24	1.87	2.50	3.11	3.61	4.01	4.45	4.88
其他路面	1.17	1.77	2.36	2.94	3.41	3.79	4.20	4.62
构造物Ⅰ	0.94	1.41	1.89	2.36	2.74	3.04	3.37	3.71
构造物Ⅱ	0.95	1.43	1.90	2.37	2.75	3.06	3.39	3.72
构造物Ⅲ	0.95	1.42	1.90	2.37	2.75	3.05	3.38	3.72

由于该增加费用是以"受行车影响部分"工程的人工费和机械使用费之和为计算基数，所以如何区分受行车影响部分的工程，是正确计算该费用的核心。特别是对于不设便道的半幅施工半幅通车的工程，在原路线一侧加宽改建扩建工程等，均应作具体分析，以确定是否可以按局部工程计列该增加费用。

6）施工标准化与安全措施费

施工标准化与安全措施费系指工程施工期间为满足安全生产、施工标准化、规范化、精细化所发生的费用。该费用不包括施工期间为保证交通安全而设置的临时安全设施和标志、标牌的费用，需要时，应根据设计要求计算。该费用也不包括预制场、拌和站、临时便道、临时便桥的施工标准化费用，应根据施工组织标准化要求单独计算。施工标准化与安全措施费以各类工程的直接工程费之和为基数，按表6-10的费率计算。即：

施工标准化与安全措施费 = Σ各类工程的直接工程费 × 施工标准化与安全措施费费率（％）

(6-17)

施工标准化与安全措施费费率表（％）　　　　　　　表6-10

工　程　类　别	费　率	工　程　类　别	费　率
人工土方	0.7	构造物Ⅰ	0.85
机械土方	0.7	构造物Ⅱ	0.92
汽车运输	0.25	构造物Ⅲ	1.85
人工石方	0.7	技术复杂大桥	1.01
机械石方	0.7	隧道	0.86
高级路面	1.18	钢材及钢结构	0.63
其他路面	1.2		

7）临时设施费

（1）定义

临时设施费系指施工企业为进行建筑安装工程施工所必需的生活和生产用的临时建筑物、构筑物和其他临时设施及其标准化的费用等，但不包括概、预算定额中的临时工程在内。

（2）临时设施及其费用内容

临时设施包括：临时生活及居住房屋（包括职工家属房屋及探亲房屋）、文化福利及公用房屋(如广播室、文体活动室等)和生产、办公房屋(如原材料、半成品、成品存放场及库房、加工厂、钢筋加工场、发电站、变电站、空压机站、停机棚等),工地范围内的各种临时的工作便道(包括汽车、畜力车、人力车道)、人行便道,工地临时用水、用电的水管支线和电线支线,临时构筑物(如水井、水塔等)以及其他小型临时设施。

学习记录

临时设施费用内容包括:临时设施的搭设、维修、拆除费或摊销费。

(3)费率与计算

临时设施费以各类工程的直接工程费之和为基数,按表6-11的费率计算。即:

$$临时设施费 = \sum 各类工程的直接工程费 \times 临时设施费费率(\%) \qquad (6-18)$$

临时设施费费率表(%)　　　　　　　　　　　　　　　　表6-11

工　程　类　别	费　率	工　程　类　别	费　率
人工土方	1.73	构造物Ⅰ	2.92
机械土方	1.56	构造物Ⅱ	3.45
汽车运输	1.01	构造物Ⅲ	6.39
人工石方	1.76	技术复杂大桥	3.21
机械石方	2.17	隧道	2.83
高级路面	2.11	钢材及钢结构	2.73
其他路面	2.06		

8)施工辅助费

(1)定义

施工辅助费包括生产工具用具使用费、检验试验费和工程定位复测、工程点交、场地清理等费用。

生产工具用具使用费系指施工所需不属于固定资产的生产工具、检验、试验用具及仪器、仪表等的购置、摊销和维修费,以及支付给工人自备工具的补贴费。

检验试验费系指对建筑材料、构件和建筑安装工程进行一般鉴定、检查所发生的费用,包括自设试验室进行试验所耗用的材料和化学药品的费用,以及技术革新和研究试验费。但不包括新结构、新材料的试验费和建设单位要求对具有出厂合格证明的材料进行检验、对构件破坏性试验及其他特殊要求检验的费用。

(2)费率与计算

施工辅助费以各类工程的直接工程费之和为基数,按表6-12的费率计算。即:

$$施工辅助费 = \sum 各类工程的直接工程费 \times 施工辅助费费率(\%) \qquad (6-19)$$

施工辅助费费率表(%)　　　　　　　　　　　　　　　　表6-12

工　程　类　别	费　率	工　程　类　别	费　率
人工土方	0.89	构造物Ⅰ	1.30
机械土方	0.49	构造物Ⅱ	1.56
汽车运输	0.16	构造物Ⅲ	3.03
人工石方	0.85	技术复杂大桥	1.68
机械石方	0.46	隧　道	1.23
高级路面	0.80	钢材及钢结构	0.56
其他路面	0.74		

9）工地转移费

（1）定义

工地转移费系指施工企业根据建设任务的需要，由已竣工的工地或后方基地迁至新工地的搬迁费用。

（2）费用内容

①施工单位全体职工及随职工迁移的家属向新工地转移的车费、家具行李运费、途中住宿费、行程补助费、杂费及工资与工资附加费等。

②公物、工具、施工设备器材、施工机械的运杂费，以及外租机械的往返费及本工程内部各工地之间施工机械、设备、公物、工具的转移费等。

③非固定工人进退场及一条路线中各工地转移的费用。

（3）费率和计算

工地转移费以各类工程的直接工程费之和为基数，按表6-13的费率计算。即：

$$工地转移费 = \sum 各类工程的直接工程费 \times 工地转移费费率（\%）\qquad(6-20)$$

（4）注意事项

①转移距离以工程承包单位（如工程处、工程公司等）转移前后驻地距离或两路线中点的距离为准。

②编制概（预）算时，如施工单位不明确时，高速、一级公路及独立大桥、隧道按省城（自治区首府）至工地的里程，二级及其以下公路按地（市、盟）至工地的里程计算工地转移费。

③工地转移里程数在表列里程之间时，费率可内插计算。

④工地转移距离在50km以内的工程不计取本项费用。

工地转移费率表（%）　　　　　　　　　　　　表6-13

工程类别	工 地 转 移 距 离 （km）					
	50	100	300	500	1000	每增加100
人工土方	0.15	0.21	0.32	0.43	0.56	0.03
机械土方	0.50	0.67	1.05	1.37	1.82	0.08
汽车运输	0.31	0.40	0.62	0.82	1.07	0.05
人工石方	0.16	0.22	0.33	0.45	0.58	0.03
机械石方	0.36	0.43	0.74	0.97	1.28	0.06
高级路面	0.61	0.83	1.30	1.70	2.27	0.12
其他路面	0.56	0.75	1.18	1.54	2.06	0.10
构造物Ⅰ	0.56	0.75	1.18	1.54	2.06	0.11
构造物Ⅱ	0.66	0.89	1.40	1.83	2.45	0.13
构造物Ⅲ	1.31	1.77	2.77	3.62	4.85	0.25
技术复杂大桥	0.75	1.01	1.58	2.06	2.76	0.14
隧道	0.52	0.71	1.11	1.45	1.94	0.10
钢材及钢结构	0.72	0.97	1.51	1.97	2.64	0.13

【**例6-6**】　假定某公路桥梁工程的桩基础工程，其他工程费中的11项费用除沿海地区和风沙地区施工增加费外都需计算，经预算计算结果得知该细目的人工费为560.0万元，材料费为1080.0万元，机械使用费为680.0万元，该桥位于青海省西宁市，该地区海拔高度为2800m，施工期间平均每昼夜双向行车次数168，主副食综合运距9km，工地转移距离350km。试计算该工程

细目的直接工程费,其他工程费和直接费。

【解】 (1)直接工程费

直接工程费 = 人工费 + 材料费 + 机械使用费 = 560.0 + 1080.0 + 680.0 = 2320.0 万元

(2)其他工程费

①分项计算法

a. 冬季施工增加费。由本书附录二查得,该桥位于冬三区,由工程类别划分可知,该工程细目属于构造物Ⅱ,由表6-3查得,冬季施工增加费费率1.67%。

冬季施工增加费为直接费工程乘以冬季施工增加费费率,即:

$$冬季施工增加费 = 2320 × 1.67\% = 38.744 万元$$

b. 雨季施工增加费。由教材附录三查得,该桥雨量区Ⅰ、雨季期1.5,由表6-4查得,雨季施工增加费费率0.04%。雨季施工增加费为直接工程费乘以雨季施工增加费费率,即:

$$雨季施工增加费 = 2320.0 × 0.04\% = 0.928 万元$$

c. 夜间施工增加费。由表6-5查得,夜间施工增加费费率0.35%。夜间施工增加费为直接工程费乘以夜间施工增加费费率,即:

$$该工程细目的夜间施工增加费为 = 2320.0 × 0.35\% = 8.120 万元$$

d. 高原地区施工增加费。由表6-6查得,高原地区施工增加费费率19.17%。高原地区施工增加费为人工费和机械使用费之和乘以高原地区施工增加费费率,即:

$$高原地区施工增加费 = (560.0 + 680.0) × 19.17\% = 237.708 万元$$

e. 风沙地区施工增加费:不列。

f. 沿海地区工程施工增加费:不列。

g. 行车干扰工程施工增加费。由表6-9查得,行车干扰工程施工增加费率为1.43%。行车干扰工程施工增加费为工程项目的人工费和机械使用费之和乘以行车干扰工程施工增加费费率,即:

$$行车干扰工程施工增加费 = (560.0 + 680.0) × 1.43\% = 17.732 万元$$

h. 施工标准化与安全措施费。由表6-10查得,施工标准化与安全措施费费率为0.92%。施工标准化与安全措施费为直接工程费乘以施工标准化与安全措施费费率,即:

$$安全及文明施工措施费 = 2320.0 × 0.92\% = 21.344 万元$$

i. 临时设施费。由表6-11查得,临时设施费费率为3.45%。临时设施费为直接工程费乘以临时设施费费率,即:

$$临时设施费 = 2320.0 × 3.45\% = 80.040 万元$$

j. 施工辅助费。由表6-12查得,临时设施费费率为1.56%。施工辅助费为直接工程费乘以施工辅助费费率,故:

$$施工辅助费 = 2320.0 × 1.56\% = 36.192 万元$$

k. 工地转移费。查表6-13得,内插得工地转移费费率1.51%,故:

$$工地转移费 = 2320.0 × 1.51\% = 35.032 万元$$

该工程细目的其他工程费为:

$$38.744 + 0.928 + 8.120 + 237.708 + 17.732 + 21.344 + 80.040 +$$
$$36.192 + 35.032 = 475.840 万元$$

②列表计算法

a. 查出各项工程费率如表6-14所示。

其他工程费费率(%) 　　　　　　　　　　表 6-14

序号	工程类别	冬季施工增加费	雨季施工增加费	夜间施工增加费	高原地区施工增加费	风沙地区施工增加费	沿海地区施工增加费	行车干扰施工增加费	施工标准化与安全措施费	临时设施费	施工辅助费	工地转移费	综合费率	
													Ⅰ	Ⅱ
1	2	3	4	5	6	7	8	9	10	11	12	13	14	15
一	构造物Ⅱ	1.67	0.04	0.35			—		0.92	3.45	1.56	1.51	9.50	
					19.17	—		1.43						20.6

学习记录

b.计算综合费率。计算各项费用时,把计算基数相同的费率加在一起,形成了综合费率Ⅰ和综合费率Ⅱ。

$$综合费率Ⅰ = 1.67 + 0.04 + 0.35 + 0.92 + 3.45 + 1.56 + 1.51 = 9.50\%$$

$$综合费率Ⅱ = 19.17\% + 1.43\% = 20.6\%$$

c.计算其他工程费。

$$综合费用Ⅰ = 直接工程费 \times 综合费用Ⅰ = 2320.0 \times 9.50\% = 220.400 万元$$

$$综合费用Ⅱ = (工费 + 机械费) \times 综合费用Ⅱ = (560.0 + 680.0) \times 20.6\% = 255.44 万元$$

$$该工程细目的其他工程费 = 220.400 + 255.44 = 475.840 万元$$

(3)直接费的计算

$$直接费 = 直接工程费 + 其他工程费 = 2320.000 + 475.840 = 2795.840 万元$$

◆请练习[思考题 6-8]

三、间接费的内容及计算

间接费由规费和企业管理费两项组成。

1.规费

1)定义

规费系指政府和有关权力部门规定施工企业必须缴纳的费用(简称规费)。

2)费用内容

(1)养老保险费:指施工企业按规定标准为职工缴纳的基本养老保险费。

(2)失业保险费:指施工企业按国家规定标准为职工缴纳的失业保险费。

(3)医疗保险费:指施工企业按规定标准为职工缴纳的基本医疗保险费和生育保险费。

(4)住房公积金:指施工企业按规定标准为职工缴纳的住房公积金。

(5)工伤保险费:指施工企业按规定标准为职工缴纳的工伤保险费。

3)计算方法

各项规费以各类工程的人工费之和为基数,按国家或工程所在地相关部门规定的标准计算。

2.企业管理费

企业管理费由基本费用、主副食运费补贴、职工探亲路费、职工取暖补贴和财务费用五项组成。

1)基本费用

企业管理费基本费用系指施工企业为组织施工生产和经营管理所需费用,内容包括:

(1)管理人员工资:指管理人员的基本工资、工资性补贴、职工福利费、劳动保护费以及缴纳的养老、失业、医疗、生育、工伤保险费和住房公积金等。

(2)办公费:指企业办公文具、纸张、账表、印刷、邮电、书报、会议、水、电、烧水和集体取暖

（包括现场临时宿舍取暖）用煤（气）等费用。

（3）差旅交通费：指职工因公出差和工作调动（包括随行家属的旅费）的差旅费，住勤补助费，市内交通及误餐补助费，职工探亲路费，劳动力招募费，职工离退休、退职一次性路费，工伤人员就医路费，以及管理部门使用的交通工具油料、燃料、牌照及养路费等。

（4）固定资产使用费：指管理和试验部门及附属生产单位使用的属于固定资产的房屋、设备、仪器等的折旧，大修、维修或租赁费等。

（5）工具用具使用费：指管理使用的不属于固定资产的生产工具、用具、家具、交通工具的检验、试验、测绘、消防用具等的购置、维修和摊销费。

（6）劳动保险费：指企业支付离退休职工易地安家补助费、职工退休金、6个月以上病假人员工资、职工死亡丧葬补助费、抚恤费，按规定支付给离休干部的各项经费。

（7）工会经费：指企业按职工工资总额计提的工会经费。

（8）职工教育经费：指企业为职工学习先进技术和提高文化水平，按职工工资总额计提的费用。

（9）保险费：指企业财产保险、管理用车辆等保险费用。

（10）工程保修费：指工程竣工交付使用后，在规定保修期以内的修理费用。

（11）工程排污费：指施工现场按规定缴纳的排污费用。

（12）税金：指企业按规定交纳的房产税、车船使用税、土地使用税、印花税。

（13）其他：指上述项目以外的其他必要的费用支出，包括技术转让费、技术开发费、业务招待费、绿化费、广告费、投标费、公证费、定额测定费、法律顾问费、审计费、咨询费等。

计算方法及费率：基本费用以各类工程的直接费之和为基数，按表6-15的费率计算。即：

$$基本费用 = \sum 各类工程的直接费 \times 基本费用费率（\%） \tag{6-21}$$

基本费用费率表（％） 表6-15

工 程 类 别	费 率	工 程 类 别	费 率
人工土方	3.36	构造物Ⅰ	4.44
机械土方	3.26	构造物Ⅱ	5.53
汽车运输	1.44	构造物Ⅲ	9.79
人工石方	3.45	技术复杂大桥	4.72
机械石方	3.28	隧 道	4.22
高级路面	1.91	钢材及钢结构	2.42
其他路面	3.28		

2）主副食运费补贴

主副食运费补贴系指施工企业在远离城镇及乡村的野外施工购买生活必需品所需的费用。该费用以各类工程的直接费之和为基数，按表6-16的费率计算。即：

$$主副食运费补贴 = \sum 各类工程的直接费 \times 主副食运费补贴费率（\%） \tag{6-22}$$

综合里程 = 粮食运距 $\times 0.06$ + 燃料运距 $\times 0.09$ + 蔬菜运距 $\times 0.15$ + 水的运距 $\times 0.70$

粮食、燃料、蔬菜、水的运距均为全线平均运距；综合里程数在表6-16所列里程之间时，费率可内插；综合里程在1km以内的工程，不计取本项费用。

主副食运费补贴费费率表(%)　　　　　　　　　表6-16

工程类别	综合里程（km）											
	1	3	5	8	10	15	20	25	30	40	50	每增10
人工土方	0.17	0.25	0.31	0.39	0.45	0.56	0.67	0.76	0.89	1.06	1.22	0.16
机械土方	0.13	0.19	0.24	0.30	0.35	0.43	0.52	0.59	0.69	0.81	0.95	0.13
汽车运输	0.14	0.20	0.25	0.32	0.37	0.45	0.55	0.62	0.73	0.86	1.00	0.14
人工石方	0.13	0.19	0.24	0.30	0.34	0.42	0.51	0.58	0.67	0.80	0.92	0.12
机械石方	0.12	0.18	0.22	0.28	0.33	0.41	0.49	0.55	0.65	0.76	0.88	0.12
高级路面	0.08	0.12	0.15	0.20	0.22	0.28	0.33	0.38	0.44	0.52	0.60	0.08
其他路面	0.09	0.12	0.15	0.20	0.22	0.28	0.33	0.38	0.44	0.52	0.61	0.09
构造物Ⅰ	0.13	0.18	0.23	0.28	0.32	0.40	0.49	0.55	0.65	0.76	0.89	(6-12
构造物Ⅱ	0.14	0.20	0.25	0.30	0.35	0.43	0.52	0.60	0.70	0.83	0.96	0.13
构造物Ⅲ	0.25	0.36	0.45	0.55	0.64	0.79	0.96	1.09	1.28	1.51	1.76	0.24
技术复杂大桥费	0.11	0.16	0.20	0.25	0.29	0.36	0.43	0.49	0.57	0.69	0.79	0.11
隧道	0.11	0.16	0.19	0.24	0.28	0.34	0.42	0.48	0.56	0.66	0.77	0.10
钢材及钢结构	0.11	0.16	0.20	0.26	0.30	0.37	0.44	0.50	0.59	0.69	0.80	0.11

学习记录

3）职工探亲路费

职工探亲路费系指按照有关规定施工企业在探亲期间发生的往返车船费、市内交通费和途中住宿费等费用。该费用以各类工程直接费之和为基数，按表6-17的费率计算。即：

$$职工探亲路费 = \sum 各类工程的直接费 \times 职工探亲路费费率（\%）\qquad（6-23）$$

职工探亲路费费率表(%)　　　　　　　　　表6-17

工 程 类 别	费 率	工 程 类 别	费 率
人工土方	0.10	构造物Ⅰ	0.29
机械土方	0.22	构造物Ⅱ	0.34
汽车运输	0.14	构造物Ⅲ	0.55
人工石方	0.10	技术复杂大桥	0.20
机械石方	0.22	隧道	0.27
高级路面	0.14	钢材及钢结构	0.16
其他路面	0.16		

4）职工取暖补贴

职工取暖补贴系指按规定发放给职工的冬季取暖或在施工现场设置的临时取暖设施的费用。该费用以各类工程的直接费之和为基数，按工程所在地的气温区（附录二）选用表6-18的费率计算。即：

$$职工取暖补贴 = \sum 各类工程的直接费 \times 职工取暖补贴费率（\%）\qquad（6-24）$$

职工取暖补贴费费率表（%） 表 6-18

工程类别	气 温 区						
	准二区	冬一区	冬二区	冬三区	冬四区	冬五区	冬六区
人工土方	0.03	0.06	0.10	0.15	0.17	0.26	0.31
机械土方	0.06	0.13	0.22	0.33	0.44	0.55	0.66
汽车运输	0.06	0.12	0.21	0.31	0.41	0.51	0.62
人工石方	0.03	0.06	0.10	0.15	0.17	0.25	0.31
机械石方	0.05	0.11	0.17	0.26	0.35	0.44	0.53
高级路面	0.04	0.07	0.13	0.19	0.25	0.31	0.38
其他路面	0.04	0.07	0.12	0.18	0.24	0.30	0.36
构造物Ⅰ	0.06	0.12	0.19	0.28	0.36	0.46	0.56
构造物Ⅱ	0.06	0.13	0.20	0.30	0.41	0.51	0.62
构造物Ⅲ	0.11	0.23	0.37	0.56	0.74	0.93	1.13
技术复杂大桥	0.05	0.10	0.17	0.26	0.34	0.42	0.51
隧道	0.04	0.08	0.14	0.22	0.28	0.36	0.43
钢材及钢结构	0.04	0.07	0.12	0.19	0.25	0.31	0.37

5）财务费用

财务费用系指施工企业为筹集资金而发生的各项费用,包括企业经营期间发生的短期贷款利息净支出、汇兑净损失、调剂外汇手续费、金融机构手续费,以及企业筹集资金发生的其他财务费用。

财务费用以各类工程的直接费之和为基数,按表 6-19 的费率计算。即:

$$财务费用 = \sum 各类工程的直接费 \times 财务费用费率（\%） \tag{6-25}$$

财务费用费率表（%） 表 6-19

工 程 类 别	费 率	工 程 类 别	费 率
人工土方	0.23	构造物Ⅰ	0.37
机械土方	0.21	构造物Ⅱ	0.40
汽车运输	0.21	构造物Ⅲ	0.82
人工石方	0.22	技术复杂大桥	0.46
机械石方	0.20	隧道	0.39
高级路面	0.27	钢材及钢结构	0.48
其他路面	0.30		

3. 辅助生产间接费

辅助生产间接费系指由施工单位自行开采加工的砂、石等自采材料及施工单位自办的人工装卸和运输的间接费。

辅助生产间接费按人工费的 5% 计。该项费用并入材料预算单价内构成材料费,不直接出现在概(预)算中。

高原地区施工单位的辅助生产,可按其他工程费中高原地区施工增加费费率,以直接工程费为基数计算高原地区施工增加费(其中:人工采集、加工材料、人工装卸、运输材料按人工土方费率计算;机械采集、加工材料按机械石方费率计算;机械装、运输材料按汽车运输费率计算)。

辅助生产高原地区施工增加费不作为辅助生产间接费的计算基数。

【例6-7】 关于间接费及相关费用的计算方法。

【解】 (1)某施工单位承包一技术复杂的大桥工程,地处冬三区,主副食综合运距15km,经预算分析可得其人工费为1200万元,材料费为5800万元,机械使用费为3660万元,其他工程费为960万元,各项费率如表6-20所示,计算该工程的规费和间接费。

间接费费率(%)　　　　表6-20

序号	工程类别	规　费						企　业　管　理　费					
1	2	3	4	5	6	7	8	9	10	11	12	13	14
一	技术复杂的大桥	养老保险费	失业保险费	医疗保险费	住房公积金	工伤保险费	综合费率	基本费用	主副食运费补贴	职工探亲路费	职工取暖补贴	财务费用	综合费率
		12	2	10	12	2	38	4.72	0.36	0.20	0.26	0.46	6.00

(2)计算规费。综合费率为38%,规费计算基数为人工费。故:

$$规费 = 1200 \times 38\% = 456.00 万元$$

(3)计算企业管理费。企业管理费综合费率为6.00%,其计算基数为直接费。

$$直接工程费 = 人工费 + 材料费 + 机械使用费 = 1200 + 5800 + 3660 = 10660 万元$$
$$直接费 = 直接工程费 + 其他工程费 = 10660 + 960 = 11620 万元$$
$$企业管理费 = 11620 \times 6.00\% = 697.20 万元$$

(4)计算间接费。

$$间接费 = 规费 + 企业管理费 = 456.00 + 697.20 = 1153.20 万元$$

◆ **请练习**[思考题6-9]

四、利润

利润系指施工企业完成所承包工程应取得的盈利,利润按直接费与间接费之和扣除规费的7%计算。即:

$$利润 = (直接费 + 间接费 - 规费) \times 7\% \tag{6-26}$$

五、税金

税金系指按国家税法规定应计入建筑安装工程造价内的营业税,城市维护建设税及教育费附加。

1. 营业税

营业税的税额为营业额的3%。计算公式为:

$$营业税 = 营业额 \times 3\% \tag{6-27}$$

其中营业额是指从事建筑、安装及其他工程作业收取的全部费用。

2. 城市维护建设税

城市维护建设税是国家为了加强城乡的维护建设,扩大和稳定城市、乡镇维护建设资金的来源,而对有经营收入的单位和个人征收的一种税。

城市维护建设税应纳税额的计算公式为:

$$城市维护建设税 = 营业税 \times 适用税率 \tag{6-28}$$

城市维护建设税的纳税人所在地为市区的,按营业税的7%征收;所在地为县镇的,按营业税的5%征收;所在地为农村的,按营业税的1%征收。

3. 教育费附加

教育费附加税额为营业税的3%。计算公式为:

$$教育费附加 = 营业额 \times 3\% \qquad (6-29)$$

为了方便计算,可将营业税、城市维护建设税和教育费附加合并在一起计算,以工程成本加利润为基数计算税金。计算公式为:

$$综合税金额 = (直接工程费 + 间接费 + 利润) \times 综合税率(\%) \qquad (6-30)$$

综合税率的计算公式为:

$$综合税率 = \frac{1}{1 - 营业税税率 \times (1 + 城市维护建设税税率 + 教育费附加税税率)} - 1 \qquad (6-31)$$

综合税率的确定分以下几种情况:

(1)纳税地点在市区的企业,综合税率为:

$$综合税率(\%) = \left[\frac{1}{1 - 3\% - (3\% \times 7\%) - (3\% \times 3\%)} - 1 \right] \times 100\% = 3.41\%$$

(2)纳税地点在县城、乡镇的企业,综合税率为:

$$综合税率(\%) = \left[\frac{1}{1 - 3\% - (3\% \times 5\%) - (3\% \times 3\%)} - 1 \right] \times 100\% = 3.35\%$$

(3)纳税地点不在市区、县城、乡镇的企业,综合税率为:

$$综合税率(\%) = \left[\frac{1}{1 - 3\% - (3\% \times 1\%) - (3\% \times 3\%)} - 1 \right] \times 100\% = 3.22\%$$

◆ 请练习[思考题6-10]

第四节　设备、工具、器具及家具购置费的计算

设备、工具、器具及家具购置费在概、预算项目表中属于第二部分费用。

一、设备购置费

1. 费用内容

设备购置费系指为满足公路的营运、管理、养护需要,购置的构成固定资产标准的设备和虽低于固定资产标准但属于设计明确列入设备清单的设备费用。包括渡口设备,隧道照明、消防、通风的动力设备,高等级公路的收费、监控、通信、供电设备,养护用的机械、设备和工具、器具等的购置费用。

2. 计算方法

设备购置费应由设计单位列出计划购置的清单(包括设备的规格、型号、数量),以设备原价加综合业务费和运杂费,按以下公式计算:

$$设备购置费 = 设备原价 + 运杂费(运输费 + 装卸费 + 搬动费) +$$
$$运输保险费 + 采购及保管费 \qquad (6-32)$$

编制预算时,该费用在05表中计算。需要安装的设备,应在第一部分建筑安装工程费的有关项目内另计设备的安装工程费。

1)国产设备原价的构成及计算

国产设备的原价一般是指设备制造厂的交货价,即出厂价或订货合同价。它一般根据生产厂或供应商的询价、报价、合同价确定,或采用一定的方法计算确定。其内容包括按专业标准规定的在运输过程中不受损失的一般包装费及按产品设计规定配备的工具、附件和易损件的费用。即:

$$设备原价 = 出厂价(或供货地点价) + 包装费 + 手续费 \tag{6-33}$$

2)进口设备原价的构成及计算

进口设备的原价是指进口设备的抵岸价,即抵达买方边境港口或边境车站,且交完关税为止形成的价格。即:

$$进口设备原价 = 货价 + 国际运费 + 运输保险费 + 银行财务费 + 外贸手续费 + 关税 +$$
$$增值税 + 消费税 + 商检费 + 检疫费 + 车辆购置附加费 \tag{6-34}$$

学习记录

(1)货价:一般指装运港船上交货价(FOB,习惯称离岸价)。设备货价分为原币货价和人民币货价。原币货价一律折算为美元表示,人民币货价按原币货价乘以外汇市场美元兑换人民币的中间价确定。进口设备货价按有关生产厂商询价、报价、订货合同价计算。

(2)国际运费:即从装运港(站)到达我国抵达港(站)的运费。即:

$$国际运费 = 原币货价(FOB 价) \times 运费费率 \tag{6-35}$$

我国进口设备大多采用海洋运输,小部分采用铁路运输,个别采用航空运输。运费费率参照有关部门或进出口公司的规定执行,海运费费率一般为6%。

(3)运输保险费:对外贸易货物运输保险是由保险人(保险公司)与被保险人(出口人或进口人)订立保险契约,在被保险人交付议定的保险费后,保险人根据保险契约的规定,对货物在运输过程中发生的承保责任范围内的损失给予经济上的补偿。这是一种财产保险。计算公式为:

$$运输保险费 = [原币货价(FOB 价) + 国际运费] \div (1 - 保险费费率) \times$$
$$保险费费率 \tag{6-36}$$

保险费费率按保险公司规定的进口货物保险费费率计算,一般为0.35%。

(4)银行财务费:一般指中国银行手续费。其可按下式简化计算:

$$银行财务费 = 人民币货价(FOB 价) \times 银行财务费费率 \tag{6-37}$$

银行财务费费率一般为0.4% ~0.5%。

(5)外贸手续费:指按规定计取的外贸手续费。其计算公式为:

$$外贸手续费 = [人民币货价(FOB 价) + 国际运费 + 运输保险费] \times$$
$$外贸手续费费率 \tag{6-38}$$

外贸手续费费率一般为1% ~1.5%。

(6)关税:指海关对进出国境或关境的货物和物品征收的一种税。其计算公式为:

$$关税 = [人民币货价(FOB 价) + 国际运费 + 运输保险费] \times 进口关税税率 \tag{6-39}$$

进口关税税率按我国海关总署发布的进口关税税率计算。

(7)增值税:是对从事进口贸易的单位和个人,在进口商品报关进口后征收的税种。按《中华人民共和国增值税条例》的规定,进口应税产品均按组成计税价格和增值税税率直接计算应纳税额。即:

$$增值税 = [人民币货价(FOB 价) + 国际运费 + 运输保险费 + 关税 + 消费税] \times$$
$$增值税税率 \tag{6-40}$$

增值税税率根据规定的税率计算,目前进口设备适用的税率为17%。

(8)消费税:对部分进口设备(如轿车、摩托车等)的征收。其计算公式为:

$$应纳消费税额 = [人民币货价(FOB 价) + 国际运费 + 运输保险费 + 关税] \div$$
$$(1 - 消费税税率) \times 消费税税率 \tag{6-41}$$

消费税税率根据规定的税率计算。

(9)商检费:指进口设备按规定付给商品检查部门的进口设备检验鉴定费。其计算公式为:

$$商检费 = [人民币货价(FOB 价) + 国际运费 + 运输保险费] \times 商检费费率 \tag{6-42}$$

商检费费率一般为 0.8%。

(10)检疫费:指进口设备按规定付给商品检疫部门的进口设备检验鉴定费。其计算公式为:

学习记录

$$检疫费 = [人民币货价(FOB 价) + 国际运费 + 运输保险费] \times 检疫费费率 \quad (6-43)$$

检疫费费率一般为 0.17%。

(11)车辆购置附加费:指进口车辆需缴纳的进口车辆购置附加费。其计算公式为:

$$进口车辆购置附加费 = [人民币货价(FOB 价) + 国际运费 + 运输保险费 +$$
$$关税 + 消费税 + 增值税] \times 进口车辆购置附加费费率 \quad (6-44)$$

在计算进口设备原价时,应注意工程项目的性质,有无按国家有关规定减免进口环节税的可能。

◆ **请练习[思考题 6-11]**

3)设备运杂费的构成及计算

国产设备运杂费指由设备制造厂交货地点起至工地仓库(或施工组织设计指定的需要安装设备的堆放地点)止所发生的运费和装卸费;进口设备运杂费指由我国到岸港口或边境车站起至工地仓库(或施工组织设计指定的需要安装设备的堆放地点)止所发生的运费和装卸费。其计算公式为:

$$运杂费 = 设备原价 \times 运杂费费率 \quad (6-45)$$

设备运杂费费率见表 6-21。

设备运杂费费率表 表 6-21

运输里程(km)	100以内	101~200	201~300	301~400	401~500	501~750	701~1000	1001~1250	1251~1500	1501~1750	1751~2000	2000以上,每增250
费率(%)	0.8	0.9	1.0	1.1	1.2	1.5	1.7	2.0	2.2	2.4	2.6	0.2

4)设备运输保险费的构成及计算

设备运输保险费指国内运输保险费。其计算公式为:

$$运输保险费 = 设备原价 \times 保险费费率 \quad (6-46)$$

设备运输保险费率一般为 1%。

5)设备采购及保管费的构成及计算

设备采购及保管费指采购、验收、保管和收发设备所发生的各种费用,包括设备采购人员、保管人员和管理人员的工资、工资附加费、办公费、差旅交通费,设备供应部门办公和仓库所占固定资产使用费、工具用具使用费、劳动保护费、检验试验费等。其计算公式为:

$$采购及保管费 = 设备原价 \times 采购及保管费费率 \quad (6-47)$$

需要安装的设备的采购保管费费率为 2.4%,不需要安装的设备的采购保管费费率为 1.2%。

二、工具、器具及生产家具(简称工器具)购置费

工器具购置费系指建设项目交付使用后为满足初期正常运营必须购置的第一套不构成固定资产的设备、仪器、仪表、工卡模具、器具、工作台(框、架、柜)等的费用。不包括:构成固定资产的设备、工器具和备品、备件,已列入设备购置费中的专用工具和备品、备件。

对于工器具购置,应由设计单位列出计划购置的清单(包括规格、型号、数量),购置费的计算方法同设备购置费。

三、办公和生活用家具购置费

办公和生活用家具购置费系指为保证新建、改建项目初期正常生产、使用和管理所必须购置的办公和生活用家具、用具的费用。

(1)范围包括:行政、生产部门的办公室、会议室、资料档案室、阅览室、单身宿舍及生活福利设施等的家具、用具。

(2)计算方法:办公和生活用家具购置费,按路线工程的设计里程和有看桥房的独立大桥的座数,乘以表6-22的相应购置费标准计算。

办公和生活用家具购置费标准表　　　　　　表6-22

工 程 所 在 地	路 线 (元/km)				有看桥房独立大桥(元/座)	
	高速公路	一级公路	二级公路	三级、四级公路	一般大桥	技术复杂大桥
内蒙古、黑龙江、青海、新疆、西藏	21500	15600	7800	4000	24000	60000
其他省、自治区、直辖市	17500	14600	5800	2900	19800	49000

注:改建工程按表列数据的80%计。

第五节　工程建设其他费用

工程建设其他费用在概、预算项目表中属于第三部分费用。

工程建设其他费用包括:土地征用及拆迁补偿费、建设项目管理费、研究试验费、前期工作费、专项评价(估)费、施工机构迁移费、供电贴费、联合试运转费、生产人员培训费、固定资产投资方向调节税、建设期贷款利息共十一项。

关于工程建设其他费用的计算,各省、自治区、直辖市交通厅(局)均有许多具体补充规定,计列时应予注意。

一、土地征用及拆迁补偿费

土地征用及拆迁补偿费系指按照《中华人民共和国土地管理法》及其《中华人民共和国土地管理法实施条例》、《中华人民共和国基本农田保护条例》等法律、法规的规定,为进行公路建设需征用土地所支付的土地征用及拆迁补偿费等费用。

1. 费用内容

(1)土地补偿费

指被征用土地地上、地下附着物及青苗补偿费,征用城市郊区的菜地等缴纳的菜地开发建设基金、租用土地费、耕地占用税、用地图编制费及勘界费、征地管理费等。

(2)征用耕地安置补助费

指征用耕地需要安置农业人口的补助费。

(3)拆迁补偿费

指被征用或占用土地上房屋及附属构筑物、城市公用设施等拆除、迁建补偿费,拆迁管理费等。

(4)复耕费

指临时占用的耕地、鱼塘等,待工程竣工后将其恢复到原有标准所发生的费用。

(5)耕地开垦费

指公路建设项目占用耕地的,应由建设项目法人(业主)负责补充耕地所发生的费用;没有条件开垦或者开垦的耕地不符合要求的,按规定缴纳的耕地开垦费。

(6)森林植被恢复费

指公路建设项目需要占用、征用或者临时占用林地的,经县级以上林业主管部门审核同意或批准,建设项目法人(业主)单位按照有关规定向县级以上林业主管部门预缴的森林植被恢复费。

2.计算方法

土地征用及拆迁补偿费应根据审批单位批准的建设工程用地和临时用地面积及其附着物的情况,以及实际发生的费用项目,按国家有关规定及工程所在地的省(自治区、直辖市)人民政府颁发的有关规定和标准计算。

森林植被恢复费应根据审批单位批准的建设工程占用林地的类型及面积,按国家有关规定及工程所在地的省(自治区、直辖市)人民政府颁发的有关规定和标准计算。

当与原有的电力电讯设施、水利工程、铁路及铁路设施互相干扰时,应与有关部门联系,商定合理的解决方案和赔偿金额,也可由这些部门按规定编制费用以确定补偿金额。

二、建设项目管理费

建设项目管理费包括建设单位(业主)管理费、工程监理费、设计文件审查费和竣(交)工验收试验检验费。

1.建设单位(业主)管理费

建设单位(业主)管理费系指建设单位(业主)为建设项目的立项、筹建、建设、竣(交)工验收、总结等工作所发生的管理费用。不包括应计入设备、材料预算价格的建设单位采购及保管设备、材料所需的费用。

1)费用内容

费用内容包括:工作人员的工资、工资性补贴、施工现场津贴、社会保障费用(基本养老、基本医疗、失业、工伤保险)、住房公积金、职工福利费、工会经费、劳动保护费;办公费、差旅交通费、固定资产使用费(包括办公及生活房屋折旧、维修或租赁费,车辆折旧、维修、使用或租赁费,通信设备购置、使用费,测量、试验设备仪器折旧、维修或租赁费,其他设备折旧、维修或租赁费等)、零星固定资产购置费、招募生产工人费;技术图书资料费、职工教育经费、工程招标费(不含招标文件及标底或造价控制值编制费);合同契约公证费、法律顾问费、咨询费;建设单位的临时设施费、完工清理费、竣(交)工验收费(含其他行业或部门要求的竣工验收费用)、各种税费(包括房产税、车船使用税、印花税等);建设项目审计费、境内外融资费用(不含建设期贷款利息)、业务招待费和其他管理费性开支。

由施工企业代建设单位(业主)办理"土地、青苗等补偿费"的工作人员所发生的费用,应在建设单位(业主)管理费项目中支付。当建设单位(业主)委托有资质的单位代理招标时,其代理费应在建设单位(业主)管理费中支出。

2)计算方法

建设单位(业主)管理费以建筑安装工程费总额为基数,按表6-23的费率,以累进办法计算。

水深大于15m、跨度不小于400m的斜拉桥和跨度不小于800m的悬索桥等独立特大型桥梁工程的建设单位(业主)管理费按表6-23中的费率乘以1.0～1.2的系数计算;海上工程[指由于风浪影响,工程施工期(不包括封冻期)全年月平均工作日少于15d的工程]的建设单位(业主)

管理费按表6-23中的费率乘以1.0~1.3的系数计算。

建设单位管理费费率表 表6-23

第一部分 建筑安装工程费 （万元）	费 率 （%）	算 例 （万元）	
		建筑安装工程费	建设单位(业主)管理费
500 以下	3.48	500	500×3.48%＝17.4
501~1000	2.73	1000	17.4＋500×2.73%＝31.05
1001~5000	2.18	5000	31.05＋4000×2.18%＝118.25
5001~10000	1.84	10000	118.25＋5000×1.84%＝210.25
10001~30000	1.52	30000	210.25＋20000×1.52%＝514.25
30001~50000	1.27	50000	514.25＋20000×1.27%＝768.25
50001~100000	0.94	100000	768.25＋50000×0.94%＝1238.25
100001~150000	0.76	150000	1238.25＋50000×0.76%＝1618.25
150001~200000	0.59	200000	1618.25＋50000×0.59%＝1913.25
200001~300000	0.43	300000	1913.25＋100000×0.43%＝2343.25
300000 以上	0.32	310000	2343.25＋10000×0.32%＝2375.25

2. 工程监理费

工程监理费系指建设单位(业主)委托具有公路工程监理资格证书的单位,按施工监理办法进行全面的监督与管理所发生的费用。

1)费用内容

费用内容包括:工作人员的基本工资、工资性津贴、社会保障费用(基本养老、基本医疗、失业、工伤保险)、住房公积金、职工福利费、工会经费、劳动保护费;办公费、会议费、差旅交通费、固定资产使用费(包括办公及生活房屋折旧、维修或租赁费,车辆折旧、维修、使用或租赁费,通信设备购置、使用费,测量、试验、检测设备仪器折旧、维修或租赁费,其他设备折旧、维修或租赁费等)、零星固定资产购置费、招募生产工人费;技术图书资料费、职工教育经费、投标费用;合同契约公证费、咨询费、业务招待费;财务费用、监理单位的临时设施费、各种税费和其他管理性开支。

2)计算方法

工程监理费以建筑安装工程费总额为基数,按表6-24的费率计算。

工程监理费费率表 表6-24

工程类别	高速公路	一级及二级公路	三级及四级公路	桥梁及隧道
费率(%)	2.0	2.5	3.0	2.5

表6-24中的桥梁指水深大于15m的斜拉桥和悬索桥等独立特大型桥梁工程;隧道指水下隧道工程。

建设单位(业主)管理费和工程监理费均为实施建设项目管理费用,执行时可根据建设单位(业主)和施工监理单位所实际承担的工作内容和工作量统筹使用。

3. 设计文件审查费

设计文件审查费系指国家和省级交通主管部门在项目审批前,为保证勘察设计工作的质量,组织有关专家或委托有资质的单位,对设计单位提交的建设项目可行性研究报告和勘察设计文件以及对设计变更、调整概算进行审查所需要的相关费用。

设计文件审查费以建筑安装工程费总额为基数,按0.1%计算。

4. 竣(交)工验收试验检测费

竣(交)工验收试验检测费系指在公路建设项目交工验收和竣工验收前,由建设单位(业主)或工程质量监督机构委托有资质的公路工程质量检测单位按照有关规定对建设项目的工程质量进行检测,并出具检测意见所需要的相关费用。竣(交)工验收试验检测费按表6-25的规定计算。

竣(交)工验收试验检测费标准表 表6-25

项目	路线(元/公路公里)				独立大桥(元/座)	
	高速公路	一级公路	二级公路	三级、四级公路	一般大桥	技术复杂大桥
试验检测费	15000	12000	10000	5000	30000	100000

竣(交)工验收试验检测费高速公路、一级公路按四车道计算,二级及以下等级公路按二车道计算,每增加一条车道,按表6-25的费用增加10%。

三、研究试验费

研究试验费系指为本建设项目提供或验证设计数据、资料进行必要的研究试验和按照设计规定在施工过程中必须进行试验所需的费用,以及支付科技成果、先进技术的一次性技术转让费。不包括:

(1)应由科技三项费用(即新产品试制费、中间试验费和重要科学研究补助费)开支的项目。

(2)应由施工辅助费开支的施工企业对建筑材料、构件和建筑物进行一般鉴定、检查所发生的费用及技术革新研究试验费。

(3)应由勘察设计费或建筑安装工程费用中开支的项目。

计算方法:按照设计提出的研究试验内容和要求进行编制,不需验证设计基础资料的不计本项费用。

四、建设项目前期工作费

建设项目前期工作费系指委托勘察设计、咨询单位对建设项目进行可行性研究、工程勘察设计,以及设计、监理、施工招标文件及招标标底或造价控制值文件编制时,按规定应支付的费用。包括:

编制项目建议书(或预可行性研究报告)、可行性研究报告、投资估算,以及相应的勘察、设计、专题研究等所需的费用。

初步设计和施工图设计的勘察费(包括测量、水文调查、地质勘探等)、设计费、概(预)算及调整概算编制费等。

设计、监理、施工招标文件及招标标底(或造价控制值或清单预算)文件编制费等。

计算方法:依据委托合同计列或按国家颁发的收费标准和有关规定进行编制。

五、专项评价(估)费

专项评价(估)费系指依据国家法律、法规规定需进行评价(评估)、咨询,按规定应支付的费用。包括环境影响评价费、水土保持评估费、地震安全性评价费、地质灾害危险性评价费、压覆重要矿床评估费、文物勘察费、通航认证费、行洪认证(评估)费、使用林地可行性研究报告编制费、用地预审报告编制费等费用。

计算方法:按国家颁发的收费标准和有关规定进行编制。

六、施工机构迁移费

施工机构迁移费系指施工机构根据建设任务的需要,经有关部门决定成建制地(指工程处等)由原驻地迁移到另一地区所发生的一次性搬迁费用。不包括:

(1)应由施工企业自行负担的,在规定距离范围内调动施工力量以及内部平衡施工力量所发生的迁移费用。

(2)由于违反基建程序,盲目调迁队伍所发生的迁移费。

(3)因中标而引起施工机构迁移所发生的迁移费。

1. 费用内容

费用内容包括:职工及随同家属的差旅费,调迁期间的工资,施工机械、设备、工具、用具和周转性材料的搬运费。

2. 计算方法

施工机构迁移费应经建设项目的主管部门同意按实计算,但计算施工机构迁移费后,如迁移地点即为新工地地点(如独立大桥),则其他工程费内的工地转移费应不再计算;如施工机构迁移地点至新工地地点尚有部分距离,则工地转移费的距离,应以施工机构新地点为计算起点。

七、供电贴费(停止征收)

供电贴费系指按照国家规定,建设项目应交付的供电工程贴费、施工临时用电贴费。

计算方法:按国家有关规定计列。

八、联合试运转费

联合试运转费指新建、改(扩)建工程项目,在竣工验收前按照设计规定的工程质量标准,进行动(静)载荷载实验所需的费用,或进行整套设备带负荷联合试运转期间所需的全部费用抵扣试车期间收入的差额。不包括应由设备安装工程项下开支的调试费的费用。

费用内容包括:联合试动转期间所需的材料、油燃料和动力的消耗,机械和检测设备使用费,工具用具和低值易耗品费,参加联合试运转人员工资及其他费用等。

联合试运转费以建筑安装工程费总额为基数,独立特大型桥梁按 0.075%、其他工程按 0.05%计算。

九、生产人员培训费

生产人员培训费指新建、改(扩)建公路工程项目,为保证生产的正常运行,在工程竣工验收交付使用前对运营部门生产人员和管理人员进行培训所必需的费用。

费用内容包括:培训人员的工资、工资性补贴、职工福利费、差旅交通费、劳动保护费、培训及教学实习费等。

生产人员培训费按设计定员和2000 元/人的标准计算。

十、固定资产投资方向调节税(暂停征收)

固定资产投资方向调节税系指为了贯彻国家产业政策,控制投资规模,引导投资方向,调整投资结构,加强重点建设,促进国民经济持续稳定协调发展,依照《中华人民共和国固定资产投资方向调节税暂行条例》规定,公路建设项目应缴纳的固定资产投资方向调节税。

学习记录

十一、建设期贷款利息

建设期贷款利息系指建设项目中分年度使用国内贷款或国外贷款部分,在建设期间内应归还的贷款利息。费用内容包括各种金融机构贷款、企业集资、建设债券和外汇贷款等利息。

计算方法:根据不同的资金来源,按需付息的分年度投资计算。

计算公式如下:

建设期贷款利息 = Σ(上年末付息贷款本息累计 + 本年度付息贷款额 ÷ 2) × 年利率

即:
$$s = \sum_{n=1}^{N}\left(F_{n-1} + \frac{b_n}{2}\right) \times i \tag{6-48}$$

式中:s——建设期贷款利息;

$\quad N$——项目建设期(年);

$\quad n$——施工年度;

$\quad F_{n-1}$——建设期第($n-1$)年年末需付息贷款本息累计;

$\quad b_n$——建设期第n年度付息贷款额;

$\quad i$——建设期贷款年利率。

【例6-8】 某新建项目,建设期为3年,共向银行贷款1500万元,贷款额度为:第一年300万元,第二年800万元,第三年400万元,年利率为6%,计算建设期贷款利息。

【解】 在建设期,各年利息计算如下:

第一年应计利息 = $\frac{1}{2}$ × 300 × 6% = 9.00 万元

第二年应计利息 = (300 + 9 + $\frac{1}{2}$ × 800) × 6% = 42.54 万元

第三年应计利息 = (300 + 9 + 800 + 42.54 + $\frac{1}{2}$ × 400) × 6% = 81.09 万元

建设期贷款利息总计 = 9.00 + 42.54 + 81.09 = 132.63 万元

◆ 请练习[思考题6-12、思考题6-13]

第六节　预备费的计算

预备费由价差预备费及基本预备费两部分组成。在公路工程建设期限内,凡需动用预备费时,属于公路交通部门投资的项目,需经建设单位提出,按建设项目隶属关系,报交通部或交通厅(局)基建主管部门核定批准。属于其他部门投资的建设项目,按其隶属关系报有关部门核定批准。

一、价差预备费

价差预备费系指设计文件编制年至工程竣工年期间,第一部分费用的人工费、材料费、机械使用费、其他工程费、间接费等以及第二、第三部分费用由于政策、价格变化可能发生上浮而预留的费用及外资贷款汇率变动部分的费用。

(1)计算方法:价差预备费以概(预)算或修正概算第一部分建筑安装工程费总额为基数,按设计文件编制年始至建设项目工程竣工年终的年数和年工程造价增长率计算。

计算公式如下：

$$价差预备费 = P \times [(1+i)^{n-1} - 1] \tag{6-49}$$

式中：P——建筑安装工程费总额；

　　i——年工程造价增长率（%）；

　　n——设计文件编制年至建设项目开工年年限 + 建设项目建设期限。

（2）年工程造价增长率按有关部门公布的工程投资价格指数计算，或由设计单位会同建设单位根据该工程人工费、材料费、施工机械使用费、其他工程费、间接费以及第二、三部分费用可能发生的上浮因素，以第一部分建安费为基数进行综合分析预测。

（3）设计文件编制至工程完工在一年以内的工程，不列此项费用。

【例6-9】　某建设工程项目的建筑安装工程费总额为 55000 万元。按本项目实施进度计划，项目建设期为 3 年，投资分年使用比例为：第一年 30%、第二年 50%、第三年 20%，建设期内预计年平均价格总水平上涨率为 5%。试计算该建设项目的价差预备费。

【解】　根据式（6-49）可计算程度的价差预备费为：

第一年年末的价差预备费 $= 55000 \times 30\% [(1+0.05)^1 - 1] = 825.00$ 万元

第二年年末的价差预备费 $= 55000 \times 50\% [(1+0.05)^2 - 1] = 2818.75$ 万元

第三年年末的价差预备费 $= 55000 \times 20\% [(1+0.05)^3 - 1] = 1733.88$ 万元

该项目建设期的价差预备费 $= 825.00 + 2818.75 + 1733.88 = 5377.63$ 万元

◆ 请练习[思考题6-13]

二、基本预备费

基本预备费系指在初步设计和概算中难以预料的工程和费用，其用途如下：

（1）在进行技术设计、施工图设计和施工过程中，在批准的初步设计和概算范围内所增加的工程费用。

（2）在设备订货时，由于规格、型号改变的价差，材料货源变更、运输距离或方式的改变以及因规格不同而代换使用等原因发生的价差。

（3）由于一般自然灾害所造成的损失和预防自然灾害所采取的措施费用。

（4）在项目主管部门组织竣（交）工验收时，验收委员会（或小组）为鉴定工程质量必须开挖和修复隐蔽工程的费用。

（5）投保的工程根据工程特点和保险合同发生的工程保险费用。

计算方法：以第一、第二、第三部分费用之和（扣除固定资产投资方向调节税和建设期贷款利息两项费用）为基数按下列费率计算：

设计概算按 5% 计列；

修正概算按 4% 计列；

施工图预算按 3% 计列。

采用施工图预算加系数包干承包的工程，包干系数为施工图预算中直接费与间接费之和的 3%。施工图预算包干费用由施工单位包干使用。

该包干费用的内容为：

（1）在施工过程中，设计单位对分部分项工程修改设计而增加的费用，但不包括因水文地质条件变化造成的基础变更、结构变更、标准提高、工程规模改变而增加的费用。

（2）预算审定后，施工单位负责采购的材料由于货源变更、运输距离或方式的改变以及规格不同而代换使用等原因发生的价差。

(3)由于一般自然灾害所造成的损失和预防自然灾害所采取的措施费用(例如一般防台风、防洪的费用)等。

◆ 请练习[思考题 6-14]

第七节　回收金额及其他费用、指标的计算

一、回收金额

概、预算定额所列材料一般不计回收,只对按全部材料计价的一些临时工程项目和由于工程规模或工期限制达不到规定周转次数的拱盔、支架及施工金属设备的材料计算回收金额。回收率见表 6-26。

回　收　率　表   表 6-26

回收项目	使用年限或周转次数				计算基数
	一年或一次	二年或二次	三年或三次	四年或四次	
临时电力、电讯线路	50%	30%	10%	—	材料原价
拱盔、支架	60%	45%	30%	15%	
施工金属设备	65%	65%	50%	30%	

注:施工金属设备指钢壳沉井、钢护筒等。

二、公路交工前养护费指标

公路交工前养护费为陆续竣工的路段,在路段交工初验时,以路面为主,包括路基、构造物在内的养护费用。按全线里程及平均养护月数,以下列标准计算:

(1)三级、四级公路每月养护费按每千米每月 60 工日计算。

(2)二级及以上公路每月养护费按每千米每月 30 工日计算。

(3)按路面工程类别计算其他工程费和间接费。

三、绿化补助费指标

新建公路的绿化补助费指标如下:

(1)平原微丘陵区:5000 元/km。

(2)山岭重丘陵区:1000 元/km。

以上费用标准内已包括其他工程费和间接费。

本指标仅适用于无绿化设计的二级以下等级公路建设项目。

四、冬雨季及夜间施工增工百分率、临时设施用工指标

建筑安装工程费中有关冬季、雨季和夜间施工增加费的计算方法前面已作了介绍,在概、预算的其他工程费计算出来后,与冬季、雨季、夜间施工增加费相应的增加工数,也必须在概、预算中反映出来。

(1)冬雨季及夜间施工增工百分率按表 6-27 计算。

冬雨季施工增工百分率(%) 表6-27

项目	雨 季 施 工		冬 季 施 工							
	(雨量区)		冬一区		冬二区		冬三区	冬四区	冬五区	冬六区
	Ⅰ	Ⅱ	Ⅰ	Ⅱ	Ⅰ	Ⅱ				
路线	0.30	0.45	0.70	1.00	1.40	1.80	2.40	3.00	4.50	6.75
独立大中桥	0.30	0.45	0.30	0.30	0.50	0.60	0.80	1.00	1.50	2.25

注:1. 冬雨季施工增加工百分率以各类工程概、预算工数之和为依据,表中雨季施工增工百分率为每个雨季每月的增加率,如雨季期(不是施工期)为两个半月时,表列数值应乘2.5,余类推。

　　2. 夜间施工增加工百分率按夜间施工工程项目概、预算工数的4%计。

(2)临时设施用工指标按表6-28计算。

临时设施用工指标 表6-28

项目	路 线 (1km)					独立大中桥
	公 路 等 级					(100m² 桥面)
	高速公路	一级公路	二级公路	三级公路	四级公路	
工日	2340	1160	340	160	100	60

◆ 请练习[思考题6-15]

第八节　公路工程概、预算的编制方法

一、公路工程建设各项费用的计算程序及计算方式

公路工程建设各项费用的计算程序及计算方式见表6-29。

概、预算的人工、材料、机械台班单价及其他各项费用计算都是通过规定的表格计算出来的,各种表格的计算顺序和相互关系如图6-3所示。

公路工程建设各项费用的计算程序及计算方式 表6-29

代号	项 目	说 明 及 计 算 式
(一)	直接工程费(工人、材料、机械台班费)	按编制年工程所在地的预算价格计算
(二)	其他工程费	(一)×其他工程费综合费率或各类工程人工费和机械费之和×其他工程费综合费率
(三)	直接费	(一)+(二)
(四)	间接费	各类工程人工费×规费综合费率+(三)×企业管理费综合费率
(五)	利润	[(三)+(四)-规费]×利润率
(六)	税金	[(三)+(四)+(五)]×综合税率
(七)	建筑安装工程费	(三)+(四)+(五)+(六)
(八)	设备、工具、器具购置费(包括备品备件) 办公和生活用家具购置费	Σ(设备、工具、器具购置数量×单价+运杂费)×(1+采购保管费率)按有关定额计算
(九)	工程建设其他费用 土地征用及拆迁补偿费	按有关规定计算

代号	项　目	说　明　及　计　算　式
（九）	建设单位(业主)管理费	（七）×费率
	设计文件审查费	（七）×费率
	工程监理费	（七）×费率
	竣(交)工验收试验检测费	按有关规定计算
	研究试验费	按批准的计划编制
	建设项目前期工作费	按有关规定计算
	专项评价(估)费	按有关规定计算
	施工机构迁移费	按实计算
	供电贴费	按有关规定计算
	联合试运转费	（七）×费率
	生产人员培训费	按有关规定计算
	固定资产投资方向调节税	按有关规定计算
	建设期贷款利息	按实际贷款数及利率计算
（十）	预备费	包括价差预备费和基本预备费两项
	价差预备费	按规定的公式计算
	基本预备费	[（七）+（八）+（九）－固定资产投资方向调节税－建设期贷款利息]×费率
	预备费中施工图预算包干系数	[（三）+（四）]×费率
（十一）	建设项目总费用	（七）+（八）+（九）+（十）

二、编制步骤及注意事项

1. 概、预算编制步骤

概、预算文件的编制是一项十分严肃的工作,为了确保概、预算文件的编制质量,必须根据工程概、预算内在的规律和国家的有关规定,按一定的步骤来进行。

1)熟悉设计图纸和资料

编制概算、修正概算、施工图预算等文件前,应对相应阶段的初步设计、技术设计和施工图设计内容进行检查和整理,认真阅读和核对设计图纸及有关表格,如工程一览表、工程数量表等,若图纸中所用材料规格或要求不清时,要核对查实。

2)准备文件、工具书、表格

在编制概、预算前,应将有关文件,如《公路工程基本建设项目设计文件编制办法》、《公路工程基本建设工程概算预算编制办法》(JTG B06—2007)、国家和地方有关文件准备好,同时,也应将定额如《公路工程概算定额》(JTG/T B06-01—2007)、《公路工程预算定额》(JTG/T B06-02—2007)及各类补充定额等准备齐全。最后,要将概预算表格备齐。

3)分析外业调查资料及施工方案

(1)概、预算调查资料分析

概、预算资料的调查工作是一项关系到概、预算文件质量的基础工作,一般在公路工程外业勘察时同时进行。调查内容很广,原则上凡对施工生产有影响的一切因素都必须调查,主要是筑路材料的来源(沿线料场及有无自采材料),材料运输方式及运距,运费标准,占用土地的补偿费、安置费及拆迁补偿费,沿线可利用房屋及劳动力供应情况等。应对这些调查资料进行分析,若有不明确或不全的部分,应另行调查。以保证概、预算的准确和合理。

(2)施工方案的分析

对与相应设计阶段配套的施工组织设计文件(尤其是施工方案)应认真分析其可行性、合理性、经济性。因为施工方案将直接影响概、预算金额的高低和定额的查用,因此,编制概、预算时,应重点对施工方案进行认真分析。

①施工方法:同一工程内容,可以采用不同的施工方法来完成,如土方施工,有人工挖土方和机械挖土方两种方法;钢筋混凝土工程既可以采用现浇施工,也可以采用预制安装等。因此,应根据工程设计的意图和要求,并同工程实际相结合,选择最经济的施工方法。

②施工机械:施工机械选择也将直接影响施工费用,因此,应根据选定的施工方法选配相应的施工机械,如挖填土方,既可以采用铲运机,也可以采用挖土机配自卸汽车;又如混凝土预制构件安装,也可采用多种机械施工等。

③其他方面:运距远近的选择(如土方中取土坑、弃土堆的位置),材料堆放的位置及仓库的设置,人员高峰期等。

4)分项

公路工程概预算是以分项工程概预算表为基础计算和汇总而来的,所以,工程分项是概预算工作中的一项重要基础工作。一般公路工程的分项必须满足如下三个方面的要求:

(1)按照概、预算项目表的要求分项,这是基本要求。概、预算项目表实质上是将一个复杂的建设项目分解成许多分项工程的一种科学划分方法。

(2)符合定额项目表的要求。定额项目表是定额的主体内容,分项后的分项工程必须能够在定额项目表中直接查到。

(3)符合费率的要求。其他工程费和间接费都是按不同工程类别确定的费率确定的,因此,所分的项目应满足其要求。

按上面三个方面的要求分项后,便可将工程细目——列出并填入08-2表中。

5)计算工程量

在编制概、预算时,应对各分项工程量按工程量计算规则进行计算。一是对设计中已有的工程量进行核对,二是对设计文件中缺少或未列的工程量进行补充计算,计算时应注意计算单位和计算规则与定额的计量单位及计算规则一致。将算得的分项工程量填入08-2表中。

6)查定额

概、预算定额就是以分项工程为对象,统一规定完成一定计量单位分项工程所需的人工、材料、机械台班消耗数量。分项工程一般是按照选用的施工方法,根据所使用的材料、结构构件规格等因素划分。经较为简单的施工过程就能完成,以适当的计量单位就可以计算工程量及其单价的建筑安装工程产品,是建设项目最基本的组成要素。因此,根据分项所得的工程细目(分项工程),即可从定额中查出相应的人工、材料、施工机械名称、单位及消耗量定额值。查出各分项工程的定额基价,并将查得的定额值和定额单位及定额号分别填入08-2表的有关栏目,再将各分项工程的实际工程量换算的定额单位工程数量乘以相应的定额,即可得出各分项工程的资源消耗数量及定额基价,填入08-2表的数量栏中。

7)基础单价的计算

编制概、预算的另一项重要工作便是确定基础单价。基础单价是人工工日单价、材料预算单价和施工机械台班单价的统称。定额中除基础单价和小额零星材料及小型机具用货币指标外,其他均是资源消耗的实物指标。要以货币来表现消耗,就必须计算各种资源的单价。公路工程概预算的基础单价通过09表、10表和11表来计算。

（1）根据08-2表中所出现的材料种类、规格及机械作业所需的燃料和水电编制附表12。

（2）根据实际工程所发生的自采材料种类、规格，按照外业料场调查资料编制"自采材料料场价格计算表（10表）"，并将计算结果汇入09表的材料原价栏中。

（3）根据08-2表和10表中所出现的所有机械种类和09表中自办运输的机械种类，计算工程所有机械的台班单价，即编制"机械台班单价计算表（11表）"。

（4）根据各省、自治区、直辖市交通运输厅（局、委）审批并公布的人工费标准确定人工工日单价。

（5）将（1）~（4）条所算得的各基础单价汇总，编制"人工、材料、机械单价汇总表（07表）"。

8）计算分项工程的直接费和间接费

有了各分项工程的资源消耗数量及基础单价，便可计算其直接费与间接费。

（1）将07表的单价填入08-2表中的单价栏，由单价与数量相乘得出人工费、材料费、机械使用费，并可算得人工、材料、机械台班合计费用。

（2）根据工程类别和工程所在地区，取定各项费率并计算其他工程费和间接费的综合费率，即编制04表。

（3）将04表中各费率填入08-2表中的相应栏目，并以直接工程费或人工费与施工机械使用费之和乘以规定费率计算其他工程费。

（4）分别在08-2表中计算直接费和定额基价。

（5）以相应项目的人工费乘以规定费率计算规费；以相应项目的直接费乘以规定费率计算企业管理费。

9）计算建筑安装工程费

（1）将08-2表中各分项工程的直接费、间接费按工程项目（单位工程）汇总填入03表中的相应栏目。

（2）按要求确定利润和税金的百分率，并填入03表的有关栏目。

（3）以相应项目的（直接费+间接费－规费）×利润率计算利润计算。

（4）以相应项目的（直接费+间接费+利润）×综合税税率计算税金计算。

（5）纵向合计各单位工程的直接费、间接费、利润和税金，得到各单位工程的建筑安装工程费，总计各单位工程的建筑安装工程费，得到工程项目的建筑安装工程费。同时合计定额建筑安装工程费，完成03表的计算。

10）实物指标计算

概、预算还必须编制工程项目的实物消耗量指标，这可通过02表和12表的计算完成。

（1）将09表~11表中的人工、材料、机械消耗量及机械实物消耗量汇总编制"辅助生产人工、材料、机械消耗单位数量表（12表）"。

（2）汇总08-2表中人工、主要材料、机械台班数量。

（3）计算各种增工数量。

（4）合计（1）~（3）条中的各项数据，得出工程概、预算的实物数量，即得到02表。

11）计算其他费用

根据工程的实际需要，按《编制办法》的规定，编制"设备、工具、器具购置费计算表（05表）"；根据施工组织设计和外业调查资料（包括协议书）以及有关的政策性文件规定，编制"工程建设其他费用及回收金额计算表（06表）"。

12）编制总概预算表并进行造价分析

（1）编制总概预算表：将 03 表、05 表和 06 表中的各项填入 01 表中相应栏目，并计算各项技术经济指标。

（2）造价分析：根据概算总金额、各单位工程或分项工程的费用比值和各项技术经济指标进行全面分析，对设计提出修改建议和从经济角度对设计是否合理予以评价，找出挖潜措施。

13）编制综合概、预算

根据建设项目要求，当分段或分部编制 01 表和 02 表时，需要汇总编制综合概、预算。

（1）汇总各种概预算表，编制"总概（预）算汇总表（01-1 表）"。

（2）汇总各段的 02 表编制"总概（预）算人工、主要材料、机械台班数量汇总表（02-1 表）"。

14）编制说明

概、预算表格计算并编制完后，必须编制概、预算说明，主要说明概、预算编制依据，编制中存在的问题，工程总造价的货币和实物量指标及其他与概、预算有关但不能在表格中反映的事项。

15）复核、印刷、装订、报批

当概（预）算各表及编制说明全部完成后，应再进行一次全面的复核，当确认无误并签字后，即可按规定对甲组文件印制规定份数，并对甲、乙组文件分别装订成册，上报待批。

上述步骤并非一成不变。不仅有些表可以按规定不编，而且各表的编制次序也是可以变换的。为了正确地编制概、预算，仅仅了解其编制步骤是不够的。最根本的还是要掌握《公路工程基本建设项目概算预算编制办法》（JTG B06—2007）的各项规定；明确各表的作用和相互关系，精通表中各栏的填列方法。

2. 概、预算的注意事项

概、预算编制中应注意的事项很多，下面简要说明其中的几个主要方面。

（1）对各项、目、节、细目的工程量计算一定要严格按照定额的口径、要求以及工程量计算规则，既不要多算也不要少算，这是编好概、预算至关重要的一环。工程量出错，一动百摇，修改工作费时费力。计算与分列工程量时，要与技术人员紧密配合，在设计阶段，最好能按照定额分项口径"对号入座"。

（2）08-1 表和 08-2 表中的"工程名称"要按项目填列，应注意将那些费率相同的各"目"填列于一张表中，以便小计。

（3）注意各取费费率适用范围的说明，如无路面的便道工程属于土方，有路面的便道工程属于其他路面等。

（4）使用定额时，一定要注意其小注和章、节说明等，如所有材料的运输及装卸定额中均为包括堆、码方工日等。

（5）若材料价格可按各地交通厅（局）规定的价格计列时，10 表可以不必编制；若工程中不发生某表内容的费用，则可不编该表。

（6）要加强复核工作，这是由概、预算编制是一项系统工程，需环环相扣的特点所决定的。每个表格均应由"编制"与"复核"两人完成，并应分步完成，每步复核无误后再进行下步，切勿单人自编自核，更不要未复核就引用。

（7）注意表格之间的内在联系，理清其交叉关系。

概预算表格是一个有机的整体，互相联系，相互补充，通过这些表格反映整个工程的资源消耗，因此，应熟练掌握各表格之间的内在联系。特别是 07 表～11 表六个表格，在编制时交叉进行,需要特别注意。如 10 表中出现的外购材料单价及 11 表中出现的动力燃料单价通过 09 表计算,但要注意其运料终点是"料场"还是"工地料库"等。09 表中出现的自办运输台班单价和 10 表中出现的机械台班单价通过 11 表计算。

(8)进行 02 表编制时,不要忘记汇总那些按费率或指标计算的增工、填料数量。如自办运输、人工装卸用工、公路交工前用工、冬雨夜增工、临时设施用工及辅助生产所需人工、材料、机械台班数量等。为了统计汇总这些人工、材料、机械台班数量,最主要的是不要忘记在 02 表的"分项统计"中列项,特别是对 02 表单位数量的应用应注意。

(9)要全面地、全过程地遵循编制概、预算的总则以及国家和地方的有关规定;特别是在每次编制之前,都要查询有无新的有关文件或规定下达,切不可墨守成规。

(10)编制中应注意公路工程概、预算的工程费用中属于非公路专业的工程,应执行有关专业部的直接工程费定额和相应的间接费定额。一般工业与民用建筑应执行所在地的地区统一直接工程费定额和相应的间接费定额,但其他费用应按公路工程其他费用项目划分及计算办法编制。

第九节　公路工程概预算编制示例

一、工程内容

1. 工程概况

某公路互通式立交桥位于河北省境内,距石家庄市 30km。该桥采用主线下穿半苜蓿叶形,互通立交桥的跨线桥为四跨(17m + 21m + 21m + 17m)钢筋混凝土连续箱梁,桥面净宽 11.5m,下部桥台为钢筋混凝土框架式桥台,桥墩为钢筋混凝土双柱式桥墩,基础为钻孔灌注桩。

2. 基础数据

工程地点:距离石家庄市 30km。

自然条件:平原,海拔高度小于 1500m。

施工条件:有夜间施工,无行车干扰,主副食运距综合里程 4km,工地转移距离为 200km。

工期:为一年,不考虑物价上涨费用。

3. 主要工程项目

1)临时工程

(1)汽车临时便道 3km,路基宽度 7.0m,有路面。

(2)临时输电线路,支线 1500m。

2)路基土方

该立交桥路基土方全部为填筑普通土,自卸汽车配合装载机运土,平均运距 4km,考虑宽填量,路基总长 3290m,平均路基高度 4.5m,每侧宽填 0.2m,不考虑填前压实增加量和刷坡。

3)路面工程

(1)30cm 厚石灰土底基层,石灰含量 12% 及石灰土底基层,厚 25cm 石灰含量 8%。

(2)29cm 厚水泥、石灰稳定碎石基层,设计配合比为 5:12:83,厂拌,综合运距 2km。

(3)沥青混凝土面层。8cm 厚粗粒式沥青碎石面层,6cm 厚粗粒式沥青混凝土中面层,4cm 厚中粒式沥青混凝土上面层,沥青混合料平均运距 8km。

4)跨线桥

(1)下部结构:

①钻孔桩直径120cm,长25m;地质情况:黏土20%,砂砾80%,钢护筒干处埋设。

②承台:无底模,承台挖基坑深2m,无水无挡板。

③圆柱式墩,墩高6.5m。

④框架式桥台,高6.5m。

(2)上部结构:钢筋混凝土连续箱梁。

4.工程数量清单

(1)清除表土	16187m³
(2)耕地填前挖松	161867m²
(3)耕地填前压实	161867m²
(4)路基填筑土方	122628m³
(5)机械修筑路拱	47784m²
(6)整修边坡	3290m
(7)石灰土底基层厚30cm(12%)	40232m²
(8)石灰土底基层后25cm(8%)	6012m²
(9)水泥、石灰碎石基层,厚29cm	32123m²
(10)稳定土厂拌设备安、拆	1座
(11)沥青碎石底面层	31650m²
(12)沥青混凝土中面层	28888m²
(13)沥青混凝土上面层	31375m²
(14)沥青混凝土拌和站安、拆	1座
(15)直径120cm钻孔桩	524m
(16)桩钢筋	26.577t(光圆钢筋2.685t,带肋钢筋23.892t)
(17)钢护筒	6.94t
(18)人工挖基坑土方(干处)	558m³
(19)承台碎石垫层	37.8m³
(20)C25混凝土承台	454.33m³
(21)承台钢筋	17.673t(全带肋钢筋)
(22)圆柱式墩C25混凝土	62.09m³
(23)墩钢筋	5.45t(光圆钢筋0.76t,带肋钢筋4.69t)
(24)桥台C20钢筋混凝土	150.33m³
(25)桥台钢筋	6.511t(光圆钢筋1.593t,带肋钢筋4.918t)
(26)台帽C20混凝土	18.63m³
(27)钢筋	1.366t(光圆钢筋0.44t,带肋钢筋0.926t)
(28)现浇C40钢筋混凝土连续箱梁	460.42m³
(29)钢筋	101.316t(光圆钢筋2.287t,带肋钢筋99.029t)
(30)钢支架	494m²
(31)现浇横隔板、桥面板C30钢筋混凝土	48.38m³
(32)钢筋	11.7t(光圆钢筋0.33t,带肋钢筋11.37t)

学习记录

(33)沥青混凝土桥面铺装	79.14m³
(34)钢盆式橡胶支座4000kN	10个
(35)板式橡胶支座	5.6dm³
(36)板式橡胶伸缩缝	23.4m

5)施工方案

(1)路基工程

采用135kW以内推土机清除表土,15t光轮压路机进行耕地填前压实;填方路基施工采用3m³以内装载机装土,12t自卸汽车运土,15t振动式压路机碾压路基。

(2)跨线桥梁

250L混凝土搅拌机拌和混凝土,不考虑混凝土的运输。

钻孔灌注桩施工采用回旋钻机钻孔,无泥浆船,卷扬机配吊斗灌注混凝土。

承台混凝土采用起重机配吊斗,无底模。

墩台帽混凝土采用钢模板、起重机配吊斗施工。

现浇预应力箱梁混凝土,满堂式轻型钢支架,不考虑预压。

(3)路面工程

石灰土底基层采用稳定土拌和机路拌。

水泥、石灰稳定碎石基层采用厂拌法施工,拌和站生产能力每小时300t以内,12t以内自卸汽车运输混合料,机械铺筑(120kW以内自行式平地机)。

沥青混凝土路面的沥青混合料拌和设备生产能力每小时160t以内,12t以内自卸汽车运输沥青混合料。

6)人工、材料预算单价

有关的人工、材料预算单价见表6-30。

7)要求

计算建筑安装工程费。

二、编制说明

(1)编制依据。交通部[2007]第33号《公路基本建设工程概算预算编制办法》(JTG B06—2007)、《公路工程预算定额》(JTG/T B06-02—2007)及《公路工程机械台班费用定额》(JTG/T B06-03—2007)

(2)材料预算价格按当地提供材料价格信息,因信息价中已综合考虑了材料的运杂费、供销部门手续费、采购保管费及包装费等,故信息价为材料预算单价。

(3)预算成果。货币指标:建筑安装工程费总金额12618460元。

人工数量:21799工日。

三、编制表格

相关结果填入相应表格,如01表、02表、03表、04表、07表、08表、11表所示。

人工、材料预算单价表 表6-30

序号	名　称	代号	单位	预算单价（元）	序号	名　称	代号	单位	预算单价（元）
1	人工	1	工日	50.50	29	52.5 级水泥	834	t	430.00
2	机械工	2	工日	50.50	30	石油沥青	851	t	3900.00
3	原木	101	m³	1500.00	31	重油	861	kg	3.00
4	锯材	102	m³	1750.00	32	汽油	862	kg	5.10
5	光圆钢筋	111	t	3500.00	33	柴油	863	kg	4.90
6	带肋钢筋	112	t	3600.00	34	煤	864	t	300.00
7	型钢	182	t	3900.00	35	电	865	kW·h	0.55
8	钢板	183	t	4800.00	36	水	866	m³	1.50
9	钢管	191	t	5810.00	37	木柴	867	kg	0.50
10	钢丝绳	221	t	6020.00	38	生石灰	891	t	105.00
11	电焊条	231	kg	5.60	39	土	895	m³	8.00
12	钢护筒	263	t	5500.00	40	砂	897	m³	57.50
13	钢模板	271	t	6100.0	41	中粗砂	899	m³	62.00
14	组合钢模板	272	t	5900.00	42	砂砾	902	m³	40.00
15	门式钢支架	273	t	5200.00	43	天然级配	908	m³	41.00
16	板式橡胶支座	402	dm³	88.00	44	黏土	911	m³	10.20
17	盆式橡胶支座	509	个	6480.00	45	片石	931	m³	35.00
18	板式橡胶伸缩缝	542	m	420.00	46	矿粉	949	t	105
19	铁件	651	kg	5.10	47	碎石(2cm)	951	m³	56.00
20	铁钉	653	kg	7.20	48	碎石(4cm)	952	m³	53.00
21	8~12 号铁丝	655	kg	6.50	49	碎石(8cm)	954	m³	48.00
22	20~22 号铁丝	656	kg	6.80	50	碎石	958	m³	35.00
23	橡皮线	713	m	7.20	51	石屑	961	m³	65.00
24	皮线	714	m	6.00	52	路面用碎石(1.5cm)	965	m³	68.50
25	油漆	732	kg	15.00	53	路面用碎石(2.5cm)	966	m³	65.00
26	环氧树脂	746	kg	30.00	54	路面用碎石(3.5cm)	967	m³	65.00
27	32.5 级水泥	832	t	370.00	55	块石	981	m³	86.00
28	42.5 级水泥	833	t	400.00					

建设项目：某公路互通式立交桥
工程名称：某公路互通式立交桥

总预算表

第 1 页　共 1 页　01 表

项	目	节	细目	工程或费用名称	单位	数量	概(预)算金额(元)	技术经济指标	各项费用比例(%)	备注
一	1			第一部分 建筑安装工程费	公路公里	3.29	12618460	3823962.31	100.00	
	1	1		临时工程	公路公里	3.29	411760	125155.02	3.26	
	1	1		临时便道的修建与养护	km	3.0	351418	117139.33	2.78	
	2	1		临时电力线路	km	1.5	60342	40228.00	0.48	
二	1	1		路基工程	km	3.29	2339957	710009.12	18.54	
	1	1		场地清理	km	3.29	183405	55746.20	1.45	
	2	1		路基填方	m³	122628	2156552	17.59	17.09	
三	1	1		路面工程	km	3.29	7350978	2225684.50	58.26	
	1	1		路面底基层(石灰土)	m²	46244	903702	19.97	7.16	
	2	1		路面基层(水泥石灰碎石)	m²	32123	2012848	62.67	15.95	
	3	1		沥青混合料面层	m³	5520	4434428	803.34	35.14	
四	1			桥梁涵洞工程	km	3.29	2515765	764670.21	19.94	
	1			互通式立交桥	m 座	3290	2515765	764.67	19.94	

编制：　　　　　　　　　　　　　　　　　　　　　　　　　复核：

人工、主要材料、机械数量汇总表

编制范围:某公路互通式立交桥
工程名称:某公路互通式立交桥

序号	名称	代号	单位	总数量	临时工程	路基工程	路面工程	桥梁工程	其他	场外运输损耗 %	场外运输损耗 数量
							分项统计				
1	人工	1	工日	21799.1	1048.8	2997.2	6248.2	6686.6	4818.3		
2	机械工	2	工日	5732.2	186.57	3426.56	1295.79	823.31			
3	原木	101	m³	9.389	8.58			0.809			
4	锯材	102	m³	7.411	0.495		0.022	6.894			
5	光圆钢筋	111	t	8.56				8.56			
6	带肋钢筋	112	t	166.56				166.56			
7	型钢	182	t	2.573			0.089	2.484			
8	钢板	183	t	0.09	0.03			0.06			
9	钢管	191	t	0.740				0.740			
10	钢丝绳	221	t	0.012				0.012			
11	电焊条	231	kg	637.6				637.6			
12	钢护筒	263	t	0.694				0.694			
13	钢模板	271	t	0.192				0.192			
14	组合钢模板	272	t	2.833			0.191	2.642			
15	门式钢支架	273	t	1.384				1.384			
16	板式橡胶支座	402	dm³	5.6				5.6			
17	盆式橡胶支座	509	个	10				10			
18	板式橡胶伸缩缝	542	m	23.4				23.4			
19	铁件	651	kg	1601.3	40.5		166.6	1394.2			
20	铁钉	653	kg	9.0				9.0			

编制:　　　　　　　　　　　　　　　　　　复核:

人工、主要材料、机械数量汇总表

编制范围：某公路互通式立交桥
工程名称：某公路互通式立交桥

第 2 页　共 5 页　02 表

序号	名　称	代号	单位	总数量	分项统计					场外运输损耗	
					临时工程	路基工程	路面工程	桥梁工程	其他	%	数量
21	8～12 号铁丝	655	kg	63.0	52.5			10.5			
22	20～22 号铁丝	656	kg	576.51				576.51			
23	皮线	714	m	4800	4800						
24	32.5 级水泥	832	t	1774.721			1241.888	532.833			
25	42.5 级水泥	833	t	227.213				227.213			
26	52.5 级水泥	834	t	0.2				0.2			
27	石油沥青	851	t	546.011			536.316	9.695			
28	重油	861	kg								
29	汽油	862	kg								
30	柴油	863	kg								
31	煤	864	t								
32	电	865	kW·h								
33	水	866	m³	7392.8	336		3145	3911.8			
34	木柴	867	kg								
35	生石灰	891	t	4980.78			4980.78				
36	土	895	m³	17408.12			17408.12				
37	砂	897	m³	1473.38			1436.10	37.28			
38	中粗砂	899	m³	1381.91			808.20	573.71			
39	天然级配	908	m³	4228.2	4228.2						
40	片石	931	m³	897.73			897.73				

编制：　　　　　　　　　　复核：

人工、主要材料、机械数量汇总表

编制范围:某公路互通式立交桥
工程名称:某公路互通式立交桥

第 3 页 共 5 页 02 表

| 序号 | 名 称 | 代号 | 单位 | 总数量 | 分项统计 | | | | 场外运输损耗 | |
					临时工程	路基工程	路面工程	桥梁工程	其他	%	数量
41	矿粉	949	t	445.61			445.61				
42	碎石(2cm)	951	m³								
43	碎石(4cm)	952	m³	1754.4			178.29	1576.11			
44	碎石	958	m³	11466.13			11466.13				
45	石屑	961	m³	927.48			906.82	20.66			
46	路面用碎石(1.5cm)	965	m³	1673.94			1616.72	57.22			
47	路面用碎石(2.5cm)	966	m³	2288.96	405		1883.96				
48	路面用碎石(3.5cm)	967	m³	2331.3			2331.3				
49	块石	981	m³	1097.94			1097.94				
50	其他材料费	996	元	4344.8			1517.8	2827			
51	设备摊销费	997	元	45552			41344	4208			
52	75kW 以内推土机	1003	台班	31.26	31.26						
53	135kW 以内推土机	1006	台班	25.90		25.90					
54	0.6m³ 以内单斗挖掘机	1027	台班	21.86			21.86				
55	1.0m³ 以内履带式单斗挖掘机	1035	台班	1.57				1.57			
56	1.0m³ 以内轮胎式装载机	1048	台班	1.19				1.19			
57	2.0m³ 以内轮胎式装载机	1050	台班	33.70			33.70				
58	3.0m³ 以内轮胎式装载机	1051	台班	183.37		161.51	21.86				
59	120kW 以内自行式平地机	1057	台班	262.17		204.18	57.99				
60	6~8t光轮压路机	1075	台班	337.94	82.02	190.07	64.50	1.35			

编制:　　　　　　　　　　　　　　　　　　　　　　　　　　复核:

人工、主要材料、机械数量汇总表

编制范围：某公路互通式立交桥
工程名称：某公路互通式立交桥

序号	代号	名　称	单位	总数量	分项统计					场外运输损耗	
					临时工程	路基工程	路面工程	桥梁工程	其他	%	数量
61	1076	8～10t 光轮压路机	台班	13.68	6.99	6.69					
62	1077	10～12t 光轮压路机	台班	1.27				1.27			
63	1078	12～15t 光轮压路机	台班	287.91	18.09	48.56	221.26				
64	1083	0.6t 以内手扶式振动压碾	台班	16.95	16.95						
65	1088	15t 以内振动压路机	台班	295.53		295.53					
66	1155	235kW 以内稳定土拌和机	台班	26.69			26.69				
67	1160	300t/h 以内稳定土厂拌设备	台班	16.38			16.38				
68	1201	30t/h 内沥青混合料拌和设备	台班	1.27				1.27			
69	1205	160t/h 以内沥青拌和和设备	台班	14.38			14.38				
70	1213	8.5m 内沥青混合料摊铺机	台班	15.53			15.53				
71	1223	9～16t 轮胎压路机	台班	6.68			6.68				
72	1224	16～20t 轮胎压路机	台班	3.29			3.29				
73	1225	20～25t 轮胎压路机	台班	4.92			4.92				
74	1272	250L 以内混凝土搅拌机	台班	89.40			9.01	80.39			
75	1382	3t 以内自卸汽车	台班	6.81				6.81			
76	1383	5t 以内自卸汽车	台班	14.16			14.16				
77	1387	12t 以内自卸汽车	台班	240.33		1807.00	229.14	4.19			
78	1393	20t 以内平板拖车	台班	16.83			16.83				
79	1405	6000L 以内洒水汽车	台班	92.62			92.62				
80	1432	15t 以内履带式起重机	台班	4.19				4.19			

编制：　　　　　　　　　　　　　　　　　　　　　　　　　　　　复核：

人工、主要材料、机械数量汇总表

编制范围:某公路互通式立交桥
工程名称:某公路互通式立交桥

第 5 页 共 5 页 02 表

序号	名　称	代号	单位	总数量	临时工程	路基工程	路面工程	桥梁工程	其他	%	数量
							分 项 统 计			场外运输损耗	
81	5t 以内汽车式起重机	1449	台班	1.11				1.11			
82	12t 以内汽车式起重机	1451	台班	25.41			4.17	21.24			
83	20t 以内汽车式起重机	1453	台班	79.76			18.04	61.72			
84	40t 以内汽车式起重机	1456	台班	11.79			11.79				
85	75t 以内汽车式起重机	1458	台班	29.83			29.83				
86	30kN 以内单筒慢动卷扬机	1499	台班	1.40				1.40			
87	50kN 以内单筒慢动卷扬机	1500	台班	56.94				56.94			
88	φ1500mm 以内回旋钻机	1600	台班	160.87				160.87			
89	泥浆搅拌机	1624	台班	19.91				19.91			
90	φ100mm 多级水泵(≤120m)	1663	台班	13.81				13.81			
91	32kV·A 以内交流电弧焊机	1726	台班	127.93				127.93			
92	100kV·A 以内交流电弧焊机	1746	台班	0.47				0.47			
93	150kV·A 以内交流对焊机	1747	台班	1.01				1.01			
94	小型机具使用费	1998	元	6387			1387	5000			

编制: 　　　　复核:

建筑安装工程费计算表

编制范围:某公路互通式立交桥
工程名称:某公路互通式立交桥

第 1 页　共 1 页　03 表

序号	工程名称	单位	工程量	直接费（元）					合计	间接费（元）	利润（元）费率（%）	税金（元）综合税率（%）	建筑安装工程费	
				直接工程费				其他工程费					合计（元）	单价（元）
				人工费	材料费	机械使用费	合计							
1	2	3	4	5	6	7	8	9	10	11	12	13	14	15
1	临时便道的修建与养护	km	3	49253	173860	51163	274276	14427	288703	30120	21007	11588	351418	117139
2	临时电力线路	km	1.5	3712	43633	0	47345	3130	50475	4152	3725	1990	60342	40228
3	场地清理	km	3.29	76839	0	50781	127620	5475	133095	34571	9692	6047	183405	55746
4	路基填方	m³	122628	74519	0	1740055	1814574	54365	1868939	81922	134578	71113	2156552	17.59
5	路面底基层（石灰土）	m²	46244	129283	403288	171900	704471	37055	741526	78418	53957	29800	903702	19.97
6	路面基层（水泥石灰石碎石）	m²	32123	65100	1320602	224608	1610310	101663	1711973	108780	125721	66374	2012848	62.67
7	沥青混合料面层	m³	5520	121140	2905591	554812	3580869	239659	3820528	187214	277525	146228	4434428	803.34
8	钻孔灌注桩	m	524	106369	278375	198037	582781	43825	626605	77824	46481	25606	776516	1481.9
9	承台	m³	454.33	40637	164573	10049	215259	15229	230488	28166	17032	9404	285191	627.72
10	圆柱式墩	m³	62.09	9195	37573	4266	51033	3467	54500	6298	4011	2210	67020	1079.4
11	桥台与台帽	m³	168.96	27554	76127	6206	109886	7948	117834	17124	8715	4899	148571	879.3
12	现浇箱梁·桥面板和支架	km	3.29	146605	586717	75942	809257	50512	859769	94502	62899	34686	1051856	3197135
13	沥青混凝土桥面铺装	m³	79.14	2158	46990	8642	57791	4687	62478	4962	4663	2459	74562	942.15
14	支座	km	3.29	1724	66608	2009	70339	5704	76043	5696	5676	2981	90396	27476
15	伸缩缝	m	23.4	3427	11817	676	15920	1291	17211	2443	1285	714	21653	925.34

编制:　　　　　　　　　　　　　　　　复核:

其他工程费及间接费综合费率计算表

编制范围：某公路互通式立交桥
工程名称：某公路互通式立交桥

第1页 共1页 04表

序号	工程类别	其他工程费费率（%）											综合费率		规费					间接费费率			企业管理费			综合费率
		冬季施工增加费	雨季施工增加费	夜间增加费	高原地区施工增加费	风沙地区施工增加费	沿海地区施工增加费	行车干扰施工增加费	施工标准化与安全措施费	临时设施费	施工辅助费	工地转移费	Ⅰ	Ⅱ	养老保险费	失业保险费	医疗保险费	住房公积金	工伤保险费	综合费率	基本费率	主副食运费补贴	职工探亲路费	职工取暖补贴	财务费用	
1	人工土方	0.44	0.11	—	—	—	—	—	0.7	1.73	0.89	0.27	4.14	0	12	2	10	12	2	38	3.36	0.28	0.1	0.06	0.23	4.03
2	机械土方	0.67	0.11	—	—	—	—	—	0.7	1.56	0.49	0.86	4.39	0	12	2	10	12	2	38	3.26	0.215	0.22	0.13	0.21	4.04
3	汽车运输	0.12	0.11	—	—	—	—	—	0.25	1.01	0.16	0.51	2.16	0	12	2	10	12	2	38	1.44	0.225	0.14	0.12	0.21	2.14
4	人工石方	0.10	0.07	—	—	—	—	—	.0.7	1.76	0.85	0.28	3.76	0	12	2	10	12	2	38	3.45	0.215	0.1	0.06	0.22	4.05
5	机械石方	0.13	0.1	—	—	—	—	—	0.7	2.17	0.46	0.59	4.15	0	12	2	10	12	2	38	3.28	0.2	0.22	0.11	0.2	4.01
6	高级路面	0.52	0.1	—	—	—	—	—	1.18	2.11	0.80	1.07	5.78	0	12	2	10	12	2	38	1.91	0.135	0.14	0.07	0.27	2.53
7	其他路面	0.20	0.09	—	—	—	—	—	1.2	2.06	0.74	0.97	5.26	0	12	2	10	12	2	38	3.28	0.135	0.16	0.07	0.3	3.95
8	构造物Ⅰ	0.49	0.08	—	—	—	—	—	0.85	2.92	1.30	0.97	6.61	0	12	2	10	12	2	38	4.44	0.205	0.29	0.12	0.37	5.43
9	构造物Ⅱ	0.60	0.08	0.35	—	—	—	—	0.92	3.45	1.56	1.15	8.11	0	12	2	10	12	2	38	5.53	0.225	0.34	0.13	0.4	6.63
10	构造物Ⅲ	1.18	0.17	—	—	—	—	—	1.85	6.39	3.03	2.27	14.89	0	12	2	10	12	2	38	9.79	0.405	0.55	0.23	0.82	11.8
11	技术复杂大桥	0.68	0.10	0.35	—	—	—	—	1.01	3.21	1.68	1.30	8.33	0	12	2	10	12	2	38	4.72	0.18	0.2	0.1	0.46	5.66
12	隧道	0.19	—	—	—	—	—	—	0.86	2.83	1.23	0.91	6.02	0	12	2	10	12	2	38	4.22	0.175	0.27	0.08	0.39	5.14
13	钢材及钢结构	0.05	—	—	—	—	—	—	0.63	2.73	0.56	1.24	5.21	0	12	2	10	12	2	38	2.42	0.18	0.16	0.07	0.48	3.31

编制：　　　　　　　　　　　　　　　　复核：

人工、材料、机械台班单价汇总表

编制范围:某公路互通式立交桥
工程名称:某公路互通式立交桥

序号	名称	代号	单位	预算单价(元)	序号	名称	代号	单位	预算单价(元)
1	人工	1	工日	50.50	21	8~12号铁丝	655	kg	6.50
2	机械工	2	工日	50.50	22	20~22号铁丝	656	kg	6.80
3	原木	101	m³	1500.00	23	皮线	714	m	6.00
4	锯材	102	m³	1750.00	24	环氧树脂	746	kg	30.00
5	光圆钢筋	111	t	3500.00	25	32.5级水泥	832	t	370.00
6	带肋钢筋	112	t	3600.00	26	42.5级水泥	833	t	400.00
7	型钢	182	t	3900.00	27	52.5级水泥	834	t	430.00
8	钢板	183	t	4800.00	28	石油沥青	851	t	3900.00
9	钢管	191	t	5810.00	29	重油	861	kg	3.00
10	钢丝绳	221	t	6020.00	30	汽油	862	kg	5.10
11	电焊条	231	kg	5.60	31	柴油	863	kg	4.90
12	钢护筒	263	t	5500.00	32	煤	864	t	300.00
13	钢模板	271	t	6100.0	33	电	865	kW·h	0.55
14	组合钢模板	272	t	5900.00	34	水	866	m³	1.50
15	门式钢支架	273	t	5200.00	35	木柴	867	kg	0.50
16	板式橡胶支座	402	dm³	88.00	36	生石灰	891	t	105.00
17	盆式橡胶支座	509	个	6480.00	37	土	895	m³	8.00
18	板式橡胶伸缩缝	542	m	420.00	38	砂	897	m³	57.50
19	铁件	651	kg	5.10	39	中粗砂	899	m³	62.00
20	铁钉	653	kg	7.20	40	砂砾	902	m³	40.00

编制: 复核:

分项工程概预算表

编制范围：某公路互通式立交桥
工程名称：临时便道的修建与养护

第 1 页 共 18 页 08 表

代号	工程细目	单位	单价(元)	汽车便道（平原微丘）路基宽7m 1km 3 7-1-1-1 定额	数量	金额(元)	汽车便道 路面宽6m 1km 3 7-1-1-5 定额	数量	金额(元)	便道养护 路基宽7m km·月 36 定额	数量	金额(元)	合计 数量	金额(元)
1	人工	工日	50.5	41.0	123.0	6212	248.1	744.3	37587	3.0	108.0	5454	975.3	49253
866	水	m³	1.50				112	336	504		336	504	336	504
908	天然级配	m³	41.00				1193.40	3580.20	146788	18.00	648.00	26568	4228.2	173356
1003	75kW以内履带式推土机	台班	615.49	10.42	31.26	19240							31.26	19240
1075	6~8t光轮压路机	台班	252.79	0.94	2.82	713	1.62	4.86	1369	2.20	79.20	20021	82.02	20734
1076	8~10t光轮压路机	台班	281.68	0.71	2.13	600							6.99	1969
1078	12~15t光轮压路机	台班	413.07	2.79	8.37	3457	3.24	9.72	4015				18.09	7472
1083	0.6t以内手扶式振动碾	台班	103.10				5.65	16.95	1748				16.95	1748
1999	基价	元	1.00	9988		29964	62362		187086	1421	268206	51156	268206	268206
	直接工程费	元				30222			192011			52043		274276
其他工程费	I	元		5.26%		1590	5.26%		10100	5.26%		2737		14427
	II	元												
间接费	规费	元		38.00%		2360	38.00%		14283	38.00%		2073		18716
	企业管理费	元		3.95%		1257	3.95%		7983	3.95%		2156		11404
	利润	元		7%		2315	7%		14707	14707		3986		21007
	税金	元		3.41%		1287	3.41%		8153	8153		2148		11588
	建筑安装工程费	元				39030			247237	247237		65152		351418

编制： 复核：

分项工程概预算表

编制范围:某公路互通式立交桥
工程名称:临时便道的修建与养护

第 2 页 共 18 页 08 表

代号	人工、材料、机械台班名称	单位	单价(元)	定额	数量	金额(元)	定额	数量	金额(元)	定额	数量	金额(元)	合计 数量	合计 金额(元)
	工程项目													
	工程细目			架设输电、电信线路										
	定额单位			100m										
	工程数量			15										
	定额表号			7-1-5-3										
1	人工	工日	50.5	4.9	73.5	3712							73.5	3712
101	原木	m³	1500.0	0.572	8.580	12870							8.580	12870
102	锯材	m³	1750.0	0.033	0.495	866							0.495	866
183	钢板	t	4800.0	0.002	0.030	144							0.030	144
651	铁件	kg	5.10	2.7	40.5	206.6							40.5	206.6
655	8~12号铁丝	kg	6.50	3.5	52.5	341.2							52.5	341.2
714	皮线	m	6.00	320	4800	28800							4800	28800
996	其他材料费	元	1	27	405	405							405	405
1999	基价	元	1	2723		40845							40845	40845
	直接工程费	元				47345								47345
其他 工程费	I	元		6.61%		3130								3130
	II	元												
间接费	规费	元		38.00%		1411								1411
	企业管理费	元		5.43%		2741								2741
	利润	元		7%		3725								3725
	税金			3.41%		1990								1990
	建筑安装工程费	元				60342								60342

编制: 复核:

分项工程概预算表

编制范围：某公路互通式立交桥
工程名称：临时便道的修建与养护

第3页 共18页 08表

代号	工程项目			伐树、挖根、除草、清除表土			填前夯实及填前挖松			填前夯实及填前挖松			合计	
	工程细目			135kW以内推土机			12~15t光轮压路机填前夯实			填前挖松				
	定额单位			100m³			1000m²			1000m²				
	工程数量			161.87			161.867			161.867				
	定额表号			1-1-1-12			1-1-5-4			1-1-5-5				
	工人、材料、机械台班名称	单位	单价(元)	定额	数量	金额(元)	定额	数量	金额(元)	定额	数量	金额(元)	数量	金额(元)
1	人工	工日	50.5	0.4	64.8	3270	2.8	453.2	22888	6.2	1003.6	50681	1521.6	76839
1006	135kW以内履带式推土机	台班	1186.18	0.16	25.90	30722							25.90	30722
1078	12~15t光轮压路机	台班	413.07				0.3	48.56	20059				48.56	20059
	基价	元	1.00	209		33831	261		42247	305		49369		125447
	直接工程费	元				33992			42947			50681		127620
其他工程费	I	元		4.39%		1492	4.39%		1885	4.14%		2098		5475
	II	元												
间接费	规费	元		38.00%		1243	38.00%		8697	38.00%		19259		29199
	企业管理费	元		4.04%		1434	4.04%		1811	4.03%		2127		5372
	利润	元		7%		2584	7%		3265	7%		3843		9692
	税金			3.41%		1389	3.41%		1998	3.41%		2660		6047
	建筑安装工程费	元				42134			60603			80668		183405

编制：　　　　　复核：

分项工程概预算表

编制范围：某公路互通式立交桥
工程名称：临时便道的修建与养护

第 4 页　共 18 页　08 表

代号	人工、材料、机械台班名称	单位	单价（元）	装载机装土方 3.0m³以内轮胎式装载机装土 1000m³ 天然密实方 142.249+5.922 1-1-10-3			路基填筑土方 12t以内自卸汽车运土方 1000m³ 天然密实方 145.927+5.922 1-1-11/-17,18			路基填筑土方 15t以内振动压路机碾压土方 1000m³ 压实方 122.628 1-1-18/-Ⅰ-4			合计	
				定额	数量	金额（元）	定额	数量	金额（元）	定额	数量	金额（元）	数量	金额（元）
1	人工	工日	50.5							3.0	367.9	18578	367.9	18578
1051	3.0m³以内轮胎式装载机	台班	906.6	1.09	161.51	146422							161.51	146422
1057	120kW以内自行式平地机	台班	911.49							1.63	199.88	182189	199.88	182189
1075	6~8t光轮压路机	台班	252.79							1.55	190.07	48048	190.07	48048
1088	15t以内振动压路机	台班	776.69							2.41	295.53	229535	295.53	229535
1387	12t以内自卸汽车	台班	624.27				11.90	1807.00	1128058				1807.00	1128058
1999	基价	元	1.00	985		145948	7412		1125505	3884		476287		1747740
	直接工程费	元				146422			1128058			478350		1752830
其他工程费	I	元		4.39%		6428	2.16%		24366	4.39%		21000		51794
	II	元												
间接费	规费	元		38.00%		0	38.00%		0	38.00%		0		7060
	企业管理费	元		4.04%		6175	2.14%		24662	4.04%		20174		51011
	利润	元		7%		11132	7%		82396	7%		36367		129895
	税金	元		3.41%		5802	3.41%		42948	3.41%		19197		67947
	建筑安装工程费	元				175959			1302430			582148		2060537

编制：　　　　　　　　　　　　　　　　　　复核：

分项工程概预算表

编制范围：某公路互通式立交桥
工程名称：临时便道的修建与养护

工程项目				整修路基			整修路基			合计		
工程细目				机械整修路基			二级及一级以上等级公路整修边坡					
定额单位				1000m²			1km					
工程数量				47.784			3.29					
定额表号				1-1-20/-1			1-1-20/-3					
代号	人工、材料、机械台班名称	单位	单价(元)	定额	数量	金额(元)	定额	数量	金额(元)	定额	数量	金额(元)
1	人工	工日	50.5				336.7	1107.7	55941		1107.7	55941
1057	120kW 以内自行式平地机	台班	911.49	0.09	4.3	3919					4.3	3919
1076	8~10t 光轮压路机	台班	281.68	0.14	6.69	1884					6.69	1884
1999	基价	元	1	121		5782	16566		54502			60284
	直接工程费	元				5803			55941			61744
	其他工程费　I			4.39%		255	4.14%		2316			2571
	其他工程费　II			38.00%		0	38.00%		21258			21258
	间接费　企业管理费			4.04%		245	4.03%		2348			2593
	利润	元		7%		441	7%		4242			4683
	税金	元		3.41%		230	3.41%		2936			3166
	建筑安装工程费	元				6974			89041			96015

编制：　　　　　　　　　　　　　　　　　　　复核：

分项工程概预算表

编制范围：某公路互通式立交桥
工程名称：临时便道的修建与养护

代号	人工、材料、机械台班名称	单位	单价(元)	路拌法石灰稳定土基层 石灰土厚30cm(12%) 1000m² 40.232 2-1-3/-19,20 定额	数量	金额(元)	路拌法石灰稳定土基层 石灰土厚25cm(8%) 1000m² 6.012 2-1-3/-19,20 定额	数量	金额(元)	定额	数量	金额(元)	合计 数量	金额(元)
1	人工	工日	50.5	56.4	2269.08	114589	48.4	290.98	14694				2560.1	129283
891	生石灰	t	105	57.709	2321.748	243785	32.061	192.750	20239				2514.499	264024
895	土	m³	8.0	382.85	15402.82	123222	333.55	2005.30	16042				17408.12	139264
1057	120kW内自行式平地机	台班	911.49	0.74	29.77	27135	0.74	4.45	4056				34.22	31191
1075	6~8t光轮压路机	台班	252.79	0.54	21.73	5493	0.54	3.25	822				24.98	6315
1078	12~15t光轮压路机	台班	413.07	2.36	94.95	39221	2.36	14.19	5861				109.14	45082
1155	235kW以内稳定土拌和机	台班	1747.26	0.59	23.74	41480	0.49	2.95	5154				26.69	46634
1405	6000L以内洒水汽车	台班	516.31	1.82	73.22	37804	1.57	9.44	4874				82.66	42678
1999	基价	元				632729			71742					704471
	直接工程费													
其他工程费	I			5.26%		33282	5.26%		3774					37055
	II													
间接费 规费		元		38%		43544	38%		5584					49128
	企业管理费			3.95%		26307	3.95%		2983					29290
	利润	元		7%		48462	7%		5495					53957
	税金			3.41%		26745	3.41%		3055					29800
	建筑安装工程费	元				811070			92632					903702

编制：　　　　　　　　　　　　　　　　　　复核：

分项工程概算预算表

编制范围:某公路互通式立交桥
工程名称:临时便道的修建与养护

代号	人工、材料、机械台班名称	单位	单价(元)	厂拌基层稳定土混合料 水泥:石灰:碎石(5:12:83) 1000m² 32.123 2-1-7/-V-49,50			厂拌基层稳定土混合料运输 12t以内自卸汽车运输 1000m³ 9.32 2-1-8/-17,18			机械铺筑厂拌基层稳定土混合料 120t以内平地机铺筑 1000m² 32.123 2-1-9/-3			合计	
	工程项目 / 工程细则 / 定额单位 / 工程数量 / 定额表号			定额	数量	金额(元)	定额	数量	金额(元)	定额	数量	金额(元)	数量	金额(元)
1	人工	工日	50.5	5.4	173.5	8760				7.7	247.4	12491	420.9	21251
832	32.5 级水泥	t	370	31.364	1007.51	372775							1007.51	372775
866	水	m³	1.5	54	1735	2602							1735	2602
891	生石灰	t	105	76.776	2466.28	258959							2466.28	258959
958	碎石	m³	53	356.95	11466.33	607714							11466.3	607714
1051	3m³ 以内轮胎式装载机	台班	906.6	0.88	28.27	25630							28.27	25630
1057	120kW 以内自行式平地	台班	911.49							0.74	23.77	21666	23.77	21666
1075	6~8t 光轮压路机	台班	252.79							0.28	8.99	2273	8.99	2273
1078	12~15t 光轮压路机	台班	413.07							2.54	81.59	33703	81.59	33703
1160	300t/h 以内稳定土厂拌设备	台班	954.40	0.51	16.38	15633							16.38	15633
1387	12t 以内自卸汽车	台班	624.27				8.69	80.99	50560				80.99	50560
1405	6000L 洒水汽车	台班	516.31							0.31	9.96	5142	9.96	5142

编制:　　　　　　　　　　　　　复核:

分项工程概预算表

编制范围:某公路互通式立交桥

工程名称:临时便道的修建与养护

第 8 页 共 18 页 08 表

工程项目	单位	单价(元)	厂拌基层稳定土混合料			厂拌基层稳定土混合料运输			机械铺筑厂拌基层稳定土混合料			合计	
工程细目			水泥:石灰:碎石(5:12:83)			12t 以内自卸汽车运输			120t 以内平地机铺筑				
定额单位			1000m²			1000m³			1000m²				
工程数量			32.123			9.32			32.123				
定额表号			2-1-7/-Ⅴ-49,50			2-1-8/-17,18			2-1-9/-3				
人工、材料、机械台班名称	单位	单价(元)	定额	数量	金额(元)	定额	数量	金额(元)	定额	数量	金额(元)	数量	金额(元)
基价	元	1.0	22609		726269	5413		50449	1285		41278		
直接工程费	元	1.0			1292073			50560			75275		1417908
其他工程费 Ⅰ			5.26%		67963	2.16%		1092	5.26%		3959		73015
其他工程费 Ⅱ													
规费			38%		3329	38.00%		0	38%		4747		8076
间接费 企业管理费			3.95%		53721	2.14%		1105	3.95%		3130		57957
利润	元		7%		98963	7%		3693	7%		5765		108422
税金	元		3.41%		51697	3.41%		1925	3.41%		3167		56789
建筑安装工程费	元				1567747			58375			96044		1722166

编制:　　　　　　　　　　　　　　　　复核:

分项工程概预算表

编制范围：某公路互通式立交桥
工程名称：临时便道的修建与养护

工程项目						基层稳定土厂拌设备安装、拆除								合计	
工程细目						生产能力300t/h									
定额单位						1座									
工程数量						1									
定额表号						2-1-10/4									
代号	人工、材料、机械台班名称	单位	单价（元）	定额	数量	金额（元）	定额	数量	金额（元）	定额	数量	金额（元）		数量	金额（元）
1	人工	工日	50.5	868.3	868.3	43849								868.3	43849
102	锯材	m³	1750	0.01	0.01	18								0.01	18
182	型钢	t	3900	0.04	0.04	156								0.04	156
272	组合钢模板	t	5900	0.086	0.086	507								0.086	507
651	铁件	kg	5.1	85.3	85.3	435								85.3	435
832	32.5级水泥	t	370	69.040	69.040	25545								69.04	25545
866	水	m³	1.5	353	353	530								353	530
899	中（粗）砂	m³	62	230.01	230.01	14261								230.01	14261
931	片石	m³	35	288.18	288.18	10086								288.18	10086
952	碎石（4cm）	m³	53	80.36	80.36	4259								80.36	4259
981	块石	m³	86	263.12	263.12	22628								263.12	22628
996	其他材料费	元	1	126.5	126.5	127								126.5	127
1027	0.6m³以内单斗挖掘机	台班	502.58	5.08	5.08	2553								5.08	2553
1272	250L以内混凝土搅拌机	台班	98.09	4.06	4.06	398								4.06	398
1393	20t以内平板拖车	台班	715.66	7.74	7.74	5539								7.74	5539

编制：　　　　　　　　　　　　复核：

分项工程概预算表

编制范围：某公路互通式立交桥
工程名称：临时便道的修建与养护

第 10 页　共 18 页　08 表

代号		工程项目		基层稳定土厂拌设备安装,拆除								
		工程细目		生产能力300t/h								
		定额单位		座							1座	
		工程数量		1							1	
		定额表号		2-1-10/4								
	人工、材料、机械台班名称	单位	单价(元)	定额	数量	金额(元)	定额	数量	金额(元)	定额	数量	金额(元) 合计
1451	12t以内汽车式起重机	台班	708.37	1.88	1.88	1332					1.88	1332
1456	40t以内汽车式起重机	台班	2031.32	11.79	11.79	23949					11.79	23949
1458	75t以内汽车式起重机	台班	3041.01	11.79	11.79	35854					11.79	35854
1998	小型机具使用费	元	1	376.3	376.3	376					376.3	376
1999	基价	元	1	186424	186424	186424						186424
	直接工程费	元				192402						192402
其他工程费	Ⅰ	元		14.89%	14.89%	28649						28649
	Ⅱ											
间接费	规费	元		38%	38%	16663						16663
	企业管理费			11.8%	11.8%	26084						26084
	利润	元		7%	7%	17299						17299
	税金	元		3.41%	3.41%	9585						9585
	建筑安装工程费	元				290682						290682

编制：　　　　　　　　　　　　　　　　　　　　复核：

分项工程概预算表

编制范围：某公路互通式立交桥
工程名称：临时便道的修建与养护

第 11 页　共 18 页　08 表

代号	人工、材料、机械台班名称	单位	单价(元)	沥青混凝土混合料拌和 生产能力160t/h 中粒式 1000m³ 路面实体　1.255 2-2-11/-Ⅱ-10			沥青混合料运输 12t以内自卸汽车运输 1000m³ 路面实体　1.255 2-2-13-/17,19			沥青混合料路面铺筑 机械摊铺沥青混凝土混合料(中粒式) 1000m³ 路面实体　1.255 2-2-14/-43			合计	
				定额	数量	金额(元)	定额	数量	金额(元)	定额	数量	金额(元)	数量	金额(元)
1	人工	工日	50.5	36.7	46.1	2328				33.2	41.7	2104	87.8	4432
851	石油沥青	t	3900	113.465	142.399	555356							142.399	555356
897	砂	m³	57.5	389.79	489.2	28129							489.2	28129
949	矿粉	t	105	117.72	147.74	15513							147.74	15513
961	石屑	m³	65	226.75	284.57	18497							284.57	18497
965	路面用碎石(1.5cm)	m³	68.5	334.74	420.10	28777							420.10	28777
966	路面用碎石(2.5cm)	m³	65	520.05	652.66	42423							652.66	42423
996	其他材料费	元	1	230	289	289							289	289
997	设备摊销费	元	1	2869.5	3601.2	3601							3601.2	3601
1050	2.0m³ 以内轮胎式装载机	台班	705.95	6.19	7.77	5485							7.77	5485
1075	6～8t光轮压路机	台班	252.79							5.65	7.09	1792	7.09	1792
1078	12～15t光轮压路机	台班	413.07							5.65	7.09	2929	7.09	2929
1205	160t/h以内沥青拌和设备	台班	20577.55	2.64	3.31	68178							3.31	68178
1213	8.5m以内沥青混合料铺机	台班	2217.48							2.87	3.60	7983	3.60	7983
1224	16～20t轮胎压路机	台班	619.96							1.10	1.38	856	1.38	856

编制：　　　　　　　　　　　　　　　　　　　　　　　　　　　　　　复核：

分项工程概预算表

编制范围：某公路互通式立交桥
工程名称：临时便道的修建与养护

| 代号 | 人工、材料、机械台班名称 | 单位 | 单价(元) | 沥青碎石混合料拌和
生产能力160t/h中粒式
1000m³ 路面实体
1.255
2-2-11/-Ⅱ-10 | | | 沥青混合料运输
12t以内自卸汽车运输
1000m³路面实体
1.255
2-2-13/-17,19 | | | 沥青混合料路面铺筑
机械摊铺沥青混凝土混合料
1000m³路面实体(中料式)
1.255
2-2-14/-43 | | | 合计 | |
	工程项目 工程细目 定额单位 工程数量 定额表号			定额	数量	金额(元)	定额	数量	金额(元)	定额	数量	金额(元)	数量	金额(元)
1225	20～25t轮胎压路机	台班	761.57							1.66	2.08	1584	2.08	1584
1383	5t以内自卸汽车	台班	366.30	2.60	3.26	1195							3.26	1195
1387	12t以内自卸汽车	台班	624.27				21.25	26.67	16649				26.67	16649
1999	基价	元	1.0	597675	1.255	750082	13234	1.255	16609	13676	1.255	17163		783854
	直接工程费	元	1.0			769771			16649			17248		803668
其他工程费	Ⅰ			5.78%		44493	2.16%		360	5.78%		997		42916
	Ⅱ													
间接费	规费			38%		885	38%		0	38%		800		1685
	企业管理费			2.53%		20601	2.14%		364	2.53%		462		21426
	利润	元		7%		58441	7%		1216	7%		1309		60966
	税金	元		3.41%		30492	3.41%		634	3.41%		710		31836
	建筑安装工程费	元				924682			19223			21526		965430

编制：　　　　　　　　　　　　　　　　复核：

分项工程概预算表

编制范围：某公路互通式立交桥
工程名称：临时便道的修建与养护

代号	人工、材料、机械台班名称	单位	单价(元)	工程项目 沥青混合料拌和设备安装、拆除 定额	数量	金额(元)	定额	数量	金额(元)	定额	数量	金额(元)	合计 数量	合计 金额(元)
	工程细目													
	定额单位			1座										
	工程数量			1										
	定额表号			2-2-15/4										
1	人工	工日	50.5	2019.8	2019.8	102000							2019.8	102000
102	锯材	m³	1750	0.012	0.012	21							0.012	21
182	型钢	t	3900	0.049	0.049	191							0.049	191
272	组合钢模板	t	5900	0.105	0.105	620							0.105	620
651	铁件	kg	5.1	81.3	81.3	415							81.3	415
832	32.5级水泥	t	370	165.348	165.348	61179							165.348	61179
866	水	m³	1.5	1057	1057	1586							1057	1586
899	中(粗)砂	m³	62	578.19	578.19	35848							578.19	35848
931	片石	m³	35	609.55	609.55	21334							609.55	21334
952	碎石(4cm)	m³	53	97.93	97.93	5190							97.93	5190
981	块石	m³	86	834.82	834.82	71795							834.82	71795
996	其他材料费	元	1	285.1	285.1	285							285.1	285
997	设备摊销费	元	1	27780.9	27780.9	27781							27780.9	27781
1027	0.6m³以内单斗挖掘机	台班	502.58	16.78	16.78	8433							16.78	8433
1272	250L以内混凝土搅拌机	台班	98.09	4.95	4.95	486							4.95	486

编制：　　　　　　　　　　　　　　　　　　　复核：

分项工程概预算表

编制范围：某公路互通式立交桥

工程名称：临时便道的修建与养护

第 14 页 共 18 页 08 表

工程项目			沥青混合料拌和设备安装（拆除）						合计	
工程细目			生产能力 160t/h							
定额单位			1 座							
工程数量			1							
定额表号			2-2-15/4							
代号	人工、材料、机械台班名称	单位	单价（元）	定额	数量	金额（元）	定额	数量	金额（元）	定额	数量	金额（元）
1393	20t 以内平板拖车	台班	715.66	9.09	9.09	6505						9.09	6505
1451	12t 以内汽车式起重机	台班	708.37	2.29	2.29	1622						2.29	1622
1453	20t 以内汽车式起重机	台班	1048.38	18.04	18.04	18913						18.04	18913
1458	75t 以内汽车式起重机	台班	3041.01	18.04	18.04	54860						18.04	54860
1998	小型机具使用费	元	1	1010.9	1010.9	1011						1010.9	1011
1999	基价	元	1										
	直接工程费	元	1.0			420075							420075
其他工程费	Ⅰ			14.89%		62549							62549
	Ⅱ												
间接费	规费			38%		38760							38760
	企业管理费			11.8%		56950							56950
	利润	元		7%		37770							37770
	税金			3.41%		21009							21009
建筑安装工程费		元				637113							637113

编制：　　　　　　　　　　　　　　　　　　　　　　　　　　　复核：

分项工程概预算表

编制范围：某公路互通式立交桥
工程名称：临时便道的修建与养护

代号	工程细目（人工、材料、机械台班名称）	单位	单价（元）	回旋钻机钻孔 桩径120cm,孔深40m以内黏土 10m 52.4 4-4-5/I-18,19 定额	数量	金额（元）	混凝土拌和及运输 直径120cm混凝土拌和 10m³ 59.233 4-11-11/-1 定额	数量	金额（元）	合计 定额	数量	金额（元）
1	人工	工日	50.5	14.2	744.1	37576	2.7	159.9	8076		904.0	45652
102	锯材	m³	1750	0.01	0.524	917					0.52	917
231	电焊条	kg	5.6	0.3	15.7	88					15.7	88
651	铁件	kg	5.1	0.1	5.2	27					5.2	27
866	水	m³	1.5	41	2148	3223					2148	3223
911	黏土	m³	10.2	7.73	405.05	4132					405.05	4132
996	其他材料费	元	1	0.8	41.9	42					41.9	42
997	设备推销费	元	1	11	576	576					576	576
1035	1.0m³以内履带式单斗挖掘机	台班	828.35	0.03	1.57	1302					1.57	1302
1272	250L以内混凝土搅拌机	台班	98.09				0.45	26.65	2614		26.65	2614
1378	15t以内载货汽车	台班	686.15	0.08	4.19	2876					4.19	2876
1432	15t以内履带式起重机	台班	595.12	0.08	4.19	2495					4.19	2495
1600	φ1500mm以内回旋钻机	台班	1094.11	3.07	160.87	176007					160.87	176007
1624	泥浆搅拌机	台班	63.52	0.38	19.91	1265					19.91	1265
1726	32kV·A以内交流电弧焊机	台班	105.94	0.04	2.10	222					2.10	222

编制：　　　　　　　　　　　　　　　　　　复核：

分项工程概预算表

编制范围：某公路互通式立交桥
工程名称：临时便道的修建与养护

工程项目			回旋钻机钻孔			混凝土拌和及运输			合计		
工程细目			桩径120cm，孔深40m以内黏土			直径120cm混凝土拌和					
定额单位			10m			10m³					
工程数量			52.4			59.233					
定额表号			4-4-5/I-18,19			4-11-11/-1					
代号　人工，材料，机械台班名称	单位	单价(元)	定额	数量	金额(元)	定额	数量	金额(元)	定额	数量	金额(元)
基价	元	1.0	4314		226054	176		10425			236479
直接工程费	元				230748			10690			241438
其他工程费 I			8.11%		18714	8.11%		867			19581
其他工程费 II											
规费			38%		14279	38%		3069			17348
企业管理费			6.63%		16539	6.63%		766			17306
间接费 利润	元		7%		18620	7%		863			19483
税金			3.41%		10192	3.41%		554			10747
建筑安装工程费	元				309093			16809			325902

编制：　　　　　　　复核：

分项工程概预算表

编制范围：某公路互通式立交桥
工程名称：临时便道的修建与养护

代号	人工、材料、机械台班名称	单位	单价(元)	灌注桩混凝土 桩径120cm,卷扬机配吊斗 10m³ 59.233 4-4-7/Ⅰ-13			灌注桩混凝土 焊接连接钢筋 1t 26.577 4-4-7/Ⅱ-22			钢护筒制作、埋设、拆除 钢护筒干处埋设 1t 6.94 4-4-8/-7			合计	
				定额	数量	金额(元)	定额	数量	金额(元)	定额	数量	金额(元)	数量	金额(元)
1	人工	工日	50.5	17.0	1007.0	50852	5.0	132.9	6711	9.0	62.5	3154	1202.4	60717
111	光圆钢筋	t	3500.0				0.104	2.764	9674				2.764	9674
112	带肋钢筋	t	3600.0				0.921	24.477	88119				24.477	88119
231	电焊条	kg	5.6				5.1	135.6	759				135.6	759
263	钢护筒	t	5500.0						0	0.100	0.694	3817	0.694	3817
656	20~22号铁丝	kg	6.8				2.2	58.5	398				58.5	398
832	32.5级水泥	t	370	5.128	303.75	112386							303.75	112386
866	水	m³	1.5	3	177.7	267							177.7	267
899	中(粗)砂	m³	62	6.01	355.99	22071							355.99	22071
911	黏土	m³	10.2							6.41	44.5	454	44.5	454
953	碎石(4cm)	m³	53	9.01	533.69	28286							533.69	28286
996	其他材料费	元	1	1.4	82.9	83							82.9	83
997	设备推销费	元	1	51.6	3056.4	3056							3056.4	3056
1449	5t以内汽车起重机	台班	381.24							0.16	1.11	423	1.11	423
1451	12t以内车起重机	台班	708.37	0.12	3.19	2259							3.19	2259

编制：　　　　　　　　　　　复核：

分项工程概预算表

编制范围：某公路互通式立交桥

工程名称：临时便道的修建与养护

第 18 页　共 18 页　08 表

代号	人工、材料、机械台班名称	单位	单价(元)	灌注桩混凝土 桩径120cm,卷扬机配吊斗 10m³ 59.233 4-4.7/Ⅰ-13 定额	数量	金额(元)	灌注桩混凝土 焊接连接钢筋 1t 26.577 4-11-11/-1 定额	数量	金额(元)	钢护筒制作、埋设、拆除 钢护筒干处埋设 1t 6.94 4-11-12/Ⅱ-7 定额	数量	金额(元)	合计 数量	合计 金额(元)
1500	50kN 单筒慢速卷扬机	台班	100.89	0.93	55.09	5558							55.09	5558
1726	32kV·A 以内交流电弧焊机	台班	105.94				0.85	22.59	2393				22.59	2393
1998	小型机具使用费	元	1	3.7	219.2	219	15.2	404.0	404				623.0	623
1999	基价	元	1.0											
	直接工程费	元				222778			110716			7848		341342
其他工程费	Ⅰ			8.11%		18067	5.21%		5768	5.21%		409		24244
	Ⅱ													
	规费			38%		19324	38%		2550	38%		1199		23073
间接费	企业管理费			6.63%		15968	3.31%		3856	3.31%		273		20097
	利润	元		7%		17977	7%		8424	7%		597		26998
	税金	元		3.41%		10029	3.41%		4478	3.41%		352		14859
	建筑安装工程费	元				304144			135792			10678		450614

编制：　　　　　　　　　　　　　复核：

机械台班单价计算表

编制范围:某公路互通式立交桥

第 1 页 共 2 页 11 表

序号	定额号	机械规格名称	台班单价	不变费用(元) 定额	调整值	调整系数	人工(50.5元/工日) 定额	金额	汽油(5.1元/kg) 定额	金额	柴油(4.9元/kg) 定额	金额	电[0.55元/(kW·h)] 定额	金额	重油(3.0元/kg) 定额	金额	合计
1	1003	75kW 以内推土机	615.49	245.14			2	101.0			54.97	269.35					370.35
2	1006	135kW 以内推土机	1186.18	604.69			2	101.0			98.06	480.49					581.49
3	1027	0.6m³ 以内单斗挖掘机	502.58	219.84			2	101.0			37.09	181.74					282.74
4	1035	1.0m³ 以内履带式单斗挖掘机	828.35	411.15			2	101			64.53	316.20					417.20
5	1048	1.0m³ 以内轮胎式装载机	403.67	112.92			1	50.5			49.03	240.25					290.75
6	1050	2.0m³ 以内轮胎式装载机	705.95	200.44			1	50.5			92.86	455.01					505.51
7	1051	3.0m³ 以内轮胎式装载机	906.60	241.36			2	101			115.15	564.24					665.24
8	1057	120kW 以内自行式平地机	911.49	408.05			2	101			82.13	402.44					503.44
9	1075	6~8t 光轮压路机	252.79	107.57			1	50.5			19.33	94.72					145.22
10	1076	8~10t 光轮压路机	281.68	117.50			1	50.5			23.20	113.68					164.18
11	1077	10~12t 光轮压路机	362.55	146.87			1	50.5			33.71	165.18					215.68
12	1078	12~15t 光轮压路机	413.07	164.32			1	50.5			40.46	198.25					248.75
13	1083	0.6t 以内手扶式单振动碾	103.10	38.10			1	50.5			2.96	14.50					65.00
14	1088	15t 以内振动压路机	776.69	315.05			2	101			73.6	360.64					461.64
15	1155	235kW 以内稳定土拌和机	1747.26	922.43			2	101			147.72	723.83					824.83
16	1160	300t/h 以内稳定土厂拌设备	954.40	455.64			4	202					539.56	296.76			498.76
17	1201	30t/h 以内沥青混合料拌和设备	4219.32	940.69			5	252.5					606.06	333.33	897.6	2692.8	3278.63
18	1205	160t/h 以内沥青拌和设备	20577.55	4234.1			6	303					3052.46	1678.85	4787.2	14361.6	16343.45
19	1213	8.5m 以内沥青混合料摊铺机	2217.48	1592.2			3	151.5			96.69	473.78					625.28
20	1223	9~16t 轮胎压路机	527.53	311.85			1	50.5			33.71	165.18					215.68
21	1224	16~20t 轮胎压路机	619.96	362.24			1	50.5			42.29	207.22					257.72

编制: 复核:

机械台班单价计算表

编制范围：某公路互通式立交桥

第 2 页　共 2 页　11 表

序号	定额号	机械规格名称	台班单价	不变费用(元) 定额	不变费用(元) 调整系数 调整值	人工(50.5元/工日) 定额	人工(50.5元/工日) 金额	可变费用(元) 汽油(5.1元/kg) 定额	汽油(5.1元/kg) 金额	柴油(4.9元/kg) 定额	柴油(4.9元/kg) 金额	电[0.55元/(kW·h)] 定额	电[0.55元/(kW·h)] 金额	重油(3.0元/kg) 定额	重油(3.0元/kg) 金额	合计
22	1225	20~25t轮胎压路机	761.57	464.65		1	50.5			50.29	246.42					296.92
23	1272	250L以内混凝土搅拌机	98.09	18.58		1	50.5					52.74	29.01			79.51
24	1273	350L以内混凝土搅拌机	125.81	27.45		1	50.5					87.02	47.86			98.36
25	1378	15t以内载货汽车	686.15	333.22		1	50.5			61.72	302.43					352.93
26	1382	3t以内自卸汽车	292.95	67.62		1	50.5	34.28	174.83							225.33
27	1383	5t以内自卸汽车	366.30	103.49		1	50.5	41.63	212.31							262.81
28	1387	12t以内自卸汽车	624.27	271.93		1	50.5			61.6	301.84					352.34
29	1393	20t以内平板拖车	715.66	392.89		2	101			45.26	221.77					322.77
30	1405	6000L以内洒水汽车	516.31	257.9		1	50.5			42.43	207.91					258.41
31	1432	15t以内履带式起重机	595.12	329.87		2	101			33.52	164.25					265.25
32	1449	5t以内汽车式起重机	381.24	199.62		1	50.5	25.71	131.12							181.62
33	1451	12t以内汽车式起重机	708.37	387.11		2	101			44.95	220.26					321.26
34	1453	20t以内汽车式起重机	1048.38	672.98		2	101			56	274.4					375.4
35	1456	40t以内汽车式起重机	2031.32	1566.3		2	101			74.29	364.02					465.02
36	1458	75t以内汽车式起重机	3041.01	2501.31		2	101			89.53	438.7					539.7
37	1499	30kN以内单筒慢动卷扬机	88.39	17.22		1	50.5					37.58	20.67			71.17
38	1500	50kN以内单筒慢动卷扬机	100.89	20.08		1	50.5					55.11	30.31			80.81
39	1600	φ1500mm以内回旋钻机	1094.11	681.5		2	101					566.56	311.61			412.61
40	1624	泥浆搅拌机	63.52	7.66		1	50.5					9.74	5.36			55.86
41	1663	φ100mm电动多级水泵(≤120m)	205.36	26.28		1	50.5					233.78	128.58			179.08
42	1726	32kV·A以内交流电弧焊机	105.94	7.24		1	50.5					87.63	48.2			98.7
43	1746	100kV·A以内交流电弧焊机	171.70	21.84		1	50.5					180.65	99.36			149.86
44	1747	150kV·A以内交流对焊机	226.54	26.42		1	50.5					272.04	149.62			200.12

编制：　　　　　　　　　　　　　　　　　　　　　　　　复核：

思 考 题

6-1 编制概、预算为什么要进行外业调查？外业调查的内容有哪些？

6-2 概、预算总金额由哪些费用组成？建筑安装工程费又由哪些费用组成？

6-3 什么叫直接工程费？其费用内容有哪些？

6-4 人工费单价由哪些内容组成？人工费金额如何计算？

6-5 材料预算价格由哪几项费用组成？如何计算材料费？

6-6 什么叫材料运杂费？材料运杂费怎样计算？

6-7 什么叫其他工程费？其内容包括哪些？其他工程费及间接费取费标准的工程类别划分为哪几类？

6-8 如何计算其他工程费？

6-9 间接费的内容有哪些？各费用如何计算？

6-10 计入建筑安装工程费的税金有哪些？如何计算？

6-11 进口设备购置费如何计算？

6-12 工程建设其他费用包括哪些内容？

6-13 建设期贷款利息和价差预备费的计算方法？

6-14 基本预备费的作用是什么？

6-15 冬雨季及夜间施工增工及临时设施用工如何计算？

第七章 DIQIZHANG

同望造价软件的应用

本章导读

公路工程概、预算的编制是一项复杂又繁琐的计算工作，费时费力。为了提高计算的效率，目前，公路相关部门已广泛推广计算机软件在概、预算编制中的应用。本文主要以同望 WECOST8.2 造价管理系统为例，介绍计算机软件在公路工程概、预算文件编制中的应用。

学习目标

练习一个完整的工程项目概预算文件用软件如何进行计算、导入、导出及打印等内容。

学习重点

1. 用同望软件编制概预算文件的程序；
2. 项目中涉及抽换的子目如何进行抽换。

学习难点

项目中涉及抽换的子目如何进行抽换。

本章学习计划

内　　容	建议自学时间 （学时）	学 习 建 议	学 习 记 录
第一节　同望 WECOST8.2 软件的主要功能和特点	0.5		
第二节　WECOST 操作系统介绍	0.5		
第三节　编制工程造价文件	1.0		

第一节 同望 WECOST8.2 软件的主要功能和特点

WECOST 寓意 WCOST + EASYCOST 结合,EASYCOST 是同望公司于 2004 年开发出的通用工程造价管理平台,在此平台基础上,结合公路工程造价专业特性及 WCOST 的优势功能,二次定制开发出全新的公路工程造价管理系统,命名为 WECOST。

WECOST 采用全新技术架构,操作更加符合用户习惯,贴心易用,界面直观,功能更加强大,真正实现了多专业、多阶段、多种计价模式、编制审核一体化。

1. 项目管理灵活多样

系统可以实现多专业的大型综合性建设项目造价管理,同一建设项目下可以任意分解不同层次的子项目,各子项目可以兼顾公路、房建、通信等多种不同专业的计价依据,同时可按项目分解的层次进行费用汇总,输出汇总后的项目报表。

2. 预算书编制轻松自如

编制预算书时可以方便地选择系统内置的项目模板或者导入工程量清单,对项、目、节、细目可自由进行升级、降级操作,还可以调用本专业定额以外的其他专业定额。

3. 定额选套及调整方便直观

系统选套定额方便灵活,既可以从定额库里选择所需要的定额,又可以通过设置的分项模板批量套取定额。同时系统还提供丰富、便捷的定额调整功能,包括标准换算、混合料配比、子目系数、辅助定额等调整选项,还可对相同调整内容的定额进行批量调整,调整后的定额可存入我的定额库,方便下次选用。

4. 取费程序灵活定义

在系统内置的标准费用项目基础上可以自定义新的费用模板,进行新增或删除费用项目、灵活定义或修改计算公式、修改费率及设置不计费项目等操作,同时还可进行不同模板之间费用逐项对比分析,找出差异。自定义的取费模板可以保存并继续应用到其他建设项目中。

5. 人工、材料、机械台班(该单元中简称"工料机")汇总、反查、调整省时省力

特别耗时的材料价格查询和录入,预算员可以通过建立自己的工料机价格库,批量地导入到系统中,系统自动进行相应工料机价格替换,未刷新的工料机价格,系统提示预算员手工录入。系统还可以实现反查工料机具体消耗,批量设置材料运输的起讫地点等功能。特别是项目级工料机汇总功能,极大提高造价文件编制审查的效率。

6. 多种清单调价方式,调价快速灵活

系统提供"正向调价"和"反向调价"两种调价方式。"正向调价"可调整工料机消耗、工料机单价和综合费率;"反向调价"即通过输入一个目标价,系统自动反算出工料机的消耗、工料机单价和综合费率。

7. "分项模板"快速复制、经验共享

系统提供了强大的"分项模板"功能,可以保存不同层级的分部分项工程,包括其下所套用的定额、工程量、工料机和调整信息。可在同一项目或不同建设项目之间自由复制,还可导出、导入分项模板,实现经验共享。

8. 支持多级审核和查询,审核处处留痕

系统支持多级审核,审核时可以对编制文件进行修改,并留下相应的审核痕迹,各级审核可用不同颜色标识区分(设置不同部门的审核颜色),方便查看,可查询任意级别审核内容和结果,

并输出相应的审核报表。

9. 维护"我的定额和工料机库"

系统不仅内置了全国各省的公路补充定额,用户还可以方便地把系统定额、补充定额和系统工料机保存到"我的定额库"和"我的工料机库",并对其进行管理和维护,逐步形成企业定额库。

10. WCOST 数据完美导入

系统提供了旧版同望 WCOST 造价软件的数据接口,对于用 WCOST 编制的历史数据文件,可以通过文件导入或数据库导入的方式导入到 WECOST 中进行编辑。

11. WECOST 网络协作平台有序管理

WECOST 网络协作平台像一条纽带,把各个单机编审软件有序联结。系统通过 B/S 结构的网络协作平台进行统一的组织机构维护和用户管理,实现网上传输数据,控制编审权限及文件的上传和下载,版本发布及数据集中管理。

12. 丰富实用的项目级编审报表

系统内置丰富实用的项目级汇总报表,包括编制和审核汇总报表,并可进行批量导出或打印。

13. 轻松拓展到工程造价整体解决方案(IPCS)

WECOST 作为 IPCS 整体架构的一部分,可以根据用户管理的需要轻松实现向 IPCS 扩展,满足用户对项目工程造价全生命周期全方位、动态管理的需求。

◆ **请练习[思考题 7-1]**

第二节　WECOST 操作系统介绍

一、系统的安装

首先将软件的安装光盘放入驱动器中,在相应的目录中找到安装文件 SETUP,然后执行该安装程序,按系统提示命令操作。在安装过程中,注意阅读许可证协议和软件提示的信息。在安装过程中,随时可点按"退出安装"或"取消"按钮中断安装程序。确认要退出安装后,软件会自动删除当前已安装的文件,并退出安装程序。

二、系统的启动

正确安装软件之后,将软件的加密锁插在计算机的 LPT 打印机端口上,单击软件的桌面快捷方式,即可启动系统了。系统启动后,出现登录对话框。对话框中包括用户名和密码两项。系统初始用户名为 admin,密码为 12345678。点击登录进入系统操作页面。

三、系统的主菜单及工具栏

进入系统操作页面后,同望 WECOST 的主菜单主要有以下几项。

(1)文件菜单命令及作用见表 7-1。

(2)编辑菜单命令及作用见表 7-2。

(3)项目文件菜单命令及作用见表 7-3。

(4)其他菜单命令见表 7-4 ~ 表 7-10。

文件菜单命令及作用　　　　　　　　　　　　表 7-1

命　　令	作　　用
新建建设项目	新建建设项目
新建造价文件	新建造价文件
保存	保存造价文件
导入	导入数据文件(包括 WECOST 及 WCOST 数据)
导出	导出数据文件(项目节点、预算模板、报表数据)
打印报表	连续打印或导出报表
重新登陆	重新登录系统
退出系统	退出系统

编辑菜单命令及作用　　　　　　　　　　　　表 7-2

命　　令	作　　用
撤销	撤销上一步删除操作
重复	恢复已撤销的上一步删除操作
剪切	剪切项目、子项目
复制	复制项目、子项目
粘贴	粘贴项目、子项目
删除	删除项目、子项目、预算书
清空	
全选	全选项目管理表中的行
反选	选择项目管理表中没被选中的行,已选中的行则取消选择
排序	选中根节点并对项目或定额或全部按名称或编号排序
顺序	改变项目、子项目、预算书的顺序
层次	改变项目、子项目的层次
锁定此列	锁定选定的列,方便浏览数据
撤销列锁定	撤销锁定列操作

项目文件菜单命令及作用　　　　　　　　　　表 7-3

命　　令	作　　用
增加	增加项目结构、定额、工料机
工程量乘系数	将工程量乘以系数
填写公路公里(桥长米)数量	自动填写公路公里或者桥长米数量
填写混凝土搅拌数量	将需要集中搅拌的混凝土数量填写到指定定额中
保存到	保存定额、工料机、预算书结构到相应的地方
块导入	将批量的定额及预算书结构导入应用
块导出	将批量的定额及预算书结构导出保存
工料机	增加工料机及工料机替换,并将工料机放入我的工料机库
分项模板	增加到项目文件、增加目录、导入模板、导出模板
设置独立取费	将特定费用设置为独立取费
取消独立取费	取消独立取费设置

续上表

命　　令	作　　用
独立取费应用到	将独立取费设置应用到预算书别的部分
自动计算	用户可以设置预算文件是否实时自动计算
显示设置	对系统安装的计价包进行管理
审核信息	退出系统
设置当前计算精度	设置本造价文件的计算精度
分析与计算	工料机分析及计算

取费程序菜单命令及作用　　　　　　　　　　　　　　　表7-4

命　　令	作　　用
新增同级费用项	新增跟所选择的费用同级的项
新增子费用项	新增所选择的子费用项
选择同级费用项	选择跟所选择的费用同级的项
选择子费用项	选择所选择的子费用项
导入取费模板	导入别的造价文件取费模板
另存为费率文件	将当前费率设定值保存为费率文件
导入费率文件	导入已存在的费率文件
导入费率	导入别的造价文件的费率
恢复默认费率值	将修改过的费率值恢复成默认值
费率乘系数	将选中的费率乘以同一个系数
费率加权计算	按路线长度权重计算加权费率
重新读取费率标准	重新读取系统的取费标准

单价文件菜单命令及作用　　　　　　　　　　　　　　　表7-5

命　　令	作　　用
工料机替换	将查找到的工料机用指定的工料机进行替换
工料机反查	查找指定的工料机在造价文件中的使用情况
主要材料、机械筛选方式	设定手动或者自动方式筛选主要机械、材料
单价乘系数	将选中的单价乘以统一的系数
批量设置起讫地点	批量设置自采、自办运输材料的起讫地点
导入工料机价格	导入保存好的工料机价格
导出工料机价格	导出指定的工料机价格到文件中
保存为补充工料机	将选定的工料机保存为补充工料机

维护菜单命令及作用　　　　　　　　　　　　　　　　　表7-6

命　　令	作　　用
计算精度管理	对系统计算及显示精度进行设置
常用单位	设置系统单位及用户自定义单位

续上表

命　令	作　用
起讫地点	设置材料运输费用计算相关参数
车船税维护	维护各省养路费及车船税标准
我的定额工料机库	维护补充定额及补充工料机库
我的取费模板	管理系统及用户自定义取费模板
我的费率标准	管理系统及用户自定义费率标准
我的报表模板	管理系统及用户自定义报表模板

工具菜单命令及作用　　　　　　　　　　表 7-7

命　令	作　用
计算器	调出及关闭计算器
特殊符号	显示/关闭特殊符号栏
五金手册	调用五金手册
计价包配置	导入、管理各种计价包
菜单配置	对右键菜单进行配置
修改密码	修改用户密码(网络版无此选项)
网络配置	设置网络参数
选项	对系统参数进行设置

窗口菜单命令及作用　　　　　　　　　　表 7-8

命　令	作　用
层叠窗口	对打开的窗口做层叠处理
横向平铺窗口	对打开的窗口做横向平铺处理
纵向平铺窗口	对打开的窗口做纵向平铺处理

帮助菜单命令及作用　　　　　　　　　　表 7-9

命　令	作　用
用户手册	用户使用手册
报表手册	报表工具使用手册
定额说明	08 编制办法及定额说明
更新说明	当前版本更新说明
在线升级	在线升级到最新版本
同望客户服务	连接同望公司服务网站
同望论坛	连接同望公司服务论坛

工具栏按钮名称及作用　　　　　　　　　　表 7-10

图　标	名　称	作　用
	新建造价文件	新建造价文件
	打开	打开造价文件
	保存	保存当前数据

续上表

学习记录

图 标	名 称	作 用
	剪切	剪切预算书结构及定额
	复制	复制预算书结构及定额
	粘贴	粘贴预算书结构及定额
	分析与计算	对造价文件进行工料机分析及造价计算
	当前精度维护	对当前造价文件的计算及显示精度进行设置
	审核汇总信息	造价文件审核信息汇总
显示级 ▼	显示级别	调整预算书显示的级别
	上移	将预算书结构及定额上移一级
	下移	将预算书结构及定额下移一级
	升级	将预算书结构及定额提升至上一层结构
	降级	将预算书结构及定额下降至下一层结构
	第一行	到数据首行
	最后一行	到数据末行
	显示/隐藏	显示或隐藏副界面
文字大小: 较小 ▼	文字大小	调节显示文字的大小
	计算器	调出及关闭计算器
□ 行号	行号	选择显示或不显示行号

◆ 请练习[思考题7-2]

四、数据和文件的导入与导出

1. 导入

(1)导入 WECOST 数据

在项目管理界面,点击鼠标右键选择【导入】→【导入 EC 数据】,或选择【文件】菜单→【导入】→【导入 EC 数据】,选择后缀名为".ecp"或".ecb"的文件,选定后点击【打开】按钮,文件则被导入到指定位置。

(2)导入 WCOST 数据

导入 WCOST 即从数据库里导入项目数据:在项目管理界面,点击鼠标右键,选择【导入】→【导入 WCOST 数据】或者选择【文件】菜单→【导入】→【导入 WCOST 数据】,

弹出导入 WCOST 项目数据对话框后,根据提示选择数据库文件,然后在项目信息框里选中需要导入的建设项目,单击确定即可。

(3)直接导入项目数据文件:如要导入"＊.WCT"格式(即 WCOST 的输出文件格式)的文件,则需要同时指定【WCOST 主数据库文件】和【WCOST 导出项目】。根据提示选择后缀名为"＊.MDB"的数据库文件或后缀为"＊.WCT"的文件,在项目信息框里选中需要导入建设项目,单击确定即可导入。

学习记录

2.导出

(1)导出项目节点

导出项目节点即导出所选项目节点及其子节点的所有项目数据,包含编制人账户信息。只有当使用同一账户导入时,才可进行编辑操作,以不同账户导入时,只能以审核方式打开进行审核操作(注:审核功能主要针对于专业版及网络版)。该功能主要适用于导出有审核需要的建设项目、子项目和造价文件。

例:导出建设项目,选中要导出的项目,点击鼠标右键,选择【导出】→【项目节点】或者选择【文件】→【导出】→【项目节点】,在弹出的对话框中指定文件保存的路径,并输入文件名,点击保存后,系统会提示保存成功。

(2)导出预算模板

导出预算模板的操作步骤与导出项目节点相同,不同的是导出的项目数据不包含编制人账户信息,导出后为公共的模板文件,任何用户都可以导入进行编辑。

注:如果要进行单机版的审核操作,则必须采用导出项目节点的方式,重新用审核账户登录系统后导入,这样才能进行审核操作。

第三节 编制工程造价文件

一、编制工程造价流程(图7-1)

1.新建建设项目

新建建设项目通常有两种方法。一是采用右键菜单创建:在项目管理窗口空白处单击鼠标右键,弹出右键菜单,选择【新建】→【建设项目】。二是采用主菜单创建:在项目管理界面,选择【文件】→【新建建设项目】。

在弹出的创建建设项目对话框(图7-2)中,输入【编号】(可以以创建文件的日期为编号,方便管理)、【名称】,选择【编制类型】(注:编制类型的选择决定项目级报表的输出样式),然后点击【确认】,即完成创建建设项目。

建设项目建立好以后,选中新建的建设项目,双击项目编号、项目名称处可以修改该建设项目的【编号】和【工程名称】,或者直接在右侧的【基本信息】窗口修改项目信息。

2.创建子项目

选中新建的建设项目右击,选择【新建】→【子项目】。子项目可根据实际需要创建,或是省略上述操作,直接在建设项目下创建造价文件。

3.新建造价文件

新建造价文件有 3 种方式:

(1)选中子项目(或建设项目)右击,选择【新建】→【造价文件】。

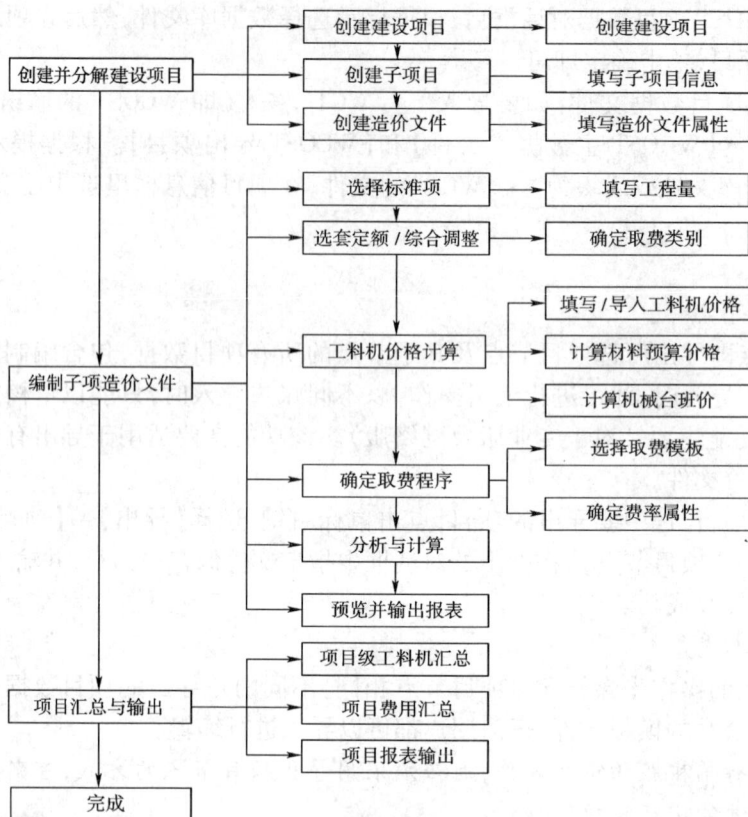

图 7-1 工程造价流程图

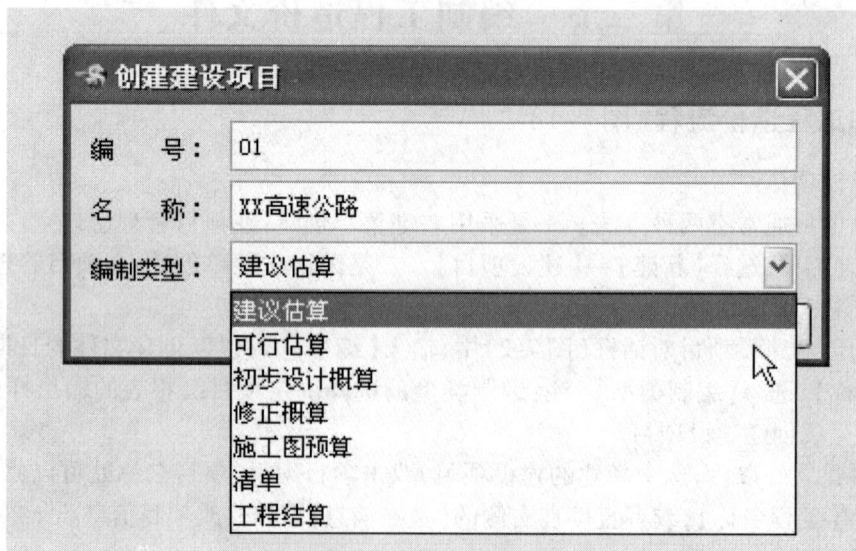

图 7-2 创建建设项目对话框

（2）选择【文件】→【新建造价文件】。

（3）在工具栏里直接点击快捷键【新建造价文件】。

4.输入造价文件基本信息

在弹出的窗口中,输入【编号】、【名称】,选择【计价依据】、【主定额】和【项目模板】,点击确定。

应特别注意造价文件创建好后,计价依据是不能再更改了的,因此,在选择计价依据时,必须考虑所编制造价文件的类型,再进行选择。

5.填写项目信息及文件属性

根据工程实际情况,填写项目基本信息以及造价基本信息。

◆ **请练习**[**思考题7-3**]

二、编制分项造价文件

1.建立项目结构

(1)选择标准项

在"预算书"界面的右边工具栏,点击【标准模板】按钮或者直接点击停靠在预算书右侧的【标准模板】按钮,,系统弹出选择标准模板对话框,勾选节点后,双击或右击选择【添加选中】即可。

(2)增加非标准项目

增加非标准项包括增加前项、增加后项和增加子项。

增加前项:右击选择【增加】→【前项】或直接单击工具栏中的快捷图标,在选中项的前面增加一个非标准项。

增加后项:选择【增加】→【后项】或直接单击工具栏中的快捷图标,在选中项的后面增加一个非标准项。

增加子项:选择【增加】→【子项】或直接单击工具栏中的快捷图标,在选中项的子节点增加一个非标准项。

一般子项下面是可以再增加定额同级项的,但定额同级项下面不能再增加任何对象。

(3)增加定额同级项

定额同级项是项目结构中的最低层次,它的下面不能再增加任何项目结构,它的定位是跟定额同级的。也就是"定额同级项"。其主要作用有:

①定额同级的数量单价类:在"预算书"界面右击选择【增加】→【定额同级项】,输入【编号】、【名称】、【单位】、【工程量】,然后根据判断选择在【人工单价】或【材料单价】或【机械单价】列中输入相应的单价,系统默认设置的取费类别为"不取费",该项中不需要计算的费用可直接在"预算书"窗口下的"取费程序"中勾选【不计】。

②定额同级的计算公式类:在"预算书"界面右击选择【增加】→【定额同级项】,输入【编号】、【名称】、【单位】,双击"计算公式"栏可以直接输入公式。

2.选套定额

选套定额包括以下几个方面:

(1)定额库中选择

方法一:在"预算书"界面点击需要套取定额的位置,点击鼠标右键,在右键菜单【选择】→【定额】,或者直接点击停靠在预算书右或下侧的【定额库】按钮,则系统弹出定额库窗口,从"定额"的下拉框中选择需要的定额库(注:系统默认的定额库是创建造价文件时时选择的主定额库),然后再查找所需套用的定额子目,双击选入或者右击选择【添加选中行】来套取定额。

该版本系统增加了定额查询功能,用户可按定额编号或名称来查询所需的定额,查询后的数据显示在查询结果框中,可双击选入或右击选择【添加选中行】来选取定额。

方法二:在"预算书"界面点击需要套取定额的位置,点击鼠标右键,在右键菜单【增加】→【定额】或直接点击工具栏中的快捷图标,新增一条空记录,在"编号"栏直接输入定额编号,WE-COST8.2.0版本新增加渐进式定额筛选提示功能,并支持两种定额套用方式(如 1-1-1-1 和 10101001),使得定额选套更加灵活快速。

方法三:分项模板录入。为提高造价文件的编制效率,系统专门设置了分项模板(又称定额模板)功能,用户可以从分项模板里批量录入定额。在"预算书"界面点击需要套取定额的位置,然后在界面右侧工具栏点击【分项模板】按钮,弹出【分项模板】对话框,在"模板"窗口下的【分项模板】里找到对应的项目模板,点击鼠标右键,在右键菜单里选择【增加到预算书】。

(2)添加补充定额

如果在编制造价文件时,所需项目定额在交通运输部发布的定额库中查找不到,系统还提供了编制补充定额的功能。在"预算书"界面点击需要套取定额的位置,点击鼠标右键,在右键菜单【增加】→【定额】或直接点击工具栏中的快捷图标,新增一条空记录,在定额编号中录入新编号,系统会自动提示并在新增补充定额编号前加"LB"作为补充的标志,接着用户需输入补充定额的名称、工程量,选择单位,然后在"预算书"下的"工料机"窗口选择、增加补充定额的工料机消耗。

(3)借调其他定额

系统提供了可以套用主定额库以外的定额,并且自动在这些定额编号前加上借用定额的简称。

例:主定额库为概算库,套用预算库定额时,借用的预算定额编号前会增加"预"字。

(4)填写工程量

系统默认子节点自动继承父节点工程量。当修改上级节点工程量时,跟父节点工程量相同的下级节点工程量也跟着自动改变,不相同的不变。

如不需要自动继承工程量功能,可在主菜单【工具】→【系统参数设置】,把"是否自动填写工程量"的值设置为"否"。

系统默认以自然单位处理工程量,即输入定额子目的工程量会自动除以定额单位系数。如用户需按定额单位处理工程量时,可在主菜单【工具】→【工程量输入方式】的下拉列表中,把"自然单位"改为"定额单位"。

(5)确定取费类别

系统根据施工划分为每一条定额设置了"取费类别",因此在选套定额后,用户可不再选择"取费类别"。如果认为系统设置的取费类别跟实际情况不符,可直接以数字键选择相应"取费类别",也可以在下拉列表中选择。如需批量修改"取费类别",在"预算书"界面选中需要修改的分项或部分分项子目,点鼠标右键,在右键菜单里选择【批量】→【设置取费类别】,所有被选中分项或部分分项子目都会被设置为选中的"取费类别"。

(6)选套工料机

在"预算书"界面需要增加的位置,点击鼠标右键,在右键菜单【选择】→【工料机】,或者直接点击停靠在预算书右侧的【工料机库】按钮,出现工料机对话框,从【工料机】的下拉列表中选择需要的工料机库,然后在窗口右侧选中所需添加的工料机,双击或单击鼠标右键选择【添加选中行】,将工料机添加到预算书中,

如需新增补充的工料机,可在"预算书"界面点击需要增加的位置,点击鼠标右键,在右键菜单【增加】→【人工】、【材料】、【机械】,输入新增工料机的【编号】、【名称】、【工程量】、【单价】,选择【单位】、【取费类别】等信息。确认回车后,系统自动增加下一条工料机。

（7）定额调整

在"预算书"界面，单击需要调整的定额，系统在靠右下方窗口里设置"标准换算（BZ）"、"混合料配比（PB）"、"子目系数（XS）"、"辅助定额（FZ）"等定额调整窗口，用户可根据工程实际情况对需要调整的定额进行调整，所有的定额调整信息会记录在"调整列表"里。

①标准换算

在定额调整信息视窗中，点击相应按钮，系统会列出该定额常用到的换算。如砂浆、混凝土强度等级，厚度和运距的综合调整等。

用户只需要在调整的复选框中打钩，并根据工程具体情况输入相关参数后，系统会自动调整消耗量和定额名称。

②混合料配比调整

在"预算书"界面里，选中需进行混合料配比调整的定额，点击相应按钮，直接在"调整为"一栏中输入目标比例。输入第一个材料的配合比例后，系统会根据比例之和"100%"自动计算并生成第二个材料的配合比例，同时自动修改定额名称。

③子目系数调整

在"预算书"界面里，选择需要乘系数的定额，在定额调整信息窗口中点击相应按钮，根据调整需要，在【人工系数】、【材料系数】、【机械系数】调整框里输入对应系数后回车，系统自动计算消耗量并显示调整信息。如要对定额中所有的工料机消耗乘以相同的系数时，则只要在【单价系数】框里填系数后回车即可。不调整时"子目系数"全部默认为1。

④辅助定额调整

辅助定额是对主定额的标准量进行增减的调整。

在"预算书"界面里，选中需要进行调整的定额，点击相应按钮，然后在调整信息框空白处点击鼠标右键选择【增加】，则弹出选择定额对话框，找到对应的辅助定额后，双击或单击鼠标右键选择【添加选中行】，辅助定额被添加到调整信息窗口中，填写调整系数即可。

⑤调整工料机

在"工料机"界面中，单击鼠标右键，在右键菜单中用户可根据需要【增加】、【选择】、【删除】、【替换】工料机，同时还可以将新增的补充工料机保存至"我的工料机库"。

⑥批量调整定额

系统还提供批量调整定额的功能，以将有相同调整的定额进行快速、批量的调整。

批量调整功能适用于标准换算、配比调整、乘系数调整、消耗量调整。

⑦分部分项项目工料机调整

在"预算书"界面，选中其中任一分部分项项目，系统会汇总该分部分项项目下的所有工料机信息。

⑧撤销定额调整

可以撤销定额的单项调整以及撤销单个、多项、所有定额调整。

⑨分部分项下单价文件

在"预算书"界面选中任意分部分项或定额，在"预算书"→"工料机"界面的工具栏，可以选择切换分项单价文件。

3.工料机分析

工料机分析是对单位工程造价基础数据的分析，是计算各类费用的基础。在完成"预算书"窗口的操作后，切换进入"工料机汇总"窗口，系统会自动汇总当前单位工程的工料机，包括工料机编号、名称、单位、消耗量及单价信息，并可按人工、材料、机械分类显示。

（1）录入价格

①手工输入价格

在"工料机汇总"界面，手工逐条输入材料预算价格。

②批量导入价格信息

在"工料机汇总"界面，点击鼠标右键选择【导入】→【一般工料机价格】，选择后缀名为"xls"或"prices"的工料机价格信息文件，点击【打开】，导入成功后系统会提示"导入材料价格文件完毕"，此时，系统内与导入文件中编号、名称、单位相同的工料机价格被批量刷新。

价格信息导入成功后，系统会将被批量刷新价格的工料机所对应的"检查"里打上钩，表示该项材料价格已被检查刷新。

③使用其他单价文件

在工料机汇总界面的工具栏处，在单价文件的下拉列表中，可切换单价文件或导入单价文件，实现单价文件的共享。

（2）材料价格计算

①自采材料计算

找到"工料机汇总"界面里的"计算"列，将要计算的材料勾选，然后切换到"采购点"，在"起讫地点"处输入自采地点，在下方的【自采定额】窗口的空白处点击鼠标右键，选择【增加】，进入定额选择窗口，选择所需套用的定额，双击或单击鼠标右键选择【添加选中行】即可。

②材料运杂费计算

选择计算材料，切换进入到"采购点"，输入材料的【起讫地点】、【原价】、【运距】、【t·km运价】、【装卸费单价】等参数，并可选择社会运输、自办运输、批量设置起讫地点等方式，通过分析计算即可计算出材料运杂费。

③机械台班价格计算

机械台班费用一般是根据机械台班费用定额，考虑柴油、重油、电等燃料和动力的预算价格，并加上相应的养路费车船税进行计算得到，当然也可以不通过计算，直接输入机械台班价格。如需计算，则直接在"计算"栏勾选对应的机械；如不需计算，不勾选"计算"项，然后直接在预算价格栏中输入机械的预算价格即可。取消养护费之后新做的项目，直接勾选不计养路费则可。

（3）工料机调整、查询及替换

①单价乘系数

在"工料机汇总"界面，选中要调整的工料机，在右键菜单中选择【单价乘系数】，系统弹出输入价格系数对话框，输入系数后按【确定】键，所选工料机的预算价随之改变。

选择工料机时可以按住鼠标左键拖选，也可按"Ctrl"或"Shift"键多选。

②工料机反查

在"工料机汇总"界面，选中需要查询的工料机，在右键菜单中选择【工料机反查】，弹出的"材机查询"窗口会显示所有包含该条工料机信息的分部分项项目和定额子目。

③工料机替换

在"工料机汇总"界面进行工料机替换，可以实现对整个项目同一材料的统一替换。

选中需要替换的工料机，在右键菜单中选择【工料机替换】，弹出替换工料机对话框，输入需替换进来的工料机代号及名称，或者点击【选择】按钮，在弹出的工料机库中选择需替换进来的工料机，点击【确定】即可。

（4）其他功能

①保存功能

选中需要保存的工料机,在右键菜单中选择【保存为补充工料机】,弹出我的工料机库对话框,选择正确的工料机节点,双击或点鼠标右键选择【保存到该章节】,即可将工料机保存到"我的工料机库"。

②批量选择功能

在"工料机汇总"界面,点鼠标右键选择【全选】或反选。

③主要材料设置

系统提供了主要工料机的筛选功能,用户可根据需要设定材料及机械费用占金额比重的下限。占设置比重下限以上的工料机将作为主要工料机在单价分析表中体现,在比例下限以下的工料机在"其他材料费"和"其他机械使用费"中体现。

④导出功能

在"工料机汇总"界面的【输出】列中勾选要导出价格信息的工料机,点击鼠标右键选择【导出】→【一般工料机价格】,指定导出文件的保存路径,输入文件名后,点击【保存】即可。导出的文件类型为"xls"格式。

导出成功时系统会提示"导出材料价格文件完毕"。

4.取费

(1)设置费率参数

①选择属性值

在"取费程序"的右侧窗口,可根据工程所在地选择相应的费率文件属性,通过选择费率文件属性来确定费率值。

把光标停放"冬季施工"、"雨季施工"费率项目上时,系统会在线提示该费率属性的详细信息,用户可根据提示信息选择所需要的属性值。

设置好了费率属性后,可在"取费程序"靠左下方的窗口查看设置好的取费费率。系统中所有的费率项设置的费率值均可在此窗口查看,包括利润,税金,冬季、雨季、夜间施工增加费率等。

②费率的计算及修改

当工程跨越不同的取费区域时,只需点击鼠标右键,选取【费率加权计算】,填写项目在不同取费区域内的里程,软件就能根据这些数据自动加权计算冬季、雨季、高原、风沙等费率项目的费率值,在"取费程序"界面,字体为蓝色的费率值可以直接输入修改。

③费率乘系数

如需要进行费率乘系数的操作,则先要自定义取费模板,然后在靠"取费程序"左下方窗口,选择需要乘系数的【费率项】,点击鼠标右键,选择【费率乘系数】,在弹出的输入窗口里,输入系数点【确定】,该费率项的费率值会自动乘系数调整。

④恢复默认值

如需恢复系统默认设置值,则可以在右键菜单中选择【恢复默认费率值】即可。

⑤借用费率文件

在编制造价文件过程中可借用其他造价文件的费率设置。

首先在"取费模板"界面点击鼠标右键,选择【获取费率…】,在弹出的对话框中选中借用费率的造价文件,确定即可。借用费率文件的操作只能在采用相同的计价依据的造价文件间进行。

(2)设置费用模板

①自定义模板

系统提供自定义新的计费模板功能,用户可根据需要定义计费方式、增加或删除计费项目等。

②模板对比

点击【模板对比】,在左边取费模板下拉框和右边取费模板下拉框中,分别选择需要对比的取费模板名称,可对比不同取费模板中费用项目、公式以及费用等的差异。

③保存模板

点击【保存模板】按钮,系统将选择设置好的保存路径保存当前费用模板。

④删除模板

点击【删除模板】,出现下拉列表,选择需要删除的计费模板删除即可。

⑤借用取费模板

在"取费程序"界面,点击鼠标右键,选择【获取取费模板】,在弹出的对话框中选中借用模板的造价文件,点击确定即可。借用取费模板的操作只能在采用相同的计价依据的造价文件间进行。

(3)调整分项取费

在"预算书"界面,选择分项项目下任意节点,并且切换至"取费程序"后,可看到该节点的取费情况。

①不计某项费用

当某一分部分项下的定额或子项,有项费用不需要计算时,只需要选中该分部分项,任意选择一个取费类别,在取费程序处,直接勾选【不计】即可。系统会将【不计】设置到该项下的所有子节点上,向下应用时不检查取费类别是否相同,只要编号相同就修改为不计。

②设置独立取费

当某些分部分项项目需要采用特殊取费或者更改计价规则时,用户可对该分部分项设置独立取费,以满足这部分分部分项项目的特殊取费需求。

5.计算

在"取费程序"界面确认好取费费率后,点击主菜单【计算】→【分析与计算】,或者点击工具栏的相应图标进行分析计算。

"分析与计算"是对造价文件中各项费用的综合分析计算,计算出来的结果是报表的数据来源。在分析计算以前,用户应完成在"预算书"、"工料机汇总"、"取费程序"界面的操作,最后才进行分析计算。系统为满足不同用户对精度的要求,提供了计算精度管理与维护功能,用户可根据需要使用。

6.输出报表

报表的输出主要包括预算书报表、项目报表、打印和导出报表以及自定义报表等工作。可根据需要设置报表和输出报表。

◆ 请练习［思考题7-4］

思 考 题

7-1 同望造价软件的主要功能及特点是什么?

7-2 同望造价软件的主菜单及工具栏包括哪些内容?

7-3 编制公路工程造价文件的流程是什么?

7-4 用造价软件编制公路工程预算的步骤是什么?

附　　录

附录一　概(预)算表格样式

概(预)算表格样式见01-1表~12表。

总概(预)算汇总表

建设项目名称：　　　　　　　　　　　　　　　　　第　页　共　页　01-1表

项次	工程或费用名称	单位	总数量	概(预)算金额(元)			技术经济指标	各项费用比例(%)	备注
						合计			

编制：　　　　　　　　　　　　　　　　　　　　复核：

注:1.一个建设项目分若干单项工程编制概(预)算时,应通过本表汇总全部建设项目概(预)算金额。

2.本表反映一个建设项目的各项费用组成,概(预)算总值和技术经济指标。

3.本表项次、工程或费用名称、单位、总数量、概(预)算金额应由各单项或单位工程"总概(预)算表(01表)"转换而来,"目"、"节"可视需要增减,"项"应保留。

4."技术经济指标"以各项概(预)算金额汇总合计除以相应总数量计算;"各项费用比例"以汇总的各项目概(预)算金额合计除以总概(预)算金额合计计算。

总概(预)算人工、主要材料、机械台班数量汇总表

建设项目名称：　　　　　　　　　　　　　　　　　第　页　共　页　02-1表

序号	规格名称	单位	总数量	编制范围					

编制：　　　　　　　　　　　　　　　　　　　　复核：

注:1.当一个建设项目分若干个单项工程编制概(预)算时,应通过本表汇总全部建设项目的人工、主要材料、机械台班数量。

2.本表各栏数据均由各单项或单位工程"总概(预)算人工、主要材料、机械台班数量汇总表(02表)"转换而来,编制范围指单项或单位工程。

总 概(预)算 表

建设项目名称：

编制范围：　　　　　　　　　　　　　　　　　　　　　　　第 页 共 页 01表

项	目	节	细目	工程或费用名称	单位	数量	概(预)算金额 (元)	技术 经济指标	各项费用比例 (%)	备注

编制：　　　　　　　　　　　　　　　　　　　　　　　复核：

注:1.本表反映一个单项或单位工程的各项费用组成、概(预)算金额、技术经济指标等。

　　2.本表项、目、节、工程或费用名称、单位等应按概(预)算项目表的序列及内容填写。目、节可视需要增减,但项应保留。

　　3.数量、概(预)算金额由"建筑工程费计算表(03 表)","设备、工具、器具购置费计算表(05 表)","工程建设其他费用
　　　及回收金额计算表(06 表)"转换而来。

　　4.技术经济指标以各项目概(预)算金额除以相应数量计算;各项费用比例以各项概(预)算金额除以总概(预)算金额
　　　计算。

总概(预)算人工、主要材料、机械台班数量汇总表

建设项目名称：　　　　　　　　　　　　　　　　　　　　第 页 共 页 02表

序号	规格名称	单位	总数量	分项统计				场外运输损耗	
								%	数量

编制：　　　　　　　　　　　　　　　　　　　　　　　复核：

注:1.本表各栏数据由"分项工程概(预)算表(08-2 表)"及"辅助生产人工、材料、机械台班单位数量表(12 表)"经分析计
　　　算后统计而来。

　　2.发生的冬季、雨季及夜间施工增工及临时设施用工,根据有关附录规定计算后列入本表有关项目内。

建筑安装工程费计算表

建设项目名称：

编制范围： 第 页 共 页 03表

序号	工程名称	单位	工程量	直 接 费 （元）						间接费（元）	利润（元）费率（%）	税金（元）综合税率（%）	建筑安装工程费	
				直接工程费				其他工程费	合计				合计（元）	单价（元）
				人工费	材料费	机械使用费	合计							
1	2	3	4	5	6	7	8	9	10	11	12	13	14	15

编制： 复核：

注：本表各栏之间关系，5～7均由附表11计算而来；8＝5＋6＋7；9＝8×9的费率或（5＋6＋7）×9的费率；10＝8＋9；11＝5×规费综合费率＋10×企业管理费综合费率；12＝（10＋11－规费）×12的费率；13＝（10＋11＋12）×综合税率；14＝10＋11＋12＋13；15＝14÷4。

其他工程费及间接费综合费率计算表

建设项目名称：

编制范围： 第 页 共 页 04表

序号	工程类别	其他工程费费率（%）											间接费费率（%）											
		冬季施工增加费	雨季施工增加费	夜间施工增加费	高原地区施工增加费	风沙地区施工增加费	沿海地区施工增加费	行车干扰工程施工费	施工标准化与安全措施费	临时设施费	施工辅助费	工地转移费	综合费率		规费						企业管理费				
													Ⅰ	Ⅱ	养老保险费	失业保险费	医疗保险费	住房公积金	工伤保险费	综合费率	基本费率	主副食运费补贴	职工探亲路费	职工取暖补贴	财务费用	综合费率
1	2	3	4	5	6	7	8	9	10	11	12	13	14	15	16	17	18	19	20	21	22	23	24	25	26	27

编制： 复核：

注：本表应根据建设工程项目具体情况，按概（预）算编制办法有关规定填入数据计算。其中：14＝3＋4＋5＋8＋10＋11＋12＋13；15＝6＋7＋9；21＝16＋17＋18＋19＋20；27＝22＋23＋24＋25＋26。

设备、工具、器具购置费计算表

建设项目名称：

编制范围：　　　　　　　　　　　　　　　　　　　　　　　　第　页　共　页　05表

序号	设备、工具、器具规格名称	单位	数量	单价(元)	金额(元)	说明

编制：　　　　　　　　　　　　　　　　　　　　　　　　　　　　　复核：

注：本表应根据具体的设备、工具、器具购置清单进行计算，包括设备规格、单位、数量、单价以及需要说明的有关问题。

工程建设其他费用及回收金额计算表

建设项目名称：

编制范围：　　　　　　　　　　　　　　　　　　　　　　　　第　页　共　页　06表

序号	费用名称及回收金额项目	说明及计算式	金额(元)	备注

编制：　　　　　　　　　　　　　　　　　　　　　　　　　　　　　复核：

注：本表应按具体发生的工程建设其他费用项目填写，需要说明和具体计算的费用项目依次相应地在说明及计算式栏内填写或具体计算，各项费用具体填写如下：

1. 土地征用及拆迁补偿费应填写土地补偿单价、数量和安置补助费标准、数量等，列式计算所需费用，填入金额栏。
2. 建设项目管理费包括建设单位(业主)管理费、工程质量监督费、工程监理费、工程定额测定费、设计文件审查费、竣(交)工验收试验检测费，按"建筑安装工程费×费率"或有关定额列式计算。
3. 研究试验费应根据设计需要进行研究试验的项目分别填写项目名称及金额或列式计算或进行说明。
4. 建设项目前期工作费按国家有关规定填入本表，列式计算。
5. 其余有关工程建设其他费用的填入和计算方法，根据规定以次类推。

人工、材料、机械台班单价汇总表

建设项目名称：

编制范围：　　　　　　　　　　　　　　　　　　　　第 页 共 页 07 表

序号	名称	单位	代号	预算金额(元)	备注	序号	名称	单位	代号	预算金额(元)	备注

编制：　　　　　　　　　　　　　　　　　　　　　　　　　复核：

注：本表预算单价主要由"材料预算单价计算表(09 表)"和"机械台班单价计算表(11 表)"转换而来。

建筑安装工程费计算数据表

建设项目名称：　　　　编制范围：　　　　数据文件编号：　　　　公路等级：

路线或桥梁长度(km)：　　　路基或桥梁宽度(m)：　　　第 页 共 页 08-1 表

项的代号	本项目数	目的代号	本目节数	节的代号	本节细目数	细目代号	费率编号	定额个数	定额代号	项或目或节或细目或定额的名称	单位	数量	定额调整情况

编制：　　　　　　　　　　　　　　　　　　　　　　　　　复核：

注：1.本表应逐行从左到右横向跨栏填写。

2.项、目、节、细目、定额等的代号应根据实际需要按《公路工程概算定额》(JTG/T B06-01—2007)、《公路工程预算定额》(JTG/T B06-02—2007)的序列及内容填写。

3.本表主要是为利用计算机软件编制概、预算提供基础数据，具体填表规则由软件用户手册详细制订。

分项工程概(预)算表

编制范围:

工程名称:　　　　　　　　　　　　　　　　　　　　　　　第　页　共　页　08-2表

编号	人工、材料、机械台班名称		单位	单价(元)	定额	数量	金额(元)	定额	数量	金额(元)	定额	数量	金额(元)	数量	金额(元)
	工程项目													合计	
	工程细目														
	定额单位														
	工程数量														
	定额表号														
1	人工		工日												
2	……														
3	……														
4	……														
	……		元												
	定额基价														
	直接工程费		元												
	其他工程费	Ⅰ	元												
		Ⅱ	元												
	间接费	规费	元												
		企业管理费	元												
	利润及税金		元												
	建筑安装工程费		元												

编制:　　　　　　　　　　　　　　　　　　　　　　　　　　　　　复核:

注:1.本表按具体分项工程项目数量、对应概(预)算定额子目填写,单价由07表转换而来,金额=人工、材料、机械台班各项的单价×定额×数量。

2.其他工程费按相应项目的直接工程费或人工费与施工机械使用费之和×规定费率计算。

3.规费按相应项目的人工费×规定费率计算。

4.企业管理费按相应项目的直接工程费×规定费率计算。

5.利润按相应项目的(直接费+间接费−规费)×利润率计算。

6.税金按相应项目的(直接费+间接费+利润)×税率计算。

材料预算单价计算表

建设项目名称：

编制范围： 　　　　　　　　　　　　　　　　　　第　页　共　页　09表

序号	规格名称	单位	原价(元)	运杂费					原价运费合计(元)	场外运输损耗		采购及保管费		预算单价(元)
				供应地点	运输方式、比重及运距	毛重系数或单位毛量	运杂费构成说明或计算式	单位运费(元)		费率(%)	金额(元)	费率(%)	金额(元)	

编制：　　　　　　　　　　　　　　　　　　　　　复核：

注：1. 本表计算各种材料自供应地点或料场至工地的全部运杂费与材料原价及其他费用组成预算单价。

　　2. 运输方式按火车、汽车、船舶等及所占运输比重填写。

　　3. 毛重系数、场外运输损耗、采购及保管费按规定填写。

　　4. 根据材料供应地点、运输方法、运输单价、毛重系数等，通过运杂费构成说明或计算式，计算材料单位运费。

　　5. 材料原价与单位运费、场外运输损耗、采购及保管费组成材料预算单价。

自采材料料场价格计算表

建设项目名称：

编制范围： 　　　　　　　　　　　　　　　　　　第　页　共　页　10表

序号	定额号	材料规格名称	单位	料场价格(元)	人工(工日)单价(元)		间接费(占人工费%)	×××单价(元)		×××单价(元)		×××单价(元)		×××单价(元)	
					定额	金额		定额	金额	定额	金额	定额	金额	定额	金额

编制：　　　　　　　　　　　　　　　　　　　　　复核：

注：1. 本表主要用于分析计算自采材料料场价格，应将选用的定额人工、材料、机械台班数量全部列出，包括相应的人工、材料、机械台班单价。

　　2. 当材料规格用途相同而生产方式(如人工捶碎石、机械轧碎石)不同时，应分别计算单价，再以各种生产方式所占比重根据合计价格加权平均计算料场价格。

　　3. 定额中机械台班有调整系数时，应在本表内计算。

机械台班单价计算表

建设项目名称：

编制范围：　　　　　　　　　　　　　　　　　　　　第　页　共　页　11 表

序号	定额号	机械规格名称	台班单价（元）	不变费用(元)		可 变 费 用 （元）									合计
				调整系数		人工（元/工日）		汽油（元/kg）		柴油（元/kg）		……			
				定额	调整值	定额	金额	定额	金额	定额	金额	定额	金额		

编制：　　　　　　　　　　　　　　　　　　　　　　　　　　　复核：

注:1.本表应根据公路工程机械台班费用定额进行计算。不变费用如有调整系数应填入调整值;可变费用各栏填入定额数量。

2.人工、动力燃料的单价由"材料预算单价计算表(09 表)"转换而来。

辅助生产人工、材料、机械台班数量表

建设项目名称：

编制范围：　　　　　　　　　　　　　　　　　　　　第　页　共　页　12 表

序号	规格名称	单位	人工(工日)						

编制：　　　　　　　　　　　　　　　　　　　　　　　　　　　复核：

注:本表各栏数据由"自采材料料场价格计算表(10 表)"统计而来。

附录二 全国冬季施工气温区划分

全国冬季施工气温区划分见附表1。

全国冬季施工气温区划分表　　　　　　　　　　　　　　　　　　附表1

省、自治区、直辖市	地区、市、自治州、盟（县）	气温区	
北京	全境	冬二	I
天津	全境	冬二	I
河北	石家庄、邢台、邯郸、衡水市（冀州市、枣强县、故城县）	冬一	II
	廊坊、保定（涞源县及以北除外）、衡水（冀州市、枣强县、故城县除外）、沧州市	冬二	I
	唐山、秦皇岛市		II
	承德（围场县除外）、张家口（沽源县、张北县、尚义县、康保县除外）、保定市（涞源县及以北）	冬三	
	承德（围场县）、张家口市（沽源县、张北县、尚义县、康保县）	冬四	
山西	运城市（万荣县、夏县、绛县、新绛县、稷山县、闻喜县除外）	冬一	II
	运城（万荣县、夏县、绛县、新绛县、稷山县、闻喜县）、临汾（尧都区、侯马市、曲沃县、翼城县、襄汾县、洪洞县）、阳泉（县除外）、长治（黎城县）、晋城市（城区、泽州县、沁水县、阳城县）	冬二	I
	太原（娄烦县除外）、阳泉（盂县）、长治（黎城县除外）、晋城（城区、泽州县、沁水县、阳城县除外）、晋中（寿阳县、和顺县、左权县除外）、临汾（尧都区、侯马市、曲沃县、翼城县、襄汾县、洪洞县除外）、吕梁市（孝义市、汾阳市、文水县、交城县、柳林县、石楼县、交口县、中阳县）		II
	太原（娄烦县）、大同（左云县除外）、朔州（右玉县除外）、晋中（寿阳县、和顺县、左权县）、忻州、吕梁市（离石区、临县、岚县、方山县、兴县）	冬三	
	大同（左云县）、朔州市（右玉县）	冬四	
内蒙古	乌海市、阿拉善盟（阿拉善左旗、阿拉善右旗）	冬二	I
	呼和浩特（武川县除外）、包头（固阳县除外）、赤峰、鄂尔多斯、巴彦淖尔、乌兰察布市（察哈尔右翼中旗除外）、阿拉善盟（额济纳旗）	冬三	
	呼和浩特（武川县）、包头（固阳县）、通辽、乌兰察布市（察哈尔右翼中旗）、锡林郭勒（苏尼特右旗、多伦县）、兴安盟（阿尔山市除外）	冬四	
	呼伦贝尔市（海拉尔区、新巴尔虎右旗、阿荣旗）、兴安（阿尔山市）、锡林郭勒盟（冬四区以外各地）	冬五	
	呼伦贝尔市（冬五区以外各地）	冬六	
辽宁	大连市（瓦房店市、普兰店市、庄河市除外）、葫芦岛市（绥中县）	冬二	I
	沈阳（康平县、法库县除外）、大连（瓦房店市、普兰店市、庄河市）、鞍山、本溪（桓仁县除外）、丹东、锦州、阜新、营口、辽阳、朝阳（建平县除外）、葫芦岛（绥中县除外）、盘锦市	冬三	
	沈阳（康平县、法库县）、抚顺、本溪（桓仁县）、朝阳（建平县）、铁岭市	冬四	
吉林	长春（榆树市除外）、四平、通化（辉南县除外）、辽源、白山（靖宇县、抚松县、长白县除外）、松原（长岭县）、白城市（通榆县）、延边自治州（敦化市、汪清县、安图县除外）	冬四	
	长春（榆树市）、吉林、通化（辉南县）、白山（靖宇县、抚松县、长白县）、白城（通榆县除外）、松原市（长岭县除外）、延边自治州（敦化市、汪清县、安图县）	冬五	

省、自治区、直辖市	地区、市、自治州、盟(县)	气温区	
江苏	徐洲、连云港市	冬一	I
	南京、无锡、常州、淮安、盐城、宿迁、扬州、泰州、南通、镇江、苏州市	准二	
黑龙江	牡丹江市(绥芬河市、东宁县)	冬四	
	哈尔滨(依兰县除外)、齐齐哈尔(讷河市、依安县、富裕县、克山县、克东县、拜泉县除外)、绥化(安达市、肇东市、兰西县)、牡丹江(绥芬河市、东宁县除外)、双鸭山(宝清县)、佳木斯(桦南县)、鸡西、七台河、大庆市	冬五	
	哈尔滨(依兰县)、佳木斯(桦南县除外)、双鸭山(宝清县除外)、绥化(安达市、肇东市、兰西县除外)、齐齐哈尔(讷河市、依安县、富裕县、克山县、克东县、拜泉县)、黑河、鹤岗、伊春市、大兴安岭地区	冬六	
上海	全境	准二	
浙江	杭州、嘉兴、绍兴、宁波、湖州、衢州、舟山、金华、温州、台州、丽水市	准二	
安徽	亳州市	冬一	I
	阜阳、蚌埠、淮南、滁州、合肥、六安、马鞍山、巢湖、芜湖、铜陵、池州、宣城、黄山市	准一	
	淮北、宿州市	准二	
福建	宁德(寿宁县、周宁县、屏南县)、三明市	准一	
江西	南昌、萍乡、景德镇、九江、新余、上饶、抚州、宜春市	准一	
山东	全境	冬一	I
河南	安阳、商丘、周口(西华县、淮阳县、鹿邑县、扶沟县、太康县)、新乡、三门峡、洛阳、郑州、开封、鹤壁、焦作、济源、濮阳、许昌市	冬一	I
	驻马店、信阳、南阳、周口(西华县、淮阳县、鹿邑县、扶沟县、太康县除外)、平顶山、漯河市	准二	
湖北	武汉、黄石、荆州、荆门、鄂州、宜昌、咸宁、黄岗、天门、潜江、仙桃市、恩施自治州	准一	
	孝感、十堰、襄樊、随州市、神农架林区	准二	
湖南	全境	准一	
四川	阿坝(黑水县)、甘孜自治州(新龙县、道浮县、泸定县)	冬一	II
	甘孜自治州(甘孜县、康定县、白玉县、炉霍县)	冬二	I
	阿坝(壤塘县、红原县、松潘县)、甘孜自治州(德格县)		II
	阿坝(阿坝县、若尔盖县、九寨沟县)、甘孜自治州(石渠县、色达县)	冬三	
	广元市(青川县)、阿坝(汶川、小金县、茂县、理县)、甘孜(巴塘县、雅江县、得荣县、九龙县、理塘县、乡城县、稻城县)、凉山自治州(盐源县、木里县)	准一	
	阿坝(马尔康县、金川县)、甘孜自治州(丹巴县)	准二	
贵州	贵阳、遵义(赤水市除外)、安顺市、黔东南、黔南、黔西南自治州	准一	
	六盘水市、毕节地区	准二	
云南	迪庆自治州(德钦县、香格里拉县)	冬一	II
	曲靖(宣威市、会泽县)、丽江(玉龙县、宁蒗县)、昭通市(昭阳区、大关县、威信县、彝良县、镇雄县、鲁甸县)、迪庆(维西县)、怒江(兰坪县)、大理自治州(剑川县)	准一	

续上表

省、自治区、直辖市	地区、市、自治州、盟(县)	气温区	
西藏	拉萨市(当雄县除外)、日喀则(拉孜县)、山南(浪卡子县、错那县、隆子县除外)、昌都(芒康县、左贡县、类乌齐县、丁青县、洛隆县除外)、林芝地区	冬一	I
	山南(隆子县)、日喀则地区(定日县、聂拉木县、亚东县、拉孜县除外)		II
	昌都地区(洛隆县)	冬二	I
	昌都(芒康县、左贡县、类乌齐县、丁青县)、山南(浪卡子县)、日喀则(定日县、聂拉木县)、阿里地区(普兰县)		II
	拉萨市(当雄县)、那曲(安多县除外)、山南(错那县)、日喀则(亚东县)、阿里地区(普兰县除外)	冬三	
	那曲地区(安多县)	冬四	
陕西	西安、宝鸡、渭南、咸阳(彬县、旬邑县、长武县除外)、汉中(留坝县、佛坪县)、铜川市(耀州区)	冬一	I
	铜川(印台区、王益区)、咸阳市(彬县、旬邑县、长武县)		II
	延安(吴起县除外)、榆林(清涧县)、铜川市(宜君县)	冬二	
	延安(吴起县)、榆林市(清涧县除外)	冬三	
	商洛、安康、汉中市(留坝县、佛坪县除外)	准二	
甘肃	陇南市(两当县、徽县)	冬一	II
	兰州、天水、白银(会宁县、靖远县)、定西、平凉、庆阳、陇南市(西和县、礼县、宕昌县),临夏、甘南自治州(舟曲县)	冬二	II
	嘉峪关、金昌、白银(白银区、平川区、景泰县)、酒泉、张掖、武威市、甘南自治州(舟曲县除外)	冬三	
	陇南市(武都区、文县)	准一	
	陇南市(成县、康县)	准二	
青海	海东地区(民和县)	冬二	II
	西宁市、海东地区(民和县除外)、黄南(泽库县除外)、海南、果洛(班玛县、达日县、久治县)、玉树(囊谦县、杂多县、称多县、玉树县)、海西自治州(德令哈市、格尔木市、都兰县、乌兰县)	冬三	
	海北(野牛沟、托勒除外)、黄南(泽库县)、果洛(玛沁县、甘德县、玛多县)、玉树(曲麻菜县、治多县)、海西自治州(冷湖、茫崖、大柴旦、天峻县)	冬四	
	海北(野牛沟、托勒)、玉树(清水河)、海西自治州(唐古拉山区)	冬五	
宁夏	全境	冬二	II
新疆	阿拉尔市、喀什(喀什市、伽师县、巴楚县、英吉沙县、麦盖提县、莎车县、叶城县、泽普县)、哈密(哈密市泌城镇)、阿克苏(沙雅县、阿瓦提县)、和田地区、伊犁(伊宁市、新源县、霍城县霍尔果斯镇)、巴音郭楞(库尔勒市、若羌县、且末县、尉犁县铁干里可)、克孜勒苏自治州(阿图什市、阿克陶县)	冬二	I
	喀什地区(岳普湖县)		II
	乌鲁木齐市(牧业气象试验站、达板城区、乌鲁木齐县小渠子乡)、塔城(乌苏市、沙湾县、额敏县除外)、阿克苏(沙雅县、阿瓦提县除外)、哈密(哈密布十三间房、哈密市红柳河、伊吾县淖毛湖)、喀什(塔什库尔干县)、吐鲁番地区、克孜勒苏(乌恰县、阿合奇县)、巴音郭楞(和静县、焉耆县、和硕县、轮台县、尉犁县、且末县搭中)、伊犁自治州(伊宁市、霍城县、察布查尔县、尼勒克县、巩留县、昭苏县、特克斯县)	冬三	
	乌鲁木齐市(冬三区以外各地区)、塔城(额敏县、乌苏县)、阿勒泰(阿勒泰市、哈巴河县、吉木乃县)、哈密地区(巴里坤县)、昌吉(昌吉市、米泉市、木垒县、奇台县北塔山镇、阜康市天池)、博尔塔拉(温泉县、精河县、阿拉山口口岸)、克孜勒苏自治州(乌恰县吐尔尕特口岸)	冬四	
	克拉玛依、石河子市、塔城(沙湾县)、阿勒泰地区(布尔津县、福海县、富蕴县、青河县),博尔塔拉(博乐市)、昌吉(阜康市、玛纳斯县、呼图壁县、吉林萨尔县、奇台县、米泉市蔡家湖)、巴音郭楞自治州(和静县巴音布鲁克乡)	冬五	

注:表中行政区划以2006年地图出版社出版的《中华人民共和国行政区划简册》为准。

附录三　全国雨季施工雨量区及雨季期划分

全国雨季施工雨量区及雨季期划分见附表2。

全国雨季施工雨量区及雨季期划分　　　　　　　　附表2

省、自治区、直辖市	地区、市、自治州、盟(县)	雨量区	雨季期(月数)
北京	全境	II	2
天津	全境	I	2
河北	张家口、承德地区(围场县)	I	1.5
	承德(围场县除外)、保定、沧州、石家庄、廊坊、邢台、衡水、邯郸、唐山、秦皇岛市	II	2
山西	全境	I	1.5
内蒙古	呼和浩特、通辽、呼伦贝尔(海拉尔区、满洲里市、陈巴尔虎旗、鄂温克旗)、鄂尔多斯(东胜区、准格尔旗、伊金霍洛旗、达拉特旗、乌审旗)、赤峰、包头、乌兰察布市(集宁区、化德县、商都县、兴和县、四子王旗、察哈尔右翼中旗、察哈尔右翼后旗、卓资县及以南)、锡林郭勒盟(锡林浩特市、多伦县、太仆寺旗、西乌珠穆沁旗、正蓝旗、正镶白旗)	I	1
	呼伦贝尔市(牙克石市、额尔古纳市、鄂伦春旗、扎兰屯市及以东)、兴安盟		2
辽宁	大连(长海县、瓦房店市、普兰店市、庄河市除外)、朝阳市(建平县)	I	2
	沈阳(康平县)、大连(长海县)、锦州(北宁市除外)、营口(盖州市)、朝阳市(凌原市、建平县除外)		2.5
	沈阳(康平县、辽中县除外)、大连(瓦房店市)、鞍山(海城市、台安县、岫岩县除外)、锦州(北宁市)、阜新、朝阳(凌原市)、盘锦、葫芦岛(建昌县)、铁岭市		3
	抚顺(新宾县)、辽阳市		3.5
	沈阳(辽中县)、鞍山(海城市、台安县)、营口(盖州市除外)、葫芦岛市(兴城市)	II	2.5
	大连(普兰店市)、葫芦岛市(兴城市、建昌县除外)		3
	大连(庄河市)、鞍山(岫岩县)、抚顺(新宾县除外)、丹东(凤城市、宽甸县除外)、本溪市		3.5
	丹东市(凤城市、宽甸县)		4
吉林	辽源、四平(双辽市)、白城、松原市	I	2
	吉林、长春、四平(双辽除外)、白山市、延边自治州	II	2
	通化市		3
黑龙江	哈尔滨(市区、呼兰区、五常市、阿城市、双城市)、佳木斯(抚远县)、双鸭山(市区、集贤县除外)、齐齐哈尔(拜泉县、克东县除外)、黑河(五大连池市、嫩江县)、绥化(北林区、海伦市、望奎县、绥棱县、庆安县除外)、牡丹江、大庆、鸡西、七台河市、大兴安岭地区(呼玛县除外)	I	2
	哈尔滨(市区、呼兰区、五常市、阿城市、双城市除外)、佳木斯(抚远县除外)、双鸭山(市区、集贤县)、齐齐哈尔(拜泉县、克东县)、黑河(五大连池市、嫩江县除外)、绥化(北林区、海伦市、望奎县、绥棱县、庆安县)、鹤岗、伊春市、大兴安岭地区(呼玛县)	II	2
上海	全境	II	4
江苏	徐州、连云港市	II	2
	盐城市		3
	南京、镇江、淮安、南通、宿迁、扬州、常州、泰州市		4
	无锡、苏州市		4.5

续上表

省、自治区、直辖市	地区、市、自治州、盟(县)	雨量区	雨季期(月数)
浙江	舟山市	II	4
	嘉兴、湖州市		4.5
	宁波、绍兴市		6
	杭州、金华、温州、衢州、台州、丽水市		7
安徽	亳州、淮北、宿州、蚌埠、淮南、六安、合肥市	II	1
	阜阳市		2
	滁州、巢湖、马鞍山、芜湖、铜陵、宜城市		3
	池州市		4
	安庆、黄山市		5
福建	泉州市(惠安县崇武)	I	4
	福州(平潭县)、泉州(晋江市)、厦门(同安区除外)、漳州市(东山县)	II	5
	三明(永安市)、福州(市区、长乐市)、莆田市(仙游县除外)		6
	南平(顺昌县除外)、宁德(福鼎市、霞浦县)、三明(永安市、龙溪县、大田县除外)、福州(市区、长乐市、平潭县除外)、龙岩(长汀县、连城县)、泉州(晋江市、惠安县崇武、德化县除外)、莆田(仙游县)、厦门(同安区)、漳州市(东山县除外)		7
	南平(顺昌县)、宁德(福鼎市、霞浦县除外)、三明(龙溪县、大田县)、龙岩(长汀县、连城县除外)、泉州市(德化县)		8
江西	南昌、九江、吉安市	II	6
	萍乡、景德镇、新余、鹰潭、上饶、抚州、宜春、赣州市		7
山东	济南、潍坊、聊城市	I	3
	淄博、东营、烟台、济宁、威海、德州、滨州市		4
	枣庄、泰安、莱芜、临沂、菏泽市		5
	青岛市	II	3
	日照市		4
河南	郑州、许昌、洛阳、济源、新乡、焦作、三门峡、开封、濮阳、鹤壁市	I	2
	周口、驻马店、漯河、平顶山、安阳、商丘市		3
	南阳市		4
	信阳市	II	2
湖北	十堰、襄樊、随州市、神农架林区	I	3
	宜昌(秭归县、远安县、兴山县)、荆门市(钟祥市、京山县)	II	2
	武汉、黄石、荆州、孝感、黄冈、咸宁、荆门(钟祥市、京山县除外)、天门、潜江、仙桃、鄂州、宜昌市(秭归县、远安县、兴山县除外)、恩施自治州		6
湖南	全境	II	6
广东	茂名、中山、汕头、潮州市	I	5
	广州、江门、肇庆、顺德、湛江、东莞市		6
	珠海市	II	5
	深圳、阳江、汕尾、佛山、河源、梅州、揭阳、惠州、云浮、韶关市		6
	清远市		7

续上表

省、自治区、直辖市	地区、市、自治州、盟(县)	雨量区	雨季期(月数)
广西	百色、河池、南宁、崇左市	II	5
	桂林、玉林、梧州、北海、贵港、钦州、防城港、贺州、柳州、来宾市		6
海南	全境	II	6
重庆	全境	II	4
四川	甘孜自治州(巴塘县)	I	1
	阿坝(若尔盖县)、甘孜自治州(石渠县)		2
	乐山(峨边县)雅安市(汉源县)甘孜自治州(甘孜县、色达县)		3
	雅安(石棉县)、绵阳(平武县)、泸州(古蔺县)、遂宁市、阿坝(若尔盖县、汶川县除外)、甘孜自治州(巴塘县、石渠县、甘孜县、色达县、九龙县、得荣县除外)		4
	南充(高坪区)、资阳市(安岳县)		5
	宜宾市(高县)、凉山自治州(雷波县)	II	3
	成都、乐山(峨边县、马边县除外)、德阳、南充(南部县)、绵阳(平武县除外)、资阳(安岳县除外)、广元、自贡、攀枝花、眉山市、凉山(雷波县除外)、甘孜自治州(九龙县)		4
	乐山(马边县)、南充(高坪区、南部县除外)、雅安(汉源县、石棉县除外)、广安(邻水县除外)、巴中、宜宾(高县除外)、泸州(古蔺县除外)、内江市		5
	广安(邻水县)、达州市		6
贵州	贵阳、遵义市、毕节地区	II	4
	安顺市、铜仁地区、黔东南自治州		5
	黔西南自治州		6
	黔南自治州		7
云南	昆明(市区、嵩明县除外)、玉溪、曲靖(富源县、师宗县、罗平县除外)、丽江(宁蒗县、永胜县)、思茅(墨江县)、昭通市、怒江(兰坪县、泸水县六库镇)、大理(大理市、漾鼻县除外)、红河(个旧市、开远市、蒙自县、红河县、石屏县、建水县、弥勒县、泸西县)、迪庆、楚雄自治州	I	5
	保山(腾冲县、龙陵县除外)、临沧市(凤庆县、云县、永德县、镇康县)、怒江(福贡县、泸水县)、红河自治州(元阳县)		6
	昆明(市区、嵩明县)、曲靖(富源县、师宗县、罗平县)、丽江(古城区、华坪县)、思茅市(翠云区、景东县、镇沅县、普洱县、景谷县)、大理(大理市、漾鼻县)、文山自治州	II	5
	保山(腾冲县、龙陵县)、临沧(临祥区、双江县、耿马县、沧源县)、思茅市(西盟县、澜沧县、孟连县、江城县)怒江(贡山县)、德宏、红河(绿春县、金平县、屏边县、河口县)、西双版纳自治州		6
西藏	那曲(索县除外)、山南(加查县除外)、日喀则(定日县)、阿里地区	I	1
	拉萨市、那曲(索县)、昌都(类乌齐县、丁青县、芒康县除外)日喀则(拉孜县)、林芝地区(察隅县)		2
	昌都(类乌齐县)、林芝地区(米林县)		3
	昌都(丁青县)、林芝地区(米林县、波密县、察隅县除外)		4
	林芝地区(波密县)		5
	山南(加查县)、日喀则地区(定日县、拉孜县除外)	II	1
	昌都地区(芒康县)		2

续上表

省、自治区、 直辖市	地区、市、自治州、盟(县)	雨量区	雨季期 (月数)
陕西	榆林、延安市		1.5
	铜川、西安、宝鸡、咸阳、渭南市、杨凌区	I	2
	商洛、安康、汉中市		3
甘肃	天水(甘谷县、武山县)、陇南县(武都区、文县、礼县)、临夏(康乐县、广河县、永靖县)、甘南自治州(夏河县)	I	1
	天水(北道区、秦城区)、定西(渭源县)、庆阳(西蜂区)、陇南市(西和县)、临夏(临夏市)、甘南自治州(临潭县、卓尼县)		1.5
	天水(秦安县)、定西(临洮县、岷县)、平凉(崆峒区)、庆阳(华池县、宁县、环县)、陇南市(宕昌县)、临夏(临夏县、东乡县、积石山县)、甘南自治州(合作市)		2
	天水(张家川县)、平凉(静宁县、庄浪县)、庆阳(镇原县)、陇南市(两当县)、临夏(和政县)、甘南自治州(玛曲县)	I	2.5
	天水(清水县)、平凉(泾川县、灵台县、华亭县、崇信县)、庆阳(西峰区、合水县、正宁县)、陇南市(徽县、成县、康县)、甘南自治州(碌曲县、迭部县)		3
青海	西宁市(湟源县)、海东地区(平安县、乐都县、民和县、化隆县)、海北(海晏县、祁东县、刚察县、拖勒)、海南(同德县、贵南县)、黄南(泽库县、同仁县)、海西自治州(天峻县)	I	1
	西宁市(湟源县除外)、海东地区(互助县)、海北(门源县)、果洛(达日县、久治县、班玛县)、玉树自治州(称多县、杂多县、囊谦县、玉树县)、河南自治县		1.5
宁夏	固原地区(隆德县、泾源县)	I	2
新疆	乌鲁木齐市(小渠子乡、牧业气象试验站、大西沟乡)、昌吉地区(阜康市天池)、克孜勒苏(吐尔尕特、托云、巴音库鲁提)、伊犁自治州(昭苏县、霍城县二台、松树头)	I	1
台湾	(资料暂缺)		

注:1.表中未列的地区除西藏林芝地区墨脱县因无资料未划分外,其余地区均因降雨天数或平均日降雨量未达到计算雨季施工增加费的标准,故未划分雨量区及雨季期。

2.行政区划依据资料及自治州、市的名称列法同冬季施工气温区划分说明。

附录四　全国风沙地区公路施工区划分

全国风沙地区公路施工区划分见附表3。

全国风沙地区公路施工区划分　　　　　　　　　附表3

区划	沙漠(地)名称	地理位置	自然特征
风沙一区	呼伦贝尔沙地、嫩江沙地	呼伦贝尔沙地位于内蒙古呼伦贝尔平原,嫩江沙地位于东北平原西北部嫩江下游	属半干旱、半湿润严寒区,年降水量280~400mm,年蒸发量1400~1900mm,干燥度1.2~1.5
	科尔沁沙地	散布于东北平原西辽河中、下游主干及支流沿岸的冲积平原上	属半湿润温冷区,年降水量300~450mm,年蒸发量1700~2400mm,干燥度1.2~2.0
	浑善达克沙地	位于内蒙古锡林郭勒盟南部和昭乌达盟西北部	属半湿润温冷区,年降水量100~400mm,年蒸发量2200~2700mm,干燥度1.2~2.0,年平均风速3.5~5m/s,年大风日数50~80d
	毛乌素沙地	位于内蒙古鄂尔多斯中南部和陕西北部	属半干旱温热区,年降水量东部400~440mm,西部仅250~320mm,年蒸发量2100~2600mm,干燥度1.6~2.0
	库布齐沙漠	位于内蒙古鄂尔多斯北部、黄河河套平原以南	属半干旱温热区,年降水量150~400mm,年蒸发量2100~2700mm,干燥度2.0~4.0,年平均风速3~4m/s
风沙二区	乌兰布和沙漠	位于内蒙古阿拉善东北部、黄河河套平原西南部	属干旱温热区,年降水量100~145mm,年蒸发量2400~2900mm,干燥度8.0~16.0,地下水相当丰富,埋深一般为1.5~3m
	腾格里沙漠	位于内蒙古阿拉善东南部及甘肃武威部分地区	属干旱温热区,沙丘、湖盆、山地、残丘及平原交错分布,年降水量116~148mm,年蒸发量3000~3600mm,干燥度4.0~12.0
	巴丹吉林沙漠	位于内蒙古阿拉善西南边缘及甘肃酒泉部分地区	属干旱温热区,沙山高大密集,形态复杂,起伏悬殊,一般高在200~300m,最高可达420m,年降水量40~80mm,年蒸发量1720~3320mm,干燥度7.0~16.0
风沙二区	柴达木沙漠	位于青海柴达木盆地	属极干旱寒冷区,风蚀地、沙丘、戈壁、盐湖和盐土平原相互交错分布,盆地东部年均气温2~4℃,西部为1.5~2.5℃,年降水量东部为50~170mm,西部为10~25mm,年蒸发量2500~3000mm,干燥度16.0~32.0
	古尔班通古特沙漠	位于新疆北部准噶尔盆地	属干旱温冷区,其中固定、半固定沙丘面积占沙漠面积的97%,年降水量70~150mm,年蒸发量1700~2200mm,干燥度2.0~10.0
风沙三区	塔克拉玛干沙漠	位于新疆南部塔里木盆地	属极干旱炎热区,年降水量东部为20mm左右,南部为30mm左右,西部40mm左右,北部50mm以上,年蒸发量1500~3700mm,中部达高限,干燥度>32.0
	库姆达格沙漠	位于新疆东部、甘肃西部、罗布泊低地南部和阿而金山北部	属极干旱炎热区,全部为流动沙丘,风蚀严重,年降水量10~20mm,年蒸发量2800~3000mm,干燥度>32.0,8级以上大风天数在100d以上

参 考 文 献

[1] 中华人民共和国交通部.JTG B06—2007 公路工程基本建设项目概算预算编制办法[S].北京:人民交通出版社,2007.

[2] 中华人民共和国交通部.JTG/T B6-01—2007 公路工程概算定额[S].北京:人民交通出版社,2007.

[3] 中华人民共和国交通部.JTG/T B6-02—2007 公路工程预算定额[S].北京:人民交通出版社,2007.

[4] 中华人民共和国交通部.JTG/T B06-03—2007 公路工程机械台班费用定额[S].北京:人民交通出版社,2007.

[5] 中华人民共和国交通运输部.JTG M20—2011 公路工程基本建设投资估算编制办法[S].北京:人民交通出版社,2011.

[6] 中华人民共和国交通运输部.JTG/T M21—2011 公路工程估算指标[S].北京:人民交通出版社,2011.

[7] 中华人民共和国交通运输部.公路工程标准施工招标施工文件[M].北京:人民交通出版社,2009.

[8] 刑凤岐.公路工程定额应用与概、预算编制示例[M].北京:人民交通出版社,2008.

[9] 刘伊生.工程造价管理基础理论与相关法规[M].北京:中国计划出版社,2009.

[10] 柯洪.工程造价计价与控制[M].北京:中国计划出版社,2009.

[11] 杨建宏.透过案例学公路工程计量与计价[M].北京:中国建材工业出版社,2011.

[12] 龚莉.公路工程造价编制[M].哈尔滨:东北林业大学出版社,2005.

[13] 高峰.公路工程造价[M].北京:北京理工大学出版社,2010.

[14] 丁永灿,舒国明.公路工程造价[M].北京:人民交通出版社,2007.

[15] 岳翠贞.公路工程造价工程师一本通[M].北京:中国建材工业出版社,2011.

[16] 刘正发,胡嘉.公路工程造价[M].北京:人民交通出版社,2011.